JN171011

仮名遣書論攷

今野真二 著

和泉書院

目次

序章　仮名遣書の概観

本書は『仮名遣書論攷』を書名としている。改めていうまでもなく、仮名遣書について、日本語学という枠組みの中で論じることを目的としている。日本語に関しての（広義の）歴史的な考察、記述を「国語史」と呼んでいた時期には、日本語研究の歴史的な考察、記述を「国語学史」と呼んでいた。現在は、前者を「日本語史」と呼ぶようになった。それに倣えば後者は「日本語学史」ということになる。そして、「日本語史」「日本語学史」は「日本語学」の枠組みの中にある。仮名遣書はいずれにしても、何らかの観点によって編纂されたテキストということになる。それは日本語に関しての研究的な観察を含む。したがって、仮名遣書に関しての考察はまずは「日本語学史」という枠組みに含まれることになる。拙書『かなづかいの歴史』（二〇一四年、中公新書）において「「かなづかい」に関わる言説では」、「日本語史」「日本語学史」が「渾然一体となっていることがほとんどであ」（ix頁）った、と述べたが、それは仮名遣書に関わる言説でも同様であった。「かなづかい」ということがらそのものが日本語の歴史とふかく関わっている以上、その「かなづかい」に関わるテキストである仮名遣書が、日本語の歴史とまったく切り離されたものとして存在することは考えにくい。したがって、仮名遣書が「日本語学史」側に定位されるべきであることをまず確認し、そうした側での記述をまずはこころがけた。しかし、最終的には、高次の「日本語史」の記述に適切に組み込まれることが必要であろう。それは今後の課題ということになる。

山田孝雄『仮名遣の歴史』（一九二九年、宝文館出版）、木枝増一『仮名遣研究史』（一九三三年、賛精社）は仮名遣書について述べた専書であるが、両者の出版からすでに八十年以上が経過した。築島裕『歴史的仮名遣い―その成立と特徴』（一九八六年、中公新書）の出版からでもすでに三十年ちかく経っている。現時点で仮名遣書について整理しておくことはそれなりに意義あることと考える。

仮名遣書について概観するに先立ち、「仮名遣い」を定義しておきたい。拙書『かなづかいの歴史』（二〇一四年、中公新書）においては、次のように述べた。引用にあたって、少し表現を変えた箇所がある。繰り返しになるが、本書においても、この言説から考察を始めたい。なお、本書においては「仮名遣い」「仮名遣書」という書き方を統一的に採ることにする。

〔仮名遣いの定義〕

「仮名遣い」とは、表音系文字である仮名を、ある語を書き表わすためにどのように使うかということで、これを圧縮して表現すれば「仮名の使い方」ということになる。「上代特殊仮名遣」「古典仮名遣い」、「藤原定家の仮名遣い」「井原西鶴の仮名遣い」、「定家仮名遣い」「現代仮名遣い」には「仮名遣い」が含まれているが、すべてが同じ意味合いの「仮名遣い」ではない。「上代特殊仮名遣」は、上代における「万葉仮名」の使い方ということであり、また「古典仮名遣い」は、日本語の音韻と、それを表わす仮名との間に一対一の対応が保たれていた時期に行なわれていた仮名遣いのことを指しており、これらは「仮名の使い方」に関わる呼称ではあるが、狭義の「仮名遣い」にはあたらない。狭義の「仮名遣い」は日本語の音韻と、それを表わす仮名との間に一対一の対応が保たれなくなった時期において設定される概念である。音韻は減少していったため、結果的に仮名が「余る」こととなり、この余った仮名をどのように使うかということが狭義の「仮名遣い」になる。余った仮名をどのように使うかということについて、規範、もしくはそれにちかいものを定めると、それは「仮名の使い方の規範」ということになるが、これも「仮名遣い」と呼ばれる。「定家仮名遣い」「現代仮名遣い」はそうした「規範としての仮名遣い」にあたる。また、ある文献の仮名の使われ方を観察し、整理すると、その文献の「仮名の使い方」を提示することができる。文献の書き手に着目すると、藤原定家の書いた文献の「仮名の使い方」や井原西鶴の書いた文献の「仮名の使い方」ということになるが、これが「藤原定家の仮名遣い」「井原西鶴の仮名遣い」ということになる。これはいわば「実態としての仮名遣い」ということになる。また、もともとは音韻と仮名との間に一対一の対応が保たれていたのであって、それは（厳密にはそのようなことはできないが）発音のとおりに仮名を使うということであって、これを「表音的表記」とみることができる。つねに「表音的表記」をめざせば、余った仮名をどのように使うか、すなわち「仮名遣い」は問題にはならないことになる。

右で述べたことをふまえた上で、簡略な表現を採るとすれば、「仮名遣い」とは、「日本語を仮名のみで書くにあたって、どのように仮名を使うか」ということだといってよい。「和語」「漢語」の総称が「日本語」で、（漢語以外の）「外来語」は「仮名遣い」の埒外にあるとみることにする。また、例えば「オモウ」という語を漢字仮名交じりで書く場合に「思う」と書くか、「思ふ」と書くかということも広義の「仮名遣い」にはあたるが、「仮名遣書」を採りあげる本書においては、ひとまず「仮名遣い」を「仮名のみで日本語を書く」ということに絞っておくことにする。

「仮名遣い」を「日本語を仮名のみで書くにあたって、どのように仮名を使うか」と定義すれば、「仮名遣書」は、「日本語を仮名のみで書くにあたって、どのように仮名を使うかについて記された書物＝テキスト」ということになる。一つの書物＝テキストの一部に、「日本語を仮名のみで書くにあたって、どのように仮名を使うか」ということが記されている場合は、その部分のみを「仮名遣書」とみなすことはできなくはないが、原則としてそうした場合は「仮名遣書」とはみなさないことにする。「日本語を仮名のみで書くにあたって、どのように仮名を使うか」ということを（稿者の判断において、ということになるが）一義的にテキスト作成の目的としていると思われるものをまずは採りあげていきたい。それは現代人の眼にそうみえるということよりも、そもそうした書物＝テキストとしてまとめられたという、テキストとしてのまとまりを重視したいためである。

ただし、「仮名遣書」として認められないと判断した書物についても、従来の研究の中で、「仮名遣書」として採りあげられている場合は、問題提起という意味合いで採りあげることがある。

仮名遣いと仮名遣い説

ここでは「仮名遣いに関わる何らかの言説」を「仮名遣い説」と呼ぶことにする。「言説」であるので、固有名詞として明らかになっているかどうかは措くとして、その「言説」の提唱者が存在することになる。つまり「仮名遣いに関わる、ある人物が主張している、何らかの言説」が「仮名遣い説」ということになる。この場合の「主張」は文章のかたちを採っていなくてもよく、単なる用例集のようなものであっても、「そこに挙げられている語例のような仮名遣いをする」という「主張」とみることができる。

従来は右のように考えた場合の「仮名遣い説」と「仮名遣い」とが区別されていなかったと考える。拙書『かなづかいの歴史』においても、このことについては述べたが、本書のテーマにも深くかかわることがらであるので、できるだけ重複しないようにして、ここでも必要なことについては述べておきたい。

国語学会編『国語学大辞典』（一九八〇年、東京堂出版）の見出し項目「定家仮名遣」は冒頭に「仮名遣とは、区別すべきものと考えられる一定数の仮名を正しく使い分けることをいう。その最初に世に行われたものが、定家仮名遣で、具体的にはイロハ歌の四十七字を使い分けることであった」（六一二頁第二段）と述べられている。

右には「仮名遣とは、区別すべきものと考えられる一定数の仮名を正しく使い分けることをいう」とあって、「正しく」ということが述べられている。ある「仮名遣い」が「正しい」かどうかを話題にするならば、「正誤判定のための基準」がなければならない。例えば、滝沢馬琴が書いたことが確実な文書があったとする。その文書の「仮名遣い」が「正しい」かどうかは、何らかの「基準」に照らさなければ判定することができない。例えば、仮名と音韻との間に一対一の対応が成り立っていた時期の書き方を「古典かなづかい」と呼ぶことにして、その「古典かなづかい」を「基準」にすれば、「おもふ（思）」は正しく、「おもう（思）」は誤っている、と判定できる。しかし、何も「基準」を設定しなければ、滝沢馬琴が書いた文書の仮名遣いは「滝沢馬琴の仮名遣い」であって、その「正誤」は話題にはできない。先に引用した見出し項目の言説には、根底に何らかの「基準」があるようにみえる。「基準」は限りなく「仮名遣い説」にちかい。つまり、右の見出し項目の言説においては、「仮名遣い」と「仮名遣い説」とが初めから（といっておくが）截然と区別されていないのではないだろうか。

続く「その最初に世に行われたものが、定家仮名遣で」という言説の「その」には「仮名遣」が入るのであろうから、それを入れてみれば、「仮名遣の最初に世に行われたものが、定家仮名遣で」ということになる。「仮名遣の」と始まる文は「仮名遣い」について話題にしているはずで、いかなる人物が書いたかが明らかでなくても、「仮名遣い」を話題にすることはできることからすれば、「仮名遣いの最初に世に行われたものが、定家仮名遣で」という言説は不可解なものとなる。

例えば、現在出光美術館に蔵されている、伝西行筆『中務集』は平安末期頃の写と考えられているが、この『中務集』は（いかなる人物が書いたものか、固有名詞は不明であるので、「定家仮名遣」のような呼称を与えることはできないが）その平安末期頃の人物の「仮名遣い」で書かれているとみることができる。別のいいかたをすれば、この

『中務集』の「仮名遣い」を整理すれば、「出光美術館蔵『中務集』の仮名遣い」がわかる。これは藤原定家（一一六二～一二四一）よりも前の時期に書かれた文書の「仮名遣い」ということになる。

〔『下官集』は仮名遣書か〕

以下も拙書（二〇一四）で述べたことであるが、必要なことがらに限って、ここでも述べておきたい。藤原定家が著わしたと考えられている書物に『下官集』とよびならわされてきたテキストがある。仮名遣書の歴史についての記述はほとんどすべて、このテキストについての記述から書き始められてきた。

『下官集』についての検証はずっと継続されてきている。浅田徹は「下官集の定家─差異と自己─」（『国文学研究資料館紀要』第二十七号、二〇〇一年）において、『下官集』が具体的に示している語句を検討し、『下官集』を「勅撰集（それもほぼ詞花集まで）書写のためのマニュアルと見ても大きく逸脱するところはない」と述べ、さらに定家の『顕註密勘』、『三代集之間事』との類似を指摘し、「勅撰集の写本作成を、歌道家の人間の聖なる務めの一つと意識するようになった」定家が、「他者との差異を」「一つ一つ根拠付けて」いったものが『下官集』であると述べる。首肯できるみかたであると考える。

つまり藤原定家は『下官集』を仮名遣書として著わしたのではないことになる。その一部に、仮名遣いに関わる記述はみられる。しかし、テキスト全体は仮名遣書ではない。現代人が、その「仮名遣いに関わる記述」のみを抽出して、その記述に関して仮名遣いと関連づけながら何かを述べることはできる。しかし、『下官集』を仮名遣書としてみることは適当ではないと考えるので、本書においては、『下官集』を直接的には扱わなかった。

〔仮名遣書を必要とする文字社会について〕

先に述べたように、「日本語を仮名のみで書くにあたって、どのように仮名を使うか」ということを一義的にテキスト作成の目的としていると思われる」書物＝テキストを仮名遣書とみた場合、「日本語を仮名のみで書く」ということについて充分に考えておく必要がある。そもそも、日本語の音韻と仮名との間に一対一の対応が保たれていた時期には、仮名遣いそのものがない。音韻と仮名との間に一対一の対応がなくなってきていることがいつ頃から言語使用者に意識され始めたかを推測するのは難しい。西暦一〇〇〇年頃におこったと考えられている「ハ行転呼音現象」が大きな音韻変化であったことからすれば、このあたりを境にして、音韻と仮名との乖離が徐々に意識され始めたと推測することは（ごく常識的な推測ではあるが）ひとまずは許されよう。ここでは、この西暦一〇〇〇年頃を一つの目安として前提しておく。

西暦一〇〇〇年より前に書かれていることが確実で、テキスト成立時にどのように書かれていたかがほぼわかっているテキストとして『土左日記』を採りあげて説明をしておきたい。

『土左日記』のように、漢語をあまり使わずに構成されているテキストは、（漢語は漢字で書くのが常態とみるとして）和語に漢字をあてなければ、かなりな程度仮名で書くことになる。そうしたものを「仮名文」と呼ぶことにする。「漢語は漢字で、和語は仮名で書く」ということが徹底していれば、漢語をあまり使わずに構成されている、と定義した「仮名文」は仮名勝ちに書かれることになる。しかし、『土左日記』の諸写本をみれば明らかであるが、例えば、室町期に書写された松木宗綱本をさらに書写した日本大学図書館蔵本は、かなりな数の和語に漢字をあてている。それは自然なことと思われる。藤原定家が書写したテキストもかなりな数の和語に漢字をあてている。そのことからすれば、鎌倉期、室町期においては、和語にも漢字をあてるようになっていた。ただしそれは、いうまでもなく、「漢字を使うことができる」というリテラシーを備えている場合である。「漢字を使うことができる」というリテラシーにも幅がありそうで、中国語に通じていて、そのことを背景にして「漢字を使う」という場合もあれば、ある程度「漢字と日本語とを結びつけることができる」という場合もあろう。

そうした、漢字に関わるリテラシーが不十分な場合においては、鎌倉期、室町期であっても、仮名勝ちに書くことになる。しかし、「漢字に関わるリテラシーが不十分」であるような文字社会は、結局は漢字や仮名によって、なんとか日本語を文字化するという程度の文字社会で、そうした文字社会において、仮名でどのように書くかということに関わる規範意識のみがたかいということは考えにくい。ただ、そのような文字社会では仮名遣書は必要とされていなかった、ということを証明することも実は難しいので、やはり、ごく常識的な推測にとどまるといわざるを得ないが、しかしそのように考えて大過ないと考える。

そうであれば、どのような文字社会において、仮名遣書が(切実に)必要とされていたと考えればよいのだろうか。そもそも、「切実」であったのかどうか。

近時、屋名池誠は、「近世通行仮名表記」(『近世語研究のパースペクティブ』二〇一一年、笠間書院)において、江戸期の仮名遣いに関して、「書き方 対 語形」が「多 対 一」というかたちの「多表記性表記システム」下にあるとの指摘をしている。これは例えば、仮名で「いへ」と書いても「いゑ」と書いても、どちらも「イエ(家)」という語形に対応しているということで、現代のように、「一つの語形にはただ一つだけの書き方を認める」という「唯一性表記システム」を一方に置くと、一見無秩序にみえるが、システムとして機能できることを指摘したもので、首肯できる。そしてそうした「多表記性表記システム」は室町期頃にもみられるのではないだろうか。

江戸期が屋名池誠の指摘するように、「多表記性表記システム」下にあり、そのシステムによって、充分に情報交換ができているのであれば、重ねて「唯一性表記システム」を標榜する必要がない。つまり、ある語の「仮名遣い」を一つに定めようとする必要がないことになる。

契沖の著わした『和字正濫抄』は、「定家仮名遣いに誤りのあることを述べ」「みずからの説く仮名遣いの例を示」し、さらに「自己の仮名遣いが平安時代初期以前の、仮名遣いの混乱しない時期の古典によりどころを求めていることを示し」(『日本語学研究事典』二〇〇七年、明治書院、「和字正濫抄」の項目)た書であると説明されることが多い。『和字正濫抄』については、本書第五章で改めて述べるが、『和字正濫抄』が江戸期に実際的に使うということを意識した書物であるとすれば、契沖は「多表記性表記システム」に満足していなかったことになる。しかし、『和字正濫抄』が実際的に使うための「かなづかい」を示すために書かれたのではないという可能性も考えておく必要がある。江戸期に実践するということとは離れたことがらの主張であった場合も検証しておかなければならないはずで、第五章ではそうした検証を試みる。

先に「「多表記性表記システム」は室町頃にもみられるのではないだろうか」と述べたが、室町期に書かれた文献で、同じ語が、ある文献Xでは「たましい」と書かれ、別の文献Yでは「たましひ」と書かれているという例を見出す事はたやすい。ある文献X内でも同一語の書き方に「揺れ」があることもあろうし、X内では一つの書き方であったとしても、Yではそれと異なる書き方をするという例は、いわばいくらでもある。

このことを一つの文献という局所的な観点からみれば、文献内に「揺れ」がない文献は整斉と書かれた文献にみえ、「揺れ」を内包している文献はそうではない文献とみえる。しかし、文献を百集めて、百の文献をひとまとまりとみた場合は、おそらくその百の文献がどの語に関しても「揺れ」をみせないということはないであろう。むしろ、この語も「揺れ」ているし、この語も「揺れ」ている、という状況になる。今ここでは具体的な文献名をだしていないので、抽象的な言説にみえてしまうであろうが、これは、今までに蓄積されてきている、さまざまな文献についての仮名遣い調査をみればすぐにわかる。

そうだとすれば、ひろい範囲においては、統一的な仮名遣いはなかなかみられないことになる。ある時期から

「多表記性表記システム」下にあったのではないかという検証は今後の課題であると考える。となれば、ますます「仮名遣書を必要とする文字社会」はどのような文字社会であるかということについて考えておく必要がある。それと同時に現代人の眼に仮名遣書とみえる書物＝テキストをどのようにとらえればよいか、そしてそれがどのような目的をもって編まれたのか、ということについても今一度考えておく必要があろう。

〔仮名遣書を辞書体資料としてとらえる〕

稿者は「ある文献から情報を抜き出して「編集」するといった「操作」が行なわれている、すなわち何らかのかたちで情報の取捨選択が行なわれている文献を「辞書体資料」とまず呼び、それに対して、そうしたことが行なわれていない文献を「非辞書体資料」と呼」（『消された漱石』二〇〇八年、笠間書院、五五頁）んできた。この「みかた」をあてはめれば、仮名遣書は「辞書体資料」ということになる。

本書では仮名遣書を「辞書体資料」とみることを視野に入れておきたい。仮名遣書を仮名遣書とみて、「仮名遣書の歴史」の中に定位させることは当然のことといってよい。従来はそのように仮名遣書を論じてきていると考える。「仮名遣書の歴史」は「日本語の歴史」の中にあることは自明のことではあるが、しかしそうしたはっきりとした、積極的な認識のもとに仮名遣書は観察されてきているだろうか。Aという仮名遣書の次にBという仮名遣書が出現し、それぞれはこのような特徴をもっている、というみかたがされてきているのではないか。「日本語の歴史」という枠組みの中に「仮名遣書（の歴史）」を過不足なく定位するためには、仮名遣書が成った時期の日本語とその仮名遣書との間に、どのような「回路」が形成されている（あるいはされていない）かということを何らかのかたちで確認する必要があろう。そしてまた、仮名遣書に歴史と呼ぶことができるような変遷がありそうな場合、それが歴史と呼ぶことができるものであるのかどうか、についても一度は検証しておく必要があると考える。

右で述べたことは、それぞれに大きなテーマであり、現時点において、稿者が述べることには限りがあるが、できる限りのことを述べていきたい。

本書においては、ここまで述べてきたことと併せて、仮名遣書を一つの文献とみた場合に、そこから日本語に関わるどのような情報が得られるか、ということについても考えていきたい。こうしたことについて考えるにあたっては、仮名遣書がどのようなものとして編まれたか、ということを離れる場合もあることになろう。

仮名遣書という一つの分野を形成する書物＝テキストがまずある。具体的な書物＝テキストとしてはこのようなものがある。その特徴はこのようなことである。というような言説が、従来の「国語学史」の記述であったように思う。そうした言説は、仮名遣書があることを自明のこととしてスタートしているようにみえる。そうではなく、まず仮名遣書ということ自体について考え、それがどのような文字社会において求められていたのかということについても、ひとまずは考えるというように、できる限り遠い位置からも観察をしながら、仮名遣書について述べていくようにしたいということも本書における試みの一つである。

本書では、先に述べたように、『下官集』を仮名遣書とみなさないので、第一章では、まず『仮名文字遣』を採りあげることにする。(1)

第一章　『仮名文字遣』

〔『仮名文字遣』諸本について：版本〕

現在確認できる『仮名文字遣』のテキストは少なくない。江戸期には、慶長頃に刊行されたと目されることから「慶長版本」と呼ばれるテキスト、正保五（一六四八）年の刊記をもつテキスト、万治二（一六五九）年の刊記をもつテキスト、元禄十一（一六九八）年の刊記をもつテキスト、享保二十（一七三五）年の刊記をもつテキスト、寛政三（一七九一）年の刊記をもつテキスト、刊記のないテキストなどが出版されている。版本については石川直美「『仮名文字遣』について―諸本との相違の実態―」（東京学芸大学国語国文学会『学芸国語国文学』第十五号、一九七九年）が詳しい。

この石川直美の調査からは、慶長以降に出版されたテキスト間に小異はあっても、いずれのテキストも「慶長版本」とちかいものであることが窺われる。そうであれば、『仮名文字遣』のテキストとしての「成長」は「慶長版本」までで完了していたといってもよい。もしも、江戸期には、「江戸期の要求」というものがあったとすれば、そうした「要求」が刊行されるテキストに反映すると思われる。版型が概して小型になっていることにはあるいは注目しておくべきか。『節用集』を引き合いにだすのは、尾籠の沙汰ということになろうが、江戸期に刊行された『節用集』が厚冊のものと、ハンディなものとに、いわば二極化したことを一方におけば、『仮名文字遣』は（この書名のもとでは）厚冊の方向には向かわなかったということになる。

図1は「万治二年版」の奥書であるが、「林傳左衛門板行」とみえており、石川直美（一九七九）における⑥（1）のテキストにあたる。石川直美（一九七九）は「万治二年版」で、「谷岡七左衛門板行」とある一本（⑥（2））も紹介している。以下本書において、特に所蔵者、所蔵機関を示していないテキストはすべて稿者所持本である。**図2**は「寛政三亥歳九月吉日／彫工　藤田金六／東都書肆　池之端仲丁　高橋与惣次板」（「／」は改行箇所。

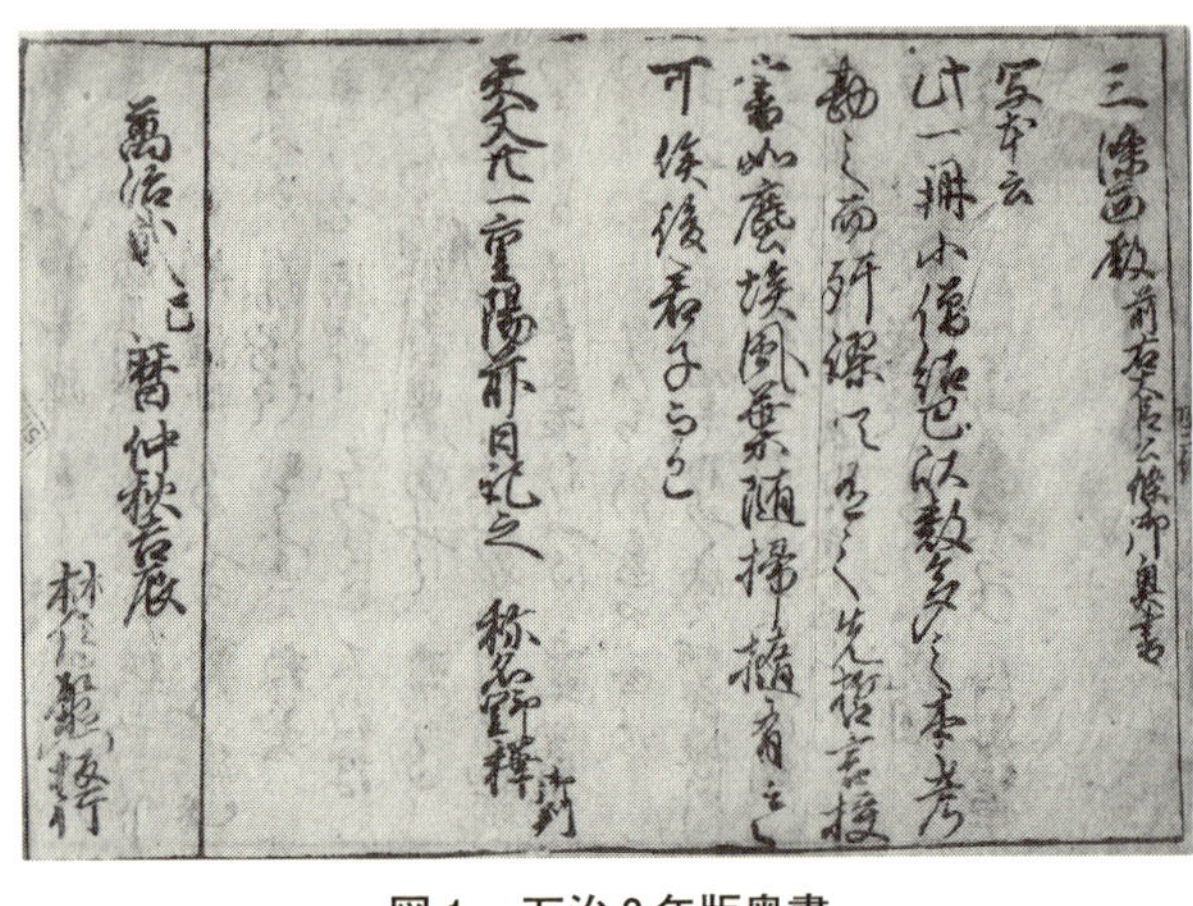

図1　万治2年版奥書

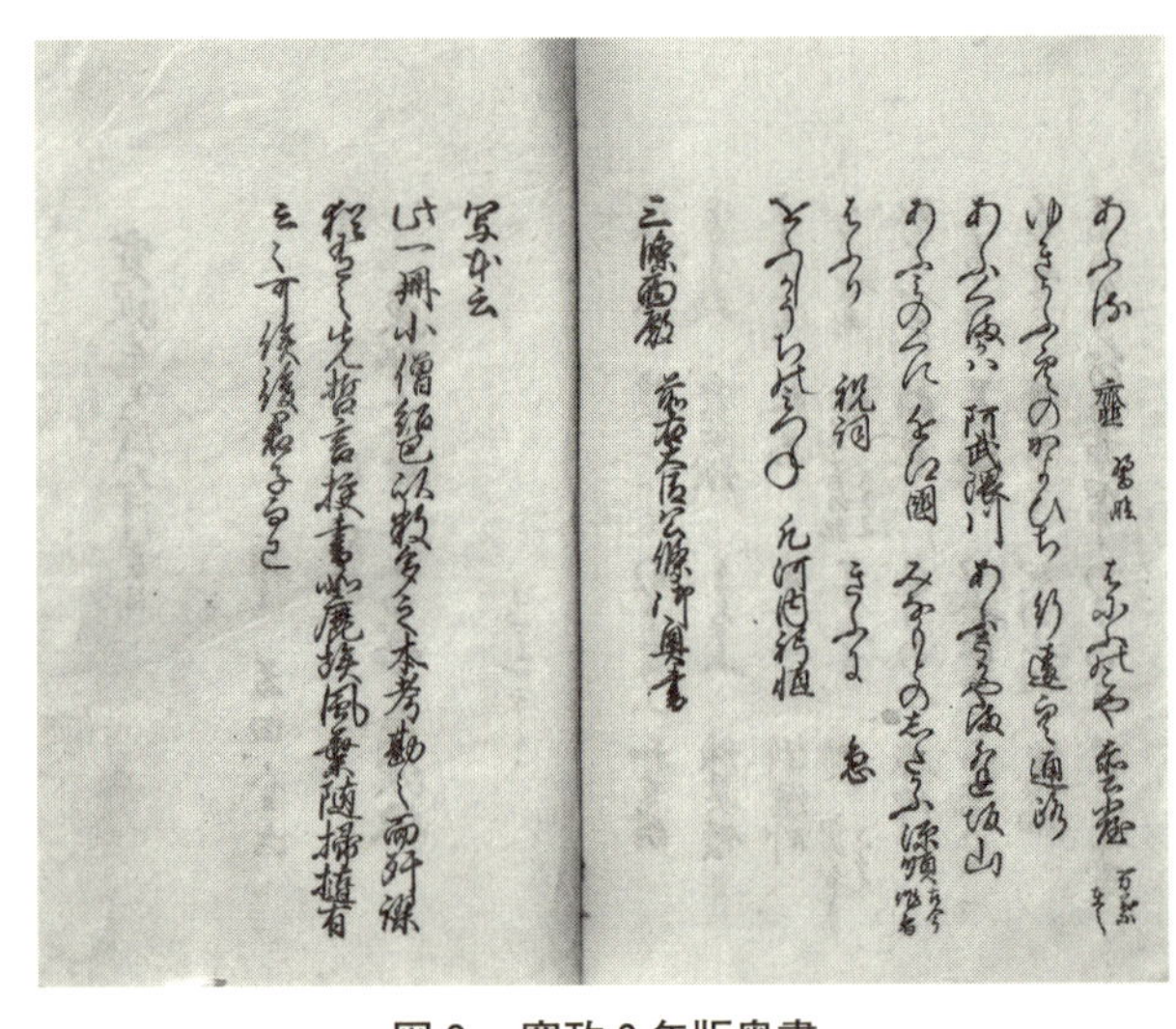

図2　寛政3年版奥書

以下同。）とあるテキストで、これは石川直美（一九七九）における⑧（2）にあたる。石川直美（一九七九）においては、「寛政三年版」として他に、「芝神明前　岡田屋嘉七」とある一本（⑧（1））、「本石町十軒店　英平吉」とある一本（⑧（3））とを紹介している。同じ刊行年時を刊記に示しているテキストにも複数のテキストがあることからすれば、印刷は重ねられていたことが推測される。

石川直美（一九七九）は最後に「これらのことは、『仮名文字遣』＝定家かなづかいと称されているものが、実態としては互いに異同があり、不統一であることを示している。そして、その中には、『仮名文字遣』が伝えられていく過程においての、かなづかいの変化という要素が含まれているのではないだろうか」と述べる。石川直美（一九七九）は、写本四本を含んで、十一本について考察しているので、右の言説には、写本と版本のあり方の違いが含まれているともいえる。

ただ、例えば、「実態としては互いに異同があり」という言説は事実を述べているといえる一方で、微視的＝虫瞰的にみた「異同」は鳥瞰的にみた場合にも、「異同」と呼べるような違いであるのかどうか。そして「かなづかいの変化」という表現も、たしかに『変化』していることは事実ではあろうが、それをわざわざ「変化」と（鳥瞰的にも）認めるべきであるのかどうか。それらを含めて言説を構築する必要があろうし、そこまでを含めた枠内で発言をする必要があると考える。(2)

〔『仮名文字遣』諸本について：写本〕

写本としては、山田孝雄が『仮名遣の歴史』（一九二九年、宝文館出版）において「余が蔵する本」（三十五頁）として紹介した、奥書に「文安四年八月日　行年三十九　忠通在判」とある、「文安四年本」（1）を初めとして、赤堀又次郎が『語学叢書第一編』（一九〇一年、東洋社）で紹介している、『仮名文字遣』が終わった後に「三條西殿前右大臣公條御奥書／寫本云／此一冊小懀紹巴以數多之本考勘之而舛謬猶有之先哲言校書如塵埃風葉随掃捶有云々可俟後君子而已／天文廿一重陽前日記之　称名野釋　御判」とあり、それに続いて「文安本奥書に云／此双子、以證本不違一字書寫之、依左衛門尉藤原氏保所望、經年月者也、眞實早筆之躰多憚／平常縁花押」とあり、「定家卿仮名遣少々」「人丸秘抄」が続き、その後に「文明十年二月八日書寫畢／以　禁裏御本書之／按察使　藤原親長」とあるところから「文明十年本」と呼ばれている本（2）、[3] 東京大学国語研究室蔵本で「文明十一年己亥南呂廿三日　現春之／□□花押」（□は文字不分明箇所。以下同。）と奥書にある「文明十一年」（3）、大野晋が「仮名遣の起源について」（『国語と国文学』十二月号、一九五〇年）で紹介した京都大学国語研究室蔵本である「文明十二年本」（4）、国文学研究資料館所蔵の「明応四年本」（5）、京都大学国語研究室蔵本である「明応九年本」（6）、京都大学国語研究室蔵本である「永禄四年本」（7）、東京大学国語研究室蔵本の「永禄九年本」（8）、陽明文庫蔵の「文禄四年本」（10）などが知られ、分析の対象となってきている。また石川直美（一九七九）は、故鈴木真喜男蔵本を紹介している。[4] これらの他に、さらに幾つかのテキストを加えて、左に示す。影印が刊行されているものに◎を附した。3と13とは駒沢大学国語研究資料第二『仮名文字遣』（一九八〇年、汲古書院）に、9は『古辞書研究資料叢刊』第十一巻（一九九六年、大空社）に、10は陽明叢書国書篇第十四輯『中世国語資料』（一九七六年、思文閣出版）に影印が収められている。末尾の数字は岡田薫「『仮名文字遣』諸本の系統について」（『立教大学日本語学研究所年報』第八号、二〇一一年）に示されている見出し項目数。『古辞書研究資料叢刊』第十一巻附載の「仮名文字遣解題」は1の「収載語数」を一四〇一、10のそれを一一三六としており、小異がある。また『仮名文字遣』解題は文禄四年を西暦一四九五年（実際は一五九五年）とするために、諸本の順番が通常とは異なっている。[5]

1　文安四年本　山田孝雄旧蔵（富山市立図書館山田文庫蔵）　一四二一

2　文明本（東常縁本）　語学叢書第一編　現在所在不明

◎3	文明十一年本	東京大学国語研究室蔵本	一〇八〇
4	文明十二年本	京都大学国語研究室蔵本	一〇五〇
5	明応四年本	国文学研究資料館蔵本（橋本進吉旧蔵）	一七六五
6	明応九年本	京都大学国語研究室蔵本（隆量卿仮名遣）	一九一六
7	永禄四年本	京都大学国語研究室蔵本	一七五九
8	永禄九年本	東京大学国語研究室蔵本	一一三四
◎9	天正六年本	駒沢大学図書館洗足文庫蔵	一七〇一
◎10	文禄四年本	陽明文庫蔵本	一九四四
11	慶長七年本	清泉女子大学附属図書館蔵本（亀井孝旧蔵）	
12	慶長二十年本	京都実相院蔵本（後陽成天皇宸翰書写本）	一八四四
◎13	慶長版本	国立国会図書館蔵本	一八八一

右の他にも、永禄十二年の奥書をもつ本や、幕末土佐藩士小畑氏旧蔵本として紹介された慶長頃書写と目される本が書肆の目録に掲載されたことが指摘されている。[6] また遠藤和夫「『仮名文字遣』についての一考察―新出本をめぐって―」（『和洋女子大学紀要』第二十九集（文系編）、一九八九年）にも書写年時不明の一本が紹介されている。また岡田薫（二〇一二）は国文学研究資料館蔵「伊達本」、公益財団法人阪本龍門文庫所蔵の『假名遣秘抄』と名付けられた一本を紹介している。後者については、「阪本龍門文庫善本電子画像集」がWeb上にて公開されている。稿者もこの電子画像を使用させていただいたことをここに明記し、学恩に感謝申し上げる。

この『假名遣秘抄』には「写本云／此本者洛陽平井入道之助誂他筆／書写之境節有人連写取畢□以／不可普通云々／応永五年戊寅孟夏□相伝之」（「寅」は「刀」と書かれているが、これは「刁」を誤った、またはそれと通用させたものと思われるのでひとまず「寅」と翻字しておく）とまずあって、丁を変えて「又□／写本者広本也今抽細々所用可有御秘／蔵」とあり、行を変えて「文正元年丙戌五月十二日」とあり、さらに行を変えて「于時文明拾二年五月□□以右本摸之了」とあり、行を変えて「宗順」とあって朱筆で花押が書かれている。現在『仮名遣秘抄』と名付けられているこのテキストのもとになった本＝書写原本に、「此本者洛陽平井入道之助」以下応永五（一三九八）年云々の奥書があり、その書写原本が「広本」であったがそこから抽出をした抄本であるという書写奥書が、文正元（一四六六）年に書かれ、その本を文明十二（一四八〇）年に写したのがこの『仮名遣秘抄』とみるのが自然であろう。

右においては、テキストの呼称は、これまでの呼称をできるかぎり踏襲した。しかし、呼称についても今後は整理する必要があると考える。例えば、1の山田孝雄旧蔵本は「文安四年本」と呼ばれてきた。しかし、この「文安四年」は山田孝雄が『仮名遣の歴史』（一九二九年、宝文館出版）において述べているように、「薄墨にて」「後に記入」されたものであって、だからそれをこのテキスト固有の特徴とみて「文安四年本」と呼ぶということも理解できなくはないが、このテキストが本来的に備えていた奥書は「此本之類希有也　尤重寶可秘令一考／天文二十一壬子歳卯月二十八日寫之」であって、そこには「天文二十一壬子」とある。天文二十一年は西暦一五五二年で、文安四（一四四七）年とは百年以上の隔たりがある。この天文二十一年は、『語学叢書第一編』に紹介された「文明十年本」「文禄四年本」「慶長版本」の奥書にみえる年紀でもある。いずれにしても、1には天文二十一年という年紀がみえているのであり、テキストの書写は天文二十一（一五五二）年以降であることはいうまでもなく、このテキストを「文安四年本」と呼ぶことは必ずしも適切とはいえないと考える。

2は現在所在不明であるので、『語学叢書第一編』の翻字及び解題によって推測する他はないが、このテキストの末尾にある「文明十年二月八日書写畢／以　禁裏御本書之／按察使　藤原親長」は、「人丸秘抄」の奥書とみるのが自然であろう。なぜならば、註12で述べるように、「定家卿仮名遣少々」と「人丸秘抄」を附録するテキスト、例えば6の「明応九年本（隆量卿仮名遣）」においては、右とほぼ等しい奥書が「人丸秘抄」の終わった後に記され、丁を改めて、「此一冊以秘本写之頗可備後／代證本者哉料紙軽追而需／筆者可誂清書而已／明応九年庚申夏五月書写畢／倉部下部朝臣（花押）」とある。このテキストはこの奥書をもって「明応九年本」と呼ばれているのであって、その点においても、テキストの呼称が一貫しない。テキストの呼称がそのまま当該テキストの書写年時を示すわけではないので、従来使われてきた呼称を踏襲することによって、誤解を回避することも大事であるが、混乱や誤解を避けるという意味合いも含め、テキストの系譜的聯関の追求に伴なって、呼称についても検討する必要があるのではないだろうか。

〔清泉女子大学附属図書館蔵「慶長七年本」〕

右に11として掲げた清泉女子大学附属図書館蔵「慶長七年本」について少し述べておく。次頁の**図3**は序の末尾、**図4**は奥書である。奥書は次の丁の「三條大納言實條卿以本校合／栄受院殿御遺物」に続く。この『仮名文字遣』は、本書に影印として附載した二つの『新撰仮名文字遣』とともに、清泉女子大学附属図書館が購入したもので、三本とも亀井孝旧蔵本である。

奥書には「右此仮名遣文字不紕間少々／雖改未越度耳可在之者也／于時慶長第七壬寅八月下旬七　是庵」（「寅」は実際には「刀」とある）とあって、ここに「慶長第七壬寅八月下旬七」とあることをもって、このテキストを「慶長七年本」と呼ぶこととする。「是庵」「栄受院殿」については現時点では知るところがない。

序末には「私云同字類多以書聯之似翰墨之費仍省略／之訖所謂青苔青葛青柳等以青一字可准知之歟」と記されている。遠藤和夫「『仮名文字遣』についての一考察―新出本をめぐって―」（『和洋女子大学紀要』第二十九集（文系編）、

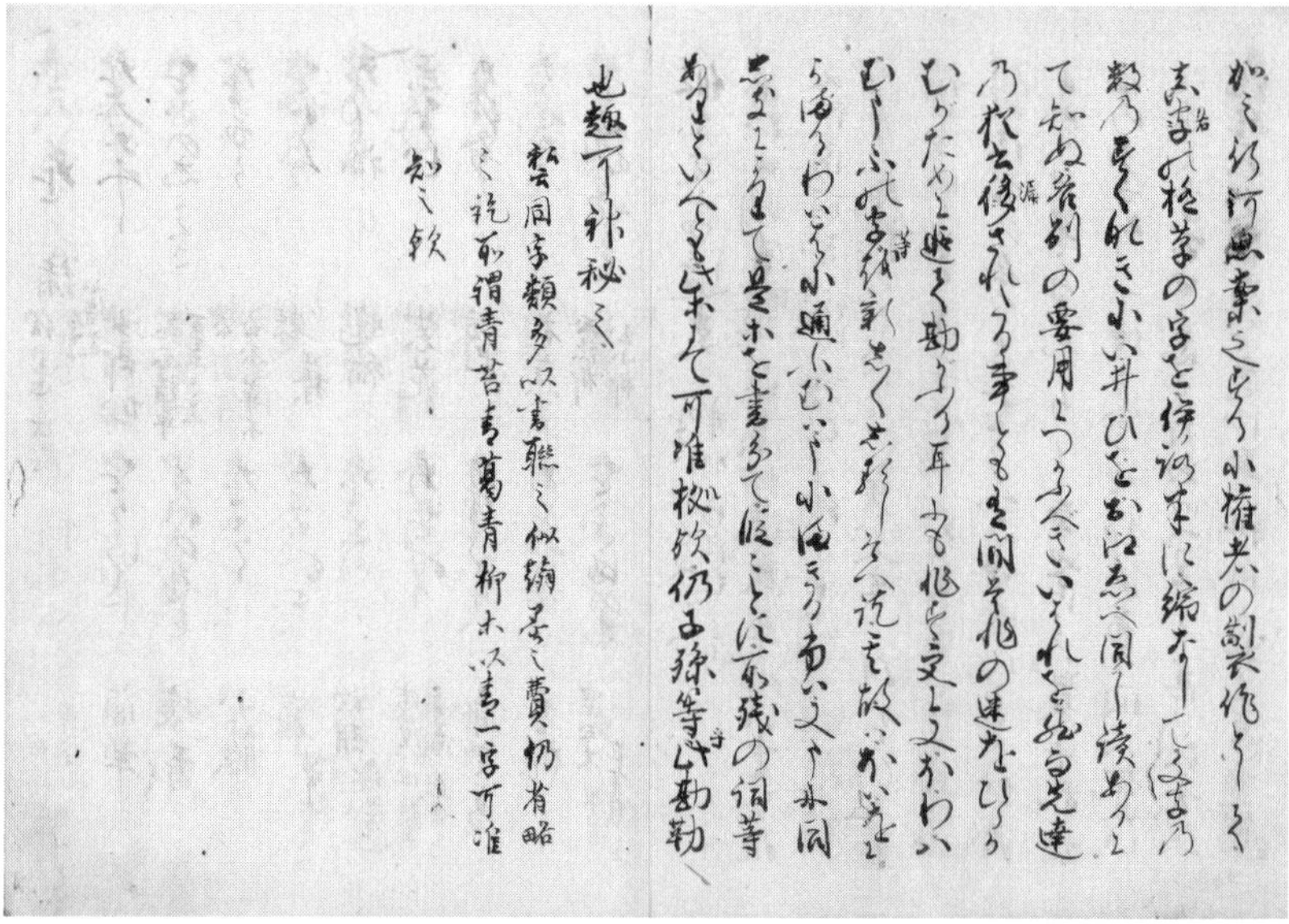

図3　清泉女子大学附属図書館蔵「慶長七年本」序末

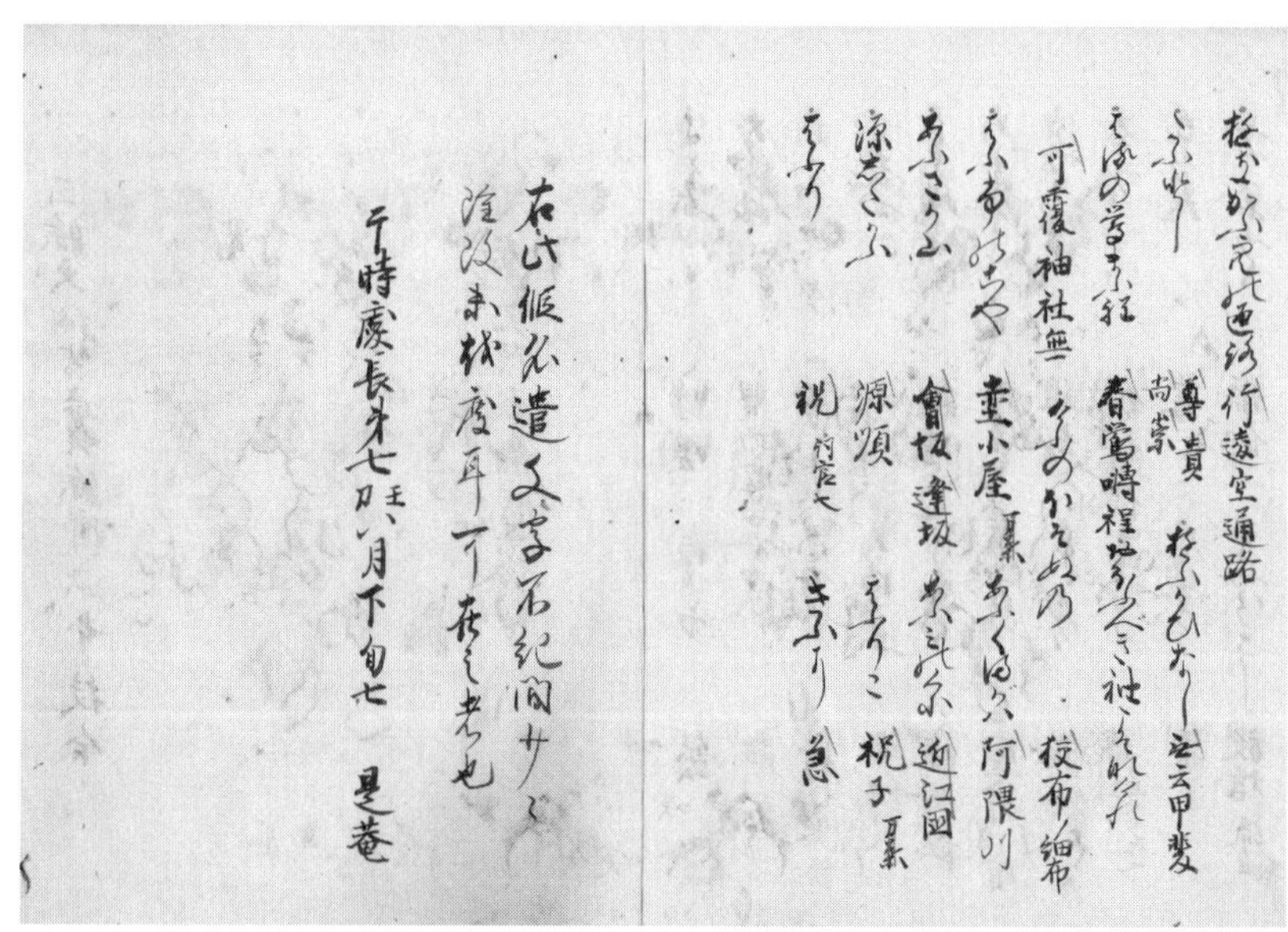

図4　清泉女子大学附属図書館蔵「慶長七年本」奥書

一九八九年）に紹介されている一本にもほぼ同様の記事がみられることが報告されている。

「青苔青葛青柳等以青一字可准知之歟」とあることからわかるように、幾つかの見出し項目を併せたことを述べているものと思われる。ただしこのテキストにおいては、実際の見出し項目はそのようにはなっていない。

3の「文明十一年本」には「あを」から始まる見出し項目が次のようにみられる。「青一字可准知之歟」から考えられるのは、「あを」から始まる見出し項目は一つ示せば仮名遣いがわかるから、幾つかの見出し項目をまとめて示すということであるが、左に示したようにそのようにはなっていない。遠藤和夫（一九八九）によれば、そこで紹介されている一本においては、「あをやぎ　青柳　あをつゝらなとあをの類同」とあって、「あをかつら」「あをつゝら」は見出し項目となっていないとのことであるので、こちらはそのような掲出形式を採っているかと思われる。[7]「あをや木」の「木」字は漢字として使用されているとみた。これに関わることがらについては拙書『日本語の考古学』（二〇一四年、岩波新書）において述べた。

	文明十一年本		慶長七年本	
1	あをのり	渉厘　陟釐　青苔	あをのり	渉厘　陟釐　青苔　俗用之
2	あをかつら	青防已	あをかつら	防已
3	あをつゝら	黒葛	あをつゝら	青里葛
4	あをやき	青柳	あをや木	青柳

【『仮名遣秘抄』について】

先にふれた『仮名遣秘抄』について、岡田薫（二〇一一）は「洛陽平井入道之助」を「大内に仕える武士で朝鮮出兵にも関係したことがある人物であるが、他方、連歌師救済の弟子でもある」「平井道助」とみているが、それでよいか。「入道之助」と「道助」とが同一人物であるとは、このままでは考えにくい。岡田薫（二〇一一）はこの本を「『仮名文字遣』に至るまでの諸本」の中に位置づけている。つまり『仮名文字遣』とはみていない。「『仮名文字遣』に至るまでの諸本」という表現が、どのような「道筋」を設定してのことかわかりにくいが、その諸本の中には、三藐院殿臨書『定家卿書式』（橋本進吉旧蔵、国文学研究資料館現蔵）や島原文庫蔵『下官集』などが挙げられているので、『下官集』から『仮名文字遣』へという「道筋」が設定されていると推測する。そうした「道筋」の設定については後に述べることにして、ここでは、この『仮名遣秘抄』について少し検討を加えておく。

先に述べた「阪本龍門文庫善本電子画像集」で「を部」を確認してみると、「をみなへし　女郎花」から「かきを　かきほトモ　垣生」まで七十六の見出し項目があることがわかる。例えば、文明十一年本では「を部」に一七二の見出し項目があるので、そうしたテキストと対照すると、見出し項目がかなり少ないことがわかる。文明十一年本の見出し項目との対照をしてみる。文明十一年本の「を部」の見出し項目を初めから五十抜き出すと次のようになる。上段に文明十一年本を、下段に『仮名遣秘抄』を、添えられている漢字列を省いて示した。『仮名遣秘抄』の見出し項目は出現順であるので、「をき　沖」「をとなし川　音無河」「たまのを　玉緒命也」「よつのを　四絃」のように、『仮名遣秘抄』にあって、文明十一年本にはない見出し項目も少数あるが、『仮名遣秘抄』は「文明十一年本」のような『仮名文字遣』の抄本である可能性がきわめてたかい。それは奥書に「広本」を書写に際して「抽細々」と述べられていることとも合致する。ただし、例えば文禄四年本や慶長版本においては、「をきなか河」に続いて「をとなし川」が見出項目としてあり、微視的にみた場合は、「ひとすじなわ」ではいかないことがわかる。岡田薫（二〇一一）は、『仮名遣秘抄』の「総収載数は、四五九例である」と述べ、採りあげている項目が『仮名文字遣』の方に合致する」ことを認めながら、『仮名遣秘抄』を『下官集』諸テキストとともに、「『仮名文字遣』に至るまでの諸本」のグループに入れていることは判断において一貫性がない。

	文明十一年本	『仮名遣秘抄』
1	をみなへし	をみなへし
2	をかつゝし	
3	をにのしこくさ	
4	くれのをも	
5	をけら	
6	をさゝ	をさゝ
7	をとろ	をとろ
8	あさのを	
9	をしね	をしね
10	をこ	
11	しをん	
12	あをのり	
13	あをかつら	
14	あをつゝら	あをつゝら
15	はせをは	はせをは
16	あをやき	あをやき
17	たまのを	
18	をかたまの木	

	文明十一年本	『仮名遣秘抄』
19	をそさくら	をそさくら
20	したをれ	
21	木のえたをれ	
22	たをる	花をたをる
23	たをやかなる	
24	つゝらをり	
25	しをりする道	
26	をひかせ	をひかせ
27	みをつくし	みをつくし
28	をく露	をく露
29	をやみなき雨	
30	をかへ	
31	をか	をか
32	をく	
33	をやまた	をやまた
34	をとは	をとは山
35	をくらし	
36	をくら	をくら山

	文明十一年本	『仮名遣秘抄』
37	をはつせの山	をはつせの山
38	いはくらをの	をの
39	をくるす	
40	あをによしなら	あをし
		をき
41	をたき	
42	をみのうら	
43	をしてるなには	
44	をきなか川	

	文明十一年本	『仮名遣秘抄』
		をとなし川
45	をたえのはし	をたえのはし
		たまのを
46	ことのを	ことのを
		よつのを
47	はこのを	
48	をの〳〵	
49	をのこ	をのこ
50	しつのを	しつのを

【『仮名文字遣』の抄出本】

『仮名遣秘抄』が『仮名文字遣』の抄出本であったと仮定する。そうすると、奥書から判断して文正元（一四六六）年には抄出本が存在したことになる。先に述べたように、原『仮名文字遣』の成立が貞治二（一三六三）年頃だとすれば、『仮名文字遣』成立から一五〇年ほどたった頃には抄出本がつくられたことになる。そしてそれに（いつのことかは特定できないけれども）『仮名遣秘抄』という名が付けられていた。このことから二つのことを考えておく必要がある。

まず、大野晋（一九五〇）は『仮名文字遣』に関して「あまり膨大に至らない限りは、簡約本を作る試みが為されることは少い」と述べ、「文明十二年本を現に知りうる最も原型に近い仮名文字遣と仮定」する。大野晋は「一般的事情に鑑み」と述べており、一般的に考える場合においては、この言説に否やはない。ここで述べておきたいのは、それはそれとして、一般的には考えにくいような（『仮名文字遣』の）抄出本がわりに早い時点で作られていた可能性があるということである。

例えば、慶長版本は見出し項目数をかなりな程度増補したテキストといえよう。したがって、慶長版本程度に見出し項目が増え、いわば「飽和状態」になってから、慶長版本のようなテキストの抄出本が作られるということは（一般的に）認めやすい。しかし抄出本は必ず「飽和状態」後につくられるとばかりはいえないかもしれないという可能性を『仮名遣秘抄』は思わせる。ただし、このような抄出本は他に報告されていないと思われ、こうした抄出本がどの程度存在していて、どの程度現存しているかは現時点では不明である。辞書体資料は、書写のプロセスにおいて、増補、抄出いずれも原理的にはあり得ると考えておく必要がある。

またもう一つのこととして、『仮名文字遣』そのものについてもそうであるが、特に抄出本には、『仮名文字遣』とは異なる書名が附されている可能性がある。したがって、今後、さまざまな調査の際に、『仮名文字遣』とは異なる書名の『仮名文字遣』あるいはその抄出本が見出される可能性があると考える。

そして、このことは、『仮名文字遣』が書写されていく時期においては（とひとまず限定を付けて述べておくが）、テキストに与えられる書名も、現在考えるような固有のものではなく、流動性があり、テキストそのものも、固定的、完結的なものではない場合があることを示唆する。

[貼り合わされたテキスト]

先に少しふれ、また、註12で述べるように、『仮名文字遣』の終わった後ろに「定家卿仮名遣少々」及び「人丸秘鈔」を併せているテキストが存在する。明応九年本や文禄四年本はそうしたテキストである。註12で記したようなテキストの状況から判断して、当時も「仮名文字遣」と「定家卿仮名遣少々」と「人丸秘鈔」とは別々のテキストであるという認識はあったと推測する。つまり、ある時点で、『仮名文字遣』に「定家卿仮名遣少々」と「人丸秘鈔」とがとりこまれた。あるいは比喩的な表現になるが、『仮名文字遣』がそれらのテキストを「引き寄せた」といってもよい。とりこまれたり、引き寄せられたりするのは、これらのテキスト同士に「親和性」があるからだと考える。「親和性」は、「当時のみかた」ともいえよう。「ある時点」は、臆測になるが、「人丸秘鈔」末尾の奥書に「按察使藤原親長」すなわち甘露寺親長の名前が記されていることから考えて、（漠然としたいいかたになるが）甘露寺親長（一四二五～一五〇〇）の頃とひとまずはみておきたい。後に述べるように、甘露寺親長は三条西実隆とつながりをもつ。「甘露寺親長の頃」とは、別のいいかたをすれば、連歌世界が『仮名文字遣』に接触した頃である。

複数のテキストを併せるということは、そこには、つまり連歌世界には複数のテキストが集まっていたことを思わせる。連歌世界にそのような力があったとみたい。そしてまた、テキストがこのように「貼り合わされる」ことがあったことには注目しておきたい。実際に写本として残されている、仮名遣いに関わるテキストには、紙数が五～六枚のものもあり、そうしたテキストの、テキストとしての独立性がつよくないことは容易に推測される。つまり、実際的なことを考えても、紙数五～六枚のテキスト一つをもっていれば、仮名遣いのことがすべてわかるとは考えにくい。となれば、別のテキストに遭遇すれば、それを書写し、すでに所持していたテキストと併せるということは、ごく自然な行為にみえ、そうしたことを想定すれば、（ここでは仮名遣書に関してということになるが）まとまりのあるテキスト、テキストの独立性や完結性ということについて、右のようなこともある、とみておく必要がある。

［諸テキストの系譜的聯関について］

これまでに述べてきたように、辞書体資料とみることができる『仮名文字遣』に関しては、書写のプロセスにおいて、増補あるいは抄出が行なわれる可能性もあり、現存しているテキストを一つの系譜としてつなげることが難しいことが（一般的に、といっておくが）推測される。[8]

岡田薫（二〇一二）は、①「明応九年本・文禄四年本・慶長版本が系統をなすこと」②「文明十一年本と文明十二年本の見出項目の一致率は極めて低いこと」③「文明十一年本と永禄九年本とは見出項目の一致率がたかく、同系統である可能性があること」④「永禄四年本と天正六年本とは見出項目の一致率がたかく、同系統である可能性があること」を指摘し、「文明十年本を含めた十三種の『仮名文字遣』の系統について図示」するが、なお、不分明な点も少なくないと思われる。

ここでは、諸テキストがどのように連なるかということよりも、『仮名文字遣』がどのようなテキストであるのかということがらに絞って考えていきたい。山田孝雄が紹介した「文安四年本」（現在は富山市立図書館山田文庫蔵）に文安四（一四四七）年とあることをもって、『仮名文字遣』が、現在残されているようなかたちの一つのテキストとして成った時期[9]の一つの目安としたい。

これまでに推測されているように、『仮名文字遣』の成立が、貞治二（一三六三）年以降であるとする[10]。そこから文安四年までであれば、八十年以上の時間が、文明十一（一四七九）年までであれば、一〇〇年以上の時間が経過していることになる。現在の研究においては、（当然のことではあるが）現存する何らかのテキストを起点として分析、考察を行なうことが多いが、仮に原『仮名文字遣』というものを設定するとすれば、その原『仮名文字遣』と、現存テキストとの間には、かなり相違点があることが（常識的に）推測される。

「（常識的に）推測される」とは、書写を繰り返して一〇〇年経過すれば、当然相違点が生じるだろうということと、『仮名文字遣』のように、文脈をもたない「用例集」のようなテキストの場合、（書写に際しての事故も起こりやすいであろうが、それよりも）そもそも書写者による増補修正等が行なわれやすいタイプのテキストであると思われることとの二点において推測されるということである。[11]

文安四年（あるいは文明十一年頃）から慶長頃までの一五〇年間を『仮名文字遣』増補の一五〇年間とみるのは、粗いみかたということになろうが、そうした傾向を否定することはできない。ただし、その場合でも、（現存するテキストを「観測点」とせざるを得ないが）例えば、岡田薫（二〇一一）の指摘を勘案し、（明応九年本・）「文禄四年本・慶長版本をひとまとまりと捉えて」、明応九年本より前のテキストと以後のテキストというように、一五〇年間の内部を分けてみることも考えられよう。

駒沢大学国語研究資料第二『仮名文字遣』解題（大友信一執筆）には、諸テキストの「所収用例数」の対照表が載せられている。それを参照しながら、右で述べたことを具体的に説明する。

註11で述べたように、大野晋（一九五〇）は文明十二年本を「最も原型に近い」テキストとして仮定している。今ここでは、文明十一年本を採りあげることにするが、この本の「ほ」の条下には、五十一の見出し項目がある。一方、文禄四年本の「ほ」の条下には、九十四の見出し項目がある。先の「所収用例数」があげる文明十一年本の総見出し項目数は一〇八〇、文禄四年本のそれは一九四四で、見出し項目数が五割ちかく多くなっていることがわかる。先には「文禄四年本・慶長版本をひとまとまりと捉えて」と述べたが、慶長版本の「ほ」の条下にある見出し項目数は八十六であるので、この条においては、文禄四年本と慶長版本との見出し項目数は少し異なり、かつ慶長版本のほうが見出し項目数が少ない。ちなみにいえば「所収用例数」があげる慶長版本の総見出し項目数は一八八一である。

結局、現存しているおもなテキストを、見出し項目数からみれば、「文安四年本・文明十一年本・永禄九年本」

のような見出し項目数があまり多くないテキストと「文禄四年本・慶長版本」のように見出し項目数が比較的多いテキストと二群に分かれるといえよう。

大野晋（一九五〇）は註11に引用したように『仮名文字遣』のようなテキストは「辞書化する傾向にある」と述べる。稿者の表現でいえば、『仮名文字遣』は何らかの編集が施されたテキスト＝辞書体資料ということになる。これまでは、『仮名文字遣』というテキストを『下官集』と結びつけ、あるいは『定家仮名遣』と結びつけることが多く、『仮名文字遣』という書名をもつテキストそのものの歴史、史的変遷にはほとんど日が向けられてこなかった。それはきわめて現代寄りの問題設定、すなわち現代人の興味に基づく問題設定であったといえよう。しかし、『仮名文字遣』というテキストそれそのものが、どのような文字社会において求められ、どのような人物によってどのように写され、どのように受け入れられ、どのように使われてきたのか、ということを可能な範囲で探り、それらについて考えておくことが、『仮名文字遣』というテキストを明らかにするために不必要であるはずはない。そうした面について、これまではあまりにも等閑視してきたのではないか。『仮名文字遣』がどのような変遷をしたかを探ることは、『仮名文字遣』それそのものに目を向ける第一歩ともいえよう。

［室町期における『仮名文字遣』をめぐる人々］

『仮名表記論攷』（二〇〇一年、清文堂出版）において、稿者自身、『仮名文字遣』が見出し項目としている（語の）仮名遣いと、連歌書の仮名遣いとを対照し、両者の一致率がたかいことを指摘した。その指摘が、直接的には、「（和歌）連歌世界」において、『仮名文字遣』が参照されていたことの指摘ということになることはいうまでもない。しかし、その「参照」は（そうしたことがあったという可能性を否定するものではないが）連歌張行の場に、連衆がそれぞれ『仮名文字遣』を携行していたというような具体的なことのみをいうものではない。

文禄四年本には次に掲げるような奥書がみえる。(12) これは慶長版本にもみえるものである。

三條西殿　前右大臣公條御奥書
　此一冊小僧紹巴以数多之本考勘之而舛謬猶有之先哲
　書校書如塵埃風葉随掃擿有云云可俟後君子而已
　　天文廿一重陽日記之　称名野釋　御判
仮名遣書　天正　冬　三條西殿　公條御奥書有之紹巴自
筆本以拙文書写所□之条則披見之處文字誤為繁
多及愚案分迄考字書令置終書功了其本備出以朱
此本付之猶誤不審等在之　是二本之誤無尽期者歟先
不構是非道所付重追勘可置之者也
天正　三月十九日　　　　玄旨　判
右以秘本予閑隙之透々令書写了
重而朱付校合等了（朱筆）
文禄四乙未歳霜月十八日　　梵舜

ここには三条西実隆の次男である三条西公条（きんえだ）の名前、『連歌至宝抄』を著わした連歌師里村紹巴の名前がみえる。そして、公条の子である三条西実枝（さねき）に古今伝授を授けられた細川幽斎（剃髪後に幽斎玄旨と号す。一五三四～一六一〇）の名前もある。梵舜は、吉田兼右の子、神龍院梵舜のこと。

また、右の奥書の前の丁に記されている、「人丸秘鈔　和歌文字聞事」末尾の識語にみえる藤原親長は、註12に記したように、甘露寺親長のことであるが、この親長の姉が三条西実隆の母になる。甘露寺親長は、後花園・後土御門二人の天皇に仕え、寛正四（一四六三）年の勅撰発企の際に和歌所寄人に選ばれている。そうした立場であったために、「禁裏御本」を書写することができたと思われる。

また先に「2　文明本（東常縁本）　語学叢書第一編　現在所在不明」として掲げたテキストにみえる平常縁（東常縁）は、宗祇に古今伝授をした人物として知られている。

文明十一年本や文明十二年本、永禄九年本には先に掲げたような奥書はみられない。つまり、ある時期から『仮名文字遣』というテキストの書写に連歌世界に何らかの結びつきをもつ人物が関わるようになった。連歌師が『仮名文字遣』を書写したのは、微視的（虫瞰的）には連歌世界がそれを必要とした、あるいは有用なテキストと認めたからであろう。そこには、「双方向」的な関係が成り立っていたともいえる。有用と認めたから、書写をして所持した。ということは、それが連歌実作を含む「連歌世界」で「参照」されたということを推測させる。そうした意味合いにおいては、稿者の指摘は当然過ぎることであったともいえよう。しかしまた、室町期という時期における、連歌に関わる人物、例えば三条西実隆を考えた場合、連歌ということを超えて、和歌や連歌を実作する文学的活動及び古典文学研究全般に関わるとみることもできる。したがって、鳥瞰的にみれば、「古典文学世界」が『仮名文字遣』と関わっていたということになる。そうしたことについては、拙書『大山祇神社連歌の国語学的研究』（二〇〇九年、清文堂出版）の終章「連歌世界のひろがり」において述べた。

そして、『仮名文字遣』というテキストの歴史をみわたした場合、これは、『仮名文字遣』の歴史すべてを覆うことではなく、例えば室町期以降の「できごと」であったことになる。つまり稿者が指摘したことは、『仮名文字遣』の歴史を一五〇〇年間とみた場合、その一部、室町期についての指摘であったと、現時点では考える。

〔原『仮名文字遣』を探る〕

原『仮名文字遣』がどのようなテキストであったかは不分明としかいいようがないが、ひとまずそれを（理論上の存在として）仮設する。現存しているテキストを、これまでに述べてきたように、「文明十一年本・文明十二年本・永禄九年本」のように見出し項目総数が一二〇〇以下のテキスト群と、「明応四年本・明応九年本・永禄四年本・天正六年本・文禄四年本・慶長版本」のように見出し項目総数が一七〇〇を超えるテキスト群との二つに分けるとすれば、それに原『仮名文字遣』を加え、（江戸期の版本は今措くとして）『仮名文字遣』が三つのグループに分かれることになる。これらを『仮名文字遣』として一つのものとして捉えることももちろんできるが、ここでは、三つのグループに分けて捉えてみることにする。

文明十一年本を例として、「を部」から幾つかの見出し項目を次に示す。

1　をにのしこくさ　鬼志許草　万葉
2　をしね　晩稲
3　をこ　於期　海草也
4　たをやかなる　嬋娟　窈窕
5　つゝらをり　九折　文選　文集　盤折
6　をはつせの山　万葉
7　をこたる　怠　懈　惰

右を例としながら、原『仮名文字遣』がどのようなテキストであったかについて考えてみたい。『仮名文字遣』が仮名遣書である限り、見出し項目が仮名書きされていることは当然といえよう。見出し項目はそのまま、当該語（句）を仮名で書く場合のかたちを示していることになる。本書においては、先に述べたように、『下官集』をそのまま仮名遣書とはみないが、ここでは、一つの引き合いとして、『下官集』の「嫌文字事」の条を引いてみる。

へ　うへのきぬ　不堪（たへす）通用常事也　しろたへ
　草木をうへをく　栽也　としをへて
　まへうしろ　　ことのゆへ　栢　かへ
　やへさくらけふこゝのへに　さなへ

ひ　こひ　　　おもひ　　かひもなく　いひしらぬ
　あひ見ぬ　まひゝと　うひこと
　いさよひの月　但此字哥之秀句之時皆通用

『下官集』の「嫌文字事」条に示された語句の出典については、高橋宏幸が「『下官集』用例語句出典考」（都留文科大学国語国文学会『国文学論考』第二十号、一九八四年）において詳しく検討している。そこでは、例えば「やへさくらけふこゝのへに」は『詞花和歌集』に収められている「いにしへのならの都のやへさくらけふここのへににほひぬるかな」から採られたものとみている。そのようなことが瞬時にわかる「文字社会」においては、ことさらに出典を示す必要もなく、また「やへさくら」が「ヤエザクラ（八重桜）」であることを、「けふこゝのへに」が「キョウココノエニ（今日、九重に）」であることを示す必要もないことになる。『下官集』が、示している語句に漢字列をまったく添えないわけではないが、添えられている見出し項目はむしろ少ない。それは、「そのようなことが瞬時にわかる文字社会」内に置かれたテキストであるためと考える。

[長い見出し項目]

文明十一年本には、語を超えた単位が見出し項目となっている例が少なからずみられる。例えば、「いひかいとりてけこのうつは物にもる」(い部)、「ほたるたかうとひあかる　螢高飛上」(う部)など、相応の長さをもった見出し項目が散見する。どちらの見出し項目も、文明十一年本においては、出典が示されていないが、慶長版本においては、「いひかいとりてけこのうつはものにもる　家子器　伊勢物語ニ有」「ほたるたかうあかる　伊勢物語在之」とあって、『伊勢物語』から抽出された見出し項目であることがわかる。前者は『伊勢物語』の「いまはうちとけて、てつからいひかひとりて、けこのうつは物にもりけるをみて」(二十三段)から、後者は「よふけて、やゝすゝしきかせふきけり。ほたるたかくとひあかる」(四十五段)から抽出されたものと思われる。

これらの見出し項目が『伊勢物語』から抽出されたものであることは、文明十一年本が成った時期にも当然理解されていたことと推測する。逆説的な物謂いになるが、理解されていたから、出典を示す必要がなかったともいえる。それがある時期に書き加えられた。『仮名文字遣』が『伊勢物語』から見出し項目を採っていることがわかれば、書写者が、ついでにこんな語句も加えておこう、と思うこともあろう。

例えば、慶長版本の見出し項目「うらわかみ　杪若」(わ部)は文禄四年本には「うらわかみねよけに　杪若裏若寝吉」(わ部)とみえる。この見出し項目は文明十一年本にはない。文禄四年本のような見出し項目を慶長版本のようなかたちに圧縮したということも考えられるが、この見出し項目は『伊勢物語』四十九段にみえる「うらわかみねよけにみゆる若草のひとの結はむことをしそおもふ」という和歌から採られたものと思われる。文禄四年本の見出し項目のかたちと慶長版本の見出し項目のかたちと、いずれが先行していたかは不分明としかいいようがないが、いずれにしても、文明十一年本の時点では備わっていなかったものが、いずれかの時点で『伊勢物語』から(直接ではないにしても)とりこまれたことになり、それは、そもそも『伊勢物語』から抽出されたとわかる見出し項目が『仮名文字遣』にあったことに起因しているのではないだろうか。ある程度の長さ＝言語量をもった見出し項目が原『仮名文字遣』にあったとすれば、そこには漢字列が添えられていなかった可能性もあろう。その言語量によって、掲出されている語句がどのようなものであるかがわかるからである。

しかし、まず考えておく必要があるのは、原『仮名文字遣』が、見出し項目をどのような形式にしていたかということである。見出し項目が、『伊勢物語』や『源氏物語』、『古今和歌集』といった古典文学作品テキストから直接抽出されていた場合、その抽出された見出し項目は、テキストにおいては仮名書きされている可能性がたかい。また、仮名書きされていて、その仮名書き形を見出し項目としてよい、という判断があったから見出し項目としているのだと考えれば、仮名書き形でなければならないことになる。

このことについては、従来あまり話題になってきていないと思われるが、『仮名文字遣』は仮名書き語（句）形を見出し項目としている。そしてその「仮名書き語（句）形」がそのまま『仮名文字遣』がよいと認める仮名遣いになる。『仮名文字遣』が右に述べたように、何らかのテキストから、直接見出し項目を抽出しているのだとすれば、そのテキストは『仮名文字遣』が認めるような仮名遣いで書かれていなければならない。あるいは、『仮名文字遣』が何らかの観点から「よい」と認めたテキストから見出し項目を抽出することになる。そうであるとすれば、やはり「テキストの抜き書き」のようなかたちを原『仮名文字遣』のちかくに想定しておく必要があることになる。

〔「万葉」と注記のある見出し項目〕

『仮名文字遣』が、「仮名書き語形」を見出し項目としていることからすれば、「万葉」と注記のある場合は注目される。このことについては長谷川千秋「『仮名文字遣』における「万葉」の引用」（『国語文字史の研究』六、二〇

○一年、和泉書院）が詳しく述べている。丁寧な調査に基づく論で首肯できる点が多い。

そこでは「慶長版本『仮名文字遣』からは、出典注記として、「源氏」20例、「伊勢」10例、「古今」など和歌集形11例というように平仮名文献の名が多く検出される。その一方で出典注記には、仮名遣の典拠を示すことに関わらない漢籍の注記が計28例、また真仮名表記をとる「万葉」「日本紀」がそれぞれ29例、21例とかなり多く含まれている」と述べられている。長谷川千秋が指摘するように、そもそも「万葉」と注記されていても、『万葉集』に該当する歌が存在しない場合も九例ある。あるいは「山鳥のをろのはつお　万葉ニ山鳥の雄呂乃初尾」（を部）とあっても、『万葉集』には「夜麻杼里乃　乎呂能波都乎」（三四六八番歌）とあって、書き方が一致しない例も多く、「万葉」と注記のある二十八語二十九例中五語六例は『万葉集』に該当する例がみられないとの指摘がなされている。結局はこうした記事は長谷川千秋（二〇〇二）が指摘するように、「歌学書や注釈書を経由していた蓋然性が高い」（八十三頁）とみるのが妥当であろう。

長谷川千秋は「先掲「をしてるやなにはの浦」の例が示すように、仮名遣を定めることに関して、真名の知識に基づくことはなかった」と述べている。以上の言説が主張していると稿者が推測するところを整理すると次のようになる。

1　『仮名文字遣』は仮名遣書である。

2　仮名遣書はその編纂者が、正当と認めた仮名遣いを示すことを目的とする。

3　『仮名文字遣』は「万葉」と注記した見出し項目の仮名遣いに関して、『万葉集』の漢字表記を直接参照し、それを根拠として見出し項目の仮名遣いを定めていたのではない。

右は稿者の理解であるので、これが長谷川千秋の意図するところでなかった場合は以下の行論は意義を失う。先にも少し述べたが、2の「正当と認めた」については、このような表現が、「正当」、「認めた」いずれに関しても、

『仮名文字遣』にとって過不足のないものであるかどうか判断が難しい。長谷川千秋の言説は「仮名遣を定める」ということは認めており、それを「眞名の知識」には依拠していないと述べているようにみえる。「定める」は稿者にはややふみこんだ表現、認識にみえる。仮名遣書と（現代人が）呼べるようなテキストを編纂したのだから、そこには自らが正当と認めた仮名遣いを示しているのが当然といえば当然であるので、そうした意味合いにおいて、であれば「定める」といってもよいのだろう。しかし、「定める」はいろいろと「揺れ」があったり、またはっきりとはしないという現状があって、そうした現状を鑑みて「定める」というように理解することができる。今ここでは、長谷川千秋の言説を批判するというつもりはまったくなく、その言説を手がかりにして、さらに考えを進められないかという問題提起をしている。

「正当」も、正当ではないと思われる何かがあって、それに対しての概念にみえるが、そういう認識が行阿にあったのだろうか。仮名書き語形を集めて、用例集のようなものを作るというぐらいの意識であれば、それを「正当」とまでは認識していないこともありそうで、いずれにしても、現代人の「心性」あるいは認識傾向に寄り過ぎると、『仮名文字遣』がどのようなテキストであったかということを見損なう可能性がある。

出典注記は、この時点では（といっておくが）、正当性の「根拠」として示されたものではないと考える。それは、注釈書との接触によって持ち込まれたものとみるのが自然であろう。注釈書からとりこまれたために、出典注記を備えている見出し項目があれば、元来そのような出自の見出し項目ではなくても、書写のいずれかの時点で、出典が書き加えられることもあると推測できる。「この時点では」とは、例えば『和字正濫抄』を一方においた場合、そこにみられる出典注記とはまったく意味合いが異なる、という含みである。

長谷川千秋（二〇〇一）は「萬葉語は『仮名文字遣』において解釈なしには引用しがたい語彙としてあった。したがって出典を明記した上にその解釈を漢字表記で示す必要があった。また、萬葉語には平安末期以降、作歌のために萬葉語彙の研究が盛んになるという事情が存した。『仮名文字遣』はそうした実用に応えつつ、広く仮名書き文の中で記されるべき仮名遣の規範を示すために萬葉語を収集したものと思われる」と述べている。そして何らかのかたちで『万葉集』をとりこんだことを「『仮名文字遣』の新しい試み」と表現する。「新しい試み」とみたことは首肯できる。ただしそれが「仮名遣の規範を示すため」であったかどうかということについては慎重に考える必要があろう。

[『仮名文字遣』と『和名類聚抄』]

文明十一年本には「むなき　鱸魚　順和名（以下略）」という見出し項目がある。「順和名」が源順の『和名類聚抄』を示していることはいうまでもないが、文明十一年本には、他にこうした注記をもつ見出し項目はない。しかし、『和名類聚抄』と重なる見出し項目は他にも少なからずあると思われる。次にそのように思われる見出し項目を幾つか掲げてみる。『和名類聚抄』の下の数字は、元和版での所在。「2・19裏」であれば、元和版の巻二、十九丁裏に、その見出し項目があることを示す。

『仮名文字遣』

1　あひよめ　妯娌　（ひ部）
2　あをかつら　青防已　（を部）
3　あをさは　鯖　（を部）
4　あをのり　渉厘　陟釐　青苔　（を部）
5　いたち　鼠狼　（い部）
6　いたとり　虎杖　蒢　（い部）

『和名類聚抄』

妯娌　阿比與女（アヒヨメ）（2・19裏）
防已　阿乎加豆良（アヲカツラ）（20・19裏）
鯖　阿乎佐波（アヲサバ）（19・5表）
陟釐　阿乎乃利（アヲノリ）（17・18表）
鼬鼠（鼠狼）以太知（イタチ）（18・21表）
虎杖　伊太止里（イタトリ）（20・11裏）

番号	語	表記	部
7	いぬたて	蓼　紅草	（い部）
8	いもから	萪	（い部）
9	いるか	鮃鯆	（い部）
10	いをのふえ	魚吭	（い部）
11	うりはへ	守瓜	（へ部）
12	えひかつら	蒲萄	（え部）
13	おきなくさ	白頭公	（お部）
14	おほたか	白鷹	（ほ部）
15	おほたけ	簔竹	（お部）
16	おほはこ	車前草	（お部）
17	おもつら	韆　結頭	（お部）
18	くりのいか	栗棘	（い部）
19	さいつち	柊　椞　鎚	（い部）
20	しゐね	瘤	（ゐ部）
21	しわう	雌黄	（う部）
22	すい（ママ）かつら	葱苳	（ひ部）
23	のわき	野分　暴風	（わ部）
24	はへとり	蠅虎	（へ部）
25	ひえとり	鵯　鶹	（え部）

番号	表記	仮名	所在
7	紅草	伊沼多天（イヌタテ）	（20・15表）
8	萪	以毛加良（イモカラ）	（17・14裏）
9	鮃鯆	伊流可（イルカ）	（19・2表）
10	脬	伊乎能布江（イヲノフエ）	（19・10表）
11	守瓜	宇利波閉（ウリハヘ）	（19・26裏）
12	蒲萄	衣比加豆良乃美（エヒカツラノミ）	（20・19裏）
13	白頭公	於木奈久佐（オキナクサ）	（20・7裏）
14	白鷹	於保太加（オホタカ）	（18・3裏）
15	篠竹	於保多介（オホタケ）	（20・20裏）
16	車前子	於保波古（オホハコ）	（20・12表）
17	韆頭	於毛都良（オモツラ）	（15・4表）
18	栗刺	久利乃以加（クリノイカ）	（17・12表）
19	柊椞	散伊都遅（サイツチ）	（15・13表）
20	瘤	之比禰（シヒネ）	（3・25裏）
21	雌黄	之王（シ王）	（13・12表）
22	忍冬	須比可豆良（スヒカツラ）	（20・19裏）
23	暴風	乃和木乃加世（ノワキノカセ）	（1・5表）
24	蠅虎	波倍度里（ハヘトリ）	（19・25表）
25	鵯	比衣土里（ヒエトリ）	（18・6表）

	『仮名文字遣』			『和名類聚抄』		
26	ひをむし	蜉　蝣　蜏	（を部）	蜏	比乎無之（ヒヲムシ）	（19・28裏）
27	ふみつくえ	書案	（え部）	書案	不美都久恵（フミツクヱ）	（13・10裏）
＊28	まないた	俎　切机	（い部）	俎	末奈以太（マナイタ）	（14・7裏）
＊29	むまきぬ	馬被	（む部）	馬衣	無麻岐沼（ムマキヌ）	（15・4裏）
30	むまひる	馬蛭	（む部）	馬蛭	無末比流（ムマヒル）	（19・23裏）
31	もたい	甕　樽	（い部）	甕	毛太非（モタヒ）	（16・7表）
＊32	よはひほし	流星　奔星	（ひ部）	流星	與八比保之（ヨハヒホシ）	（1・2裏）
33	ゐせき	堰	（ゐ部）	堰埭	井世木（ヰセキ）	（1・16表）
34	をかつゝし	茵茟	（を部）	茵芋	乎加豆々之（ヲカツツシ）	（20・26裏）
35	おけ	桶	（お部）	桶	乎計（ヲケ）	（16・6表）
36	おさ	筬　織	（お部）	筬	乎佐（ヲサ）	（14・12表）
＊37	をそ	獺　獱	（を部）	獺	乎曾（ヲソ）	（18・17裏）
38	をのゝえ	柲	（を部）	柲	乎乃々江（ヲノノエ）	（15・12表）
39	をひ	甥　姪男	（を部）	甥	乎比（ヲヒ）	（2・16裏）
40	をふね	艇　小舟	（を部）	艇	乎夫禰（ヲフネ）	（11・1裏）

右には見出し項目を四十採りあげた。これら以外にも、同様の見出し項目はあると考えるが、ひとまずは右のものを例としておきたい。これらが『和名類聚抄』から直接『仮名文字遣』に持ち込まれたかどうかは不分明で、そうしたものもある可能性は否定できないが、むしろ諸注釈書を経由してもちこまれたとみておくべきであろう。そ

うであれば、例えば行阿が積極的に『和名類聚抄』をとりこんだ、あるいは原『仮名文字遣』を書写した人物が『和名類聚抄』をとりこんだというよりも、結果としてもちこまれたということになる。しかし諸注釈書を経由していたとしても、そうしたことがなされた背景には、やはり『仮名文字遣』が辞書体資料とちかいテキストであったということがあると考える。また＊を附した見出し項目については、『和名類聚抄』が見出し項目にしている漢字列の他に、語釈中に掲げられている漢字列が、『仮名文字遣』においては、見出し項目に添えられている複数の漢字列の一つである場合であって、（いずれかの時点においては、ということになるが）『和名類聚抄』の「本文」が参照されていることは疑いない。

〔見出し項目に添えられた漢字列〕

行阿は『源氏物語』の注釈書である『原中最秘抄』を完成させており、『仮名文字遣』は『源氏物語』そのもの及び『源氏物語』の注釈書とかかわりがふかいことがこれまでに指摘されている(13)。『仮名文字遣』が、『源氏物語』の注釈書のようなものから見出し項目を抽出したとすれば、漢字を伴なったかたちで見出し項目が抽出されたことになる。

例えば『河海抄』巻第一には桐壺巻の「いはけなき人をいかにと思ひやりつ、もろともにはくくまぬおほつかなさを」とある「いわきなき人を」が抜き出され、それに「稚（イハケナシ）　幼　イトケナシ」と記されている。そして慶長版本には見出し項目「いはけなし　稚」（い部）がある。『源氏物語』のような仮名文学の注釈は、漢字を配することがそのまま注釈であるように認識されていることを思わせることが少なくない。

結局、原『仮名文字遣』において、見出し項目が「仮名書き語形＋漢字列」という形式であったか、漢字列を必須のものとしては伴なっていない「仮名書き語形（＋漢字列）」という形式であったかについては、推測をするにしても決め手を欠くといわざるをえない。現在残されている第二のグループ、すなわち「文安四年本から永禄九年本まで」のテキストの見出し項目はいずれも「仮名書き語形＋漢字列」という形式であり、（なお、慎重に検討する必要があると考えるが）そのことからすれば、ひとまずは、原『仮名文字遣』においても、見出し項目はこの形式であったと仮定しておくことにする。漢字列が添えられていたことは、『仮名文字遣』というテキストの変遷に大きな影響を与えたと考える。

〔複数の漢字列が置かれた見出し項目〕

先に示した例4（本書三十二頁）では「たをやかなる」という見出し項目に「嬋娟」と「窈窕」と、二つの漢字列が配されている。また例7では「をこたる」という見出し項目に「怠」「懈」「惰」三つの漢字列が配されている。こうした見出し項目は少なくない。文明十一年本から幾つか例を挙げる。

1 をこる　矜　奢　驕　侈
2 をそし　遅　晩
3 をそれ　恐　怖　畏
4 おとろく　駭　驚　愕
5 おふる　生　殖　草木也
6 おほかみ　狼　犲
7 おほしか　麋　大鹿
8 おほそら　空　虚　宇
9 をほひ　蓋　覆
10 おほよそ　大都　凡
11 おもむく　趣　赴
12 かたへ　傍　側
13 かたらひ　語　談　話
14 かへる　蛙　蝦　蟇
15 かほる　匂　薫
16 わつらひ　煩　累
17 おさむ　治　収　納
18 くはし　委曲　委細

19　こひねかふ　庶幾　慕
20　さすらふ　伶俜　龍鍾
21　しつらひ　料理　補理
22　にはかなり　卒尓　頓　俄
23　のわき　野分　暴風
24　はふらさし　放埓　流離
25　はえ　無見　栄光　絶無
26　まひ人　伶人　舞人
27　むまかひ　典馬　安驥
28　ゆふはへ　夕榮　夕光
29　よそひ　粧　装束
30　よはひほし　流星　奔星

『仮名文字遣』が（現代人が考えるような）仮名遣書である限り、見出し項目に漢字列を配している理由は、漢字を添えることによって、見出し項目がいかなる語句であるかを補助的に説明する、ということにつきるはずである。その場合、複数の漢字列を置く必要はない。

　このことについて、さらに考えておきたい。『源氏物語』の注釈書のようなテキストから、漢字列が配されたかたちで見出し項目を抽出した場合、そこに複数の漢字列が置かれており、『仮名文字遣』が、それをそのまま見出し項目としてとりこむということも考えられる。しかし、漢字列を複数置いている見出し項目がすべて注釈書からとりこまれたとは考えにくい。そして、漢字列を一つしか置いていない見出し項目も多く存在する。

　そのことから（ごく一般的な推測に基づいて、ということになるが）考えれば、（『仮名文字遣』の基本的な見出し項目の形式が「仮名書き語形＋漢字列」であると前提した上で）『仮名文字遣』の見出し項目の漢字列は一つのものと複数のものとが混在していたと考えるのが自然であることになる。そして、書写のプロセスで漢字列が増えていくこともあったと推測する。

　原『仮名文字遣』は仮設された概念であって、それを具体的なテキスト伝播の「流れ」の中に置けば、最初に（原理的には）行阿の編んだ『仮名文字遣』があり、それが何人かによって写されるという「瞬間」がある。この一回目の書写に際して、書写者が見出し項目を増やさなかったという保証はない。『源氏物語』の注釈書のようなテキストから、見出し項目がもちこまれれば、そうした見出し項目が、書写されるたびにもちこまれ、増えていく可能性もひくくはない。むしろ『仮名文字遣』はいろいろな意味合いにおいて、「成長するテキスト」としての要素を当初から備えていたとみるのがふさわしいともいえよう。

漢字列に関していえば、当初添えられていた漢字列が一つであっても、次第に二つ、三つと増えていった可能性もあろう。そうした「増補」は、書写者の、『仮名文字遣』をどのようなテキストとみなしているかという「認識」と、各見出し項目はこのように成り立っているだろうという「類推」とによって行なわれたと考えられる。

〔見出し項目の漢字列が増えていく場合〕

ここでは文明十一年本、永禄九年本、文禄四年本、慶長版本の四つのテキストを、先に述べたように、「文明十一年本・永禄九年本」「文禄四年本・慶長版本」と二つのグループに分けて、これらを使って、見出し項目に添えられている漢字列が前者よりも後者において増えている場合について考えてみたい。それぞれのテキストの略称として、「文明」「永禄」「文禄」「慶長」を使用することがある。

①　をひかせ　逐風　（文明・永禄：を部）
　　をひかせ　逐風　追風　（文禄・慶長：を部）

②　はえ　無見　栄光　絶無　（文明：え部）
　　はえ　栄　光　（永禄：え部）
　　はえなし　無見　日本紀　絶無　栄光　（文禄・慶長：え部）

③　とほる　通　達　徹　融　（文明・永禄：ほ部）

とほるとおるとも徹融　　　　　　　　（文禄：ほ部）

とほる　通　徹　融　　　　（慶長：ほ部）

例②においては、文明十一年本と永禄九年本とが一致しない。永禄九年本の「栄　光」は文明十一年本（のようなテキスト）の二字漢字列「栄光」が別別のものと誤認されたようにもみえるが、「無見」「絶無」を欠く。この見出し項目においては、文明十一年本と慶長版本とがちかくみえる。また例③においては、文禄四年本と慶長版本とが小異をみせる。文禄四年本の「とおるとも」は文禄四年本において加筆された注記にもみえるが、この程度の異なりは、文禄四年本と慶長版本との間にもある。結局、『仮名文字遣』のような辞書体資料においては、それぞれの見出し項目ごとに何らかの「事情」が発生する可能性をつねに含むといってよい。

見出し項目「をひかせ」がどのようなテキストからもたらされたかについては不分明であるが、例えば『後撰和歌集』には「今はとて行かへりぬるこゑならはおひ風にてもきこえましやは」（七七八番歌）とみえ、『金葉和歌集』には「わかきはやたちまふ袖のおひかせになひかぬ神はあらしとそおもふ」（一九四番歌）とみえている。あるいは『源氏物語』若紫に「そらたきものこゝろにくき程に／名香なとのなつかしうかほりあひ／たるに君の御をひかせのこゝろ／事なるをうちの人もこゝろつかひ／すへかめり」（引用は中山家本）などと使われている「オヒカゼ」すなわち〈背後から吹いて来る風〉（『岩波古語辞典補訂版』）、その「オヒカゼ」がさらに特定された〈順風〉、さらに限定された〈たきしめた香の匂いを吹き送る風〉（『岩波古語辞典補訂版』）であるとまずみておくことにする。

次に、文明十一年本、永禄九年本が添える漢字列「逐風」について整理する。

伊藤東涯『操觚字訣』は「逐」「追」両字に関して、『春秋左氏伝』文公七年の条、「宣子曰、我若受秦、秦則賓也。不受寇也。既不受矣。而復緩師、秦将生心。先人有奪人之心、軍之善謀也。逐寇如追逃、軍之善政也」を初めとして、古典中国語文における使用例を示し、「追ハ、逐也、随也、逮也トア／リ、ニグルモノヲ、アトカラオヒカケ、トラユル意ナリ、論語』ニ往者不可諫、来者猶可追、孟子ニ往者不追、来者不拒、又如／追放豚、又漢書ニ、蕭何曰、臣非敢亡、追亡者耳云々ト、コレ等／ニテシルベシ、逐ハコノ方ヨリ物ヲオヒハラフコト、秦ノ時／逐客ト云ハ、牢人ヲ、関中ヲオヒハラフコトナリ」（巻之四一五表～裏、「」は改丁箇所。以下同。）と述べる。また、荻生徂徠『譯文筌蹄』も「追ヲフトヨムアトカラヲヒカケヲヒツクナリ追従／追随ト連用スアトニツイテユク意ヲ帯フ追懐ハ往／スギタル事ヲヒヲモフナリ／逐大氐追ト同シ物ヲ追意アリ逐一ハヒトツ〳〵ヲヲ／フナリモノヲヲヒノクル意アルナリツイテユク意／ハナキナリ」（後編巻之一、十七裏）と述べ、両者ともほぼ同じ理解を示す。

漢字列「逐風」は例えば梁の元帝の「巫山高」に「灘聲下濺石、猿鳴上逐風」とみえる。ここでの「逐」字は動詞と考えられ、和語「オヒカゼ」とは結びつかない。また『玉台新詠』にも次のように「逐風」がみられる。すなわち湘東王繹「和劉上黄」（巻七）の第五句「玉河逐風度、金鞍映日暉」、梁の簡文帝「傷別離」（巻七）の第五句「寒沙逐風起、春花犯雪開」、同「洛陽道」（巻七）の第四句「青槐随幔払、緑柳逐風低」、梁の聞人倩「春日」（巻八）の第四句「緑葵向光転、翠柳逐風斜」、梁の沈約「古詩題」六首其一「歳暮愍哀草」（巻九）の第二十九句「飄落逐風尽、方知歳早寒」。またくだって、趙宋の秦観の「題駿裹図」の末句「鸞旗日行三十里、焉用逐風追電為」（四部叢刊初編所収『淮海集』巻五）には「逐風追電」とみえるが、これは「追赶迅風和閃電」（『漢語大詞典』）と解される語句であり、やはり和語「オヒカゼ」とは異なる。

〈順風〉の語義をもつ「オヒカゼ」は『日本書紀』神功前紀冬十月の条、「則大風順吹、帆船随波」あるいは『古事記』に「爾順風大起、御船従浪」とある漢字列「順」あるいは「順風」と結びつけられており、「伊京集」の「順吹（右振仮名ヲヒカセニフク）」などはそれを受け継ぐものとみることができる。

文禄四年本、慶長版本において増えているようにみえる漢字列「追風」も中国語内であれば、馬の名もしくは、魏の曹植の「七啓」八首其一（『文選』巻三十四）の「駕超野之駟、乗追風之輿」（超野の駟に駕し、追風の輿に乗じ）、つまりその速さを表現するために、馹、輿につけられた名が「超野」「追風」（野を超え、風を追うがごとき）であり、この箇所につけられた李善注「超野、追風、言疾也」といった理解がまずありそうで、〈順風〉の語義をもつ和語「オヒカゼ」と漢字列「追風」の結びつきも非中国語的＝日本語的なものといえよう。

　ここでは二つのことがらに注意しておきたい。一つは、それが当初からのものである場合にも、『仮名文字遣』が添える漢字列には非中国語的＝日本語的なものが（少なからず）含まれている可能性があること。これは、見出し項目の語義の理解を助けるために、和訓を媒介にするなどして、漢字列を配したためと考えることができる。したがって、そのように推測される場合には、添えられている漢字列が『仮名文字遣』成立時に、当該見出し項目とどの程度結びついているかという検証を必要とすることになる。

　二つには、増補された漢字列にも非中国語的＝日本語的なものが含まれている可能性があること。この場合、そもそもあった非中国語的＝日本語的な漢字列が（注釈などのためにつくられた）臨時的なものである可能性があるのに対して、比較的安定した、つまり増補された時点においてはひろく使用されていた日本的漢字列である可能性もある。「非中国語的」という表現をつかった。見出し項目に漢語漢字列が配されていることはあるが、それが冀求されていたわけではないと考える。『仮名文字遣』には和語と漢語漢字列とを結びつけようという意識はほとんどないといってよい。それは『仮名文字遣』がうまれでた文字社会、そして求められた文字社会が「非中国的な」すなわち日本的な文字社会であったことを示していると考える。

④　たをやかなる　嬋娟（センケン）　窈窕（ヨウテウ）　（文明：を部）
　　たをやかなる　嬋娟　（永禄：を部）
　　たをやかなり　嬋娟　窈窕　躘踵　（文禄・慶長：を部）
　　たおやかなり　蹉跎　蹢踵　（文禄・慶長：お部）

⑤　おちふる　落魄　（文明・永禄：お部）

　　おちふる　落々　落魄　潦倒　（文禄・慶長：お部）

例④においては、文禄本、慶長版本で漢字列「躘踵」が増えている。そもそも和語「タオヤカナリ」は語の同定に漢字列を添える必要がないといってもよく、文明本に添えられた二つの漢字列がそもそも「余剰」であったともいえ、文禄本、慶長版本はその「余剰」をさらに拡大したとみることもできる。広本『節用集』には「娥（タヲヤカ）或作嬋娟窈窕躘踵」とみえており、こうした記事を一方に置くと、『仮名文字遣』の拡大の方向がみえてくるといってもよいだろう。

例⑤は文禄本、慶長版本で「落々」「潦倒」二つの漢字列が増えている。「落落」は晋の曹攄の「思友人詩」（『文選』巻二十九）に「凜凜天気清、落落卉木疎」とみえるように、〈まばらなさま〉を、また晋の左思「詠史詩」八首其八（『文選』巻二十一）「落落窮巷士、抱影守空廬」の李善注に「落落、疎寂貌、言士之居窮巷、若鳥之在籠中也」、張銑注に「落落、疎寂皃」とあるように、〈ものさびしいさま〉をあらわすのであり、特に後者は和語「オチブル」と重なる。(14)

「潦倒」は魏の嵆康「與山巨源絶交書」（『文選』巻四十三）に「足下旧知吾潦倒麤疎、不切事情。自惟亦皆不知今日之賢能也」とみえ、杜甫「登高」の第八句「艱難苦恨繁霜鬢、潦倒新亭濁酒杯」さらに唐、李華の「臥疾舟中相里范二侍御先行贈別序」には「潦倒龍鍾、百疾叢体。衣無完帛、器無兼蔬」（『文苑英華』巻七三四）とみえる。これも、例えば広本『節用集』の「落魄（右オチブル、／左ラクハク）或作潦倒落分零落」（ヲ部態藝門）を一方におけば、『仮名文字遣』と『節用集』とのちかさが感じられる例となる。

『仮名文字遣』に添えられている漢字列を、『仮名文字遣』成立当初から備わっていたものとみた時、漢字列を添えていることがそもそも『仮名文字遣』が増補され、テキストとして拡大していく「芽」であったと考える。

例④「たをやかなり」において、文明十一年本にはみられなかった「蹉跎」、「蹣踵」が文禄四年本、慶長版本にみられ、また例⑤「おちぶる」において、やはり文禄四年本、慶長版本に、文明十一年本にはみられなかった「落々」「潦倒」がみられるという、その増補の方向は、例えば「のわき（のかぜ）」なる語に関して、「誰人も脳裡に浮かべるであろう「野分」を、全ての古本節用集が載録しているわけではなく、むしろ「野分」を持つ節用集は珍しく（安田章「辞書の復権」『国語国文』第五十巻第六号、一九八一年）く、「素直な用字」を「除外したとすら考えたくなる」という節用集のあり方と、この例においては、重なってみえる。

［見出し項目が漢語である場合］

『仮名文字遣』には見出し項目が漢語であるものが含まれている。こうした見出し項目が原「仮名文字遣」にすでに含まれていたかどうかは不明であるが、文明十一年本から見出し項目が漢語及び漢語を含むものを幾つか抜き出してみる。

1　いうしよく　右族　有識（い部）
2　えい　綏（い部・え部）
3　ゐいくわの物語　栄花物語（い部）
4　ゐいする　詠（い部）
5　えう　葉（え部）
6　えつさい　雀鯳（い部・え部）
7　えんのうはそく　役優婆塞（え部）
8　えんふたい　閻浮提（え部）
9　おんしやく　温石（お部）
10　をんしゆつ　恩恤（を部）
11　おんてうと　御調度（お部）
12　おんはかし　御博士（お部）
13　かいさう　海藻（い部）
14　かえう　荷葉（え部）
15　きやうかい　境界（い部）
16　きうえう　九曜星（え部）

17　くはんたい　緩怠（い部）
18　こうはい　紅梅（い部・う部）
19　こえん　後宴（え部）
20　すいしん　随身（い部）
21　さいし　妻子（い部）
22　そう人　相人（う部）
23　しわう　雌黄（う部）
24　すいえき　水驛（え部）
25　すいしやう　水精（い部）
26　すいしやく　垂跡（い部）
27　せいへう　聖廟（う部）
28　たいくわん　代官（い部）
29　たいてん　退轉（い部）
30　たんたい　探題（い部）
31　てい　躰（い部）
32　てい　泥（い部）
33　とりゐしやうし　通入障子（ゐ部）
34　ないけうはう　内教坊（い部）
35　なんこう　難功（う部）
36　ねうはち　鐃鉢（う部）
37　はせをは　芭蕉葉（を部）
38　ふせんれう　浮線綾（う部）
39　ふたうなり　不當（う部）
40　ふねーそう　舟一艘（う部）
41　ふゐ　無為（ゐ部）
42　へい　屏（い部）
43　へうゑい　苗裔（う部）
44　らいたう　礼堂（い部）
45　らうゑい　朗詠（い部）
46　らうろう　牢籠（う部）
47　りやうほう　令法（う部）
48　れうわう　陵王（う部）
49　ゐしゆ　委趣（ゐ部）
50　ゐねう　圍遶（ゐ部）

右の見出し項目には、例えば例22「さう人　相人」のように、『源氏物語』（桐壺巻）に使われていることがすぐにわかるような語も含まれている。註13で挙げた高瀬正一（二〇〇二）は漢語の幾つかについて詳しく述べている。

そのように「仮名文学」と呼ばれるような古典文学作品において使われた漢語を（直接または注釈書を介して）とりこんでいることは考えられる(15)。

しかしすべての漢語がそうであるようにもみえない。例えば、例23「しわう　雌黄」は「セキオウ（石黄）」のことであるが、この語が使われた古典文学作品が多いとは考えにくい。つまり、この語を仮名でどのように書くかということが実際に問題になることは考えにくいし、またこの語を仮名で書く必要性がたかいとも思いにくい。この「シオウ」は『和名類聚抄』が見出し項目としている。そのため（といってよいかどうか、それについてはまた慎重に検討する必要があるが）、『色葉字類抄』や『節用集』もこの語を見出し項目としている。例えば文明十一年本には「むなき　鱸魚　順和名」（む部）という見出し項目があり、『和名類聚抄』の名前が記されている。『和名類聚抄』（元和版）には見出し項目「鱸魚」があり、「和名無奈木」とある。文明十一年本のこの見出し項目が実際に『和名類聚抄』から抽出されたかどうか、それはまた十分な検証を必要とするが、何らかのテキストを介して間接的に、ということをも含めて、『仮名文字遣』の見出し項目の中に、『和名類聚抄』から「とられた」ものがある可能性は考えておく必要があろう。

第二章 『新撰仮名文字遣』

『国語学大辞典』（一九八〇年、東京堂出版）は現在改訂作業が進められているが、その「新撰仮名文字遣」の項目を稿者が執筆することになっている。そこには次のように書いた。

新撰仮名文字遣 しんせんかなもじづかい 二巻 ［別名］『新撰仮名遣』［著者］吉田広典［成立］永禄九年（1566）頃成立か。［諸本］国立国会図書館亀田文庫本（寛文十三年（1673）写二巻二冊）、龍門文庫本、釈宗彭（沢庵禅師）が慶長十三年（1308）に記した序と吉田広典の跋を備えた清泉女子大学蔵本（亀井孝旧蔵本）の三本が少なくもある。なお国立国会図書館蔵『定家仮名づかひ』（『天仁遠波秘伝』『詠歌一体』を併せた三書合綴本）が本書の異本である可能性が指摘されている。現時点で、刊本の存在は確認されていないが、清泉女子大学蔵本の序からすれば慶長頃に出版することが企図されていた可能性もある。［解説］奥書に藤原定家への言及がみられること、慶長版本『仮名文字遣』と収載項目を比較すると、厳しくみても四十％以上、基準を緩やかに採れば六十％ちかくが一致することから判断して、慶長版本のような比較的項目数の多い『仮名文字遣』をさらに増補して成ったと予想される。増補された条のうちで、「かしらにかゝさるかなの事」「下にかゝさるかなの事」は「仮名文字遣」に関わるもの、「書をくらざるかなの事」は「捨て仮名」「送り仮名」に関わるものとみることができ、これらの条は中世末期の日本語の一般的な表記方法である平仮名漢字交じりという表記形式に対応した条と考えることができる。また「しもじをにごりて云時書分る事」「ちもじをにごりて云時書分る事」「すもじをにごりて云時書分る事」「ちもじをにごりて云時書分る事」の各条は所謂「四つ仮名」に関わるものである。項目の掲出方法においては原則の提示と用例とを併せる方式を採用し、字音語をかなづかいの対象として大量にとりこんでいる点、掲出するかなづかいそのものが中世末期の「和歌・連歌世界」における実態ときわめてよく一致する点において、当該時期の求めによく対応した内容をもっていると評価することができる。［参考文献］亀井孝「蜆縮凉鼓集を中心にみた四つがな」（『国語学』四輯、一九五〇年十月）亀井孝他編『日本語の歴史』五（一九六四年平凡社刊）大友信一「「新撰仮名文字遣」と表記の実態」（『岡山大学文学部紀要』二号、一九八一年十二月）大友信一・木村晟編輯、駒澤大学国語研究資料第三『新撰仮名文字遣』（一九八一年汲古書院刊）根上剛士「国立国会図書館蔵『定家仮名づかひ』について―四つ仮名の発音注記―」（『東洋』第三十三巻第一・二号、一九九六年一月）今野真二「『新撰仮名文字遣』の新しさ―慶長版本『假名文字遣』と対置させて―」（『国語学』一八七号、一九九六年十二月）

〔『新撰仮名文字遣』の諸本について〕

右の記事をふまえながら、まず『新撰仮名文字遣』諸本について整理しておきたい。右の記事では『新撰仮名文字遣』の「別名」として『新撰仮名遣』を挙げた。亀井孝は「蜆縮凉鼓集を中心にみた四つがな」（『国語学』第四輯、一九五〇年、後、一九八四年吉川弘文館刊、『亀井孝論文集』三、再収）において、「ツジ（辻）」の仮名遣いにふれた注5で「しかし、新撰仮名遣（永禄年間に成る）では、「つぢ」であるから、蜆縮凉鼓集にも、もとづくところはあったにちがひない。（新撰仮名遣については、別に、紹介のふでをとりたい。）」（三一〇頁）と述べている。拙書（二〇〇二）で「本書について最初に述べられたのは」（五三六頁）亀井孝（一九五〇）であると述べた。おそらくそうであると思われる。ここでは、「新撰仮名遣」という呼称が用いられている。今回本書に影印を附載する二つのテキストはともに亀井孝旧蔵本であるが、その一つの表紙には「新撰仮名遣　完」と書かれている。そしてもう一つの表紙には「仮名遣　全」と書かれている。後者は、『日本語の歴史』5（一九六四年、平凡社）の七十六頁に『新撰仮名文字遣』という呼称で写真一葉が掲載されている本にあたる。この本の写真は『国語学辞典』（一九五五年、東京堂出版）にも掲載されている。『日本語の歴史』5では「ここに、永禄九（一五六六）年に著わされた《新撰仮名文字遣》という書物がある。著者は、但馬の産で、のち京都に住んだ吉田広典という人物、伝記をつまびらかにしないが、沢庵（たくあん）が郷土の先輩として尊敬して、のちに本書に序文を寄せている。この書の新撰と名のるゆえんは、旧来の仮名づかいの書物をのりこえた新しい性質の増補を加えたからであるが、その増補のうち、もっとも注目すべきは、四つ仮名の項目をたて、その発音に言及している点にある」（七十五頁）と述べている。表紙に「新撰仮名遣　完」と書かれているテキストについては、後に述べるが、内題には、「新撰仮名文字遣之目録　東現作」とあって、『新撰仮名文字遣』の異本とみてよい内容を備えている。そのことからすれば、亀井孝（一九五〇）で「新撰仮名遣」と呼ばれていたテキストは表紙に「新撰仮名遣」と書かれているもので、『日本語の歴史』5で言及しているテキストは表紙に「仮名遣」と書かれているものである可能性があるが、今ここでは両者を『新撰仮名文字遣』として扱うことにする。そうすると現在確認されているテキストとしては次のようなものがあることになる。3は「駒澤大学国語研究資料第三」『新撰仮名文字遣』（一九八一年、汲古書院）に影印が収められている。5については、「国立国会図書館蔵『定家仮名づかひ』について—四つ仮名の発音注記—」（『東洋』第三十三巻第一・二号、一九九六年）に紹介されている。

1　清泉女子大学附属図書館蔵本（亀井孝旧蔵本、沢庵序附、外題仮名遣）＊本書二〇〇頁〜、影印附載

2　清泉女子大学附属図書館蔵本（亀井孝旧蔵本、外題新撰仮名遣）＊本書三三〇頁〜、影印附載

3　龍門文庫蔵本
4　国立国会図書館蔵本（『新選仮名遣』）
5　国立国会図書館蔵本（『定家かなづかひ』）

［清泉女子大学図書館蔵本「新撰仮名遣」について］

2の内容については、これまでに紹介されていないので、ここで述べておくことにする。本書附載の影印でわかるように、このテキストは表紙に打ち付け書きで外題が「新撰仮名遣」と書かれており、表紙見返しには「かなつかひあらまし／新撰かなつかひ」とある。梅を思わせる絵も書かれており、そこに「英氏筆」とある。この「英氏」について、現時点では知るところがない。「かなつかひあらまし」が三丁半続いて、先に述べた「新撰仮名文字遣之目録　東現作」とある。そこにあげられている「目録」は次のようである。

「新撰仮名遣」

一　いもしをもちふるかなの事
二　ゐもしの事
三　をもしの事
四　おもしの事
五　えもしの事
六　ゑもしの事
七　ひもしの事
八　ふにかよはさるひもしの事

「仮名遣」

一　いもしをもちゆるかなの叓
二　ゐもしをもちゆるかなの叓
三　をもしをもちゆるかなの叓
四　おもしをもちゆるかなの＊事
五　えもしをもちゆるかなの叓
六　ゑもしをもちゆるかなの事
七　ひをいにかくかなの事
八　ほをゝにかくかなの事

九　ほををにかく事
十　はをわにかく事
十一　へをゑにかく事
十二　ふむう三つをかきわくる事
十三　うもしをかく事
十四　むもしをかく事
十五　くたりのかしらにかゝさるかなの事
十六　下にかゝさるかなの事
十七　かなにかゝてかなはさるかなの事
十八　真字をはねてかゝさる事
十九　かきおくりてあしきかなの事
廿　てにはのもしを畧してかきあしき事
廿一　言葉にはいへとも畧してかく事
廿二　みもしをかく所にひもしかく事
廿三　むをかく所にふをかく事
廿四　熟語の字をかなまなにかきあしき事
廿五　しをにこりて云時かきわくる事
廿六　ちもし同上
廿七　すもし同

九　わをはにかくかなの＊事
十　へをゑにかくかなの＊事
十一　ふもしを書分る事
十二　うもしをかき分る＊事
十三　むもしを書わくる叓
十四　かしらにかゝさるかなの叓
十五　下にかゝさるかなの叓
十六　かなにかゝでかなはざる事
十七　書をくらざるかなの叓
十八　ことばにはいへ共もじを略する叓
十九　みもじをかゝん所にひもじを書＊事
二十　むもしをかゝん所にふもしを書＊事
廿一　熟語の字をかなに書て悪き＊事
廿二　しもじをにごりて云時書分る事
廿三　ちもじをにごりて云時書分る叓
廿四　すもじをにごりて云時書分る＊事
廿五　つもじをにごりて云時書分る事

廿八　つもし同

下段、すなわち表紙に「仮名遣」と打ち付け書きされている、これまで亀井孝蔵『新撰仮名文字遣』として紹介されてきたテキストの目録の記事を対照させた。この目録は、「コト」に漢字をあてている。実現したかたちとしていえば、楷書の「事」にちかいかたち（「事」と翻字）、草書の「事」にちかいかたち（「＊事」と翻字）、「事」の異体字「叓」をもとにしたと思われる字（「叓」と翻字）の三つのかたちが使われている。右ではその別を表示したが、書写者の感覚にしたがって、この三つのかたちを配置していると思われ、その筆致とともに、書写者がテキストを写すこと、漢字仮名交じり文を書くことになれていることを推測させる。

「目録」に掲げられた条としては、「新撰仮名遣」（上段）の条数が多く、それはすべて「仮名遣」（下段）にみられることがわかる。条の表現には小異がある。それぞれの条の内容にも異なりがある。例として「ゐ」を採りあげている条を対照してみる。右とは上段下段を入れ替えて、上段に「仮名遣」、下段に「新撰仮名遣」を掲げる。

「仮名遣」		「新撰仮名遣」
山のゐ	山井	
ゐせき	井関　又堰	
ゐづゝ	井筒　又韓	
たちゐ	立居	
雲ゐ	雲居	
つゐに	終　又遂	6　つゐに
にゐまくら	新枕	1　にゐまくら
ゐてこす	井手越	

しゐ　四位
しゐ　椎
ゐてのさと　井手里
ゐのしヽ　猪
ゐなの　猪名野
くれなゐ　ヒトモ　紅
くらゐ　位
すまゐ　住居
くゐ　橛　材　杭
しゐて　強
うゐごと　初琴
うゐ　有為
ぶゐ　無為
むれゐる　群集
きゐる　来居
ゐかき　井垣　又瑞籬
たましゐ　魂　又神
いへゐ　家居
ゐん　寺ノ　院

7　しゐの木　椎木
8　ゐのしヽ
2　ゐなの
9　くれなゐ　ひとも
3　くゐ　杭
4　うゐ　初
5　ゐかき　端籬
10　たましゐ
11　ゐん　院

「仮名遣」

ゐてこし女もなし
馬をゐさせて　将馬
くゐな　水鶏
ゐなか　田舎
くはゐ　烏芋
あゐしる　澱
あゐ　藍
いちゐのき　櫟
いのこづち　牛膝
ゑゐ　鱓　又鱝
うなゐまつ　童松　又馬髪瓶松
ゐもり　守宮
ゐのこ　豚
くまのゐ　熊膽
とのゐ　宿直
しゆかゐ　い共　酒海
なましゐに　慭
てゐさふらひ　出居侍

「新撰仮名遣」

12 ゐてこし　将
20 くゐな
13 ゐなか
14 くわゐ　烏芋
15 あゐ　藍
16 ゐのこつち
19 ゑゐ　鱓
17 うなゐまつ
25 ゐもり　守宮
18 ゐのこ
26 くまのゐ
21 とのゐ
22 なましゐに

まとゐ	圓居			
ゐてたてまつる	源氏　将	23	ゐてたてまつる	将
		24	いもゐ	精進
ゐんぢ	源平闘諍　戯に　因地			
もちゐる	用	27	もちゐる	
ゐる	舟ノ			
ゐのふ	胃腑	28	ゐのふ	胃
ゐんし	院司			
あかたのゐと	縣絲　井戸ト一説也			
ゐなみの	印南野　又市南野	30	ゐなみの	印南野
うなゐこ	童子	29	うなゐこ	
とりゐ	鳥居　又鶏柄椙花表トモ			
からゐしき	椺	31	からゐしき	

右からわかるように、「新撰仮名遣」は「仮名遣」のようなテキストを抄出したものといえよう。ただし、見出し項目の順序から判断すれば、単純に（あるいは具体的に）「仮名遣」のようなテキストをみながら抄出したのではない、と推測される。先に、扱う条の対照をしたが、そこでは両テキストは「近さ」を思わせていたのであって、そうであっても、具体的な「内容」にはかなりの異なりがある場合もある、と考えておく必要がある。今ここでは、「新撰仮名遣」を「仮名遣」の異本とみているが、仮名遣書に関しては、具体的な「内容」＝見出し項目にはつねに「出入り」があるとみておくしかなく、そうした「出入り」があることを前提とした上で、テキストの「距離」を

測るということになる。あるいは、さらにいえば、右の「新撰仮名遣」「仮名遣」を『新撰仮名文字遣』という一つのテキストの異本とみてよいのか、ということにもなる。誰がみてもほとんど一致しているテキストを同じテキストとみなすことに異を唱える者はいない。しかし、その場合は両テキストを同一のものとみなすための「基準」も「基準に照らし合わせるという手順」もないことになる。それはそれでいいともいえるが、両テキストに違いがある場合、どこまでが「小異」で、どこからは「違い」であり、それがどのくらいになると、両テキストは同じものではないとみなされることになるのか。そうした「基準」はこれまでほとんど話題にすらなっていないと考える。仮名遣書のテキストとしてのありかたは、テキスト一般に関しても問題提起をしているのではないだろうか。

『仮名文字遣』と『新撰仮名文字遣』

本書は幾つかの仮名遣書（様のテキスト）について考察を加えることを目的としている。木枝増一『仮名遣研究史』（一九三三年、賛精社）は刊行から七十年以上たった現在でも、参照すべき文献と考える。書名に含まれる「仮名遣研究」は「仮名遣いを研究した書物」ということであろうから、それを「仮名遣書」という表現に置き換えると、「仮名遣書史」すなわち「仮名遣書の歴史」ということになる。

仮名遣書（様のテキスト）を並べ、その「流れ」を説くのが「仮名遣書の歴史」であろうが、「流れ」は連続（あるいは不連続）ということでもある。残されたテキストからそうした「連続／不連続」をみきわめることは、比較的容易である場合もあろうが、そうでもない場合があることも同時に予想される。本書では、そうした点についてもできる限り目配りをしていきたい。

木枝増一『仮名遣研究史』は第二章を「定家仮名遣」と題し、この章において『下官集』『仮名文字遣』について述べる。続く第三章は「定家仮名遣の伝流」と題され、「行能卿家伝仮名遣」「後普光院御抄」「仮奈津可飛」（九折仮名遣）「隆量卿仮名遣」「仮名遣近道」「仮名遣近道抄」「かなつかひ近道」「類字仮名遣」「一歩」「初心仮名遣」「蜆縮涼鼓集」「以呂波抄仮名遣大概」「万葉仮名遣」「和字解」「能書仮字遣」（持明院仮名遣）「仮名遣拾芥抄」以下、すべてで二十四のテキストを採りあげている。そして第四章が「契沖の歴史的仮名遣」と題されている。

「『下官集』『仮名文字遣』に代表される定家仮名遣」→「それを受けた仮名遣書」→「契沖の仮名遣い説」という「流れ」を、きれいなかたちで示した右の章立ては、後の研究に大きな影響を与えているのではないかと臆測する。つまり、「仮名遣書の歴史」、「仮名遣書をめぐる言説」に、そのような枠組みが与えられたようにみえる。

1　右のような仮名遣書の「流れ」を認めることは妥当かという検証。

2　妥当であった場合、その「流れ」の中で、一つ一つのテキストを、そのテキストが成った時期の日本語を視野に入れながら、どのように位置づけるか。

3　妥当でなかった場合、どのような「流れ」を設定すればよいか。

右の三点が本書の課題であると同時に今後の課題といえよう。本書では、まず『下官集』を仮名遣書とみないことによって、「『下官集』『仮名文字遣』に代表される定家仮名遣」というみかたから離れることを主張した。それゆえ、本書の記述は行阿『仮名文字遣』を起点としているが、ここでは『仮名文字遣』と『新撰仮名文字遣』との連続性についてまず確認しておきたい。

『新撰仮名文字遣』については、拙書『仮名表記論攷』（二〇〇一年、清文堂出版）において述べている点もあるので、必要に応じて、その記述にふれることにする。『仮名文字遣』と『新撰仮名文字遣』との連続性は次のようなことがらによって確認できると考える。

1　書名『新撰仮名文字遣』は『仮名文字遣』に「新撰」を冠したとみるのがもっとも自然であること。

2　慶長版本『仮名文字遣』と見出し項目を比較すると、厳しくみても四十パーセント以上、基準を緩やかに採れば六十パーセントちかくの見出し項目が一致すること。

1について補足すれば、「仮名文字遣」という書名は（写本に打ち付け書きされたような仮題をも含めて）、『仮名文字遣』以外の仮名遣書にはほとんどみられない。それは現在残されている『仮名文字遣』以外の仮名遣書が『仮名文字遣』より後に成ったことを示唆し、同時に仮名遣いに関心をもつ文字社会においては、『仮名文字遣』というテキストがよく知られていたことを意味すると考える。右の1・2から、『新撰仮名文字遣』は『仮名文字遣』を直接的に受けて成ったと考える。両者の間にははっきりとした「連続線」があることになる。

『新撰仮名文字遣』の総見出し項目数は、清泉女子大学附属図書館蔵本で一〇八六、国会図書館蔵本で一〇七〇、龍門文庫本で一〇五九と、小差はあるが、いずれも一一〇〇以下である。一方、慶長版本『仮名文字遣』の総見出し項目数は一八四七で、(16) 見出し項目数には両テキストにおいてかなり差がある。このことからすれば、『新撰仮名文字遣』は『仮名文字遣』の抄出本（のようなものである）とみるのが自然ということになる。そのことは添えている長い見出し項目の削除、漢字列の数の削減ということにもあらわれていると考える。以下はこの「抄出」という観点を視野に入れながら『新撰仮名文字遣』を検討してみることにする。

〔長い見出し項目の削除〕

『仮名文字遣』は長い見出し項目を含んでいた。そうした見出し項目はその長さゆえ、例えばそれが『伊勢物語』にある語句であるということがわかる。その見出し項目の出典が特定できる。とすれば、『伊勢物語』にそれがあることがすぐにわかる長い見出し項目、『源氏物語』にそれがあることがすぐにわかる長い見出し項目によって、『仮名文字遣』は『伊勢物語』や『源氏物語』との繋がりを示しているともいえよう。そうした長い見出し項目は、その見出し項目がどこからもちこまれたかを示すはたらきをしていた。そうした、特定のテキストを想起させる長い見出し項目がなくなれば、『仮名文字遣』自体がどのような「世界」とつながっているかということもみえにくくなり、『仮名文字遣』も見出し項目も、ともに（固有名詞を離れて）一般化していくことになる。

高瀬正一（二〇〇二）が『源氏物語』から『仮名文字遣』（慶長版本）にもちこまれたことを指摘した語の中で、例えば『源氏物語』葵巻の「いかきひたふる心」を想起させる「いかきこゝろ」や、明石巻の「このもかのものしはふる人」を想起させる「しはふるい人」などは、『新撰仮名文字遣』にはみえない。あるいは葵巻の「おりたつたこのみつからそ」から採られたと思われる「おりたつたこ」や、幻巻の「あかの花のゆふはへして」から採られたと思われる「花のゆふはえ」は『新撰仮名文字遣』にはみえない。他に「おほろけならす」（花宴・須磨等）、「かほあかむ」（行幸・浮舟）、「くつをはいて」（浮舟）、「くはさう色のはかま」（葵・椎本等）、「さけをしいて」（明石）、「しほる袖」（東屋）、「花をたをる」（蜻蛉）、「ひあやうし」（夕顔・浮舟）、「人のりはひ」（帚木・夕顔等）、「ふさはしからす」（花宴・薄雲等）、「二あゐのこうちき」（空蝉）、「まつよひすきて」（宿木）、「みさをつくりて」（帚木）、「ものにをそはる」（夕顔）、「やうめいのすけ」（夕顔）、「よゐあかつき」（真木柱）、「わらひそひれゐたり」（空蝉）、「おこになりぬ」（紅葉賀）、「おさなき人」（帚木・夕顔等）は『新撰仮名文字遣』にみえない。

「すいたる人」（澪標・玉鬘等）、「つけのをくし」（若菜上）、「てゐさふらふ」（東屋）、「ものいふ」（常夏）などのように、『新撰仮名文字遣』にみえるものもあるが、その数は多くはない。出典が（すぐに）わかるような長い見出し項目は『新撰仮名文字遣』では削られる傾向があるといえよう。

右で述べたように、慶長版本にあった「よゐあかつき」という見出し項目は『新撰仮名文字遣』にはみえない。しかし「よひ　ゐトモ　宵」という見出し項目はみえる。実は文明十一年本には「よゐ　宵」（ゐ部）という見出し項目がある。文明十一年本を一方に置くと、慶長版本の「よゐあかつき　宵暁　よひ共」という見出し項目が「よゐ」を起点として、『源氏物語』側にひきつけられるかたちで「補強」されたようにもみえる。それが『新撰仮名文字遣』において（再び、といっておくが）「よひ　ゐトモ　宵」というかたちになったのであるから、文明十一年本→慶長版本→『新撰仮名文字遣』という「流れ」を設定してよいとすれば、慶長版本から『新撰仮名文字遣』への「流れ」は、『仮名文字遣』というテキストが「内包」していた方向とは異質の方向へむかったようにみえる。「一般化」という表現はその「異質の方向」をある程度説明していると考える。

慶長版本は「よゐ（あかつき）」を見出し項目として、そこに「よひ共」と添えていた。『新撰仮名文字遣』は「よひ」を見出し項目として、そこに「ゐトモ」と添えており、仮名遣書の関心事である見出し項目の仮名遣いが変えられている。稿者の、室町期の連歌資料を対象とした調査では、「よひ」が支配的なのであって、『新撰仮名文字遣』は室町期頃に、実際に行なわれていた仮名遣いのかたちを見出し項目にした、とみえる。

慶長版本の「わらひそひれゐたり」は空蟬巻の「わらひなとそほるれは」を想起させる見出し項目であるが、この見出し項目は『新撰仮名文字遣』にはみられない。しかし、「わらひ　笑」という見出し項目はある。文明十一年本には見出し項目「わらふ」のみがあり、慶長版本には「わらふ」「わらひそひれゐたり」二つの見出し項目がある。そして『新撰仮名文字遣』には「わらひ」とある。このことからすれば、『新撰仮名文字遣』は慶長版本（のような『仮名文字遣』にあった）「わらひそひれゐたり」を「わらひ」としてとりこんだと考えるのが自然であろう。

〔慶長版本と『新撰仮名文字遣』との対照〕

慶長版本の「ほ部」の条下の見出し項目と、それと対応すると思われる『新撰仮名文字遣』の「ほをにかく文字の事」の条下の見出し項目とを対照してみる。『新撰仮名文字遣』の見出し項目の前の数字は、『新撰仮名文字遣』における見出し項目の順番。

慶長版本	『新撰仮名文字遣』

1　おほそら　虚空
2　いはほ　巖
3　あさかほ　槿
4　ゆふかほ　夕顔　瓢
5　ほうつき　酸漿　菩枕
6　なほき丶　直木　帝範在之
7　すなほ　淳直
8　にほとり　鸊鷉鳰閑水鳥
9　かほとり　皃鳥　をし鳥の異名一説雉也云々
10　さほ　棹　檣　架
×
を　さをしか　牡鹿（文禄四年本さほしかも有）
11　おほたか　白鷹
12　あけのそほふね　緋粧舟　ゑをかきたる舟也
13　まほにも人に　直帆人　うるはしき心也
14　さほひ　帊ハチマキトヨム
15　まとほの衣　間遠衣　うすき衣也
16　ほのほ　炎　焔　燄
17　おほふへき袖　可覆袖

2　いはほ　巖
1　すなほ　直
16　にほとり　鳰鳥
33　かほとり　皃鳥
7　さほ　竿　棹
8　さほやま　佐保山
9　さほしか　棹鹿
34　あけのそほふね　明緋小舟
23　ほのほ　焔
24　おほふ　覆

おきおふ　競
×
18 おほし　多
おおせ　仰　課　役
を　うを（いをとも）　魚
19 かたほ　片耄頑
20 と丶こほる　滞
21 おほけなし　無大気
22 とほる　通　徹　融
23 と丶のほる　調　整
24 にほふ　匂　苟
25 かほる　香　匂　薫
26 いきほひ　勢　威
27 ころほい　比　旬（ころほひとも）
28 うるほひ　潤　濕　霑
29 よそほひ　粧
30 みさほに　操（たへたる心歟）
31 雨のそほふる　雨細隆
32 しほる丶袖　凋袖

---

25 きほひ　競
26 もよほす　催
10 おほき　多
11 おほせ　仰
12 うほ　魚
35 おほけなき　無大気
14 にほひ　匂
21 かほり　香
13 いきほひ　勢
31 うるほふ　潤
22 よそほひ　粧
42 あめそほふる　雨小降　添降トモ

33　そほちけり　滋　ぬる、心也
34　かほ　顔
35　かきほ　垣生　かき也
36　かほあかむ　忸　怩
37　かほはせ　皃容
38　まさりかほ　相　いせ物かたりに在之
39　なほ人　直人
40　さほひめ　佐保姫
41　とほるのおと、　融大臣
42　おほろ月夜　朧月夜
43　おほとの、せんし　関白宣旨
44　おほやけ　公
45　そとほりひめ　衣通姫
46　おほち　祖父
47　おほとねりれう　大舎人寮
48　おほきみつかさ　正親司
49　おほくらしやう　大蔵省
50　おほはらやをしほ　大原小塩
い　おほいまうち君　大臣

3　かほ　顔
43　かきほ　垣尾
27　をしほ　小塩
28　おほいまうちきみ　大政大臣

×

×

51　おほとのゐ　大宿直

52　山田もるかりほ　山田守假菴

53　おほきまち　正親町

54　一しほ二しほ　一入二入

55　おほあらきのもり　邑楽森

56　おほつのうちいてのはま　大津打出濱

57　いねのかりしほ　稲刈入

58　しほみちくれは　塩満来

59　しほかまの浦　塩竈浦

60　かたほなみ　潟保波

61　もしほ　藻塩

62　にほてる海　湖照海

お　雲のみお　雲の水尾　水尾　水深　水澪

×

お　おほき也　大

63　うしほ　潮

64　いかほのぬま　伊香保沼

29　いひおほする　云負

30　おほんかみ　御神

32　かりほ　仮庵

36　ひとしほ　一入

18　しほ　塩

15　にほのうみ

17　くものみほ　雲水尾

19　しほるゝ　萎

20　おほきなる　大

65　おほうみ　滄溟
66　おほよとのうら　大淀浦
67　おほかはのへ　大河邊
お　おほひる　葫
お　おほはこ　車前草
お　おほたけ　篌竹
お　おほね　大根
68　おほゐ川　大堰川　大井河
69　さほのかはら　佐保河原
70　みほさき　美保崎
71　みほの松はら　三保松原
72　ひえのおほたけ　比叡大嵩
73　おほち　大路
74　おほえのあそん　大江朝臣
75　おほ中とみのうち　大中臣姓
76　おほとものくろぬし　大伴黒主
77　ふちはらのことなほ　藤原言直　古今作者
78　うつほの物かたり　宇津保物語
79　おほかほくるま　大顔車

38　おほひる　葫
39　おほはこ　車前草
40　おほたけ　淡竹
41　おほね　葍
37　おほゐかは　大井河

80 おほなほひの哥　大直比哥
81 いほり　庵 廬　　4 いほり　庵
82 草のいほり　草菴
83 くにこほり　国郡　　6 こほり　郡
84 こほり　氷 凍　　5 こほり　氷
85 みしほ　御修法 禁中の祈禱也
86 やしほのひさこ　椰子杓

右の対照からさまざまなことがらを窺うことができる。

まず慶長版本の見出し項目の順番と『新撰仮名文字遣』の順番とはかなり異なっていることが一見して明らかである。『新撰仮名文字遣』を鳥瞰すれば、拙書（二〇〇一）で述べたように「編纂の基となった『仮名文字遣』は版本のごとく比較的項目数を備えているそれ、と考えられる」（五一九頁）と思われるが、「虫瞰」すれば慶長版本のような『仮名文字遣』を机辺に備えて、それを単線的に抄出したとは考えにくい。

右でわかるように、『新撰仮名文字遣』は、『仮名文字遣』では、例えば「お部」に掲出されている見出し項目を「ほをにかく文字の事」において見出し項目としている。実は『新撰仮名文字遣』においては、「雲のみお」「おほき也」「おほひる」「おほはこ」「おほたけ」「おほね」は「おもしをもちゆるかなの事」の条においても見出し項目となっており、見出し項目の扱いが整っている。このことからすれば、『仮名文字遣』が「おほね」などのように、「お」も「ほ」も含んでいる語をどちらか一方の条にしか配置していないことは、整っていない、といえよう。それは現代人の眼からみて、ということではなく、『新撰仮名文字遣』からみて、ということである。

今、ここでは『新撰仮名文字遣』は慶長版本のような『仮名文字遣』を下敷きにして編まれたと推測をしているが、そうであるとすれば、それは（単線的なものではなく）「編集」と呼ぶことができるような、ある程度の準備のもとに行なわれたものと思われる。先に「抄出」と述べたが、右の範囲においても、『仮名文字遣』が見出し項目としていない見出し項目もあり、一方的な「抄出」ではないこともわかる。

また、「きほひ」のように、『仮名文字遣』においては、「きおふ」として採られていたものの仮名遣いを変更して見出し項目とする場合もある。『新撰仮名文字遣』が慶長版本と異なる仮名遣いを掲出する見出し項目は、拙書（二〇〇一）に一覧表として提示（五二九頁）しているが、かなりの数の見出し項目が仮名遣いを変えている。こうしたことも、『新撰仮名文字遣』が、『仮名文字遣』の単線的な「抄出」によってできあがったわけではないことを示唆する。『仮名文字遣』にあった、地名、人名、官職名などの固有名詞の多くが『新撰仮名文字遣』にはみえないことにも注目しておきたい。

また、例えば慶長版本の9「かほとり　皃鳥　をし鳥の異名 一説雉也云々」が『新撰仮名文字遣』には33「かほとり　皃鳥」とあるように、慶長版本にあった注のような記事を省いていることも目を牽く。右のようなことは、「成長」を続けてきた『仮名文字遣』というテキストを（実用的なという表現が適切かどうか、そこはまた考える必要があるが）、仮名遣書の側に（冷静に）「引き戻した」ようにもみえる。それは『新撰仮名文字遣』が編まれた時期に、実用的な仮名遣書が求められていたというよりは、仮名遣書というもののあり方を反省的に認識できるようになった、とでもいえばよいだろうか。実際に使うということはそれはそれとして、仮名遣書のあり方がみえてきたといってもよい。

『仮名文字遣』が「成長」を続けていた時期は、『仮名文字遣』が内包する「可能性」にしたがって、テキストが流動をしていた時期といってもよいが、それが慶長版本が編まれた頃には一応の収束をみせたのではないか。それゆえ、慶長版本に続く江戸期刊行の『仮名文字遣』には、変化がみられないのではないか。となると、比喩的ないいかたをすれば、「成長」した『仮名文字遣』から仮名遣書の要素を「抽出」したのが『新撰仮名文字遣』ということになるのではないだろうか。そうした点において、『仮名文字遣』と『新撰仮名文字遣』とは連続しているし、その一方で連続していない。

例28においては慶長版本が「うるほひ　潤　濕　霑」のように、複数の漢字列を添えているが、『新撰仮名文字遣』は「うるほふ　潤」のように漢字列を一つしか添えていない。このような見出し項目は少なくない。『新撰仮名文字遣』においては、複数の漢字列が添えられることはさほど多くない。

〔発音と仮名遣い〕

『新撰仮名文字遣』が「四つ仮名」に関わる条を備え、その条下に、例えば「し文字をにごる時は舌ヲトキニシテ云也」、「ち文字をにごる時は舌をひらめて上のあきとにつけていふ也」、「すもしをにこりていふ時は舌をとゐにして上のあきとには付さる也」、「つ文字を濁て云時は舌を上のあきとに付る也」と記されていることはよく知られている。こうした記述は、いわば『新撰仮名文字遣』に固有のことといえようが、その他にも次のような記述が目を牽く。『新撰仮名文字遣』には「新撰仮名文字遣之目録」が置かれているが、その記事を次に掲げる。

目録の記事	本文中の記事
一　いもしをもちゆるかなの事	一　いもしをもちゆるかなの事
一　ゐもしをもちゆるかなの事	ナシ
一　をもしをもちゆるかなの事	ナシ
一　おもしをもちゆるかなの事	ナシ
一　えもしをもちゆるかなの事	ナシ
一　ゑもしをもちゆるかなの事	ナシ

一　ひをいにかくかなの事
一　ほををにかくかなの事
一　わをはにかくかなの事
一　へをゑにかくかなの事

一　ひをいに書文字也
一　ほををに書文字之事
一　はをわに書事
一　へをゑにかくかなの事

目録の記事と本文中の記事とが必ずしも一致していないが、例えば「いもしをもちゆるかなの事」は、現代人が説明するのであれば、「仮名「い」を使う語」ということになろう。ここでは「かなの事」が少し落ち着かないが、それでも現代人の説明とほぼ変わらないことになる。

「ひをいにかくかなの事」の条においては、例えば「つかひ　使」という見出し項目が挙げられていることからすれば、「「イ」と発音するところに仮名「ひ」を書く場合」ということになる。そうであれば、「いにかくかな」の「い」は発音を表わそうとしていることになる。ただ、片仮名で書くという方法を採っていないために、わかりにくいだけといえよう。同じように「ほををにかくかなの事」は「仮名「ほ」を「オ」と発音するところに書く場合」ということであって、「を」は「オ」という発音を表わそうとしているとみることができる。そうであれば、目録の「わをはにかくかなの事」は「「ハ」と発音するところに仮名「わ」を書く場合」ということになるが、そのようなことは考えにくいので、これは本文中の記事のように「はをわに」とあるべきところに混乱が生じたのであろう。「へをゑにかくかなの事」は「「エ」と発音しているところに仮名「へ」を書く場合」にあたると考えられる。

右のようなことについて、拙書（二〇〇一）では「外形を等しくする平仮名「わ」「い」「ゑ」「を」が場合によっては、同じレベルの平仮名ではないことになる」と述べ、右の『新撰仮名文字遣』の記事を採りあげて、「「い」「を」「わ」「ゑ」はまさしく表音用平仮名である」（五八四頁）と指摘した。それはそれとして、ここには「仮名と発音との乖離の意識」が胚胎していることが窺われる。

遠藤邦基は「仮名遣書と読み癖―仮名遣書に於ける「〜ト読ム」の意味―」（関西大学『国文学』第九十二号、二〇〇八年）において、「『如何に書くか』ということを対象にした仮名遣書の記述の中に、本質的に不要であるはずの「読み癖」に基づく注記が、中世・近世の定家仮名遣書の末書に数多く見ることができる」と述べる。そして『仮名文字遣』においては、「『〜ト書ク』『〜ト読ム』の注記は存在しない」と指摘した上で、しかしながら、序において「うはむにまきる」と述べられていることに注目し、「この「まぎる」の内容は、明らかに音声的な要因に基づく混同の可能性をいっていると考えられる」ので、『仮名文字遣』には「『〜ト読ム』という注記は存在しなくても、仮名文字遣には「読ム」要素はすでに存在していたといえる」と述べている。

「む」と書くか「う」と書くかということが、書き方と発音との乖離を意識させるきっかけとなったと断言することは現時点ではできないが、このようなある特定のことがらが、書き方と発音との乖離についての意識を（次第に、にせよ）胚胎させたことは考えられる。そうした「意識」が鮮明なかたちをとり始めたのが、『新撰仮名文字遣』が編まれた頃だったのではないか。そうした意識が潜在的であったにしても、あったという点において『仮名文字遣』は『新撰仮名文字遣』と連続し、そうした意識が鮮明であるという点において、『新撰仮名文字遣』は『仮名文字遣』と連続していない、と考える。とすれば、「〜トヨム」というような注記を多く含むかどうかは、当該仮名遣書が編まれた時期を考えるにあたって一つの目安になるといえよう。

〔頭に書かざる仮名の事〕

ただし、設定している「条」の数は『新撰仮名文字遣』が多い。拙書（二〇一一）において述べたように、「慶長版本」の「十四条はすべて本書（引用者補：『新撰仮名文字遣』のこと）の十三条に取り込まれて」（五一九頁）おり、その上で、十四条から二十五条まで、「慶長版本」にはない条をたてている。ここが『仮名文字遣』を対置させた場合の、『新撰仮名文字遣』の「新」らしさの「候補」ということになる。拙書（二〇一一）においては、十四条、十五条を「仮名文字遣（引用者補：書名ではなく、異体仮名の使い方という意味合いでの「仮名文字遣」）について」（五一九頁）の条とみたが、ここで再度両条について検討してみたい。

十四　かしらにかゝさるかなの事

しのふ　しのゝめ　此類見くるしき也
しら雲　しら露　花の
　した陰なとは尤もゆうけん也
〈川〉ゆ　〈川〉たへ　如此事は見にくし
〈那〉にこと　〈那〉ひく　〈那〉らひ　如此之類悪シ
〈乃〉ふる　〈乃〉もせ　〈乃〉り　是又あしゝ
〈路〉う〳〵として　是又あしゝ　〈路〉というの時はよし　ろもし良
〈川〉もしも下より外は書へからす　〈れ〉もし同之
〈具〉らく　〈具〉もる　〈具〉たる　是悪し下に書也

十五　下にかゝさるかなの事

とおる　なおる　なとの類也
とわぬ　かなわぬ　のたくひ也　他准之
か〈多〉る　あ〈多〉なる　他准之

〈堂〉もし　　是も右同之下ニわろし
〈た〉とひ　ひとひ　　是も悪シともよしともとのさうなれ共とはよし
い〈か〉に　い〈か〉、　それ〈か〉あらぬ〈か〉　是悪し　かもし良
〈可〉ならす　霞〈可〉な　　此類悪シ
いは〈志〉や　きか〈志〉さひ〈志〉、　　此等あし、
皆〈し〉文字也他准之

十四条「かしらにかゝさるかなの事」の「かな」は「仮名」ではなくいわゆる「異体仮名」とみてよいが、十五条「下にかゝさるかなの事」の「とおる」「なおる」、「とわぬ」「かなわぬ」は異体仮名ではなく、仮名そのものを指していると覚しい。すなわち、仮名「お」「わ」は「下」＝語中尾に書かないという主張を含む。仮名「わ」を語中尾にかかないということは一つの主張として認めることはできる。その一方で、「サワク（騒）」「ヨワシ（弱）」など、語中尾に音韻「ワ」を含む語は存在しており、こうした語は、（古典かなづかい等で）「さわく」「よわし」と書くことは当然あり、それを「事実」と呼ぶとすれば、「事実」と（完全には）一致しない。しかし、語中尾に音韻「ワ」を含む語はさほど多くないともいえ、そうしたことを勘案すれば、「わ」を「下にかゝさるかな」とみることはできる、と考える。

右に述べたようなことがらを含むが、十四条、十五条はやはり異体仮名の使い方について述べている条とみることができる。安田章は「仮名資料序」（『論究日本文学』第二十九号、一九六七年、後二〇〇九年、清文堂出版刊『仮名文字遣と国語史研究』再収、引用は後者による）において、「京大本『仮名遣』」（三十五頁）に「かしらにかゝざるかなの事」という記事があることを紹介する。冒頭には次のようにあることが指摘されている。

しのぶ　しのゝめ　したふ　此類見ぐるしき也

しら雲　しら露　花のした陰などゆうげん也　可書之事也（濁点は私に施した）

これは先の『新撰仮名文字遣』の記事とほぼ一致している。このことの指摘は、池上禎造「文字の論」（『国語学』第二十三輯、一九五五年）まで遡る[17]。右の「かしらにか、さるかなの事」（「下にか、さるかなの事」）とほぼ同様の記事が京大本『仮名遣』のような、（『新撰仮名文字遣』ではない）他の仮名遣書にもみえることには注目したい。

現代であれば、右のようなことがらは、「仮名遣い」ではなく「仮名文字遣い＝異体仮名の使い方」として位置づける。そのことからすれば、過去においては、いずれかの時点で、両者がちかいもの、あるいは同じものとみなされたことがわかる。遠藤邦基（二〇〇八）は「本来仮名づかいとは異質であった仮名文字つかいは、歌論書で二者が一括して纏められるようになった結果、両者は仮名づかいの範疇で括られるようになった」と述べ、「仮名遣い」と「仮名文字遣い」は歌論書（様のテキスト）に、ともに記述されるようになったことを契機として同一「範疇」のものとみなされるようになったというみかたを示している。一つのみかたとして成り立つと考える。

しかし、稿者は別のみかたもあると考える。ここでは別の二つのみかたを示す。

前章で述べたように、『仮名文字遣』はさまざまな古典文学注釈書（様のテキスト）の記事をとりこんで「成長」したといえる。遠藤邦基（二〇〇八）の指摘は、「仮名遣い」と「仮名文字遣い」とが一体化した「場」を歌論書に求めているが、一体化した「場」は仮名遣書そのものであったのではないか。歌論書を含めた古典文学注釈書をとりこむうちに、そうした記事に含まれていた「仮名文字遣い」に関わる記事がとりこまれ、一体化したのではないだろうか。仮名遣書を「かなづかいを示した書」とのみとらえれば、そうしたものを必要とする文字社会はあまりひろくないことが推測される。しかし、少し大袈裟な物謂いになるが、中世期の古典文学研究に関わる「情報」を集約し、蓄積した「場」とみれば、仮名遣書が（そうしたかたちのテキストとして）江戸期まで続いたことも理解できる。

本書冒頭において、「「仮名遣い」とは、表音系文字である仮名を、ある語を書き表わすためにどのように使うかということで、これを圧縮して表現すれば「仮名の使い方」ということになる」と述べた。音韻と仮名との間に一対一の関係が成り立っていれば、どのように使うかということが問題にはならないのであって、そこまでを含めていえば、「音韻と仮名との間に一対一の関係が成り立たなくなった時期において、ある語を書き表わすために仮名をどのように使うか」が「仮名遣い」であることになる。しかし、音韻が「イ」一つである時期に、「い」と「ゐ」とをどう使うかということと、「い」の異体仮名である〈伊〉と〈い〉とをどう使うかということとは、ともに「仮名の使い方」に含まれるというみかたが成り立たないわけではない。そうであるとすれば、あらゆる仮名、あらゆる異体仮名、ではないにしても、ある場合においては「仮名遣い」と「仮名文字遣い」とが同じようにみえるということもありそうで、そもそも「仮名遣い」と「仮名文字遣い」とはある程度の「ちかさ」を有していたとみることもできよう。

右で示した「二つのみかた」は排他的なみかたではなく、「二つのみかた」のどちらかというよりは、双方がなにほどかずつはたらいて、一体化して認識されていたとみることができる。

「ハシル」と語義がちかい語に「ワシル」がある。この二語を考えた時に、語頭に仮名「は」をあてるか「わ」をあてるかによって、実際は語が異なることになる。しかし語義がちかいことが認識されていると、語頭にどちらを書くのがいいのか、と書き手が思う可能性もある。そうだとすれば、これは事象としては「仮名遣い」ということになる。「ワ」と発音する音節に〈ハ〉をあてるという「仮名文字遣い」は中世期頃からひろくみられる。この「仮名文字遣い」からすると、「ワシル」という語の語頭に平仮名「は」の異体仮名である〈ハ〉をあてて「〈ハ〉しる」と書くことができる。しかし、〈ハ〉は「は」の異体仮名であるので、これは「ワシル」ではなく、「ハシル」と発音する「はしる」を書いているとみなすこともできる。この局面においては、「仮名遣い」と「仮名文字遣い」とがきわめて「接近」している。『落葉集』の「落葉集」末尾に添えられた「落葉集之違字」の「旗」の振仮名を「〈ハ多〉」から「〈者た〉」に変更する指示は、こうしたこととかかわると考える。

結局、『新撰仮名文字遣』が『仮名文字遣』を受けた十三条までと、『仮名文字遣』以外のテキストをとりこんだ十四条から二十五条までとを「貼り合わせたテキスト」とみることもできると考える。

二十二条「しもしのにこりを書分事」、二十三条「ちもしをにこる時の事」、二十四条「すもしをにこるかなの事」、二十五条「つもしをにこるかなの事」は、いわゆる「四つ仮名」についてふれた条として、よく知られている。各条の表現が揃っていないことが気にはなるが、それはそれとしておく。これらの条については、これまでも繰り返し述べられているので、ここでは二十一条「熟語したる字をひとつはかなひとつは真名に書事悪き事」の条を採りあげたい。二十一条には次のようにある。

忠せつ　道り　む理　理ひ　批はん　ゑん引　油たん

如此書事悪き也他准之

ここでは漢語「チュウセツ（忠節）」「ドウリ（道理）」「ムリ（無理）」「リヒ（理非）」「ヒハン（批判）」「エンイン（延引）」「ユダン（油断）」を右のように書いてはいけないと述べる。こうした書き方が実際にどれほど行なわれていたか、そのことについても検証する必要があるが、なにより、ここでは漢語の漢字仮名交ぜ書きが話題となっている。「如此書事悪き也」の先に、ではどのように書けばよいのかということがあるはずだが、それは示されていない。もちろん「漢語は漢字で書く」のが常態であることはいうまでもなく、それが改めていうまでもない正則な書き方として前提されていると考えるのが自然である。

それは認めた上で、しかし右のような書き方が採られた文献があるとすれば、その文献は結局は「仮名勝ちに書かれた文献」であるはずで、となれば、漢語の仮名書きもされていなかったとはいえないのではないか。『新撰仮名文字遣』のような仮名遣書がどのような文字社会において、どのような求めに答えるために編まれたのか、それこそが明らかにすべき点であることはいうまでもないが、和語も含めて「漢字勝ちに書かれた文献」においては、仮名遣いそのものが問題になりにくいことからすれば、やはり「仮名勝ちに書かれた文献」に「寄り添う」ものであったと考えるのが自然であろう。中世頃を考えた場合、その「仮名勝ちに書かれた文献」をかたちづくる言語に「幅」がでてきていたということはないか。漢語をある程度含み、その漢語の中には「はなしことば」において使われるような（漢字離れした）漢語もあったと考えることはできないか。『仮名文字遣』の見出し項目にも漢語は含まれている。それは当初、「仮名文学」において使われるような漢語であったはずで、注釈書などをとりこむ過程で、漢語にも幅がで、文学のありかたの変化に伴ない、漢語もさまざまなものがとりこまれるようになったのではないか。そうであるとすれば、『新撰仮名文字遣』が見出し項目としている漢語を観察する必要があることになる。

〔『新撰仮名文字遣』の漢語〕

最初の条である「いもしをもちゆるかなの事」から漢語が見出し項目となっているものを抜き出してみる。添えられている漢字列を丸括弧に入れて示す。日本古典文学大系『御伽草子』に収められた渋川版御伽草子二十三篇と「福富長者物語」「あきみち」「熊野の御本地のさうし」「三人法師」「秋夜長物語」を対象とした『御伽草子総索引』（一九八八年、笠間書院）に載せられている語には○を附した。

はいする（拝）　はくはい（白梅）　いちはい（一倍）　せいはい（成敗）
まいはい（賣買）　はいかい（誹諧）　○ほいのことく（如本意）　○へい（塀）
へいはく（幣帛）　へいせい（平性）　○かんるい（感涙）　かいふん（涯分）
かいする（害）　○さんかい（三界）　かいき（咳気）　たいかい（大概）

○たい〳〵（代々）
はうたい（傍題）
こかい（五戒）
○れいき（礼儀）
いつつい（一對）
ていねい（丁寧）
○さんまい（三昧）
○けいこ（稽古）
○ていしゆ（亭主）
あいれん（哀憐）
○さい〳〵（細々）
○さいし（妻子）
さいしやう（最上）
ゆいもつ（遺物）
○きめい（貴命）
○えいくは（栄花）
きんせい（禁制）
せいほく（西北）
せいもん（請文）

○たいし（大事）
○たいへい（太平）
○しつかい（悉皆）
かれい（佳例）
らいりん（来臨）
○ない〳〵（内々）
いちまい（一枚）
けいこ（警固）
○してい（師弟）
あいせん（愛染）
○さいくは（罪科）
○さいけ（在家）
○さいしやう（宰相）
○めいよ（名誉）
○ゑいか（詠哥）
○さうゑい（造営）
せいしん（聖人）
せいさん（青山）
○すいりやう（推量）

にんたい（人躰）
しんたい（進退）
○たいする（對）
れいのこゑ（鈴聲）
らいかう（来向）
○らいてん（雷電）
けいき（景気）
○けいくはい（計會）
○ていせん（庭前）
○さいかく（才覚）
○いつさい（一切）
さいへん（再返）
○せんさい（前栽）
○しんめい（神明）
さんゑい（山影）
はいくは（梅花）
いつせい（一声）
せいりやう（清涼）
○すいしん（随身）

○さんたい（参内）
○けたい（懈怠）
○ほたい（菩提）
ついか（追加）
ねいしん（佞人）
○らいはい（礼拝）
○さんけい（参詣）
さいはい（再拝）
しんてい（心底）
さいれい（祭礼）
さいけん（際限）
○さいそく（催促）
しゆい（思惟）
○めいわく（迷惑）
ゑいたい（永代）
いせい（威勢）
こんせい（懇情）
せいくはん（誓願）
すいさん（推参）

かいさい（涯際）　○すいてい（水底）　えいりよ（叡慮）　いつすい（一睡）
せいほ（歳暮）　れいり（伶俐）　せたい（世諦）　きよせい（御製）
たんたい（探題）　あいさつ（挨拶）　○かいらう（偕老）

一〇三語中、〇を附した語が四十三語で、四十一パーセントにあたる。この四十一パーセントは「目安」にすぎないが、それでもその程度は一致をみることには留意しておきたい。

右に掲げた漢語の仮名遣いが「字音仮名遣い」に合致しているかどうかということもあろうが、それよりも、ここではこれだけの数の漢語の仮名書きが採りあげられているということに注目する必要がある。「仮名文学」をどのように定義するかということになるが、所謂「御伽草子」のような物語も「仮名文学」であるとするならば、「仮名文学」をかたちづくる言語そのものの変化ということも視野に入れておく必要がある。そしてまた、『新撰仮名文字遣』のような仮名遣書の視界も「仮名文学」の外に拡がっていた可能性もある。

第三章　中世末から近世初期にかけて編まれた仮名遣書

三―一　仮名遣書の編者

行阿が『仮名文字遣』を編んだことはたしかなことといえようが、仮名遣書の編者は必ずしも明らかではない。例えば『行能卿家伝仮名遣』と呼ばれる仮名遣書がかつて東京帝国大学文科大学に蔵されていた。この本は関東大震災の折に焼失してしまったため、現在では焼失前（明治四十四年五月二十日）にこの本を謄写した京都大学国語研究室蔵本、または同じく謄写本である国立国会図書館蔵本によって、その内容を窺うほかない。

『行能卿家伝仮名遣』は「世尊寺行能卿の子孫の家に伝えられた本」（木枝増一『仮名遣研究史』三十七頁）とみるのがもっとも自然であろう。「三蹟」の一人である藤原行成（九七二～一〇二八）を祖とし、十世紀から十二世紀半ば頃までさかえた書の流派に世尊寺流がある。行能（ゆきよし）（一一七九～一二五五）はこの世尊寺流の八代目にあたる。それが事実そうであるかどうかは措くとして、そうした書の家に仮名遣書が伝えられていることが自然なことと認識されていたための書名と思われる。書と仮名遣いとがちかい位置にあったことには留意しておきたい。

ところで、『行能卿家伝仮名遣』が世尊寺家に伝えられていたとみるのは、テキストにいずれかの時点で与えられた呼称をそのまま受け入れての推測でもある。仮名遣書に限らず、過去に編まれたテキストにおいては、外題と内題との不一致は少なからずあり、内題を欠くテキストも多い。打ち付け書きされているにせよ、題簽が貼られているにせよ、それがいつのことかが明確に判明するケースはごく稀といってよい。そう考えれば、テキストに与えられている呼称に沿った線で推測することの「限界点」をみきわめておく必要がある。一方、テキストに与えられた呼称は、現在はわからないとしても、何らかの根拠めいたものがある、とみることもできなくはない。例えば、伝承筆者を西行とするテキストには、何らかの共通性があると思われ、西行が書いたものではないにしても、それらを一群のものとみることはできる。ここでは、仮名遣書がどのような人名と結びつけられてきているかということについて述べておくことにする。

〔二条良基（一三二〇〜一三八八）〕

『後普光園院御抄』と名付けられている仮名遣書がある。「後普光園院」は北朝四代の天皇の摂政・関白を務めた、連歌の大成者として知られる二条良基の号である。二条良基は、『菟玖波集』二十巻の撰者で、『筑波問答』『九州問答』などの連歌論書も著わした。また、勅撰和歌集である『新後拾遺和歌集』の仮名序も著わしている。ここでは、連歌に深く関わる人物と仮名遣書とが結びついていることになる。

和泉書院影印叢刊六十八『静嘉堂文庫蔵　後普光園御抄・假名遣つゝらおり』（一九八九年）の「解説」において武市眞弘は「前田本『原中最秘抄』の奥書に「去年之春在京之時自二條太閤有召之間参入之處」云々とあり（貞知三年九月廿七日）、まもなく良基は原中最秘抄を行阿から伝授されている」（九十三頁上段）と述べ、さらに「このように行阿に請い、源氏物語の秘説の伝授を良基が受けているのであれば、或は『假名文字遣』を所持した蓋然性極めて大きく、假名文字遣に依りつゝ、創意新見を加えて約二十年後、奥書にある如く、良基によって本書（引用者補：『後普光園院御抄』のこと）が成ったと考えてよいだろう」（同前）と述べている。奥書には「永徳二季季冬／摂政太相国御草名」とあって、永徳二（一三八二）年の年紀がみえている。

『後普光園院御抄』は「定家卿仮名文字遣序」と題された序を備えており、それは『仮名文字遣』の序とちかい。したがって、その点において、この仮名遣書は行阿『仮名文字遣』との直接的な関連がある。一条良基が『仮名文字遣』を所持していたかどうかは不分明であるが、かなりちかい序を書いていることからすれば、何らかのかたちで直接的な関わりをもっていたと考えることができる。

〔牡丹花肖柏（一四四三～一五二七）〕

明暦三（一六五七）年の刊記をもつ『仮名仕近道之事』は「仮名仕近道之事」（八裏まで）と「宗祇執筆次第」（九表～十四表）とを併せて一書としているが、「仮名仕近道之事」の末尾に「夢老作」と記されている。「夢老」は、夢庵、牡丹花、弄花軒、弄花老人などを号とした連歌師、歌人の肖柏のことと考えられている。肖柏は宗祇から古今伝授を受けており、また、文明十二（一四八〇）年には『源氏物語』中の難語等を一条兼良に問い、『肖柏問答集』を著わしている。明応四（一四九五）年の『新撰菟玖波集』の撰進にあたっては、宗祇、兼載を助けて編集作業にあたっている。三条西実隆の日記『実隆公記』には、肖柏が宮廷連歌にも加わっていたことが記されている。晩年は和泉の堺に暮らし、古今伝授（堺伝授）を宗訊ら堺の人々に授けた。大永四（一五二四）年に三条西実隆が堺を訪れた折には、『何路百韻』を興行している。

「宗祇執筆次第」の末尾には「長享二年二月日」とある。長享二年は西暦一四八八年にあたる。「宗祇執筆次第」はまさしく連歌の執筆（しゅひつ）の作法について述べたもので、このテキストにおいては、仮名遣いと連歌の執筆の作法とが（連歌世界において、という限定があろうが）一具のものとしてとらえられていることになる。

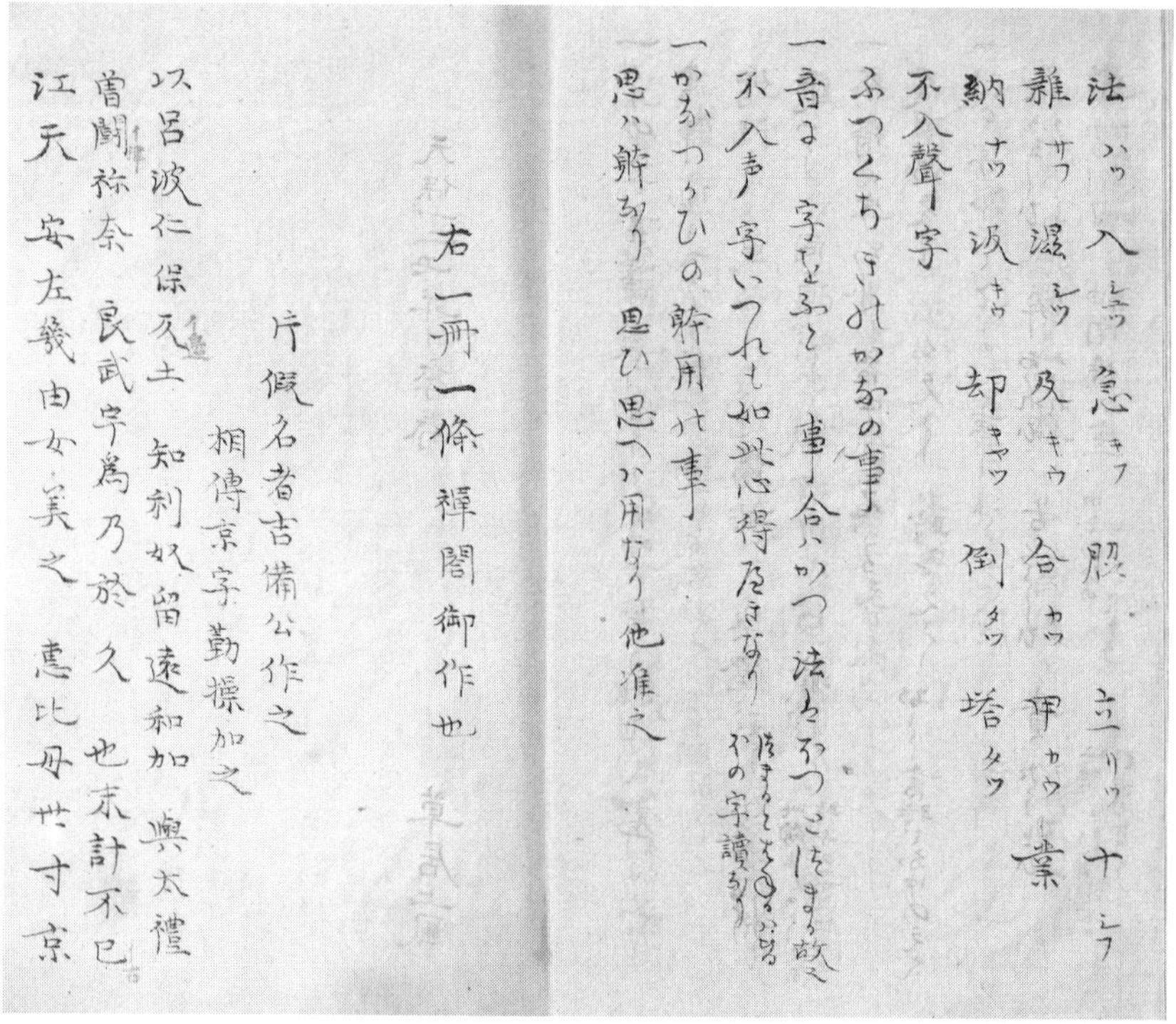

図５　『仮名遣近道』奥書

【一条兼良（一四〇二〜一四八一）】

『仮名遣近道』という書名をもつテキストの中に、テキスト末尾に「右一冊者一條禅閤御作也」というような記事をもつものがある。**図5**は架蔵する一本の奥書であるが、この本には、「一條禅閤假字抄」という題簽が貼られている。表紙見返しには「梧陰文庫」の方形朱印がおされているので、井上毅（一八四四〜一八九五）の旧蔵本であったことがわかる。冒頭には「音連聲相通」と題された条が一丁分置かれ、それに続いて「仮名遣近道」とある。**図5**の次の丁には「天保十二丑年季春　草居上風」とあって、天保十二（一八四一）年の写本であることがわかる。

　拙書『かなづかいの歴史』（二〇一四年、中公新書）において、「伝一条兼良『仮名遣近道』」というキャプションを付けて図16として掲げた架蔵のテキストは末尾に

「右一冊者一條禅閣御作也」とあって、それについで「御所望致調進之候聊憚／外覧而已／寛文五巳六月九日／久保金左衛門（花押）／久保吉右衛門（花押）」とあり、その裏に「右一冊者曾我尚祐舊記也／雖為家傳之秘書依越中守殿」とある。木枝増一『仮名遣研究史』（一九三三年、賛精社）が掲げる京都大学国文学研究室蔵本の奥書を参照すると、右の奥書には何らかの錯誤が生じていると思われる。ここには寛文五（一六六五）年という年紀がみられる。

一条兼良は『源氏物語』の注釈書である『花鳥余情』や『源氏和秘抄』を著わしたことで知られるが、室町期の公卿で古典学者であった。桃華叟、南華老人、東斎などと号し、謚号は後成恩寺殿、一条禅閤と呼ばれることもあった。『筆のすさび』『連歌初学抄』『連珠合璧集』など連歌に関わる著作もあり、『新撰菟玖波集』にも二十三句入集している。『詞林三知抄』も兼良の作とされる。

【三条西実隆（一四五五〜一五三七）】

三条西実隆は室町時代の和学者で、母は甘露寺房長の女で親長の姉にあたる。聴雪、逍遥子と号し、法名は尭空、逍遙院内大臣と称される。多くの古典文学作品の書写校合を行なうさまが、その日記『実隆公記』に記されている。文明十七（一四八五）年頃から宗祇やその弟子である牡丹花肖柏と親しくなり、長享元（一四八七）年から三年にかけて、宗祇から古今伝授をうける。この宗祇の師が東常縁である。宗祇から実隆に伝えられた古今伝授を中心とする歌学は、実隆の子である公条（きんえだ）、公条の子である実枝（さねき）に伝えられ、二条派の本流となっていく。『新撰菟玖波集』の撰集にも関わる。天理図書館には実隆筆の『新撰菟玖波集』が蔵されている。

「逍遙院作」と記されている仮名遣書がある。例えば、『静嘉堂文庫蔵　後普光園院御抄　假名遣　つゝらおり』（一九八九年、和泉書院）に影印が収められている一本は、表紙に「宸翰云／假名遣　つゝらおり　逍遙院作云々」

と記されている。この本は「仮名遣相伝之事」（一丁表〜十三丁裏）「つ、らおりかなつかひ」（十四丁表〜二十三丁裏）「詞林」（二十四丁表〜二十六丁表）を併せて一書としている。そして二十七丁表には「這一冊従中務宮職仁親王借用書寫之自／霊元院御伝来本外題宸翰也可秘蔵々々々／光栄」と記されている。これからすれば、第一一二代天皇である霊元天皇（一六五四〜一七三二）の所持本を中務宮（有栖川宮）職仁（もとひと）親王より借用し、烏丸光栄（一六八九〜一七四八）が書写したものということになる。ここに「逍遙院」とある。

右のような構成をしているテキストは他にもある。例えば故山田孝雄蔵本は[18]、表紙に「假名遣　逍遙院作」と打付け書きされているが、やはり「仮名遣相伝之事」（一丁表〜十五丁裏）「つ、らおりかなつかひ」（十六丁表〜二十五丁裏）「詞林」（二十六丁表〜三十丁裏）を併せて一書としている。「詞林」は一条兼良の作とされることのある『詞林三知抄』のこと。

木枝増一『仮名遣研究史』は「仮奈津可飛」と題され、享和三（一八〇三）年初冬に観古堂から出版された一書を紹介し、その序に「逍遙院内府公のしるしをかれし書」とあることを指摘した上で、「右は大阪府立図書館の刊本に依つたのであるが、東京の帝国図書館蔵の写本では「仮名遣相伝の事」が先に来て「九折仮名遣」が後に来てゐるのと、例語の数に多少の増減があるのとの差違がある。なほこの「仮名遣九折」と同じ内容に「詞林」（神祇部四十三語、春十七語、夏五語、秋十五語、冬六語）を書き添へて一本とし、外題に「仮名遣相伝抄」とした写本がある」（五十四頁）と述べている。「仮奈津可飛」は（漢字で書かれているのではなく、所謂万葉仮名で書かれているとみて）「かなつかひ」と書かれているとみるのが妥当であろう。

それはそれとして、ここでは、仮名遣書の伝播ということに関わって二つの段階があることがわかる。「仮名遣相伝之事」「つ、らおりかなつかひ」「詞林」が合写されているテキストは、先に述べた「貼り合わされたテキスト」とみることができる。そうしたテキストには当然「貼り合わされた」時期があり、その時点では、それぞれ別のテキストとして流伝していた三つのテキストが、書写者の何らかの必要性のために、「貼り合わされた」。いったん「貼り合わされた」テキストは、そのまま一つのテキストとして受け入れられ、そのまま書写されることになる。別のテキストとして流伝していた複数のテキストが「貼り合わされた」時期が、このかたちのテキストの成立時期であることになるが、和歌や連歌の詞寄せ注解と目され、一条兼良作とされることもある「詞林」(＝『詞林三知抄』)が含まれていることからすれば、やはり「和歌・連歌世界」においてこうしたテキストが成った蓋然性がたかいと考える。神宮文庫に蔵されている「三知抄幷禅閤仮名遣」という題簽が貼られている一本(受入番号一五五七)では、『詞林三知抄』に続いて『仮名遣近道』が写されている。

ここまで、仮名遣書がどのような人物と結びつけられているかについて整理してきた。二条良基、一条兼良、牡丹花肖柏、三条西実隆、いずれも「和歌・連歌世界」にふかく関わりをもっており、実際にこれらの人物が連歌書を編んだかどうかは別としても、そうした「世界」において、仮名遣書が編まれたことを窺わせる。そうであれば、『仮名文字遣』に続く仮名遣書は室町期から江戸初期にかけて編まれたと考えるのが自然であろう。また、ひろく日本語をとらえた場合、仮名遣書を何らかのかたちで必要とした「世界」は自ずから限定された、さほどひろい文字社会ではなかった、とみるのがやはり自然であろう。従来の国語学史の記述のしかたは、あるいは誤解を与えるものであったのではないか。

仮名遣いにつよい関心をよせていた文字社会は限定されており、そうであれば仮名遣書を必要とする文字社会も限定されていたことになる。それが認められるのであれば、それは次の問いにつながる。仮名遣いにつよい関心をよせていた文字社会が限定されているのだとすれば、関心をよせていなかった文字社会においては、どのような書き方がなされていたか。この問いに対する現時点における稿者の答えは拙書『かなづかいの歴史』(二〇一四年、中公新書)にある程度まで示した。これまでは『仮名文字遣』が中世期において勢力をもち、それが契沖によって否定されるという「流れ」が提示されることが多かったと思われるが、それは日本語全般についてのこととは考えにくい。そうであれば、右のような「流れ」と離れた文字社会ではどうであったかということを考える必要がある。(19)そして、それが屋名池誠（『近世語研究のパースペクティブ』二〇一一年、笠間書院）が江戸期の書き方について「異表記を許容する表記法」（一五九頁）、「多表記性表記システム」と呼んだような書き方とどのように連続し、どのように連続しないのか、ということを明らかにすることが今後の課題といえよう。

右は仮名遣いに関して、であるが、仮名遣書についていえば、それが限定された文字社会の求めに応えて編まれたものであったとしても、編まれた時期の日本語のありかたをなにほどか反映しないはずがない。仮名遣書を熟視することによって、それが編まれた時期の日本語に関わる知見を得ることができると考える。ここでは幾つかの仮名遣書を採りあげ、検討を加えてみたい。

三—二　『後普光園院御抄』（持明院家伝書第五）

〔定家卿仮名文字遣序〕

先に述べたように、『後普光園院御抄』には「定家卿仮名文字遣序」と題する序が添えられている。行阿『仮名文字遣』冒頭には、たとえば文明十一年本であれば、「仮名文字遣事」と題する序様の言説が置かれている。この「仮名文字遣事」と『後普光園院御抄』の「定家卿仮名文字遣序」とは文言としてはきわめてちかい。しかし注目しておくべき点がいくつかある。

まず『仮名文字遣』という書名をもつテキスト冒頭に置かれている序様の言説に「仮名文字遣事」という題名が与えられていることは自然であるが、『後普光園院御抄』という書名をもつテキスト冒頭に「定家卿仮名文字遣序」と題される言説が置かれることは必ずしも自然ではない。『後普光園院御抄』という書名が、テキスト成立の当初からのものであったとすれば、そのテキストとしての成立に、行阿『仮名文字遣』が何らかのかたちで関わっていることを思わせる点で、この「定家卿仮名文字遣序」は注目に値する。そうした意味合いにおいては、「後普光園院御抄」という書名がそもそものものではないという可能性も考えておく必要があろう。

また「仮名文字遣」に「定家卿」が冠せられている点も注目される。『後普光園院御抄』が編まれた時点では、『仮名文字遣』と定家とが積極的に結びつけられていたことが窺われる。そしてまた、「定家卿仮名文字遣序」が冒頭に置かれることが『後普光園院御抄』にとって「必然」であるとすれば、そのような結構をすることによって、このテキストが成り立ったことになる。

文明十一年本の「仮名文字遣序」の冒頭は「京極中納言定家卿家集拾遺愚草の清書を／外祖父河内前司于時大炊助親行に誂被申ける時親行申／而云」と始まる。文明十一年本の「仮名文字遣序」においては、細字の注は右の箇所にとどまる。一方、『後普光園院御抄』の「定家卿仮名文字遣序」においては、細字の注は他の箇所にも施されている。例えば「黄門」には「中納言の／唐名也」とある。この「定家卿仮名文字遣序」は文明十一年本の「仮名文字遣序」とは小異があるが、慶長版本の冒頭の序様の文章とはちかい。そうであるとすれば、『後普光園院御抄』が『仮名文字遣』と接触したといった時のその「仮名文字遣」は、慶長版本にちかい、増補されたものであった蓋然性がたかく、となれば接触の時期も室町期頃と考えるのが自然であろう。

例えば「さらは主饔か大炊助の唐名所存の分書出して／進へきよし仰られける間大概／かくのことく指下なりこれを註し親行註之也進する處に申所こと〳〵くその／理にかなへりとて則合点せられ畢」とあるその「合点」に「定家卿合点也定家卿は当時の御歌所なる故に親行これを定家卿に見せし時の事也いはゝ合点とは惣して歌書にをいてはよき句には点をする故に合点といふなり」と長い注が施されている。あるいは、「行阿思案するに権者の製作として真名の極草の字を伊呂波に縮なして」とあるその「権者」に「権者といつは弘法大師か仲麿かといふ二義ある中に弘法大師をいふといふの説正義也仲麿の事なりといふ説をは二条家にこれを許さす大師の事なりと沙汰する也」と注が施されている。こうした注はそのような言説にふれ得る文字社会においてこのテキストが編まれたことを示している。『後普光園院御抄』の末尾には「いろは作者の事」と題して「空海和尚直筆いろは鳥羽の／寶蔵に有之以之為正證也或は／一條家の説には阿部仲麿／の作也と云々其故は仲麿以大／和假名傳大唐故と然とも此／義をは於二條家不用之也／穴賢」とあって、「一條家」「二條家」についての言説が展開されている。

右の「いろは作者の事」の前には次のようにある。

一　芭蕉の仮名をははせをと書之
龍膽をは仮名にはりうたんと
書てよむにはりんたうとよむ也
委子細は口傳に有
　一字露顕
日 火　蚊 香　名 菜　如斯一字
訓の類也
　二字反音
花 縄　夏 綱　水 罪　如斯
反讀の類也
　三字中略
霞 紙　菖蒲 雨　桂 唐　如斯の類也

四字上下略

鶯杭　玉章松　苗代橋　如斯の類也

「芭蕉」「龍膽」は『古今和歌集』の「物名歌」を思わせ、「一字露顕」「二字反音」「三字中略」「四字上下略」は連歌を思わせ、そうした「世界」との接触があったことを窺わせる記事と思われる。

［端のい・奥のひ］

『後普光園院御抄』は「端のい」「中のゐ」「奥のひ」「端のほ」「中のを」「奥のお」「端のへ」「中の〈江〉」「奥のゑ」「初のは」「後のわ」「ふむう」という条を設けている。これは改めていうまでもなく、「いろはにほへとちりぬるをわかよたれそつねならむうゐのおくやまけふこえてあさきゆめみしゑひもせす」のどこに当該の仮名が位置しているかを「端・中・奥」という表現で示している。結局、「い・ゐ・ひ」「ほ・を・お」「へ・〈江〉・ゑ」「わ・は」「ふむう」という五つの群が設定されていることがわかる。

文明十一年本『仮名文字遣』においては、冒頭に「をお〈江〉ゑへひいゐほわはむうふ」とあって、それぞれの仮名から始まる語を集めている。「をお〈江〉ゑへひいゐほわはむうふ」はそのまま「を・お」「〈江〉・ゑ・へ」「ひ・い・ゐ」「ほ」「わ・は」「む・う・ふ」とある程度の群を成しているが、「ほ」は「を・お」と一群とみなすべきことからすれば、まだ未整理の状態にみえる。『後普光園院御抄』が「端のい」から始まるのは、「いろは」にしたがって、群を配列しているためであろうし、群内も「いろは」にしたがって並べていることからも、整理が行き届いていることがわかる。仮名遣いは「いろは」の仮名をどのように使うかということでもあるので、そもそも仮名遣いと「いろは」とは深くかかわっているといえるが、仮名遣書も「いろは」との結びつきを鮮明にしているといえよう。

［定家卿仮名遣少々］

『仮名文字遣』の中に、末尾に「定家卿仮名遣少々」「人丸秘抄」が附録されているテキストがあることについては先に述べた。例えば明応九年本（隆量卿仮名遣）にはそれらが附録されている。その「定家卿仮名遣少々」は、「端へ」「中のえ」「奥のゑ」「端のほ」「中のを」「奥のお」「端のい」「中のゐ」「奥のひ」という条を設けている。比較的収載語数の多くない『仮名文字遣』のテキストとしての推移を「増補」という方向においてみてよいとすれば、これらが附録されておらず、『仮名文字遣』のテキストとしての推移を「増補」という方向においてみてよいとすれば、これらが附録されたのは、『仮名文字遣』が「成長」していく過程において、ということになる。そうであるとすれば、「定家卿仮名遣少々」「人丸秘抄」を『仮名文字遣』の「附録」とみることにも慎重であるべきか。

［父字・母字］

『後普光園院御沙』の「端のい」の条を左に掲げる。

一端のい　色（いろ）の字なる故に父（ち、）字也いはく（謂）
色古（いろいにしへ）　筏（いかた）　泉（いつみ）　糸石（いといし）等多し但母（は、）
字にに用事ありいはく額（ひたい）ひたひと書ては（ひの字しけくして見悪故に一の習にてひたいと／書也此意を以て餘を知へし）
精霊台内等の字多し（こゑに讀時は皆い也）

他に「奥のお　奥（おく）の字也故に父字に／のみ用之　謂　思（おもひ）　恐（おそれ）　同（おなしく）　等多し」「端のへ　薫（にほ）へとのへの字也故に母／字に用之」などとある。

明魏（花山院、藤原長親、?～一四二九）の著とされる『倭片仮字反切義解』には「仮字反切口訣」という条に「上父字行竪下母字行横其隅生子字」とあり、それに続いて次のようにある。

例　伊　上父　和　下母　反阿　隅子
亦　也　上父　宇　下母　反勇　隅子

さらに「横行帰父字竪行帰母字其帰生子字」とあって、それに続いて次のようにある。

例　阿　上父　和　下母　反阿　帰子
亦　也　上父　勇　下母　反勇　帰子

右では、「仮字反切」をする場合の反切上字を「父字」、反切下字を「母字」と呼んでいると覚しい。「い」と「わ」との反しは「あ」となる、というのが第一番目の「例」であるが、「い」を「い」と書いたのではわかりにくいために「伊」という表示方法を工夫していると思われる。それがわかりやすいかどうかは措くとして、このように表記方法を工夫しなければ、文字と発音とを分離して意識し、分離して示すことはできない。語を仮名でどのように書くかということが仮名遣いであるが、そのことに集中すればするほど、案外と発音ということに意識がむきにくくなるのではないだろうか。

時代がくだるが、文雄『和字大観抄』（宝暦四〈一七五四〉年刊）の「仮字反切」の条に「かながへしと云事ありて。五十文の図にて反をするなり。反すべき二字の中にて。上の字を父字といひ。下の字を母字と云。其をしへに。横帰本字竪留末。父字上下母字／横と云事あり。反切する父字母字を。此図にあてゝ／みるに。二字ともに横の同行ならば。父字に帰し。二字共に竪の同行ならば。母字に帰するを。横帰本竪留末／と云なり。たとへばキヰを反せばキとなり。ヨコを反せ／ばヨとなるは。横帰本字なり。又タテを反せばテとなり。／ムミをかへせばミとなるは。竪留末字なり。またキエの／かへしはケとなり。ツアの反はタとなる。類は。父字／の上歟下歟にて。

母字の横通に当る字を。帰字と／するなり。是を父字の上下母字の横と云なり。和語の／反しを試むるには。いづれも違ふ事なし。」（巻上、十五丁表～裏）とみえている。

また『和訓栞』（安永六〈一七七七〉年～刊）大綱にも「仮名反の法反すべき二字の内上を父字とし下を母字とする二字同類／ならは父字に帰し二字同音ならは母字に帰す是を横帰本竪留末／といふきえ反けしか反さの類は父字同音の上か下かにて母字同韻に／あたる字を帰字とす是を父字の上下母字の横といふといへり」とあり、「父字」「母字」という表現がみられる。右の『和訓栞』大綱の記事は、『和字大観抄』の記事とちかく、おそらくは『倭字片仮字反切義解』のような書の言説を淵源として、右のような言説が形成され、それがある程度のひろがりをもったのであろう。

『静嘉堂文庫蔵　後普光園院御抄・假名遣つゝらおり』（一九八九年、和泉書院）「解説」は、「なお、本書は、語頭に用いる字を「父字」、語末又は語中に用いる字を「母字」と称して区別している。言う迄もなくハ行転呼音による仮名づかいの混乱が「定家仮名遣」の起縁となっていることを思えば、この処置は意味のある処置というべきであり、「奥のお」「後のわ」の「父字にのミ用之」という指摘と併せて評価されるべきものであろう」（九十一頁上段）と述べている。「父字にのミ用之」は四丁表の「奥のお」の条を引いたものと思われるが、翻字「のミ」は不審。「み」にあてられている異体仮名はたしかに現在使用している片仮名の「み」にちかいかたちをしているが、そうであっても、これは平仮名として使用しているとみるのが自然で、右の翻字が、当該箇所の「み」のみが平仮名ではなく、片仮名であるという主張をしているのでなければ、翻字方針はどのようなものか理解しにくい。もしも、この箇所のみ平仮名に片仮名を混ぜているという主張を含むのであれば、なぜそのような判断ができるかを述べるべきであることはいうまでもない。仮名遣いを問題にしている仮名遣書に関わる「解説」で翻字方針が不分明であることはやはり理解しにくい。

それはそれとして、「語頭に用いる字を「父字」、語末又は語中に用いる字を「母字」と称して区別している」という認識は的確なものだろうか。現在は、一つの語を構成する音韻の位置を「語頭」「語中」「語尾」と三分割してとらえることが一般的である。そのことからすれば、現在いうところの「語頭」と重なる概念が「父字」、「語中」「語末」と重なる概念が「母字」ということになる。「解説」は「父字」「母字」が、先に述べたように、おそらくは「仮名反切」につながるということを示していないが、そうであれば、そもそもは反切上字＝父字、反切下字＝母字というとらえかたであったと思われる。つまりある対象を上と下との二つに分けてとらえ、それを「父」「母」と名付けるという発想があった。とすれば、三分割ではなく二分割の発想であったことになる。そのことからすれば、「語頭＝父字」「非語頭＝母字」ととらえるのが、この用語にそったとらえかたではないかと考える。「語頭／非語頭」は「上に書く仮名」「上に書かざる仮名」というとらえかたとも平行性をもつ。語中に使うか、語尾に使うか、ということは問題になったことがないと思われ、そうであれば、このことがらに関しては語中と語尾とを分ける必要がないことになる。

［和語の仮名遣い］

先の引用においては、「い」は「父字」すなわち語頭に使う仮名であることを述べながら、しかし「母字」すなわち非語頭においても使うことがあると述べ、その例として「ヒタイ（額）」を挙げ、「額（ひたい）ひたひと書てはひの字しけくして見悪故に一の習にてひたいと書也此意を以て餘を知へし」と述べる。「ひの字しけくして」は一つの語の中に仮名「ひ」が二つ含まれるということであろうか、（こうしたみかたが現代人の眼にどうみえるかということではなくて）ここではきわめて具体的に「書き方」が話題となっていることがわかる。さまざまな「場面」で、仮名によって日本語が書かれてきているであろうが、仮名遣書を編んだ文字社会、仮名遣書を必要とする文字社会は、仮名で日本語を書いた時にどのように「みえるか」ということにも気配りをする文字社会とかかわっていたことを窺わせる。「かかわっていた」は、「どのように「みえるか」ということにも気配りをする文字社会」そのものである可能性とそうした文字社会に隣接した文字社会である可能性、双方の可能性を含めての表現である。そして、（いろいろな意味合いにおいて）視覚的にどうみえるかということは、かつてどう書いていたかという「歴史主義」とのかかわりは薄いといえよう。そのような観点がいついかなる時においてもテキストに持ち込まれる可能性があるとすれば、仮名遣書は相当に流動しやすいテキストであることになる。

語を例としてあげる形式を採る仮名遣書は、文脈をもたないテキストの最右翼といってもよい。隣り合う例同士が、その順番に並んでいなければいけない理由はない場合が多い。とすれば、例が削られたり、例が増やされたりすることは自由自在に行なわれる可能性があり、また例が削られたからといって、テキストが成り立たなくなるわけでもない。十の例が連続して削られてもテキストは成り立つこともある。古典文学作品テキストにおいては、十行が連続して削られたら、テキストが成り立たなくなる場合もあろう。それは文脈をもっているからといえる。

右では「ひたひ」ではなく「ひたい」という仮名遣いを認めている。「ヒタイ（額）」は『仮名文字遣』においていささか複雑な語例にみえる。文明十一年本においては「ひ部」で採りあげられているにもかかわらず、「ひたい　額」とあって、「ひたい」のかたちで掲出されている。文明十二年本においては「ひ部」に見出し項目がない。明応九年本（隆量卿仮名遣）においては「ひ部」に「ひたひ　ひたいとも　額」とあり、ここでは「ひたひ」「ひたい」両様の仮名遣いが示されている。永禄九年本は「ひ部」に「ひたい」を掲出しており、文明十一年本と同様である。天正六年本においては「ひ部」に「ひたひ　額　ひたゐ共」とあって、ここでは「ひたひ」「ひたゐ」両様の仮名遣いが示されている。文禄四年本においては「ひ部」に「ひたひ　ひたい共　額」とある。慶長版本は「ひ部」に「ひたひ　ひたい共　額」とあり、「い部」には「ひたい　ひたひとも　額」とある。右を整理すると次のようになる。

ひたい（ひ部）……文明十一年本・永禄九年本
ひ部に見出し項目なし……文明十二年本
ひたひ　ひたいとも（ひ部）……明応九年本・文禄四年本
ひたひ　ひたゐ共（ひ部）……天正六年本
ひたひ　ひたい共（ひ部）・ひたい　ひたひとも（い部）……慶長版本

「ひ部」に「ひたい」を掲出する文明十一年本・永禄九年本は矛盾を内包しているが、結局は（「ひたひ」のほかに）「ひたい」という書き方を認めているのだとみれば、明応九年本・文禄四年本はそれを見出し項目に反映させているともいえよう。それをさらに徹底させたかたちが慶長版本とみることもできる。天正六年本における「ひたゐ共」は右に掲げたテキストでは他にみることができないが、これを認めて、『仮名文字遣』諸テキストを『仮名文字遣』という一つのテキストとみることにすれば、結局「ヒタイ（額）」という語に関して、考えられるすべてのかたち「ひたひ」「ひたい」「ひたゐ」が「出そろっている」ともいえる。

先に「仮名遣書を編んだ文字社会、仮名遣書を必要とする文字社会は、仮名で日本語を書いた時にどのように「みえるか」ということにも気配りをする文字社会とかかわっていたことを窺わせる」と述べた。それは「ひの字しけくして」というみかたが、「仮名遣書を編んだ文字社会」の外部から持ち込まれたということを含意していたが、『仮名文字遣』のいずれかのテキストが「ひたい」という書き方を認めているところを起点にして「つくりだされた」言説であった可能性も考えておく必要があろうか。

『後普光園院御抄』が掲げている和語の仮名遣いと『仮名文字遣』が掲げているそれとを対照すれば、両者が異なる場合があることに気づく。そのことをもって、両者のテキストとしての連続性を「測定」するということもあるいはできるかもしれない。しかし、先に述べたように、『仮名文字遣』や『後普光園院御抄』のような辞書体資料においては、一つ一つの見出し項目は流動しやすい。したがって、見出し項目の対照によって「測定」し得ることがらには自ずから限度があると考えておきたい。

［字音語の仮名遣い］

先の引用には「精霊台内等の字多しこゑに讀時は皆い也」とある。「こゑに讀」は（漢字を読む、という方向からの発言と思われるが）「字音語の場合は」ぐらいの意味合いに理解すればよいと思われる。

「ふむう三字通用」の条には「うとふとは／音に呼字又は延かな皆うの字／也いはく精霊経（しやうりやうきやう）等の類多し／訓に呼字の延仮名は皆こと〳〵く／ふの字也いはく夕（ゆふへ）云（いふ）昨日（きのふ）／今日又不入声の字は音なれとも／必ふの字也いはく猟（らふ）法葉集（はふえふしふ）／等の類皆ふの字也」とある。ここでは「音に呼字」という表現と「訓に呼字」という表現とが対照的に使われており、漢字側からみた「音」「訓」が現代と同じような概念として存在していることがわかる。『仮名文字遣』にはそのような記述がみられない。ただし、そのことをもってただちに、『仮名文字遣』成立時には、「音」「訓」という概念がなかったとはいえないと考えるが、少なくも、そうした記述をみせていない。『後普光園院御抄』は、仮名遣いということがらに「音」「訓」という概念をかかわらせているという点に注目しておきたい。日本語の観察が精密になり、また漢語が漢語としてはっきりと意識されていることを窺わせる。それは日本語の語彙に占める漢語の割合が増えたということのみを示唆するわけではないであろうが、日本語使用者が意識する「日本語」の範囲の中において漢語の割合が増えたということを示唆していると考える。

右には「不入声」（あるいは「フ入声」と翻字すべきか）という表現がみえる。現代においては、唇内入声音[-p]を仮名「フ」で受け入れる場合を「フ入声」と呼び、それは韻尾に[-p]をもつ深咸摂の漢字の字音仮名遣いに関わる。

[長音・撥音の認識]

また右には「延かな」「延仮名」という表現がみえる。例として挙げられている語は「ユッベ」「イウ」「キノウ」であることからすれば、「長音」にあたる箇所に書く仮名をそのように呼んでいると推測される。

また「断字(はね)の仮名をにの字にてはねる／事は謂難波(なには)丹波(たには)銭(せに)等の類』等の類(ママ)少々又断字の仮名をみ／の字にてはぬる事はいはく／涙　神事　讀居(いはく仮名にはなみたと書てなんたとよむ也／かなにはかみわさと書てかんわさとよむ也)　等の類多し」(「等の類」は衍字)という記事がみられる。ここでは「ナンバ」「タンバ」「セン」と発音することができる(することがある)漢字列を「ナニワ(なには)」「タニハ(たには)」「ゼニ(せに)」と書くことがあることを結びつけ、現在でいうところの「撥音」にあたる箇所に書く仮名を「断字(はね)の仮名」と表現していると覚しい。

これらが現在の「長音」「撥音」と全同の概念であるかどうか、それについては慎重に考えたいが、それにちかい認識があったことを窺わせる表現として注目しておきたい。

[活用意識の胚胎]

連続している「端のへ」と「中の〈江〉」との条を掲げる。

一　端のへ　薫(にほ)へとのへの字也　故に母
　字に用之　中に有　不比江韻字用之
　いはく　敬(うやまふ／うやまひ／うやまへ)　随(したかふ／したかひ／したかへ)
　答(こたふ／こたひ／こたへ)

等多し

一　中の〈江〉越(こ〈江〉)てのえの字也故に端のへの字の外　有₌由響(ゆのひゞき)₋字に用之也

いはく　消(きえ・きゆ)　絶(たえ・たゆ)　教(をしえ・をしゆ)等の類多し　私に云〈江〉の字今替え也いさゝか／有口傳元の字は字躰衣の字也

「端のへ」の条の「中に有　不比江韻字」の「不比江」は現在であれば、「フヒヘ」などと書いて、それが発音を表わしていることを示すところであろう。「漢字平仮名交じり」あるいは「平仮名漢字交じり」で書かれている中に片仮名を交えることはそれだけ自然ではなかったことが窺われる。仮名遣書においては、平仮名は書き方そのものを示すために使われているのであって、その平仮名を使うことができなかったために、便宜的に漢字「不比江」を使ったと覚しい。「韻字」という表現は右に述べたように発音ということを思わせるが、右で述べようとしていることは、一つの語が（活用形によって）「ふひ（へ）」にわたる場合の発音「エ」には仮名「へ」をあてる、ということであるはずで、そうした認識がなお徹底していないことをも思わせる。『後普光園院御抄』が述べようとしていたことが、右のようなことであるとすれば、ここは発音を話題にする必要がなく、「うやまふ」「うやまひ」と書く場合、「ウヤマエ」と「エ」で発音する箇所に仮名「へ」を書くということで、それほど発音を話題にしないでも述べることができることがらであった。そしてまた、「不比江」の「江」が「エ」であるとすれば、「不比江」は「フヒエ」ということになって、これもまた徹底しない。

「中の〈江〉」の条においては、〈江〉字に関して、「私に云〈江〉の字今替え也いさゝか／有口傳元の字は字躰衣の字也」と述べられている。「字躰」という表現がみられることには注意しておきたい。ここでは「中のえ」に〈江〉字を使うのは「今替え」であり、「元の字は」「衣の字」であると述べているように思われる。現代は〈江〉

はヤ行のエ、〈衣〉はア行のエとみているので、この記事にはまた錯誤めいたものが含まれていることになるが、それはそれとする。ここでは「有由響（ゆのひゞき）字に用之也」とあって、「ユ」にわたる場合には〈江〉を使うということとみえ、「端のへ」の条よりは記事が徹底しているともいえよう。

現代からみれば、いささかの錯誤を含み、徹底しない点はあるが、現代いうところの「活用」にちかい認識が胚胎していることが窺われる。この語はこう書くという用例集であった『仮名文字遣』と比較した場合、日本語の観察に基づいて書き方を考える、あるいはその逆で、日本語の書き方を考えるにあたって、日本語の観察が深まった、とみえ、日本語を観察することができるだけの「距離」が生じていることがわかる。

三―三　一条兼良『仮名遣近道』

［いろはと五十音図と］

『仮名遣近道』は、『国語学大系』九（一九三九年、国書刊行会）に故福井久蔵家蔵の「寛政六年三月日寫之善妙」の奥書のあるテキストが翻刻されている。翻刻にあたって、故橋本進吉蔵本と神宮文庫蔵本とが参照されている。赤堀又次郎『国語学書目解題』（一九〇二年）は「三知抄［詞林］と合本にて、外題には禅閤假名遣」とある写本を紹介している。この写本の所蔵者は記載されていないが、あるいは神宮文庫蔵本か。『国語学大辞典』（一九八〇年、東京堂出版）も「仮名遣近道」を見出し項目としている。そこには「定家仮名遣の中世的伝授書の一つで、「へ・を・お・え・ゑ・い・ゐ・わ」その他の項目について語例をあげたのであるが、活用・字音・語構成・発音等による、仮名遣の通則化がなされている」（一六九頁第二段）と記されている。また『日本語学研究事典』（二〇〇七年、明治書院）も「仮名遣近道」を見出し項目としている。そこには「定家仮名遣い（『仮名文字遣』）の末書であり、その解説書でもある」（七二九頁下段）と述べられている。[20]

［『仮名遣近道』について］

ここでは「三知抄」を併せている神宮文庫蔵本と架蔵する「梧陰文庫本」、及び『かなづかいの歴史』に図を掲げた架蔵「仮綴じ本」とを使うことにする。木枝増一（一九三三）は「東大本を写した京大国文学研究室本に拠」っているが、巻頭に「漢字で書いた「いろは」があり、次に「音連聲相通」と題して漢字の五十音図が挙げてある」（五十五頁）と述べている。「仮綴じ本」には次のようにある。

以　呂　波　仁　保　人　土
知　利　怒　留　遠　和　加
与　太　禮　曾　闘　祢　奈
良　武　宇　為　乃　於　久
也　未　計　不　今　江　天
安　左　幾　由　女　美　之
恵　比　母　世　寸

音連聲相通

阿　伊　烏　依　於　　口初三相通
可　枳　久　計　古　　口一二三四五
在　之　須　世　楚　　ハマヤ相通
多　知　津　天　都　　舌ノ上下二四相通

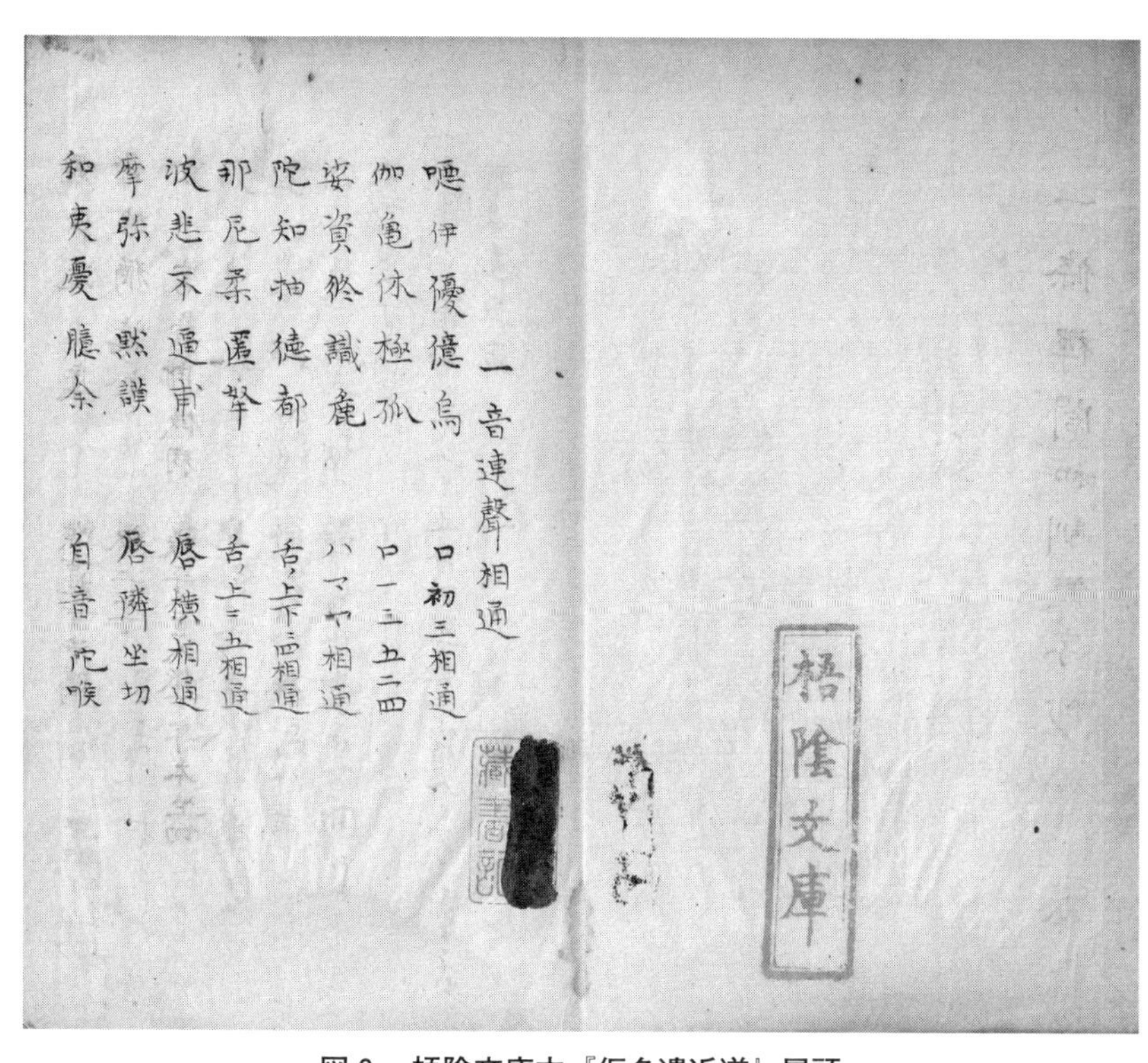

図6　梧陰文庫本『仮名遣近道』冒頭

那　尒　奴　祢　乃　舌ノ上三五相通
波　比　不　邊　保　唇横相通
摩　弥　牟　吽（未考）　毛　唇隣座切
夜　以　由　江　与　喉平上去入依下字本座切
囉　利　留　礼　呂　喉舌軽重清濁依上字
和　為　于　恵　遠　喉自音譲陀
宮　商　角　徴　羽

小異はあるが、神宮文庫蔵本も右とほぼ等しい。ただし、「音連聲相通」の条において、右の「摩　弥　牟　吽（未考）　毛　唇隣座切」が脱落している。「梧陰文庫本」は上に掲げる**図6**でわかるように、「いろは」を欠き、かつ「五十音図」で掲げている漢字がかなり異なる。ちなみにいえば、「牟」の箇所は字が置かれていない。

「梧陰文庫本」以外のテキストは「いろは」と「五十音図」とを掲げていることから判断して、『仮名遣近道』はそもそもそうであったと仮定する。山田孝雄『五十音図の歴史』(一九三八年、宝文館出版)は大矢透が『音図及手習詞歌考』(一九一八年、大日本図書)の第二十五図に「伊勢林崎文庫本」(すなわち神宮文庫蔵本のこと)の『仮名遣近道』の音図をあげていることを紹介し、「これ(引用者補:『仮名遣近道』の五十音図のこと)はア行の「エ」に「依」をあて、ハ行の「へ」に「邊」をあてた点が、違つてゐるだけで、(ママ)大抵保安の梵字形音義(引用者補:明覚の著作)の用字によつたものであつて、「呂」を用ゐた点などは建長本以下よりも古い姿がある。但しその行の排列は享保本などに同じい。これらを以て見ると、これはやはり古い図をば、この本にそのまゝ写し入れたものであつて、仮名遣近道著作時代のものではないと思はれる」(一〇三~一〇四頁)と指摘している。明覚(一〇五六~?)の『梵字形音義』に載せられている五十音図の行の排列は「写本によって異同がある」(八十八頁)ことがすでに指摘されており、現行の五十音図と等しいものは、山田孝雄蔵寛政八年書写本と「享保十一年書写の東京大学の旧蔵本」で、「保安三年五月二十七日豪覚書写の本と建長二年書写の本と文安三年の書写の本とは現行の音図と行の排列が違ふ」(八十九頁)ことを指摘している。仮名遣書が「いろは」とともに「五十音図」を掲げていることには注目しておきたい。

〔活用意識〕

『仮名遣近道』は「端のへの字の事」の条が最初に置かれている。今「仮綴じ本」によるが、そこには「五音相通にてふひへ〳〵と讀字は皆への字なり」とあり、終止形・連体形が「~ふ」、連用形が「~ひ」、已然形・命令形が「~へ」となるハ行四段活用動詞が並べられている。ただし、この「仮綴じ本」においては、右のように述べながら、「ふ」ではなく「う」を使った例が散見している。「仮綴じ本」のこの条においては、漢字列に振仮名を施す形式で、仮名遣いを示している。「潤」には「ウルヲウ」と振仮名が施されてから、「ヲ」を朱筆で「ホ」と訂正しているが、「ウ」は訂正されていない。「迷」には「マヨウ」、「願」には「ネカウ」、「掩」には「オホウ」と振仮名が施されているが、それぞれ朱筆で「ウ」を「フ」に訂正している。

そして例示が終わった後に次のようにある。＊には脱字があるか。「梧陰文庫本」には「ことに通る字は如斯」とある。ここにはおもにハ行下二段活用動詞が並べられている。いろいろな意味合いにおいて、その認識が正確ではないにしても、仮名遣いということがらにかかわって、活用が意識されていることには注目すべきであろう。

はひふへほの五音ははひに
通しへははに通故にふひ
への殊に＊める字はこのことし
此外へふ〳〵と書字の事

かへ　かふる　更　かそへ　かそふる　筭
さかへ　さかふる　榮　ほへ　ほふる　吠
こたへ　こたふる　答　ふまへ　ふまふる　踏
そなへ　そなふる　備　とらへ　とらふる　捕

また、「中のえの事」の条には「やゐゆえよ相通故にゆえと／通かなは皆中のえなり」とあって、次のようにある。

みえ　みゆる　見　きこえ　きこゆる　聞
おほえ　おほゆる　覚　きえ　きゆる　消
さえ　さゆる　寒　こえ　こゆる　肥
もえ　もゆる　萌　燃　たえ　たゆる　絶

仮名遣いということがらについて深く考えることに伴なって、現在いうところの「活用」にかかわる意識がはっきりと胚胎していることを窺うことができる。こうした意識がいつ頃からうまれているかについては、それがそうと述べられて顕在化していなければとらえることができないが、考えておく必要があろう。

『仮名遣近道』においても、「を」と「お」とについては、基本的に例語を列挙する形式を採っている。「を」と「お」とについて、活用を使って仮名遣いを説くことはできないのであって、例語を列挙することはいわば当然といえよう。『下官集』が編まれた時期に、活用意識がどの程度胚胎していたかはわからないとしかいいようがないが、語頭において対立をみせる「を」と「お」とについては、識別のための「原則」がそもそもたてにくかったということがあるのではないだろうか。

〔「本字」という認識〕

その「端のをの事」は例語を左のように列挙した後に「本字追小緒音の字は皆端のを也」と記す。

をしへ　教　をこなひ　行
をこたる　懈　をよふ　及
をしむ　惜　をろか　愚　をそく　遅
をす　押　をちこち　遠近
をとる　劣　たをやか　婥娟
しをり　枝折　をのれ　己　をのつから　自
をひかせ　追風　としををふ　追年
日ををふ　追日
をふね　小船　をしま　小嶋　をさ、　小篠

をかは水　小川水　をくるま　小車
をみの袖　小忌袖　をはつせ　小初瀬
をしほ山　小塩山　をくし　小櫛
をの、里　小野里　をくら山　小倉山
をやま　小山　をたもり　小田守
をくり　小栗
かふとのを　甲緒　ことのを　琴緒
ひはのを　琵琶緒　たまのを　玉緒
としのを　　ねんしゆのを　念珠緒
けさのを　袈裟緒　たかのへを　鷹経緒
あしを　足緒　くし箱のを　櫛箱緒
をとつれ　音信　かせのをと　風音
ひとをと　人音　みつのをと　水音
たきのをと　瀧音　をとは山　音羽山
をとなし川　音無川

「追」は例語の「をひかせ　追風」「としををふ　追年」「日ををふ　追日」に対応していると思われ、同様に「小」は例語の「をふね　小船」から『をくり　小栗」までに、「緒」は例語の「かふとのを　甲緒」から「くし箱のを　櫛箱緒」までに、「音」は例語の「をとつれ　音信」から「をとなし川　音無川」までに対応していると思われる。ここでは、例語を挙げた上で、いくらかの「整理」が行なわれている。『仮名遣近道』は右のように「例語＋原理説明」という形式をとる点において、『仮名文字遣』と異なる。「原理説明」があるのだから、例語をさらに絞ることは可能ではあるが、ことがらの順序として、例語を挙げるという形式がまずあって、その例語からいわば「帰納」できた「原理」を例語の末尾に説いているとみえる。

「奥のおの事」の例語の後にも「本字御大尾負生長折の字は皆奥のお也」とあって、ここにも「本字」という表現が使われている。これらのことからすれば、「本字」は、ある語にあてる漢字のことをさしていると思われる。『日本国語大辞典』第二版は、見出し項目「ほんじ（本字）」の語義を①「仮名に対して、漢字をいう。男文字。真字（まな）」②「略字に対して、本体の正式な漢字」③「ある漢字のもととなった漢字。また、国字に対して本来の中国の漢字」と三つにわけて説く。「漢字のことをさしている」点においては、『日本国語大辞典』第二版の①の語義にちかいともいえようが、「仮名に対して」「本字」という表現を使っているのかどうかについては不分明であろう。そして、「男文字。真字（まな）」という語釈はまったく理解できない。「男文字」という表現は当然「女文字」という表現と対になるはずで、なぜここに語釈として「男文字」が置かれているのだろうか。「本字」の「本」は「男」という意味合いで使われているというのでなければ、語義の説明にはならないと考える。語義の記述が精密ではないと考える。

ところで、稿者の理解するように、「本字」が「ある語にあてる漢字のことをさしている」のだとすれば、「本」という表現を使っていることから判断して、そちら、すなわち漢字が「主」とみなされているようにみえる。それが「公性」ということとかかわってのことであるか、あるいは漢字を使って書くことが一般的になりつつあったということの反映であるかについては、さらに考える必要がある。

［音・よみ］

「端のいの事」の条には「音によむ字は皆端のいなり」「又讀に端のいを書事」と述べられている。後者の例として、「おい　老　かいまみ　垣間見　かいのしつく　櫂雫」とあり、この条の末尾には「此外よみに端のい書事は有ましき也」とある。ここでは「音」と「讀（よみ）」とが（対立的とまでいえるかどうかはわからないが）二つの概念として提示されている。ある語が漢字で書かれている場合の、その「漢字側」からみて、当該漢字を現在いうところの「音よみする場合」と「訓よみする場合」とに分け、前者を「音」、後者を「讀（よみ）」と呼んでいるとみるのがもっとも自然であろう。ただし、「訓」という表現も同時に使われている。「中のゐの事」の条には「訓に當ゐ一方にいひ詰てあまたにかよはぬ字は皆中のゐなり」とあり、ここでは「訓に當（あたる）ゐ」という表現が採られている。先に述べたような「漢字側」からみるというみかたが、説明のために設定されたみかたであるのか、あるいは「語は漢字で書くのが一般的」もしくは「漢字で書かれた状態が語の基準」といったような「心性」が生じていたのかについては慎重に考えていく必要があるが、「本字」という表現を使うことをも含めて考えれば、漢字で書くということに意識がむかっている可能性はあろう。

仮名遣書は、「語を仮名で書く場合にどのように書くか」ということをいわば主題としているのだから、仮名遣書を必要とする文字社会は、語を仮名で書くことに関心がある文字社会であることは当然のことといえよう。しかしそうであっても、「語を漢字で書く」ということが仮名遣書の記述に含まれており、そのことには注目しておきたい。和語に漢字をどの程度あてるかということは、中世期前後の表記体を測る場合の観点の一つと考えるが、右のような仮名遣書の記述は、「和語に漢字をあてる」ということが進行しつつあることを推測させる。それと呼応するように（といっておくが）、「漢語を仮名で書く」ことも仮名遣書の記述に含まれている。『仮名文字遣』の時点ですでに見出し項目の中に漢語が含まれている。これは原則的には「仮名文学」で使用されるような漢語をとりこ

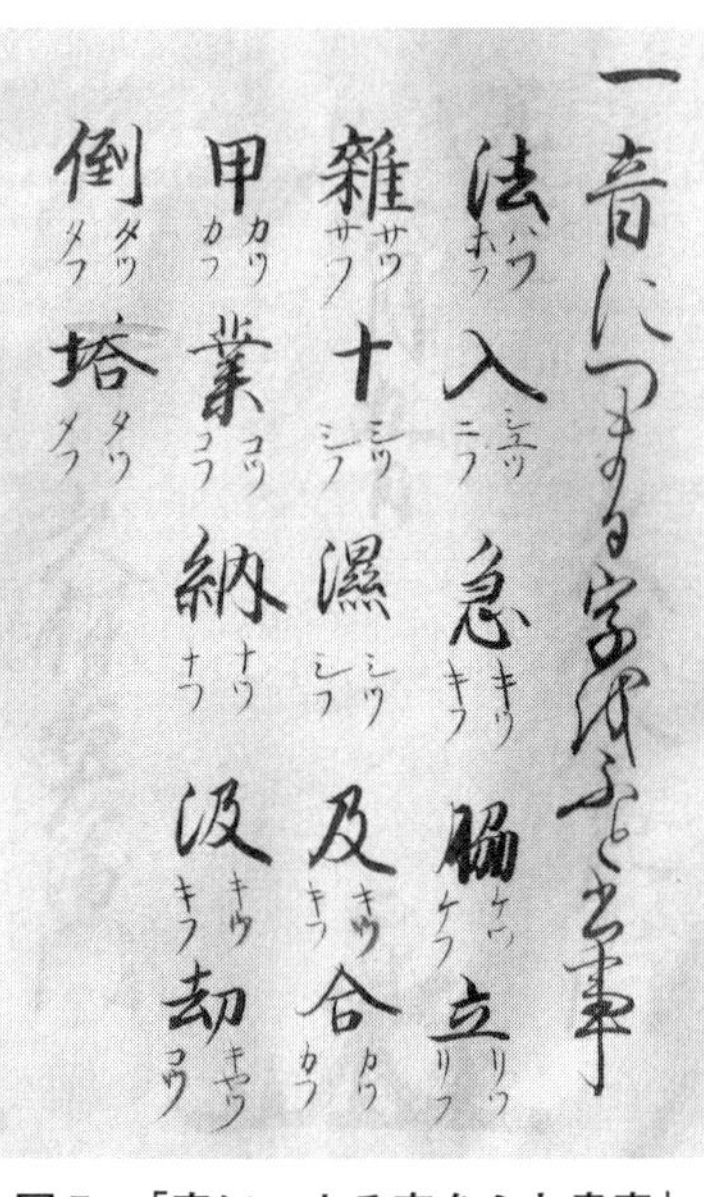

図７　「音につまる字をふと書事」

んだものと思われる。『仮名遣近道』においてもそうした「流れ」の中にあるとみえるが、それでも、「うの字の事」の条において「音にうと書時は皆うなり」と述べ、そこに掲げる「そう　僧　つう　通　ふう　風　ほう　報　ろう　籠　ほう　棒　こう　郷　たう　堂　よう　用　せうしやう　少将　たうちやう　道場　ほうさう　寶蔵　とうたう　同道　こうりう　興隆」をみれば、いささかの「漢語の拡大」を感じさせる。

漢字音にかかわっての条として「音につまる字をふと書事」の条がある（図７）。ここでは例えば「立」という漢字の下に「リツ／リフ」とある。現在では漢字「立」の慣用音として「リツ」、漢音・呉音として「リフ」を認めている。「音につまる」は「リツ」のような促音の謂いとまずは思われるが、そうした音をもつ漢字の中に「リフ」のように、（字音仮名遣いが）「フ」となる字がある、ということを述べたものといえよう。[21] 時間の経過にしたがってこのことがらをみるならば、もともとは例えば「リフシン（立身）」と書き、そのように発音していた語が、「リッシン」という語形になったという「順序」がある。その「リッシン」という（促音を含んだ）語形が発生した側からみた時に、「リッ―」のように「音につまる」場合は、「リフ」と書くことがある、という認識があったとみるべきであろう。沼本克明は「平安後期～院政初期にはこの唇内入声字の促音化は既に存在していた」（『日本漢字音の歴史』一九八六年、東京堂出版、一三六頁）と述べている。そしてさらに「それでは一体何時頃まで仏典読誦音などでは「―フ」と仮名通りの発音を保たれていたのであろうか。この点はまだよく分からないが、法華経字音点・孔雀経字音点・蒙求字音点、或いは漢籍訓点資料の鎌倉時代末期までのそれぞれの数本を比較してみると、同一部分が「ーフ」「ーウ」「ーツ」と区々に表記されているから、この頃まで「ーフ」という促音化を起し得る発音が生存していた可能性もあろう」（二三六頁）と述べる。ここでは「鎌倉時代末期」が一つの引き合いとしてだされているが、「促音化を起し得る発音が生存」しなくなったということは、いわば「促音化の完了」ということになり、室町初期頃にはそうした状態になっていたと推測されていることが窺われる。とすれば、『仮名遣近道』の記述からすれば、観察の対象となっている時期は室町初期頃あるいはそれ以降の時期ということになり、『仮名遣近道』成立時期を考えるにあたってはそうしたことをも併せて考える必要がある。

また、右のような条は、漢字音に関する、何らかの知識に基づくものにみえ、そうした知識が仮名遣書に取り込まれたとみえる。仮に室町期にこうした仮名遣書が編まれたと考えた場合、その時期までにさまざまな分野で形成されていた「知」が仮名遣いということがらを契機として仮名遣書に集められたとみることもできる。

［体・用］

先に示した「音につまる字をふと書事」に続く条には「仮名遣之躰用之事」という条があり、そこには「思は躰也　思ひ　思へは用也／他准之」と記されている。「思は躰也」の「思」は「オモフ」を意図していると前提して考えを進めることにするが、そうだとすれば、「オモフ」は「躰」、「オモヒ」「オモヘ」は「用」ということになる。

三—四　三条西実条『仮名遣近道抄』（持明院家伝書第四）

〔『仮名遣近道抄』の概観〕

赤堀又次郎『国語学書目解題』（一九〇二年刊）に「かなづかひ　ちかみち　せう　假字遣近道抄　一巻　西三條實條撰　寫本　持明院家傳書第四」と紹介されているものがある。木枝増一（一九三三）が「假名遣近道抄」と紹介しているものと同じものである。木枝増一は京都大学国文学研究室蔵本に依っている。今ここでは、稿者が一九八三年に山田忠雄のもとで山田孝雄蔵本を写したもの[22]を使いながら論を進めていくことにする。

故山田孝雄蔵本においても、京都大学国文学研究室蔵本同様、外題も内題も「仮字遣近道」となっており、三—三で採りあげた『仮名遣近道』と書名がちかい。冒頭には「ふうひいゐへゑ〈江〉／おをほわは／むうぢじずづの十八の仮名をあげ、それに続いて「ひをいにつかふ事上になし大かた音／の下いと、まるはよみの下のいにひ／を書也」とあって、その例として「勢（せい）」「齢（れい）」「類（るい）」があげられる。それぞれ例の左側には「いきほひ」「よはひ」「たくひ」とある。「ひをいにつかふ事上になし」はおおよそ「イと発音している箇所に仮名「ひ」を使うことは語頭ではない」ということと推測されるが、この認識は正しい。そしてこの条では「セイ（勢）」「レイ（齢）」「ルイ（類）」のように音（おん）が「イ」で終わる字の「よみ」＝訓の終わりの発音が「イ」である場合には、その「イ」にあたる箇所は仮名「ひ」で書くということを述べていると思われる。和語を書くのに使う漢字の音を発音するとどうなるかということとはまったく別に、その和語が語頭以外の位置に「イ」という発音を含んでいる場合、その「イ」が古典かなづかいで「い」である可能性は（音便以外には考えにくいので）きわめてひくく、可能性としては「ゐ」があるだけで、そして大多数の場合「ひ」となることが推測される。そうした意味合いにおいて、「大かた音の下いと、まるは」という条件をはずした「ひをいにつかふ事上になし」「よみの下のいにひを書也」は言説としては正しい。

「大かた音の下いと、まる」場合、というこの条件がどのような経緯で考えられたかについては現時点では不分明であるが、仮に、古典かなづかいで語中尾に「ひ」を使う語と、その語にあてられる漢字との観察の中から導きだされたとすれば、日本語に関しての観察が深化していることを思わせる。観察の深化は、客観視が可能になりつつあるということでもある。そしてまた、当該語にあてる漢字との兼ね合いを勘案した右の「条件」は、やはり漢字を使って書くということのひろがりを想起させる。仮名遣書は、仮名で日本語を書くということだけを注視して編まれたのではなく、なにほどかにしても、それが編まれた時期（あるいはそれまでの時期）の日本語のありかたを視野に入れて編まれているといえよう。

右に続いて五十音図が示されている。それは「あいう〈江〉を」「やいゆ〈江〉よ」「わゐうゑお」（他行省略）となっており、ア行の「オ」とワ行の「ヲ」とにあてる仮名が入れ違っているかたちの五十音図である。そしてまたア行の「エ」とヤ行の「エ」とにともに〈江〉を置いている。「ソ」に〈曾〉が置かれていることにも注意しておきたい。

以下、故山田孝雄蔵本にしたがって、設定されている条を掲げる。

一　へをゑにつかふ事上になし大方よみの字の中下に遣ふ也
一　ゐ井同也
一　〈江〉え同也
一　〈於〉お　真草也
一　を〈越〉同也

一　わ〈王〉同也
一　はをわに遣ふ事
一　ほををに遣ふ事正字の音はねたるに専遣ふ也
一　むをうに遣ふ事
一　ふをむにつかふ事おほくはなきか
一　ひをみにほかふ事多はなきか　（「ほ」は「つ」が正姿か）
一　へをめに遣ふ事おほくはなきか
一　ぢじ
一　ずづ
一　いわひ是はいはひなるへきなれとも亡者のゐはいにまきれ物あるにより如此
一　つゐ

この後に「以呂波」と始まる漢字書きのいろは歌と「伊路半」と始まる漢字書きのいろは歌とが置かれている。[23]そして「丹抄かなつかひ」という内題が記され、別の仮名遣書と覚しきテキストが始まる。木枝増一（一九三三）は「「丹抄かなつかひ」の「丹抄」はその語義を明かにしない」（六十五頁）と述べるが、「丹」は牡丹花肖柏の「丹」で、肖柏撰の仮名遣書ということではないかと臆測する。「丹抄かなつかひ」の条を次に示す。

一　中のえを書事中をゆとよむは皆中のえを書へし
一　ほををと讀かなの事
一　はしのを書事
一　おくのお書事

一　はしのへを書事
一　中のゐを書事
一　奥のゑを下に書事
一　はしのいを下に書事
一　うの字を下に書事
一　むの字をうのこゑに讀は口をむすひて讀字はうの字をむのこゑに書なるへし
一　もの丶緒といふ緒の字はいつれもはしのをなるへし
一　をしをさへてなといふ類は皆はしのをなる
一　物の音もいつれもはしのを也
一　をのれ　をのつから　をのかさま〳〵（略）
一　おほしめす（略）
一　おとこはおくのお也（略）
一　もの丶おくの時はおくのお也（略）
一　をみなへしと書り（略）
一　はせをは
一　しをにの花とかけり
一　りうたんの花とかけり
一　けにこしとかけり

右に続いて「仮字遣近道略歌」が置かれ、また一つ書きの条が次のように続く。

一　其字に持たる仮名
一　相通の仮字
一　軽重の書別
一　うつりの文字に可心付
一　通用の文字かり字也
一　をくりかな
一　ゆふへ　夕　よの中に　世中　右よろし
一　手尓葉の歌

そして「追加」とあって、「一　はしのいをよみの下に書事」「一　聲の下ののへかなにふを以てのふるは入聲計也」とある。末尾には「凡是にて一切の仮字の埒あき／まうす事にて候字によりて仮字の／しれさるは定家の仮字とて摺本／有凡是にしるせり其外は韻経（ゐんきやう）を／可被見候乍去何の書物も此傳受／なくては用に立事あるまし候／可秘々々穴賢／寛永二季／七月日　実條／西三條殿／前右大臣／久脩侍従とのへ／参」とある。

この奥書をそのまま受け入れるとすれば、『仮名遣近道抄』は三条西実条（一五七五～一六四〇）が寛永二（一六二五）年に編んだものであることになる。ここまであげてきた条によってわかるが、『仮名遣近道抄』は、幾つかのテキストを「貼り合わせた」ものであることが明らかである。[24]それが顕著であるのは、テキスト冒頭に内題として「仮字遣近道」とありながら、さらに「丹抄かなつかひ」「仮名遣近道略歌」などと記されていることである。当然、「テキストを「貼り合わせた」」のが寛永二年であったとみることもでき、個々のテキストの成立は寛永二年を遡る室町末～江戸初期にかけての頃である可能性もあろう。すべての条にわたって述べることはできないので、重点的に述べることにする。

〔仮名遣いと発音との乖離意識〕

「へをゑにつかふ事」「はをわに遣ふ事」「ほををに遣ふ事」の傍線を附した「ゑ」「わ」「を」はそれぞれ「発音エ」「発音ワ」「発音オ」を表示するための「発音提示用平仮名（表音仮名）」とみることができる。同様のことが『新撰仮名文字遣』にも看取された。右のことからすれば、「ふをむにつかふ事おほくはなきか」に挙げられている例語「とふらひ（弔）」「うかふ（浮）」「さふらふ（侍）」は、「ム」と発音する「トムライ」「ウカム」「サムラフ」の「ム」を仮名「ふ」で書く例とみるべきことになる。

同様に「ひをみにつかふ事多はなきか」も「ミ」と発音している音節に「ひ」をあてることについて述べていると思われる。例語として「うかひ（浮）」「神なひ（神南）」「えらひ（撰）」が挙げられているが、これらの語は「ウカミ」「カンナミ」「エラミ」と発音されていた、もしくは発音されることがあった、とみるべきことになる。また「へをめに遣ふ事おほくはなきか」という条もあり、そこには例語として「うかへ（浮）」「をしなへて（押並）」「をみなへし（女郎花）」が挙げられている。これらの語も「ウカメ」「ヲシナメテ」「オミナメシ」と発音されることがあったことになる。

ここで仮名遣書の編者が注目したのは、実際の発音と仮名そのものの発音の乖離であった。仮名で「うかひ」と書いていても、それを「ウカミ」と発音することがある。仮名「ひ」の（単独での）発音は「ヒ」であるので、通常は「ヒ」と発音する仮名「ひ」を「ミ」と発音する、という現象としてとらえられていることになる。右でとりあげられた乖離が、すべて日常的な言語生活の中で看取されるということではないはずで、やはりそれは「和歌・連歌世界」、「歌道」といったこととかかわって顕在化した意識であったことが推測される。しかしまた和歌をつくる、和歌を解釈するという場において、実際に使用されている言語との異なりが意識されることは自然なことであり、そうした場で言語に沈潜するという態度が日本語の観察を深めたといってよい。こうした態度は江戸期の国学者にも受け継がれていったと覚しい。

〔四つ仮名〕

先に挙げたように、『仮名遣近道抄』には「ぢじ」「ずづ」を採りあげた条がある。前者においてあげられているのは「ふじの山（富士）」「ふちの花（藤）」、後者においてあげられているのは「みす（不見）」「みつ（水）」で、わずかに四語があげられているにすぎない。『仮名遣近道抄』が室町末から江戸初期頃に編まれたとすれば、そして日本語の観察が徹底していれば、さらに多くの混同例をあげることもできたかと思われる。しかし、ここでは完全なミニマル・ペアをあげようとしていたという可能性もなおあり、日本語の観察が不十分とまでは断言できない。その一方で、『新撰仮名文字遣』が永禄九（一五六六）年に編まれているのだとすれば、やはり「四つ仮名」についての観察は群を抜いているといわざるをえない。

〔かた濁り―半濁音の認識〕

「かた濁りといふ　如此　大方はねたる／詞つめたる詞のしたに有物也たとへは／酒一はい　絹一ひき　馬一ひき／はんや（枕入綿也）辻のばんや／此類也上下のうつりによりてまき／るゝ事あり大事の仮字書の物は／かたにこりもろにこりたしかに／つけたるかよきと聞をよひし残り／は切紙にてつたへ候一切の大事／是か専一候又〳〵かてんのまいる様に／いたし可進候かれとても此旨をかてん／いたすへきための事にて候」という条がある。

「かた濁り」は「半濁音」をさし、「はねたる詞」は撥音、「つめたる詞」は促音をさしていると思われる。「もろにこり」は濁音をさしていると思われる。「かた濁り」は『日本国語大辞典』第二版の見出し項目となっていない。『国語学大辞典』（一九八〇年、東京堂出版）は「パ行音を「半濁音」と称するが、これは比較的新しい術語で、『音曲玉淵集』（享保十二年〈一七二七〉）あたりの例を古しとする。なお『語意考』（天明七年〈一七八九〉）の「半濁」はラ行音を指す。音声学的に見ると、パ行子音pは、濁音とは無関係な無声破裂音であるため、上田万年など「半濁」という術語に批判的な立場もあるが、その由来―もとは促音や撥音の直後のハ行子音がp音化したもの―や、表記法―半濁点「゜」は濁点「゛」の半分に当たる―等からすれば、これをハ行に対する半濁音と称するのも、一面の真理が存する」（五八六頁上段、奥村三雄執筆）と述べる。

「[p]の発音が困難ではなかったとすると、「まっぱだか」「かわっぺり」「やっぱり」のような促音挿入形、「ひっぱる」「よっぱらい」「いっぴき（一匹）」「にっぽん（日本）」のような促音便形・促音化形の場合も、促音の後のハ行子音は、歴史を通じて閉鎖音[p]で実現していた可能性が出てくる」（二〇〇七年、明治書院『日本語学研究事典』三四八頁上段、肥爪周二執筆）とのみかたもある。『仮名遣近道抄』は「たとへは」として「イッパイ（一杯）」「イッピキ（絹・馬）」「パンヤ」を掲げる。『日本国語大辞典』第二版は見出し項目「パンヤ」の例として『多識編』（寛永七〈一六三〇〉年刊）の例をあげるが、右の例は、ほぼ同時期、あるいは少し遡る時期の使用例といえよう。慶長三（一五九八）年に刊行された『落葉集』において半濁点が使用されていることがわかっているが、『仮名遣近道抄』においては半濁点は使われていない。故山田孝雄蔵本が「辻のばんや」をあげているのは、「バンヤ（番屋）」をひきあいにだすことで「パンヤ」を話題にしていることを、よりわかりやすくするためであったと思われる。

半濁点がどの文献においてはやく使われたかという、「priority」はもちろん重要であるが、存在していた、あるいは現存しているすべての文献に目を通すことが不可能な以上、「priority」という「点」の追求の一方で、半濁音がいつ頃から認識されていたか、という「面」の追求も必要になる。ある環境にあるハ行子音が歴史を通じて[p]で実現していたとすれば、それについての観察が深まり、それが現象として把握され、かつ、それを何らかの「術語」様の表現で表現できるようになったのが『仮名遣近道抄』が編まれた頃ということになる。『仮名遣近道抄』が三条西実条（一五七五〜一六四〇）によって寛永二（一六二五）年に編まれたものであるとすれば、その頃ということになる。慶長三（一五九八）年に刊行された『落葉集』における半濁点使用はこれに比べるとやや早いが、一五九〇年から一六二〇年頃と、やや幅をもってとらえれば、そうした頃に、日本語に対する観察が（急激に）深化したことが推測される。この室町末期から江戸初期にかけての頃に、古代語から近代語への切り替わりが完了しつつあり、それにともなって、古代語がこれまでよりも客観的に観察できるようになったのではないだろうか。(25)

ここでは、（「パンヤ」と「バンヤ（番屋）」のように、ということであろうが）「上下のうつりによりて」濁音と半濁音とが「まきる丶事あり」と述べ、「大事の仮字書の物はかたにこりもろにこりたしかにつけたるかよきと聞をよひし残りは切紙にてつたへ候」と述べている。「大事の仮字書」は抽象的な表現であるが、「切紙伝授」を想起させる「切紙」という表現が使われていることを考え併せると「伝書」様のテキストが想定されていると考えるのが自然であろう。そうであるとすれば、ここでは、何らかの伝授に関わるようなテキストにおける「情報」が仮名遣書にとりこまれていることになる。それは仮名遣書が編まれ、必要とされた文字社会と、そうしたテキストが流通していた文字社会との重なり合いまたは「ちかさ」を示唆する。

仮名遣いをどのように位置づけるかということでもあるが、仮名遣いをごく一般的に「ある語を仮名で書く場合の書き方」と定義し、それを実際の場面と結びつけた場合、例えば室町期にはこのような仮名遣いがひろく行なわれていたということが（調査をひろく行なえば）看取される可能性はある。「ひろく」ということをおしひろげていった場合、それは実態としての仮名遣いの確かなデータにちかづいていくが、それが仮名遣書のむかっていた方向とは乖離している可能性はありそうで、仮名遣書を単に「ある語を仮名で書く場合の書き方を示した書」とみることは、仮名遣書のとらえ方としては単純に過ぎると考える。右で述べた「乖離」を実体的にも、原理的にも追求する必要がある。

［重い・軽い］

「ゐ井同也」とある条には「おもき事に遣ふ也／くれなゐ　くらゐ／かやうにくれなへともくらふともいひかひ／のなきつまりたる事につかふ也其外／居のかなに遣ふ也」とある。「つまりたる」は活用がないという「感覚」で、その活用がないということが「おもき」ということにつながるか。このような記述が、現代の何らかの概念（＝思考の枠組み）と過不足なく重なるということはむしろ考えにくいのであって、そうしたことを過度に追求することは、結局は過去の思考を現代の思考の枠組みに無理にあてはめることにつながる。したがって、現代の概念でいえば、どのような概念にちかいか、という程度の「距離」を保ちながらの考察が求められる。

また、「〈江〉え　同也」とある条には「おもきはゑ也かろきはえ也」とある。ここでは「おもき」の対概念として「かろき」が提示されている。「かろきはえ也」に続いて「もえ　もゆる　きえ　きゆる／かやうにゆの字に通ふ事に専遣ふなり」とあって、活用するということが（動くという面において）「かろき」という表現につながっているかと思われる。「お」に関しての条においても「おもきはお也」「かろきはを也」とある。あげられている例は「おほ（大）お（尾）おほん（御）おもふ（思）／たとへは／おほはらやま（大原山）おのへ（尾上）おほんめくみ（御恵）／おほし（思）召　おはします（御座）」で、動詞「オモフ」が含まれているが、「お」は活用部分ではなく、語頭に位置していることになる。ただし、「かろき事に遣ふ」「を」といっても、そこに挙げられている例は「小（を）音（をと）押（をさへ）／をはら（小原）をとつれ（音信）をし（押）をさへ」であって、「かろき」は活用がある、ということでもない。

今ここでは、『仮名遣近道抄』の「おもき／かろき」が現代のどのような概念をあらわしているかを追求するのではなく、そうした表現によって説明しようとしていること、「おもき」「かろき」は活用がある、ない、ということとやや重なり合う場合がある、というぐらいのことを認めておくことにして、このことについてはさらにひろく文献の記述を考え併せていくことにしたい。

〔丹抄かなつかひ—仮字遣近道略歌〕

先に述べたように、『仮名遣近道抄』には「丹抄かなつかひ」と題されたテキストが合わせられている。その末尾に「仮字遣近道略歌」と題して次のような和歌様のものが掲げられている。

一　はしのいを下に音
　こゑの下のいとゝまれるはみない也ない〱つい〱れいしたいなり
一　同下に讀
　字のよみの下にいの字を書ものはこいたいひたいかいもたいはい
一　中のゐ上に
　中のゐを上に用るそのときはゐせきゐけたにゐなはゐな野や
一　同下に訓
　中のゐは下のひらかぬ時そかく雲井くれなゐまとゐしゐしは
一　端のへ
　端のへはふひへとかよふかなにかくおもふねかひをかなへともなふ
一　中のえ上に
　中のえを文字の上にかく物はえいらんえほしえもきえにしそ

一　同訓
中のえは中をゆとよむ時そかくおほえおほゆるさえさゆる也

一　おくのゑ上に
字の上に奥のゑの字を書ものはゑひすゑひゑむゑいするそかし

一　同下に訓
おくのゑは下のひゝかぬ時なれやこゑすゑ行ゑひやうゑさゑもん

一　はしのを
字のこゑのはねてよむ字はほをそかくかほるあさかほいほりしほさほ

一　中のを
中のをはちいさくかろき箱のをやをくつゆをのれをさへをしをと

一　おくのお
おくのおはおほきにおもくおはします鳥のおおほくおほしめされよ

一　下にうの字
下によむうの字は口のすはりなりはうこうねうはうきうしせうかう

一　むの字
むの字をは口をむすへる時そかくむまむはたまやむめのむもれき

一　おくのひ
おくのひをふひへの外に書もありいきをひよはひたくひなるらん

一　其字に持たる仮名

備はりて五音の外のかなもありゐろりにゐつ、とのゐいのし、

一　相通の仮字

をしなへてゆふるとかよふかなもありおほえおほゆるましへましふる

一　軽重の書別

おけこをけおとこまをとこおる手をるおもむきをもむくおもしろうして

右においても、「こゑ」と「讀／訓」という表現が採られている。右の「略歌」で注目しておくべきことは、例えば「端のへ」であれば、「端のへはふひへとかよふかなにかくおもふねかひをかなへともなふ」とあって、「ふひへと通う」場合に「端のへ」を書くという（そうした認識がそれぞれの略歌において、現在考えた場合に妥当であるかどうかということは別のこととして）「原理」を述べ、それに「おもふ」「ねかひ」「かなへ」「ともなふ」という語がそれに該当する例語としてあげられているということである。つまりここでは「原理＋例語」という形式で「略歌」が構成されている。また「口のすはり」という表現がみられることにも注目しておきたい。

〔送り仮名〕

「丹抄かなつかひ」には「をくりかな」の条がある。そこには次のようにある。

侍らん　三字めを、くるなり

侍へらんとはあし、

成らんもおなし心得

来つらんの時は如此

来らんとはあし、

四五字のよみははたらく文字をゝくる也
調(とゝの)ふる　調(とゝの)へる
調(とゝ)のふる　調(とゝ)のへる　調(とゝのふ)る
此三ついつれもあしゝ

右の「侍らん」は「ハベラン」を意図したもの、「成らん」は「ナルラン」を意図したものと思われる。「ハベラン」は「ハベル未然形＋助動詞ム」で、「ナルラン」は「ナル終止形＋助動詞ラム」で、語構成がそもそも異なる。したがって、「侍らん」と「成らん」とは「おなし心得」というわけにはいかないが、「侍らん」「成らん」という書き方を是認していることがわかる。「侍らん」は動詞「ハベル」の「三字め」の「はたらく文字」から送り仮名として表示しており、記事と合致している。「成らん」に含まれている動詞「ナル」には「三字め」はないが、ここでは助動詞「ラン」を明示した書き方を認めていると思われる。それは「キツラン」を意図して「来らん」と書くことを「あしゝ」としていることからも窺われる。「来らん」は「クラン」を意図したものとみえることから「つ」を明示した書き方をとなえているものと考えられる。そして「トトノフ」の場合には、「はたらく文字」から送るということがはっきりと謳われており、「の」から送ること、「る」のみを送ること、いずれも「あしゝ」とされている。

右の記事は「はたらく文字をゝくる」ということでほぼ一貫した認識が示されており、それは現代の認識と通う[26]。ただし右の言説がどれほど「実態」を反映しているかということについては別途検討が必要であろう。

［混ぜ書き］

「をくりかな」の条に続いて次のようにある。「ゆふへ　夕　よの中に　世中／右よろし／夕へ　世の中／是はあし、／ちる　しるに　散　知　よろし　散る　知る／る　あまる也さるちるに成なり」。

「をくりかな」の条にあった「はたらく文字を、くる」ということからすれば、「チル（散）」「シル（知）」はそれぞれ「散る」「知る」と書くことになるが、この条においてはそれでは「る（が）あまる」という。終止形（あるいは連体形）においては、送り仮名が必要ではないという言説にもみえる。しかし、そもそも「をくりかな」の条とこの条とが整合性、統一性をもっているとは限らない。別別に成立、蓄積された言説が別別にこのテキストにとりこまれ、たまたま隣り合わせになっていることも十分に考えられ、テキストの最初から最後までに、現代人が納得できるような「整合性」を求めることには無理がある。ここではむしろ「ユウベ」という語を「夕」、「ヨノナカ」という語（句）を「世中」と書くのはよくて、「夕へ」「世の中」と書くのが「あし、」ということについて考えておきたい。

なお、「ユウベ」を「夕へ」、「ヨノナカ」を「世の中」と書くことは中世から近世にかけては皆無ではないと臆測する。したがって、実際にそのような書き方がなされているかどうかということではなく、右の言説はどのような「感覚／心性」に基づくものかということについて考えておきたい。

「ヨノナカ」という語を「世の中」と書くのがよくない、あるいは書く必要がないのだとすれば、それはかつて稿者が「埋め込まれる「ノ」」と呼んだことがらと関わるのではないか。稿者は『文献日本語学』（二〇〇九年、港の人）において次のように述べた。

> 漢字書きされた語を起点としてみる。「ツチヤノサブロウ」を漢字で「土屋三郎」と書くことは自然であると考えるが、ありのままに書き、ありのままによむ傾向が強い現代日本語表記に慣れている、現代日本語を母語とする現代人は、漢字列「土屋三郎」をみれば「ツチヤサブロウ」と発音するであろう。しかしそんな現代人であっても「源頼朝」は「ミナモトノヨリトモ」と発音する。それは「ミナモトノヨリトモ」という発音形

すなわち語形をすでによく知っているからだ。その「ミナモトノヨリトモ」を漢字で書くと「源頼朝」となるという、いわば「順序」があるからではないだろうか。

発音形がよくわかっていて、それを文字化するという「順序」は、狭い〈文字社会〉を想定すれば自然な「順序」であろう。〈文字社会〉が狭ければその中でみたことも聞いたこともない語形が「飛び交う」ことは考え難い。自らがよく知っている語を使って話し、それが場合によっては文字化されるというのが狭い〈文字社会〉における言語生活ではないか。（略）

「ツチヤノサブロウ」を「土屋の三郎」と書いてわるいということはない。「土屋の三郎」が「ツチヤノサブロウ」という発音形＝語形を意図して書かれているということもすぐにわかる。しかし「ツチヤノサブロウ」がわかっていれば、「土屋の三郎」とまで漢字を使っているのなら、「の」は不要ということになるのではないか。（二字の）漢字列に挟まれた「の」は脱落しやすいのではないだろうか。それは漢字列＋漢字列のいわば「圧力」が間に挟まっている仮名を異分子として追い出す、あるまとまりをもった文字列全体を漢字のみが並ぶ（中国語的）文字列にしようとする「力」がはたらくのではないか。

今は「漢字列に挟まれた」位置を話題にしたが、漢字列直下の位置、あるいは漢字列直前の位置に、こうした「力」がはたらかないのか、などは今後考えていきたい興味深い課題であるので、ここに記しておくことにする（一七七〜一七八頁）。

「世中」と書く「ヨナカ」という語が存在しなければ、「ヨノナカ」を「世の中」と書く必要がない。ある語全体に漢字をあてるという「心性」があれば、「ヨノナカ」という一語の全体に「世中」という漢字列をあてていることになる。「夕へ」という書き方が（先ほど述べたように実際には存在しているが）よくないとすれば、それは「ユウべ」という語全体に漢字「夕」をあてているからであろう。

このような条の言説は狭義の仮名遣いにはかかわらない。繰り返し述べているように、『仮名遣近道抄』という一つの書名をもったテキストの内部を注視すれば、それが複数のテキストが「貼り合わされる」ことによって成り立っていることが窺われる。貼り合わされた一つ一つの小テキストもまた、よりどころを異にするさらに小さな言説を貼り合わされて成っている可能性も当然ある。

そうしたことをふまえた上で、あえて『仮名遣近道抄』を一つのテキストとみることもできる。一つのテキストとしていわば物理的に存在しているテキストは、ある時点で一つのテキストとして認められているからこそ、物理的に一つのテキストとして存在しているのであって、そうみた場合、仮名遣書が扱う事象、あるいは仮名遣いということがらが拡大しているとみることもできる。

三―五　逍遙院『仮名遣』

静嘉堂文庫蔵『仮名遣』は「仮名遣相伝之事」と「つゝらおりかなつかひ」と「詞林」とがこの順に併せられている。木枝増一（一九三三）は大阪府立図書館蔵の享和三年刊本を紹介しているが、当該テキストは「九折仮名遣（つゝらおりかなつかひ）」が先に置かれているとのことである。「つゝらおりかなつかひ」は用例集にちかいものであるので、ここでは「仮名遣相伝之事」に絞って検討を試みることにする。

[五音に通う]

「仮名遣相伝之事」の冒頭には「はしのへの字をかく事はひふへほ此五音に通ひて／ふひへ〳〵と是によむる字はみなはしのへをかく也」とあり、以下ハ行四段型活用をする動詞が並べられている。「オモフ」であれば、まず漢字「思」を示し、その下に「おもふ」という語形を置き、さらにその下に「おもひ／おもへ」と書くというように、「ふ」で終わる終止形・連体形、「ひ」で終わる連用形、「へ」で終わる已然形・命令形を示すという形式をとる。

静嘉堂文庫本には「狩　ねろふ（ねろひ／ねろへ）」とあって、「ネラフ」が長音化した「ネロー」を「ろ」で書いたかたちがみられる。あるいは「諂　へつろふ」「流労　さすろふ」「語　かたろふ」「徊　やすろふ」「准　なすろふ」「紛　まこふ」などもある。故山田孝雄蔵本をみると、いずれも同様で、必ずしも書写者の発音を臨時的に反映したものとばかりはいえない。となれば、「仮名遣相伝之事」はいわゆる「開合」の混乱が相応に進行した時期に編まれたということになる。やはり室町末期から江戸初期頃が一つの目安になる。

これに続いて「又此外にふひへのひの字を略したる字有／へふとはかりゆく字類」とあって、「へふとはかりゆく」すなわち下二段型活用をする動詞が「押（をさへ／をさふる）」「弁（わきまへ／わきまふる）」などと、静嘉堂文庫本においては三十五語挙げられている。さらには「又ひふとはかりゆく字有」とあって、上二段型活用をする語が「戀（こひ／こふる）」「生（をひ／をふる）」「用（もちひ／もちふる）」三語挙げられている。

「仮名遣相伝之事」の末尾には次のようにある。

一　五音相通連聲事

あいうゑを　はひふへほ
かきくけこ　まみむめも
さしすせそ　やゐゆ〈江〉よ
たちつてと　らりるれろ
なにぬねの　わひふへお

掲げられている五十音図は、いわば独特のものといえようが、ここでは「五音相通連聲」ということがともかくにも謳われていることに注目しておきたい。

〔仮名と発音との乖離の意識〕

「一　みの字かくへき所にひの字書事有よむ所は見の聲によめり／あはれひ 憐 かなしひ 悲 たうとひ 貴 かみなひかは神南備川付山城有」という条がある。ここでは仮名では「かなしひ」と書くけれども「よむ」場合は「見の聲」でよむということが述べられている。「見の聲」を「ミ」という発音と前提すれば、「かなしひ」と書いてあっても発音する時は「カナシミ」と発音するということを述べていることになる。それは結局は「書いてあるとおりに発音しないことがある」ということを述べていることになる。それを「みの字かくへき所にひの字書事」と認識しているのは、動詞「カナシム」の側から考えれば、「カナシミ」という語形が当然あるはずで、それを平仮名で書けば「かなしみ」となり、それが正則であるのだから、「かなしひ」と書いてあっても、発音は正則の側にひきつけて「カナシミ」であるべきだという主張にみえる。そうみた場合、それではなぜ「かなしひ」と書いたのか、ということがなおざりにはなっているが、いずれにしても、仮名と発音との乖離がある程度まで意識されているとはいえよう。

三―六　夢老『仮名遣近道』

三―三で扱った『仮名遣近道』は「端のへ」の条から始まるが、それとは別に「中のえ」の条から始まる『仮名遣近道』がある。木枝増一（一九三三）が「七「かなつかひ近道」」として紹介しているテキストである。木枝増

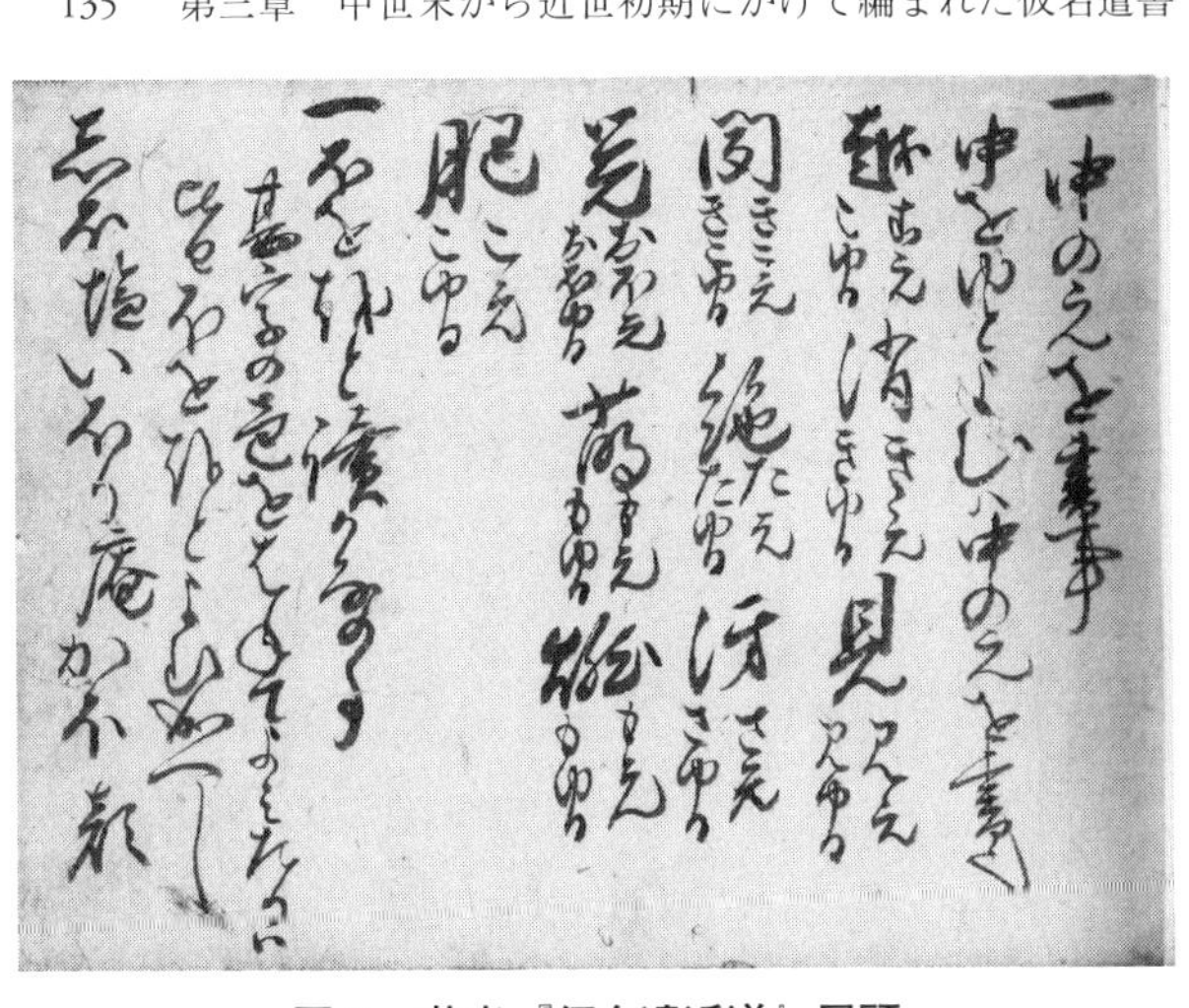

図８　夢老『仮名遣近道』冒頭

一は具体的なテキストとしては京都大学国文学研究室本を紹介し、その他に明暦二（一六五七）年の刊記をもつ版本が存在することも指摘している。そしてその版本について木枝増一は「これは本文の終りに「夢老作」とあるので泉州堺の連歌師・歌人である牡丹花肖柏の撰したものがその原本であることが知れる。併しその内容は前項（七）「かなつかひ近道」を簡約にしたものに過ぎない程度のものである。又京大国文学研究室には、「明暦七年八月書寫」の奥書のある「假名遣撮要」といふものがあるが、内容はこの夢老作の「假名仕近道之事」と全く同様である」（七十七頁）と述べている。「夢老作」をそのまま受け入れることはできないと考えるが、三―三で扱った『仮名遣近道』と区別する必要がある場合は、三―三の『仮名遣近道』を「兼良『仮名遣近道』」、このテキストを『夢老『仮名遣近道』』と呼ぶことにする。

先には述べなかったが、『仮名遣近道』の「近道」は一般的な呼称である可能性もあろう。現代の「心性」では、「仮名遣近道」を書名として認め、それを二重鍵括弧に入れた瞬間にそれが固有名詞として固定的なものとなる。そのように認識される。しかし、補訂版『国書総目録』第二巻が掲げる、二条西実隆を著者とする『仮名遣捷径集』も「カナヅカイチカミナシュウ」であると思われ[27]、「仮名遣い早わかり」といった意味合いで「仮名遣近道」という呼称が（一般称にちかいものとして）使われていたということも考えに入れておく必要がある。そしてその「近道」は多くの語例にあたるのではなく、原理面からある程度の把握をするということを含意していた可能性があろう。そうであるとすれば、『仮名遣近道』は語例集としての行阿『仮名文字遣』を視野に入れ、それに対する批判的な対応として「近道」を志向しているともいえる。

図8は架蔵している仮名遣書の冒頭部分。この仮名遣書には「假名遣大概」と書かれた題簽が貼られており、もともとの表紙と思われるところにも「假名遣大概」と打ち付け書きされている。末尾には「夢老作／元禄七甲戌季冬日」とあって、元禄七（一六九四）年に写されたもの、あるいはそれをさらに写したものと思われる。夢老『仮名遣近道』と比べるとやや簡略になっている箇所もあるが、ほぼ同内容で、書名は異なるが、この『仮名遣大概』も夢老『仮名遣近道』の一本と認めることができる。となれば、先に述べたように、書名は一つの目安ということになる。

第三章は「中世末から近世初期に編まれた仮名遣書」という章題を設けて、『後普光園院御抄』、一条兼良『仮名遣近道』、三条西実条『仮名遣近道抄』、逍遙院『仮名遣』、夢老『仮名遣近道』の五書を採りあげ、それぞれについて述べてきた。一つ一つの仮名遣書が専論を必要とすることはいうまでもなく、そうした意味合いにおいては、概観にとどまったという自覚がある。ここでは、仮名遣書を「流れ」としてとらえることができるかどうかということをも含めて考えている。

行阿『仮名文字遣』を一方に置き、『仮名文字遣』が仮名遣いの原理を説かない用例集であることを確認した上で、右の仮名遣書群を対置させてみれば、両者の異なりは明らかである。つまり右の仮名遣書群は、用例をあげないわけではないが、おおむねは原理側から仮名遣いを説こうとしている。そこに『仮名文字遣』との根本的な違いがあり、そうした意味合いにおいては、右の仮名遣書群は、『仮名文字遣』につながらない。その「つながらない」ということを注視することで、さらなる展望が開けることを期待するが、第二章で扱った仮名遣書群は、いずれにしても「複合態」であると考える。これらの仮名遣書群を「複合態」と呼ぶとすれば、行阿『仮名文字遣』は「単（純）態」とでも呼ぶことになろう。

『仮名文字遣』成立後も、仮名遣いに関心をもち、仮名遣書を必要とする文字社会が大幅に変わったとは考え難い。しかし、「和歌・連歌世界」は古典文学作品の注釈、入木道などとかかわりをもちながら自然に拡大し、その拡大が仮名遣書のありかたに反照していると考えられる。その結果仮名遣書が「複合態」となった。ここでは『仮名文字遣』との不連続の相を注視することによって、さまざまな知見を得ることができると考える。

日本語がどのような言語であるのか（というといささか大袈裟になるが）という観察に深みが加わっていることが、この期の仮名遣書の記述から窺われる。活用意識の胚胎、音・訓の概念、促音や撥音を意識すること、さまざまな観察が仮名遣書にいわば「結集」しているといってもよいかもしれない。そうした知見は続く江戸期に自然に継承されていくと考えるが、「定家仮名遣いの末書」といった表現からは、積極的に評価しようという姿勢は感じられない。江戸期の学を過不足なく評価するためには、先立つ時期をやはり過不足なく評価しておく必要があると考える。

第四章　『類字仮名遣』『初心仮名遣』

四―一　『類字仮名遣』

四―一―一　辞書的傾向

荒木田盛徴撰『類字仮名遣』（以下本書と称することがある[28]）は「寛文丙午九月中旬」、すなわち寛文六（一六六六）年に刊行されている。本書に添えられている「向陽子」（林鵞峰）の「新増仮名遣跋」の末尾には「庚子仲秋」とあり、この「庚子」は万治三（一六六〇）年と推定されるので、その頃には、おそらくは「新増仮名遣」と名づけられていた『類字仮名遣』の原形が成立していたと思われる。『類字仮名遣』は序文において「彼黄門の抄出に先／師達のいひし事共を書そへて／一部となし類字仮名遣とこれを／名つく」と述べており、行阿『仮名文字遣』を承けていることが明らかである。

本書について、木枝増一（一九三三）は「行阿の仮名文字遣を増補した」（七十九頁）と述べ、「定家仮名遣の伝流」として位置付けている。また「定家仮名づかいの立場で、いろは引きの辞書の形式をとって仮名づかいを示したもの」（『国語学研究事典』一九七七年、明治書院、六八九頁、「類字仮名遣」の項）との評価もなされている。安田章は「平仮名文透視」（『国語国文』第六十三巻第九号、一九九四年）において「類字仮名遣が「につしやうのこゑフ」の問題を組み入れていないのは、仮名文字遣的である」と述べ、さらに「定家の仮名遣を継承するはずの」、そして「「和書のむかし」を写す雅文のための」『類字仮名遣』こそが「「定家仮名遣の伝流」の首席」にふさわしいと述べる。本書を繙き、『仮名文字遣』との比較を行なっていけば、前者が後者を色濃く、そして包含するようなかたちで承けていることは明らかであるといえよう。そうした意味合いにおいて、本書は紛れもなく「仮名文字遣的」であり、「定家仮名遣の伝流」とみることができる。

木枝増一（一九三三）は第三章「定家仮名遣の伝流」に続いて第四章「契沖の歴史的仮名遣」を置く。契沖の『和字正濫鈔』を「定家仮名遣の誤りを正したもの」（『国語学大辞典』一九八〇年、東京堂出版、九四一頁、「和字正濫鈔」の項）とみる見方は、「定家仮名遣」というある一つの「仮名遣」を仮構し、それと契沖の唱えた「仮名遣」とを二項対立的に捉えるという一つの見方であるとも言えよう。しかしそのように、仮名遣書を歴史の所産として系譜的に並べることで得られる知見は限られる、と考える。

安田章（一九九四）は、「仮名遣書の展開は、国語学史の問題と共に、表記史、広く国語史の問題としても処理されなければならない」と述べている。ある「文字社会」の要請によって仮名遣書が成り、その要請は結局のところ当該時期の日本語のあり方に端を発しているという見方に基づいて事象をとらえることが必要であろう。

［概観］

まず本書の記述形式等を窺うために、一つの例として巻三、十九丁の表（う部第六十八項目〜第八十一項目）を次に掲げる。

68 うれへをはらふはゝき　掃愁箒　下学
69 うれへのけ　愁毛　鷹ニアリ
70 うれしう　嬉　怡歓（イクワン・ヨロコフトモ）　喜

71　うれしみたまふ　和顔悦色　日本紀
72　うそふく　嘯　歔（セウ）
73　うつろひて　徙　月―也 色―也　移　―住也 各二人丸秘　衰
74　うつろふ　移　月のうつろふ也 二人丸秘　遷轉　日本紀
75　うつろへ　うつろひて共 おとろ共　衰　二人丸秘おとろへと云下にも 此事いひたれとうつろへ とて尋るためこゝにお＊　（＊「く」脱か）
76　うづくまる　蹲踞
77　うづだかし　嵬　堆
78　うつたえ　うつたへ共 二人丸秘　打細（カ）葉　打度　同 打つを同心也 取テと云心也
79　うつくしひことはり（い共）　仁義　日本紀 うつくしシトモ
80　うつほのものがたり　宇津保物語
81　うつほぎ　空木　三智　椌（クウ）（ウツホ）

（以上十九丁表）

本書の記述形式を整理しておく。「＊」を付した（　）内は稿者の加えたもの。本書では例えば第七十一項目のように、「うれしみたまふ」「和顔悦色」「日本紀」のかたちで記述されることが多いが、各々を「見出し項目（となっている語）」「（見出し項目に添えられた）漢字列」「出典注記」と呼ぶことにする。

本書を見渡すと、

a　ほたるたかうあがる　螢高昇　伊勢物語在 二人丸秘　（巻一、二十六オ／ほ部十八）
b　かろめらうせらる　軽哢　源氏　（巻二、五オ／か部二十四）
c　かふこのまゆこもり　蠶（サン）　蠒（ケン）籠／養蚕（テン）　眉隠　万葉　（同十三オ／か部二十六四）

d　かさゝきのわたせるはしにをくしも　鵲渡橋置霜（同十四オ／か部二八二）
e　おきもせずねもせで　寤不為寐不為真名伊物（巻四、十四ウ／お部二八一）

のように、見出し項目が単語の単位をこえて、句（phrase）、あるいは節（clause）といった単位で抽出されているものがあることに気づく。仮名遣書は、原理的にはある単語の仮名による表記方法を示すことが第一義的な目的のはずであり、句、節はそれらを構成する単語が見出し項目として採り上げられていれば扱う必要がないことは言うまでもない。

こうした「芽」は実は『仮名文字遣』の段階ですでにあった。東京大学国語研究室蔵文明十一年本には「いひかいとりてけこのうつは物にもる」（い部九十一）という見出し項目がみえる。同研究室蔵永禄九年本では「いひかいとりてけこのうつはものにもる　家子器とりて　飯匙取」というかたちになっているが、慶長版本では「いひかいとりてけこのうつはものにもる　家子器伊勢物語ニ有」（い部一三七）とある。この見出し項目は慶長版本の出典注記をまつまでもなく、『伊勢物語』第二十三段の筒井筒の「いまはうちとけて、つからいゐかひとりて／けこのうつはものにもりけるを見てこゝろ／うかりていかすなりにけり」（天理図書館蔵千葉本二十ウ五〜九）に基づくことは明らかであるが、これが『類字仮名遣』にやはり「いひがいとりてけごのうつはものに飯搔取家子器在伊勢物語二人丸秘」（巻一、十六オ／い部三六一）と、いわば受け継がれている。

例aは『伊勢物語』第四十五段に「ときはみな月のつこもり／いとあつきころをひによゐはあそひをりてよふけてやゝすゝしきかせふきけりほたるたかうとひ／あかる」（千葉本三二オ五）とみえ、例bは『源氏物語』賢木巻末尾に「かく／ひと所におはしてひまもなきにつゝむ所／なくさていり物せらるらんはことさらにかろ』めろうせらるゝにこそはとおほしなすに／〜」（保坂本五四ウ〜五五オ）とみえる。例cが『万葉集』二四九五番歌「母養子眉隠（はゝがかふこのまよごもり）」あるいは二九九一番歌、三二五八番歌に、例dが『新古今和歌集』六二〇番歌

「かささぎのわたせる橋におく霜の白きを見れば夜ぞふけにける」に、例eが『伊勢物語』第二段に基づくことは明らかである。このような、句、節という言語単位で抜き出されている、いわば「長い」見出し項目は、一般的なある語の表記方法を示す為に置かれているとは考えられず、むしろ『万葉集』『伊勢物語』『源氏物語』といった古典文学作品及びそれを享受してきた「文字社会」との繋がりを示していると思われ、ひろい意味合いにおいて、本書の辞書的傾向の一つに数えてよいと考える。

四―一―二　出典注記に着目して

「日本紀」「万葉」

前掲例71「うれしみたまふ」、74「うつろふ」、79「うつくしひことはり」には「日本紀」と出典注記が施されている。[30]『類字仮名遣』に添えられた漢字列を手掛かりにして中村啓信編『日本書紀総索引』（一九六五年、角川書店）にあたると、寛文九年版本に、[31]該当すると覚しき記事を見出すことができる。すなわち、例71は巻第十四雄略紀二年冬十月の条「天皇、見采女面貌端麗、形容温雅、乃和顔悦色（右ウレシヒタマフテ）曰、…」に、例74は巻第二神代下第九段天孫降臨章の「顕見蒼生者、如木華之、俄遷転（右ウツロイテ）當衰去矣」に、例79は巻第四綏靖紀の「然其王立操厝懐、本乖仁義（右ウツクシヒコトハリニ）」に対応すると思われ、『類字仮名遣』の見出し項目は寛文版本の振仮名にちかいことがわかる。これらの見出し項目は、添えられた漢字列をも併せて考えれば、寛文版本のような振仮名が施されている『日本書紀』から『類字仮名遣』に取り込まれたとみるのがもっとも自然であり、仮名遣が問題になりそうなある語をあらかじめ選び、その語の仮名遣を示し、その語が使用されている文献を注記するという手順とはいわば逆の取り込まれ方をしていることが予想される。

例78「うつたえ」には「万葉」とあり、これは、巻第四、五一七番歌の「神樹尓毛　手者觸云乎　打細丹　人妻

跡云者　不觸物可聞（神木にも手は触るといふをうつたへに人妻といへば触れぬものかも）」、あるいは巻第十、一八五八番歌の「打細尓　鳥者雖不喫　縄延　守巻欲寸　梅花鴨（うつたへに鳥ははまねど縄延へて守らまく欲しき梅の花かも）」が該当すると思われる。出典注記として「万葉」とある見出しは、「日本紀」ほど多くはないが、例えば「やまたつ　山多豆　万葉」（巻五、三オ／や部七十二）、「ふりわけがみ　振分髪十二二歳の比を云也放髪万葉」（巻五、十一オ／ふ部十九）、「ことりづかひ　相撲使万葉小取番三智相撲番　同」（同十五オ／こ部四十五）、「こをとな　おとなの時はお也少老　万葉」（同／こ部五十二）などを初めとして、ある程度の数がある。

運びとしては聊か粗いが、今『類字仮名遣』の「日本紀」「万葉」は今日言うところの『日本書紀』『万葉集』と（おおむね）重なるとみることにする。『日本書紀』『万葉集』はいずれも漢字表記された文献である。そう考えれば、結局のところ、これらの出典注記は（見出し項目ではなく）添えられた漢字列のありどころを示す、漢字列の出典注記と見なさざるを得ない。慶長版本『仮名文字遣』を本書の傍らに置けば明らかであるが、本書においては、出典注記はかなりな程度徹底している。

巻六、十ウ、あ部277の項目には「あざへ　樛（右リウ）玉篇　叉　―レ手ヲ」とある。(32) ところで観智院本『類聚名義抄』には「摎留礼二音鉸鏄又舉幽反モトム　タハム／桞也将也　ワタカマル　アサナハレリ紲也束也　摎　正」（仏下本二十八ウ）とみえるのであって、『類字仮名遣』に添えられた「樛」字は手篇の「摎」字であるべきところと思われる。また観智院本『類聚名義抄』には「叉側加反　アサフ（上上濁平）　ヒシ　カヽル　ホコ　和シヤ　ヲサム　ヤシナフ」（僧中二十七オ）ともみえ、「アザフ」なる語の存在を確かめることができる。現存する原本系『玉篇』には手篇の部が残されていないので、『篆隷萬象名義』を検すると、そこには「摎力周反撓也紲也束也桞也将也」（巻第十八手部）とみえる。図書寮本『類聚名義抄』には「（紲紛）―縄アサハレルナ　ハ　巽」（糸部）とある。また慶長九年版『大廣益玉篇』には「摎力周居由二切絞也」（巻第六、手部六十六）とみえる。前述のように、『類字仮名遣』が添えた漢字列についてはさらなる検討が求められようが、それにしてもここでの出典注記「玉篇」は見出し項目「あざへ」とは明らかに離れたものである。

「日本紀」「万葉」「玉篇」の他に、例えば「真名伊勢物語」は頻出するし、「字彙」「史記」「漢書」「遊仙屈」（＝窟）などもみえる。これらのテキストに一つ一つあたりながら『類字仮名遣』が編まれたとは限らない。むしろ中世から近世にかけてかたちづくられていった各種の注釈書類及び辞書体資料から取り込まれたものも少なくないと見ておくべきであろう。一つ一つについて、現存諸テキストを確認していく作業は、具体的に本書成立の過程を明らめる、すなわち本書を必要とした「文字社会」のあり方を明らめるための一つの方法としても有効であろうし、そうした作業に附随して、提起すべき別種の問題が見出されると予想するが、ここはその場ではないので措く。今はこれらのテキストがいずれも漢字のみによって表記された文献であることに注目したい。出典注記を、出典とされているテキストに施された振仮名等を見出しとして取り込んだ、あるいは見出しの支えとした、とみることは不可能ではない。しかしそれはやはり見出し項目そのものではなく、添えられた漢字列に関わる情報と見るべきであろう。そして出典注記がかなりな程度徹底して施されているとすれば、本書を必要とする「文字社会」が（たとえそれがpedanticの気味を聊かは帯びているとしても）中国文献、あるいは「漢字世界」との繋がりに意を用いていたことが推測される。

〔「倭名」「多識」〕

例えば本書のい部には三八五の見出し項目が収められているが、うち十八には「（順）倭（和）名」と、十には「多識」と出典注記が施されている。そして両者が重複している見出し項目も次のようにみられる。

f　いたちぐさ　連翹（右キヨウ）多識和名三廉草　和名　（巻一、九ウ／い部一六三）

g　いらくさ　羊桃　多識　銚芅（右ヨウヨク）倭名　（同十一ウ／い部二二六）

h　いきぐさ　景天　多識　慎火　倭名　（同十五オ／い部三二六）

前者は言うまでもなく『和名類聚抄』を、後者は慶長十七（一六一二）年頃には成立していたと推定され、寛永七（一六三〇）年に古活字版、翌八年、慶安二（一六四九）年には製版が刊行されている、林道春（羅山）『多識編』を指していると思われる。『多識編』は「主として『本草綱目』から名詞を抜き出してこれに万葉仮名で訓を施した類書の一種」（一九八四年、岩波書店刊『日本古典文学大辞典』第四巻、一五八頁「多識編」の項目、亀井孝執筆）と目されている。例えば寛永八年版においては、各巻巻頭の「新刊多識編巻之…」の直下に「古今和名本草／并異名」とあることからすれば、「本草」を基礎とすることは疑いないが、加えて「異名」の類聚という方向性をも併せもっていたことがわかる。

これらについて、両書にあたってみると、まず『和名類聚抄』には「連翹　本草云連翹一名三廉草和名以多知久／佐一云以太知波勢」（巻第二十、草木部第三十三、引用は元和版）、「羊桃　唐韻云銚芅遙翼二音和名本草云伊良々久佐似桃花而白今之羊桃也」（同前）、「景天　陶隠居本草注云景天一名慎火和名伊岐久佐避火故以名之」（同前）とみえ、『多識編』には「連翹　伊多知久佐」（湿草部第三）、「羊桃　伊良良久佐」（蔓草部第五）、「景天　伊岐久佐」（石草部第七）とみえる。『類字仮名遣』には五六七二の見出し項目が収められているが、うち一七五（三・〇八パーセント）には出典注記「多識」がみえる。

「和名」と出典注記が施されている見出し項目で、例えば「はりを　針魚　口長四寸如レ針　順和名」（巻一、十九オ／は部三十八）、「にきみ　痤（右ザ）順和名」（同二十五オ／に部五十六）、「わさび　山葵　山薑　倭名」（巻二、三ウ／わ部七十二）、「かぢずみ　和炭（右タン）倭名」（同七オ／か部九十五）、「かすがひ　鎹　順和名　鉸（右カウ）下学」（同十六オ／か部三三八）、「たかうなのうはかは　籜（右シヤク）倭名」（同二十ウ／た部七十二）、「なはむし　蚱蜢（右サクセン）倭名」（巻三、六ウ／な部十四）などは明らかに非「文学語」と言えよう。[33]

『多識編』に収録されている語は、そもそも非「文学的」であると言えようが、それは「いしくひどり　鴕（左ヒクヒトリ共／右タ）鳥　英雞　各多識」（巻一、十五ウ／い部三四五）、「はりすふいし　慈石　多識」（同十九オ／は部三十九）、「よつあしへみ　苟卯　多識　千歳蝮同」（巻二、十七オ／よ部三十一）（傍線部右傍には「ひ共」）などをみれば明らかである。

これらの他に、出典注記として、例68に示した「下学」、「らんしやう　濫觴江ノ古事下学ノ言辞ニ委」（巻二、十一ウ／ら部十四）さらには「鰭　節用集」（巻七、六ウ／し部三）といった辞書体資料の名がみえている。これらはいずれもある意義分類によって語彙を収載しているのであり、百科事典的な側面を有している。『類字仮名遣』はそうした「類書的世界」をも取り込もうとしていると思われる。

〔「二人丸秘」「三智」〕

文禄四年本『仮名文字遣』は序文ともいうべき「仮名文字遣事」の前に「目録」が置かれ、その末尾に「一　定家卿口傳　二　人丸秘抄」（一ウ四行目）とある。同本にはこの「目録」に対応するかたちで『仮名文字遣』の後に「一　定家卿仮名遣少々」（六十オ～六十五オ）と「人丸秘抄　和歌文字聞事」（六十五オ～六十七ウ）とが「附録」されている。そして「人丸秘抄」の終わった後に「文明十年二月八日書写訖／以　禁裏御本書之　按察使藤原親長」以下の奥書が続く。この「人丸秘抄」と『類字仮名遣』が出典注記する「二人丸秘」とが関わることは疑いがない。慶長版本は、「目録」には文禄四年本と同様に二書の名を記すが、実際にはこれらは附されていない。架蔵万治二（一六五九）年版、元禄十一（一六九八）年版、寛政三（一七九一）年版、無刊記菊屋七郎兵衛版『仮名文字遣』を検すると、これらも「附録の本文は二者共に除」（木枝増一、一九三三）かれている。文禄本『仮名文字遣』附載の「人丸秘抄」は、を部十語、お部十五語、え部十四語、へ部十九語、ゑ部十語、ひ部十一語、ゐ部九語、い部七語と片々としたものであり、むしろ『下官集』がやや増補されたものという印象を受ける。ところで「元禄四辛未歳

／八月上旬／京寺町五条橋詰上ル町／山岡市兵衛」なる刊記を有する『初心仮名遣』はその「序」で「引用ゆる所二／人丸秘抄の仮名遣于世定家仮／名遣といふありこれを初めとし／て先達の古書によりてまじへ／集めて記す者なり」と述べ、かつ末尾ちかくに「二人丸秘抄　両用仮名之分」という記事をもつ。

本書の序文は「それ二人丸秘鈔は河内前司親行／朝臣述作有しに同甥の定家卿／御合躰のものとそ仍かく号する／ならししかはあれと世以定家のかな／つかひといひならはせり」と始まるのであって、仮名遣につよい関心をもつ「文字社会」に、「二人丸秘抄（鈔）」と呼ばれる一書が（『仮名文字遣』とまったく別個に存在していたかどうかは措くとして）伝えられていた可能性はたかい。本書を繙けば明らかであるが、「二人丸秘」と注記されている見出し項目はかなりな数にのぼり、前述のごとき体裁のものとは考え難い。その名称からしても、版行など決してされることのない、「伝授の対象」（安田章、一九九四）となるような秘伝書と見なされていた可能性もあろう。とすれば本書には、そうした仮名遣の秘伝的な世界との繋がりも（ひとまずにしても）保たれていることになる。

例81にみられる「三智」は「和歌連歌の詞寄せ注解」（『日本古典文学大辞典』第三巻、一九八四年、岩波書店、四四七頁）、いわば「連歌辞書」とも言うべき『詞林三知抄』にあたると思われる。例えば次のように「三智」という出典注記がみられる。

i　いざよふ月　倡（左イザナフトモ）月　三智　（巻一、十四オ／い部二九四）

j　はぢがはし　恥通三智 はぢかはすトモ　（巻三、十八ウ／は部三十五）

k　ねらひ　鹿狩　認狩三智 ネラヒカリ　（巻三、五ウ／ね部十一）

l　なよひすがた　娜姿（右ヤシ）うつくしき也 ナマメカ タヲヤカ 三智 麗姿　（巻三、八ウ／な部六十二）

これらについて、「于時嘉永二秋七月／藤原朝臣盛孟所持／於東雲社　雖為書写得帰郷之時而残書／再待時補闕云爾焉」と奥書にみえる架蔵『詞林三知鈔』にあたると、例81及び例i～lを「椌木　うつほ木　朽木なとの事なり」、「倡月　いさよふ月　いてんとする月なり　又あしろきにいさよふなみと読り」、「恥通　はちかはす　たかひにはつる事也」、「躬狩　ねらひかり　物かけにてかるなり」、「娜姿　なよひすかた　うつくしき事也」と、ほぼ『類字仮名遣』と等しいかたちで見出すことができる。

これらの他に、「あをきなづな　椿の事也　藻塩草」（巻六、三オ／あ部六十八）、「さえだぐさ　小枝草　竹の異名也　藻塩草」（同十八オ／さ部一六三）、「ゆふとゞろき　夕轟夕に心のさはくこと也藻塩草」（同二十五オ／ゆ部六十九）、「みづのおもにうかへる玉水の淡の事也藻塩草ニ在之」（巻七、三オ／み部五十九）とあるごとく、「藻塩草」も散見する。これは月村斎宗碩によって編まれた、「「連歌ニ引用ユル天象・地儀・草木・鳥獣等ノ事門ヲ分テ記」（倭板書籍考）した「歌書」で」「版本として、寛永古活字版は少くとも二種、覆古活字製版も無刊記本・寛文九年本（刊記は二種）とあって、江戸時代を通じて流布した」（安田章、一九七九）と目されている『藻塩草』にあたることが予想される。今試みに架蔵する寛永九年版（無書堂）本にあたれば、巻九木部、椿の条に「あをきなつなといへり長安遠樹かなつなに似也」（二十ウ）、巻八草部、竹の条に「千色草たけの異名也小枝草　同」（四十一ウ）、巻十七人事雑物幷調度部の玉の条に「水の／おもにうかへる━是は水のあは也されは哥にも程もなくきゆといへり」（二十二オ）と『類字仮名遣』とほぼ等しい記述を見出すことができる。「ゆふとゞろき」は、巻二時節部の夕の条に「と』とろき」（五ウ～六オ）はみえるが、そこには語釈が置かれておらず、巻十六人事部心の条に「夕とゝろき心のさはく也」（九ウ）とみえ、さらに巻二十詞部、「と」の条に「とゝろ動也とゝろき共云りゆふとゝろきなと云は心のさはきなり」（四ウ）とみえる。

他に「たゝむき（左ヒヂ／右ヒ）八雲」（巻二、二十一オ／た部八十六）、「ゐなしき　田舎敷　袖中」（巻四、一ウ／ゐ部二十七）などもみえ、これらからすれば、『類字仮名遣』が「和歌・連歌世界」との結びつさを強く有していることが窺われる。

［三つの世界］

ここまで出典注記に着目して『類字仮名遣』を概観してきたが、本書には『日本書紀』『万葉集』に代表される「漢字世界」、『和名類聚抄』『多識編』に代表される「類書・百科事典的世界」、『詞林三知抄』や『藻塩草』によって代表される「和歌・連歌世界」という異なる三つの世界との繋がりが窺われた。

いろは歌というかたちをとって固定した「四七齣のセット」（『言語学大辞典』第六巻、一九九六年、三省堂、二二七頁）の仮名を使って、ある語をどのように仮名表記するのかということが「仮名遣」であるとすれば、それが問題になるのは、（漢字を使用するにしても）かなりな程度仮名を用いる、仮名漢字交じりという「表記体」[34]が自然に選択される「文字社会」でのことと考えられ、「仮名遣」とは、まずは「和歌をもてあそふ人」（『和字正濫要略』）のもの、すなわち「和歌・連歌世界」でのものとみることができる[35]。

陽明文庫に蔵される「文禄四乙未歳霜月十八日　梵舜」の奥書をもつ、吉田兼右の息、神龍院梵舜書写の『仮名文字遣』は、本奥書に「按察使藤原親長」の名を記し、次に「三條西殿　前右大臣公條」の名を置いて、それに慶長版本を初めとする多くの版本にみえる奥書が続く。さらに「天正　三月十九日　玄旨判」とあって、前掲梵舜の書写奥書となる。これらによれば、此梵舜本は天正年間に書写された玄旨、細川幽斎本に基づいていることがわかるが、その幽斎本は三条西公条の奥書を有する本に拠っていることになる。

彼「古今伝授」は、宗祇から三条西実隆に伝えられ、三条西家伝授として実隆から子の公条（きんえだ）、孫の実枝（さねき）（＝実澄）へと伝えられ、さらに細川幽斎に伝えられている。そのことを考え併せれば（梵舜本が書写された文禄頃まで）『仮名文字遣』がどのような「文字社会」に迎えられていたかが推測できる。実隆（一四五五～一五三七）は和歌、連歌の実作者としても知られ、一方では『源氏物語』を初めとする多くの古典文学作品を書写、校勘する古典学者でもあり、『源氏物語』の注釈書である『弄花抄』を編み、それに基づいて、室町後期～江戸初期の『源氏物語』

研究に大きな影響を与えた『細流抄』を著わしている。そうした実隆の薫陶を受けた公条は『明星抄』を著わすに至る。このような、『古今和歌集』『源氏物語』あるいは『伊勢物語』といった古典文学の研究と『仮名文字遣』とは重なり合い、結びつきながら、『仮名文字遣』自体がテキストとして「成長」していったと予想するが、そうした方向性を承け継いでいるのが『類字仮名遣』であると考える。その意味で、「「定家仮名遣の伝流」の首席」（安田章、一九九四）と言ってよいであろう。仮名付けがある程度なされた『日本書紀』や仮名書きが添えられた『万葉集』を、「漢字世界」すなわち非「仮名世界」のものとみることはあたらないかもしれない。『日本書紀』が様々なかたちで中世の古典註釈に取り込まれていったこと、連歌師が『万葉集』に大きな関心を寄せていたこと、を考え併せればそれらも「和歌・連歌世界」に繋がるとみるべきか。とすればここで留意すべきは「類書百科事典的世界」ということになる。類書を支えているものの一つが、「類聚の意志」であるとすれば、類書的傾向をもつ文献を取り込むことにより、その「意志」をもまた取り込んでいるともいえ、辞書的拡大の「芽」の一つはそこにあったと憶測する。そして具体的に「拡大」を可能にしていたのが、出版という情報伝達手段の常態化であると考える。[36]

永禄九（一五六六）年頃成立し、あるいは「慶長・元和頃に出版する事を考えていたかも知れない」（大友信一、一九八二）『新撰仮名文字遣』が（おそらく）結局は刊行されず、「成長」した姿をもつ『仮名文字遣』がかえって慶長頃に出版されているのは、時代の選択であったと言えば強弁になろうか。『新撰仮名文字遣』は中世末期の日本語の在り様によく対応しており、「新撰」を冠するのにふさわしい新しさを具えていたはずである。『新撰仮名文字遣』も、本章で扱った『類字仮名遣』も、等しく『仮名文字遣』を承けていると思われるが、その承け方は大きく異なる。『新撰仮名文字遣』は『仮名文字遣』のテキストとしての「成長」、すなわち迫野虔徳（「定家以後の仮名遣」一九八二年『今井源衛教授退官記念文学論叢』所収）がいうところの「網羅主義」を抑制するやり方を採って『仮名文字遣』を受け継いでおり、それは永禄から慶長頃においては充分に新しいやり方であった。しかし『類字仮名遣』は『仮名文字遣』の「網羅主義」をさらに拡大、徹底させる方向に同書を受け継いでおり、その意味で『新撰仮名文字遣』との間に大きな断絶を感じさせる。かつて稿者は慶長期あたりに「かなづかいの転換期」があるのではないかと予想したが、それは「かなづかいの転換期」であると同時に、仮名遣いに深く関わってきた「文字社会」そのものの転換期であったとみることができるのではないか。

小さなサークルに分かれた、それぞれの「文字社会」に（閉鎖的に）蓄積されていた「情報」が出版という手段によって開かれ、共有されていった時、それは小「文字社会」の解体であると同時に、さらに高次の「文字社会」再編成の出発点であったかもしれない。『八雲御抄』や『袖中抄』までもが開版されていった時、様々な経歴をもった語が、少なくも見かけ上は同じ地平に引き出されたのではないか。そして『類字仮名遣』はそうした（言語の）ある種の多様性、重層性をよく映し出しているのではないだろうか。

四―一―三　『新撰仮名文字遣』と『類字仮名遣』との比較

『新撰仮名文字遣』の奥書には「但陽住人今者洛下／吉田左近允／時永禄九暦丙寅孟春上澣日廣典誌／後者猶夢斉東現」とあり、この「永禄九」（一五六六）年が成立の一つの目安になる。（国立国会図書館蔵本にはみられないが）亀井孝旧蔵本には冒頭に置かれた「仮名遣序」の末尾に「慶長竜集戊申孟夏上浣日／但陽野釈宗尠」とみえ、「慶長・元和頃に出版する事を考えていたかも知れない」（駒澤大学国語研究資料第三『新撰仮名文字遣』一九八一年、汲古書院、解題）との指摘もあり、この慶長戊申、すなわち慶長十三（一六〇八）年という年を一方の押さえとして考えておく必要があろう。『新撰仮名文字遣』は奥書において「京極中納言藤原定家卿撰以／為一冊」「吾國亀鏡」を「増補」したと述べていること、及びその書名から『仮名文字遣』に基づいて編まれていることが明らかである。「新しさ」の幾つかは『仮名文字遣』そのものにすでに内包されていたとみることもできるが、「新しさ」の附加とは、結局はそうした仮名遣書を必要とする「文字社会」の、ひいては『新撰仮名文字遣』成立当時の日本語の求めに応じた仮名遣書の埒の拡大と言えよう。

荒木田盛徴撰『類字仮名遣』[37]は「寛文丙午九月中旬」、すなわち寛文六（一六六六）年に刊行されている。『新撰仮名文字遣』が成立したと目されている永禄九（一五六六）年と『類字仮名遣』が出版された寛文六（一六六六）年との間にはちょうど一〇〇年の隔たりがある。この間に、『日葡辞書』本編が慶長八（一六〇三）年に、安原貞室の『かたこと』が慶安三（一六五〇）年に刊行されている。すなわちこの間に、一つ一つの文献（のほとんど）が手で書かれていた時代から、印刷、出版という手段を獲得した時代へと移行し、言語を文字化するという行為そのものが大きく変化したが、それを「文字社会」の拡大とひとまずはおさえておくことにする。本章では、「文字社会」の拡大がどのように仮名遣書の埒の拡大に反照しているのかを、『仮名文字遣』の延長線上にあるとひとまずは考えられる『新撰仮名文字遣』と『類字仮名遣』との比較という方法を通して、また特に後者がどのような仮名遣書であるかということをおさえつつ、概観することを目的としたい。

1　のろふ　咒咀　詛（シヨ）（ウケヘトモ）　日本紀
2　のばへ　延　二人丸秘
3　のばふる　同
4　のどぶえ　吭（カウ）結　喉吭
5　のどわ　喉輪
6　のちつゐに　後終
7　のちのわざ　葬事　日本紀
8　のちのすべらき（メトモベトモ聞えざるやうによむ）　法皇

9　のりがへ　乗替　馬車也

10　のりあひ　乗合

11　のわき　野分風　暴風

12　のわきだつ　野分めく也

13　のがひ　埜飼　牛馬也

14　のかふ　同右

15　のたまふ のたまひとも　命　宣　曰　告　日本紀　所記　同

16　のたふまく のたまはくトモ は共　同右

17　のぞかへて　覗也　鷹ニイヘリ

18　のづかさ　埜際　山と野とのさかひ也　三智

19　のはえ　蕪 ヌカエ共　紫蕪也 多識　埜等荏

20　のんれん　暖簾　幨 フン タレヌノ　多識

21　のうさう　農桑

22　のゝじる　訇訇

23　のけいとげ　青葙 アマクサトモ　多識　野鶏頭花

24　のごふ のごひ共　拭 シキ ショ□キ　揮　繕 ゼン

25　のごひぬの　拭布

26　のざきのつかひ　荷前使

27　のみいれぐつ　鞁　日本紀

28　のしあはび　熨斗鮑

『類字仮名遣』は圏点の双点、単点を（おそらくは清濁を標示するために）使用しており、またそれらを上声の位置と去声の位置とに施し分けているようにみえるが、このことがらについてはここでは措き、双点をひとしなみに濁点に置き換えた。『類字仮名遣』「の」部には前掲二十八語が採り上げられているが、これらの中で『新撰仮名文字遣』に見出すことができるのは次の三語のみである。

1　のろひ　呪詛　（ひ部六十三）
4　のとふえ　吭結喉　（え部五十五）
19　のらえ蘊　（え部四十二）

ちなみに、慶長版本『仮名文字遣』と重なるのは次の八語。

1　のろふ　咒詛　（ふ部三十五）
2　のはへ　延　（へ部三十八）
4　のとふえ　吭結喉吭　（え部八十八）
11　のわき　野分風　慕風　（わ部一）
15　のたまふ　命宣曰　（ふ部七十二）
19　のらえ　蘊　（え部五十三）
24　のこふ　拭揮繕　（ふ部六十七）
28　のしあはひ　熨斗鮑　（は部四九）

慶長版本『仮名文字遣』には「のわき　野分風　慕風」（わ部一）にすぐ続いて「のわきのかせ　慕風」（わ部二）という項目が置かれているが、前掲八語と此一語とを合わせた九語が、いわば慶長版本の「の」部なのであり、これがほぼ完全に『類字仮名遣』に取りこまれていることがわかる。『新撰仮名文字遣』は、仮名遣書があからさまには記述してこなかった「暗黙の了解」（安田章、一九九四）をある程度謳うことによって、テクストとしての『仮名文字遣』が志向していた「網羅主義」（迫野虔徳、一九八二）の限界を補っており、その点が仮名遣書としての『新撰仮名文字遣』の「新しさ」の一つであったと考えるが、こうしてみると『類字仮名遣』は『仮名文字遣』が向かっていたと覚しき「網羅主義」という方向をさらにおし進めるというやり方で『仮名文字遣』に連なっていることがわかる。

「網羅主義」をおし進めていけば当然例語数が増大する。『新撰仮名文字遣』も、慶長版本『仮名文字遣』も、例えば前者であれば「七　い」、後者であれば「いもしをもちゆるかなの事」（新撰仮名文字遣之目録）のように、かなづかいが問題になる仮名、箇所ごとに条立てをして、その条下に例語を収める。しかし『類字仮名遣』は「見わきやす／からむかとてかしら字尚又其次／の文字をも以呂波にわけよせ」ている。すなわち語（句）の第一字目、第二字目までをいろは分けして配列をするという方針であり、辞書体と言ってもよい体裁をもつ。『類字仮名遣』が「辞書化の傾向」（『国語学研究事典』一九七七年、明治書院、「類字仮名遣」の項目）をもつことは指摘されており、また同書を繙けば誰もが感じるところであろうが、配列方針はそうした傾向のあらわれと言ってもよいのと同時に、どのようなやり方を採るかは別として、検索のための方針を備えることは必然であったとみることもできる。

〔収められた字音語〕

慶長版本『仮名文字遣』と『新撰仮名文字遣』とを比較すると、後者が字音語を多く取りこんでいることがわかる。『類字仮名遣』は『新撰仮名文字遣』よりもさらに多くの字音語を取りこんでいる。

例えば21「のうさう　農桑」は、漢の楊雄の「羽猟賦」末尾ちかくに「土事不飾、木功不彫。丞民乎農桑、勸之以弗怠」（『文選』巻八）とみえる語であるが、後漢の班固が著わした『漢書』景帝紀第五に「郡国或磽陋、無所農桑毄畜。或地饒広、薦草奔、水泉利、而不得徙」とみえ、また同じ作者の「東都賦」にも「去後宮之麗飾、損乗輿之服御、抑工商之淫業、興農桑之盛務」（『文選』巻一）[38]とある。さらに唐の白居易の『白氏文集』にも、例えば「元和天子憂農桑、卹下動天、天降祥（元和の天子農桑を憂ふ。下を卹み天を動かし、天祥を降す）」（「牡丹芳」）のように使用されている。[39] 杜甫はこの語を使用しなかったと覚しいが、「後漢から六朝を経て唐までの」「中国文体史の第二の時期」すなわち中国の「中世の文体」（一九七六年、角川書店刊、鑑賞日本古典文学三『万葉集』所収、吉川幸次郎「『万葉集』の漢文」、引用は一九九九年初版二刷『吉川幸次郎全集』第二十七巻による）において使われている歴とした中国語であることは明らかである。

この語は『日本書紀』巻第二十二、推古紀十二年の件にみられる所謂「憲法十七條」の十六条に「従春至秋、農桑之節。不可使民。其不農何食。不桑何服」と使われている。[40] また二巻本『色葉字類抄』（尊経閣文庫蔵永禄八年書写本）乃部畳字に「農桑（右ノウサウ）農業（右ノウケウ）農節（右ノウセチ）」とみえており、そのようなかたちで本邦の辞書にも取りこまれていることがわかる。[41]

字類抄から一飛びに易林本『節用集』（引用は原刻本）の「農耕（右ノウカウ）―桑（右サウ）―業（右ゲフ）―具（右グ）―作（右サ）」（上六十二ウ）に、さらに享保二（一七一七）年刊『書言字考節用集』言辞（巻八下）の「農耕（右ノウカウ）―作（右ノウサク）―桑（右ノウサウ／左タツクリクハトル）―事（右ノウジ）―業（右ノウゲウ）―務（右ノウム）」に繋ぐのは足早に過ぎるであろうが、とにかくも当該語は日本語の中に命脈を保っていたとみたい。[42] しかし、だからといって、この語を仮名遣書が採り上げる必要があったか。この語を仮名表記することを想定する必要があったか。答は明らかであろう。「いれい　違例」（い部一七八）、「はんじやう　繁昌」（は部八十九）、「へいゆ　平愈」（へ部四）、「ちやうらう　長老」（ち部四十四）、「るいかう　涙行」（る部六）、「わうわく　枉惑」（わ部五十九）、「そん

きやう　尊敬」（そ部二十二）、「ついたう　追討」（つ部六）、「なつとう　納豆」（な部七十七）、「らうすい　老衰」（ら部三十四）、「ゐふう　威風」（ゐ部五十四）、「てうすがう　趙子昂」（て部五十二）、「ひゐ　脾胃」（ひ部一〇四）等々、一々の語の使用の歴史を明らめる必要があろうが、これらの語を仮名で表記する機会が多くあったとは考え難い。『仮名文字遣』の用例「網羅主義」をさらに拡大、増強した『類字仮名遣』は（おそらくは仮名で書くことがないような）字音語も見出し項目としてとりこんだ。見出し項目としてとりこむ以上、当然そこには何らかの「（字音）かなづかい」が示されていることになるが、それは結果として置かれた「かなづかい」といってもよい。

〔収められた口語〕

今ここでは、書く為のことばを「書きことば」（written language）すなわち「文語」とみ、（いったん書かれたものを音声化するという場合を除いて）実際に話されていることばを「話しことば」（spoken language）すなわち「口語」と、きわめて粗く二つの極で捉えておくことにする。

口語が（ほとんど）そのまま文字化されれば言と文とが一致しているということになろうが、口語は文語に置き換えられて文字化されるとみれば、口語（そのままにちかい）形の仮名表記形、かなづかいなど考える必要がそもそもない。またかなづかいが求められる「文字社会」が、和歌世界といった言い方で括られるような範囲のものであり、かなづかいが「まさしくは和歌をもてあそふ人のこと」（『和字正濫要略』、引用は架蔵本による）であれば、その対象となる語彙そのものが日常、口の端にのぼる（口語）語彙とは重なり合いのあまり多くないものであることが予想される。

音便形は口語の一つのかたちであろうが、『新撰仮名文字遣』にそれが収められていないわけではない。「ためしをひ丶て　引レ様　又例」（ひ部一一四）、「いそひで　急」（ひ部一二二）、「なまめいたる　幽玄」（い部八十五）、「す

いたり　透」（い部一八二）などとみえるが、しかしそこに添えられている助動詞はタリであって、例えばウ／ウズ、ヨウではもちろんない(43)。『類字仮名遣』にも例えば、「いたういたくともいたきとも甚　傷　疼　痛」（い部一六七）、「このましう好このむ共このみ共」（こ部九十四）、「ゆゝしいゆゝしき共ゆゝしと計も忌々敷目出度世に勝たる心也餘に物にすくれたるはあやうきこと也然間いまく〜しきと也二人丸秘」（ゆ部九十二）などの音便形が収められているが、さほど多くはない。むしろ語形としてはっきりと口語形であることが予想される語が収められていると覚しきことに留意したい。

23「のけいとげ」はかなりな程度の口語性を感じさせる。現在でもCelosia cristata ケイトウとCelosia argentea ノゲイトウは区別されているが、添えられた漢字列「青葙」は二十巻本『和名類聚抄』巻第二十、草類に「青葙本草云青葙私羊反和名宇末佐久一云阿萬佐久」（引用は元和版）とみえ、また深根輔仁『本草和名』にも「青葙楊玄操音私羊反子名草決明一名草蒿一名蔞蒿一名崑崙草出蘇敬注一名卑高一名葙薬子已上出釈薬性一名青蒿出疏文和名宇末佐久一名阿末佐久」（引用は寛政元年版）とある。出典として注記されている『多識編』を検すると「青葙　阿末久左　案ルニ能計（右ノケ）以土介異名草蒿（右サウカウ）〔本経〕／桃朱術今案岐奈留能計土介　雁来紅毛美知久左枕ラ草子ニ云ク加留久左／鶏冠　今案登里佐久左俗称計土介」（巻之二、湿草部）とある(44)。『多識編』にはまたその依拠文献があることが予想されるが、ここではそれを遡っていくことはしないで、「青葙」が「能計以土介」すなわちノケイトケ（おそらくノケイトゲ）と呼ばれていた可能性があること、また「岐奈留能計土介」、キナルノケトケ（おそらくキナルノケトゲ）、すなわちノケイトゲをさらに圧縮した語形（〜）ノケトゲも発生していた可能性があること、を確認しておく。

前掲のように、『和名類聚抄』、『本草和名』にみえ、また『書言字考節用集』巻第六、生植門に「（野菊）―雞冠（右ケイトウ）本名青葙又云崑崙草其実曰草決明□出安恵」（乃部十八オ）、「青葙（右アヲクサ）又云野雞冠出乃恵」（安部二十五オ）、「青葙（右エビスグサ）出乃安」（恵部三十一オ）とみえることからも明らかであるが、ノゲイトウは、現在は青葙子（セイソウシ）と呼ばれているその種子（草決明）が薬用にされたのであり、故に口語としては使われ続けた可能性がたかい。またケイトウの現代方言形として、ケートギ、ケートゲ、ケトーゲ、ケトゲ、ケトギなどがあり、ノケイトゲのかたちと繋がる。口語＝非文学語ということにはならないので、「文語」「口語」という枠組みに「文学語」（あるいはその反対概念としての非「文学語」）を組み入れるに際しては充分な準備が必要であるが、それでもごく粗くみることが許されるのであれば、口語（そのもの）は「文学語」というよりは非「文学語」であろう。ノケイトゲがそもそも古典文学作品にあらわれてくるような語でないことは明らかで、とすれば『類字仮名遣』の収録語彙中には「和書のむかし」（『和字大観抄』下十五ウ）に繋がらないものが含まれていることになり、その点を注視する必要がある(45)。

例えばイ部にみられる「いりこ　煎海鼠」（い部一〇〇）、「いれずみ　黥（右キヤウ）剠（右ケイ）」（い部一七六）、「いひだこ　飯章魚」（い部三六四）、「いひあり　赤蟻　蠪虰（右リウテイ）倭名」（い部三六五）などは辞書体資料には取り込まれているものもあるが(46)、中世までの文学作品にたやすくは見出すことが難しい語、すなわち非「文学語」と言えよう。

『類字仮名遣』「る」の部には十二語が収められているが、中に「るいじかなづかひ　類字仮名遣」（る部三）という項目が存する。また「ら」の部には「らちゆふ　埒結」（ら部十一）とあるが、これらの「かなづかい」はどの程度必要とされるのであろうか。

『仮名文字遣』に連なる『新撰仮名文字遣』と『類字仮名遣』との比較という方法によって、『類字仮名遣』のあり方を概観してきた。『類字仮名遣』が『新撰仮名文字遣』よりもさらに多くの字音語を取り込み、かつ口語をも取り込んでいることは、両書が背景とする「文字社会」の変化、変質を窺わせる。また『類字仮名遣』は『新撰仮名文字遣』がいわば断ち切った「網羅主義」の方向に明らかに向かっている。そしてそのことを仮名遣書の「辞書化」の方向とみることもできるが、それは版本『仮名文字遣』の時点で内包されていた方向であったと考える。見出し項目となっている語に（場合によっては）複数の漢字を添え、語義を説き、出典を添えるという形式は版本『仮名文字遣』にすでにみられる。『類字仮名遣』が刊行された寛文六（一六六六）年から二十九年後の元禄八（一六九五）年に刊行された、かの『和字正濫鈔』を見渡しに入れた時に、『類字仮名遣』は確かに「定家仮名遣の伝流」（木枝増一、一九三三）を承けた仮名遣書ではあろうが、定家流↔契沖という二項対立的な図式が、日本語の歴史を映す鏡として仮名遣書をみた場合にどのくらい有効であるのかを再考する価値はあると考える。

『類字仮名遣』を一つの（辞書体資料としての面をもつ）文献としてながめてみた時に、その重層性がある「文字社会」の要求に基づくものであるとすれば、それを解きほぐす作業が、その「文字社会」で展開している実際の言語活動、使われている言語の重層性を窺う作業と重なり合いをもつのではないだろうか。

四―二　『初心仮名遣』

[序について]

「元禄四辛未歳／八月上旬／京寺町五条橋詰上ル町／山岡市兵衛」という刊記をもつ『正俗二躰初心かなつかひ』という題簽の貼られたテキストがある。今ここでは『初心仮名遣』と呼び、表示することにする。本書の「仮名遣い」については、すでに久保田篤「『初心仮名遣』の示す仮名遣いについて―活用語尾を中心に―」（『成蹊国文』第四十七号、二〇一四年）が公表され、活用語の活用語尾を中心とした考察がなされている。また、いわゆる「四つ仮名」「開合」に関わる見出し項目については、狩野理津子「『初心仮名遣』の四つ仮名」（関西大学『国文学』第九十二号、二〇〇八年）、同「『初心仮名遣』の開合―アウ型・オウ型動詞を対象に―」（同第九十三号、二〇〇九年）が公表されている。また狩野理津子には、「『初心仮名遣』索引（上）（下）」（『国語文字史の研究』十、二〇〇七年、同十一、二〇〇九年、和泉書院）もある。「序」を挙げてみる。

夫仮名はいろはの字にして其本四十／七字是此和朝の至宝風雅の目足也／言説大和歌を三十字一文字と称す／るも是によればなり抑此仮名／古の述作にして其作者さだかならず／然るに此仮名書にをいて仮名遣と／いふ事有其故は奥に見たり偖此書を』編集する旨抑博識のためには非ず／凡仮名を知人の其誤なからんため／なれば名付て初心仮名遣といふ上／に書處は自他共に日比誤来れる書／ざまなり其中に記は其正儀也其下に／記は其正字をあらはす也上に其誤れる／を記す事は萬の事其善悪を双る／時は誤弥明にして日比のまどひ』さながら解てその正儀よくお／ぼえ安きゆへなり引用ゆる所二／人丸秘抄の仮名遣于世定家仮／名遣といふありこれを初めとし／て先達の古書によりてまじへ集めて記す者なりこふらくは後／の高才なを添削をなさば可也／と余云

「序」においては「二人丸秘抄」と「定家仮名遣」を「引用ゆる」と述べている。久保田篤（二〇一四）は『初心仮名遣』が常に「二人丸秘抄」「二人人丸―」「二人丸―」「二人――」という表現を採っていることを指摘している。「二人丸秘抄」は木枝増一（一九三三）が夙に指摘するように、例えば元禄十一年刊『仮名文字遣』等の目次の終わりに「一　定家卿口伝」「二　人丸秘抄」とある「二人丸秘抄」で、「人丸秘抄」が『仮名文字遣』に附録されていることに「気づかないで、目録を誤読したことに基くもの」（木枝増一、一九九三年、十七頁）であって、結局『初心仮名遣』が参照したテキストは「定家卿口伝」と「人丸秘抄」とを附録するタイプの『仮名文字遣』と推測される。久保田篤は『仮名文字遣』の他に延宝四（一六七六）年に刊行されている『一歩』の引用もみられることを指摘しているが、『初心仮名遣』の巻末に添えられた「五音之図」に関しての記事中にも「一歩抄」という表現がみられる。

狩野理津子（二〇〇七）は右の「序」を引いた後に、「編纂目的は、「(仮名づかいに関して）仮名を使う人の実用のため」ということであって」（二九七頁）と述べる。「序」には「実用」という表現がみられないので、「日比誤来れる書ざま」を問題にしているというところから「実用のため」というみかたが導き出されているのではないかと臆測するが、そうみてよいだろうか。『仮名文字遣』を（ある程度）承けている「仮名遣書」がまったくの「実用」のために編まれるということは原理的に考えにくく、『初心仮名遣』編纂者も、（例えば「簡板門」などもあるが）そのように考えていたかどうか疑問である。

「序」に続いて、「仮名遣い」の原理について述べている。これまでにこの箇所をすべて翻字したものはないように思われるので、この箇所についても掲げておくことにする。合点を附して箇条書きされているので、合点ではなく、番号を附して箇条書きして掲げることにする。

1　仮名遣といふ詞五音相通の仮名ある故と又はいろはの中におなじ音の字有ゆへと此二つの由来にてかなづかいははじまりたる也五音相通の事は外に学びて知べし此書は初心の為なるゆへ其沙汰に及ばず其まゝしりやすきやうをあらはすものなり

2　いろはの中同じ音の文字といふはへの字〈江〉の字ゑの字此三つ同し音也又をおいゐひ共に同し音也ふう此二字は引所に用ゆる也是によつてそれ〳〵のつかい所有これをさだめ知を仮名遣といふなり

3　端のいといふは此い也是いろはの初に有故にはしのいといふ　中のいといふは此ゐ也是らむうゐのゐにていろはの中に有ゆへ也おくのいといふは此ひ也是ゑひもせすにていろはのおはりに有ゆへ也是はおもひにほひなとゞ（ママ）いの音有也

4　はしのゑといふはへの字也此字を給へなとゞ（ママ）ゑの音に読也又此字の姿横え長きゆへに世に横ゑともいふ也中のゑといふはやまけふこ〈江〉の〈江〉也是を仮名につかふ時は此えに書也是をばもとえといふ也是則元（もと）と読故也是はみえこえなとゞ（ママ）用ゆる也即此えの字のやつし也字の姿ちゞみたるやうなる故にちゞみゑ共いふ也

5 いひ二つの文字心得にくき故につかふにあやまり有也悉奥にみえたり

6 中のゑのかなを書事は文字の音えと唱又ゆと唱る字に是を書也縦消此字きえといひ又きゆる共いふ也越是もこえこゆる見みえみゆるともかやうの類の時みへきへと此へを書又は此ゑを書は誤也是五音相通にてはやゐゆえよと通ずる故也但如右えゆ二つに通へ共其外跡を引音に通ふ字有是にはへの字をかくと可心得縦捕是とらへとらゆる馬鳥人などをとらゆるの時此字也是すなはちえゆと通ひながら又跡を引てとらふともいはれてふに通ふ也前のはきえきゆるといひてきふるとはいはぬ也又木草を植るの字はうへうふると通づれども此えは不書への字にてうへと書也則古来仮名遣にうへうふると両所に有也

7 はしのいを書は頭にいといふ時と文字を音(こゑ)に読(よむ)時いととまる字は皆いの字也と知へし

8 頭にいといふは縦(たとへは)いがきいはなどの類(たくひ)也音(こゑ)の下によむとは縦(たとへは)へいかべ也らいかみなり也 此類也

9 中のいは其正字奥(おく)にみえたり奥のいはいひおもひ此類也是ははひふに通ふ五音相通也縦はあひあふいひいふおもひおもふ是ふに通ふ也又はに通ふとはあはんいはんおもはん如此はにも通ふ也此類(たぐひ)字の音のいに唱(となゆ)るはみなひの仮名(かな)也と可知

10 ふの仮名(かな)を引音に用るにははひふへの五音に通づるは皆ふを書也縦(たとへば)ねかふねがひねがへねがはんとひとへとはんおもへおもひ思はん此類也

11 うの仮名(かな)を引音(こゑ)に用ゆるには其字を読(よみ)に読(よむ)時跡を引字は皆うの仮名也縦(たとへは)わかう若うつくしう美うれしう嬉なつかしう懐こひしう戀など此類也

12 はわの違ひは字頭にわといふは皆わ也縦へはわれ我わかれ別わた綿わつか僅此類也又仮名の二つめ三つめよりわによみつゝけたるは皆は也は〈者〉同じいは岩には庭みぎは汀いつはり偽此類也

五音相通の事

13　端のへを書ははひふへ（ワイウヱ）の四字に通ふ詞の類也但此四字の内はふへの三字はへの二字ふへの二字に通ふ類也縦へ給の字はたまはるたまふたまへる替の字はかはるかふるかへる障の字はさはるさへる栄の字はさかへるさかふる此類也又外に通ふ仮名ならでも中か留りかをゑの音に唱るも端のへなりたとへはしろたへ白妙かへる帰此類也又生得に中のえ奥のゑを書字有是は各別の事也と可知縦へつえ杖こすゑ梢ゆくゑ行衛此類也此外之義猶見奥

〔『初心仮名遣』の体例について〕

体例において特徴的なことは、天地門以下、時節門、家屋門、国名門、所名門、神祇門、釈教門、諸色門、人倫門、人支門、官位門、名字門、寺院門、人名門、古人門、病名門、器財門、食物門、衣服門、諸草門、諸木門、薬種門、合薬門、書物門、謡曲門、虫類門、鳥類門、魚類門、獣類門、家名門、箇板門、言語門の三十二門に「部分」けしていることがまず挙げられ、次には『初心仮名遣』編纂者が誤りと判断する「仮名遣い」と、正しいと判断する「仮名遣い」とを併記していることが挙げられる。

右に示した門名には、薬種門、合薬門、書物門、謡曲門、箇板門など、『節用集』などにはみられない門名が少なからず含まれており、門数も多い。箇板門には次のような見出し項目がみられる。『初心仮名遣』は、誤りとする仮名に○を付している。

1　万こ○うやく　　万かうやく　　万膏薬
2　こしらゑ○くすり　　こしらえ薬　　拵薬
3　染てのこひ○　　てのこい　　手拭
4　くまがゑ○さかつき　　くまかへさかつき　　熊谷盃
5　かて○うあり　　かちやうあり　　蚊帳有

6　たひまひあり　たいまい有　瑇瑁
7　ひやうぐし　へうくし　表具師　褾具同
8　めのう有　めなう有　馬脳有
9　みはぞうめん　みわざうめん　三輪素麺
10　さかいせうゆふ　さかひしやうゆ　堺醤油

右のような見出し項目はたしかに狩野理津子（二〇〇七）のいう「仮名を使う人の実用のため」ということを想起させる。しかし、看板を書くために漢語「膏薬」の仮名遣いを知りたい人物は膏薬屋以外には考えにくい。「表具師」を仮名でどう書くか知りたいのも表具師のみであろう。そしてまた、表具師が看板を「ひやうぐし」と書いたために、それが「ヒョウグシ（表具師）」と結びつかなくなって、商売ができない、ということがあったのだろうか、と思わざるをえない。「実用」ということをそこまで具体的に考えると、「実用」のための仮名遣いということが江戸時代にどの程度あったのかということにもなる。そしてまた、簡板門のような（実用的な、といっておくが）門があることをもって、『初心仮名遣』が「実用」的な仮名遣書であることを主張するのであれば、古人門に次のような見出し項目が存在していることをもって、『初心仮名遣』が非「実用」的な仮名遣書であることを主張できるのではないだろうか。

1　こさう　こそう　瞽叟　舜ノ父
2　ちやうおうきよ　ちやうわうきよ　張横渠　大梁人
3　てうそくし　ちやうそくし　張即之　元朝
4　おうじう　わうじう　王戎　晋七賢
5　せうしう　しやうしう　向秀　同上

6　もうせ○う　もうしやう　孟嫱　越王妾
7　ち○やうぎ　てうぎ　趙岐　後漢人
8　ていめ○いど○う　ていみやうだう　程明道　宋儒
9　そ○うふ　さうふ　巣父　堯世人
10　ひて○うほ○う　ひちやうはう　費長房　後漢ノ仙人

例えば例10の「費長房」を仮名で実際に書く時というのはどんな時なのだろうか。右には例を十挙げたが、これらの人名を仮名で書くことが頻繁にあったとは考えにくい。簡板門に挙げられた見出し項目のように、江戸時代の日常生活の中にあったと思われる見出し項目が採用されている一方で、古人門にはおよそ仮名で書くことが想定しにくい人名が並べられている。となれば、「実用」一辺倒でもなければ、非「実用」一辺倒でもない、とみるのが自然ではないか。そう述べると、そのみかたが ad hoc にもみえようが、現代人が考えるような「一つの目的」によってテキスト全体が統御されていない、とみるのが適切ではないか。やはり「複合態」というみかたは必要であろう。『仮名文字遣』を承けているという点においては、少なからず非「実用」的であるはずで、そこに「実用」的な見出し項目を取り込んでいるとみるのがよいのではないか。

次に、正誤両方の仮名遣いを挙げていることについて考えておきたい。このことについて狩野理津子（二〇〇七）は「誤りとされる表記を見出し語とする記述形態は特殊ではあるが、『重寶記大全』（編者未詳　元禄四〈一六九一〉年）、『男重宝記』（苗村丈伯著　元禄六〈一六九三〉年）、『国会図書館本伊達家旧蔵和用類字』（元禄頃成立か）などにも見ることができる。しかし、『初心仮名遣』のように誤りとする仮名に○印をつけた形態をとるものは、他には見出すに至っていない」（一九八頁）と述べる。

誤っているか正しいか、ということはもちろん重要なことであるが、その両方が掲げられているということは、

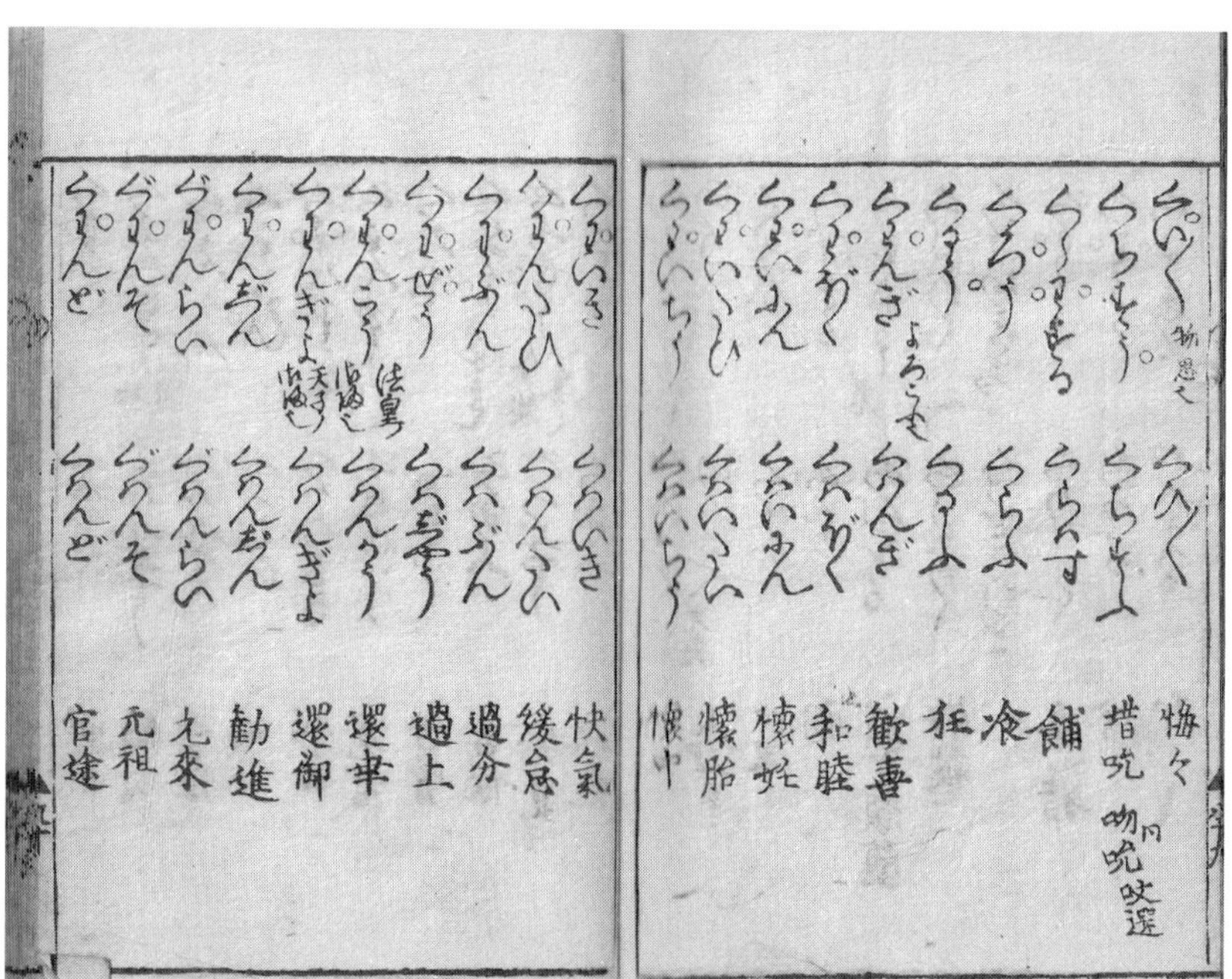

図９　『初心仮名遣』言語門（89丁裏・90丁表）

結局は一つの語について、複数の仮名書き形を示していることでもある。先の箇板門に掲げられているような見出し項目であれば、両方の仮名遣いを示しておけば、誤って書かれている看板もわかる、ということになる。仮名遣書である以上、「どう書いてもいい」と述べることはできないと考えるが、『初心仮名遣』が誤りと判断している書き方も実際にはある程度行なわれていたとすれば、その実際におこなわれていた（誤った）書き方も示すことは実際的であるともいえよう。そうした意味合いにおいて、『仮名文字遣』を取り込みながらも、実際的な見出し項目をも備え、そしてテキスト全体としても、実際的なありかたを示す『初心仮名遣』のような仮名遣書が出版されていることには注目しておきたい。

［見出し項目となっている漢語］

上には言語門の一丁を図９として掲げた。そこにも少なからずみられるが、言語門にも多くの漢語が見出し項目として採られている。少し例示しておく。

番号	見出し	注	仮名	漢字	注
1	い○せひ○		ゐせい	威光	
2	い○んきよ		ゐんきよ	隠居	
3	い○んとん		ゐんとん	隠遁	
4	ろ○うもふ		らうもう	老耄	
5	ろ○うらん		らうらん	老懶	年タケクルシキ也
6	ぼ○うきやく		ばうきやく	忘却	
7	ほ○うおん	ふかきおん也	はうをん	芳恩	
8	は○うおん	恩をほうする也	ほうおん	報恩	
9	ぼんの○う		ぼんなう	煩悩	
10	び○やうゑ○い		べうえい	苗裔	
11	とくい○		とくゐ	得意	
12	じ○うおん○	恩也	ぢうをん	重恩	
13	じ○ぜう		ぢぢやう	治定	
14	れ○うけん		れうけん	料簡	
15	お○ちど		をちど	越度	
16	こ○うさん		かうさん	降参	
17	かんど○う		かんだう	勘當	
18	かんのう○		かんのふ	堪能	
19	や○うゐ○		ようい	用意	
20	や○うち	小児	ようち	幼稚	

いろいろと不整な箇所があることもわかる。例1においては、見出し項目は「イセイ（威勢）」であるのに、漢字列は「威光」が示されている。例7・8では「ホウオン」と発音する「芳恩」と「報恩」とが続いて採りあげられている。ところが「恩」の仮名遣いが前者では「をん」、後者では「おん」と異なっている。また、「傍（カタハラ）ニ丸ヲ付ルハ誤（アヤマリ）ノ字也」とあるその「丸」も完全には附されていないと覚しい。例14では誤りとされる仮名遣い「れうけん」と、その下に示されている仮名遣い「れうけん」とが同じである。こうしたことは一つ一つが検証を必要とする一方で、テキスト全体を、またテキストの内容を、過度に現代人の考える合理性のもとにある方向のみから説明しようとすることには慎重である必要があろう。

第五章　契沖『和字正濫抄』

〔テキスト成立にいたるまで〕

『和字正濫抄』は契沖の自筆稿本が伝わっている。『契沖全集』第十巻（一九七三年、岩波書店）の解説（八〇四頁）においては次の二つのテキストの存在が指摘されている。『契沖全集』第十巻では、（一）の全文、（二）の部分の翻字が示されている。

（一）自筆稿本（甲本）一冊　佐佐木信綱旧蔵・簗島裕蔵

（二）自筆稿本（乙本）一冊　佐佐木信綱旧蔵・高橋愛次蔵

また元禄八（一六九五）年に初版が刊行され、(47)元文四（一七三九）年版、文化四（一八〇七）年版などの存在が知られている。今ここでは『和字正濫抄』の具体的なテキストとして、『契沖全集』第十巻に翻刻されている元禄八年刊本（註47でのC本）を主に使用し、併せて架蔵する元文四年版本（註47でのD本）を参照することにする。

『契沖全集』第十巻「解説」において築島裕は、「自筆稿本（甲本）」→「自筆稿本（乙本）」→「元禄八年刊記刊本」→「和字正濫要略の述作」という「段階を想定」（八一一頁）しており、『和字正濫要略』の成稿を「元禄十一年五月八日と認められる」と述べている。今ここではこのみかたに従って考えを進めることにする。

ところで、橘成員『倭字古今通例全書』八巻が元禄九（一六九六）年に刊行される。その「例序」には「近年かな遺の書あまた出たり或／雑淆し或古書を証據にたて愚昧のたしかにおもふやうにしなせり徴とする』にたれりとおもふらめ一向かなを不知ゆへなり仮名のゆへんをつまびらかに／せば古今の是非得失たなこゝろを見るがごとくならん」と記されている。そこに『和字正濫抄』の名が記されているわけではないが、契沖はこの『倭字古今通例全書』に対して「和字正濫通妨抄」をあらわしたと考えられている。「和字正濫通妨抄」は明治に至るまで刊行されることがなかった。「自筆本が唯一の伝本であって、北野天満宮に所蔵されている」（「解説」八一五頁）。ここでは『契沖全集』第十巻の翻刻を使用する。奥書には「元禄十年八月朔　畢功ヌ」とあることが指摘されているので、その頃に成ったものと思われる。

右のように考えるとすれば、『和字正濫抄』→『倭字古今通例全書』→『和字正濫通妨抄』→『和字正濫要略』という順でテキストが成立したということになる。今ここでは、『和字正濫抄』『和字正濫通妨抄』『和字正濫要略』を一具のものととらえて考察を進め、その結果として、契沖のどのような考えに基づいて『和字正濫抄』が著述されたか、について考えてみることにする。

『日本語学研究事典』（二〇〇七年、明治書院）の「和字正濫抄」の項目（蜂谷清人執筆）の「解説」冒頭には「定家仮名遣いの誤りを正す意図で著された仮名遣い書」とある。「定家仮名遣い」という表現は誤解を招く。『和字正濫抄』巻一には「世に行阿といふ人の假名文字遣（づかひ）といふ物あり／て」とあるのであって、「定家仮名遣い」という表現は使っていない。したがって、まず、『和字正濫抄』は行阿『仮名文字遣』を一方に置いて書かれているということを改めて確認しておきたい。契沖は、『仮名文字遣』に掲げられている「仮名遣い」に「混乱猶おほきは親行も世俗流布の假名にまかせられける歟又行阿の添られたる中にあやまり出來たる歟」と述べ、それに対して「今撰ふ所は」「日本紀より三代実録に至るまでの国史。旧事記古事記萬葉集新選萬葉集古語拾遺延喜式和名集のたくひ。古今集等。及ひ諸家集までに。假名に證とすべき事あれば。見及ぶに随ひて。引て是を證ず」と述べている。

契沖が参照したテキストがどれだけ「古態」を保っているかということはまた別のこととして、『古今和歌集』が撰進された延喜五（九〇五）年までに成立したテキストということになれば、少なくもハ行転呼音現象がおこる前のテキストということになり、幾つかの音韻変化は蒙っているとしても、おおむねは「古典仮名遣い」にしたがって書かれていることが期待できる。その点において、契沖の判断は正しいといってよい。

右の「假名に證とすべき事あれば。見及ぶに随ひて。引て是を證ず」という言説は、「ある語の「仮名遣い」を提示するにあたって」というような言説に続くものと理解するのが自然に思われるが、「證」があることを重視すれば、「證」のみあたらない語の「仮名遣い」はわからない、ということになり、究極的にはそうした語は採りあげることができないことになる。『和字正濫抄』においては、「證」が示されていない語も掲出されているが、それは本来的ではないことになる。仮に、「證」がみあたらない語は採りあげないということになれば、「仮名遣いがわからない語の仮名遣いを示す書物」ではなくて、「仮名遣いがはっきりとわかっている語の仮名遣いを示す書物」であることになる。そうなった場合、「仮名遣いがはっきりとわかっている語」が日常生活で頻繁に使う語かどうかということはいわば埒外にあることになる。「仮名遣いがわからない語」の「仮名遣い」を知りたいという「欲求」があるとすれば、それはその「仮名遣いがわからない語」を仮名で書こうとするということがある、ということを前提にしていると考えるのがもっとも自然である。この「仮名遣いがわからない語の仮名遣いを示す書物」と「仮名遣いがはっきりとわかっている語の仮名遣いを示す書物」との違いがこれまで看過されてきているのではないだろうか。稿者は、『和字正濫抄』は「仮名遣いがはっきりとわかっている語の仮名遣いを示す書物」ではないかと考える。つまり日常的な言語生活で使う書物というようなものではない、と考える。こうした稿者の考えは、すでに『かなづかいの歴史』（二〇一四年、中公新書）の第四章第四節「契沖『和字正濫抄』再評価」において述べている。ここでは論旨等の重複をできる限り避けて述べてみたい。

〔見出し項目となっている地名〕

今ここでは、対照のために、橘成員『倭字古今通例全書』と『古言梯』とを併せて引くことにする。『和字正濫抄』が「い部」で掲げる地名には次のようなものがある。『和字正濫抄』の見出し項目は「漢字列＋平仮名表記＋註」という形式を採っているが、ここでは「平仮名表記」をまずあげ、「漢字列」は丸括弧に入れて示した。一致の度合いを◎×で示した。

			『倭字古今通例全書』	『古言梯』
1	いはなす（磐梨）	和名、備前国郡名	×	×
2	いはあれ（磐余）	いはれとも、大和国十市郡に有	×	×
3	いほすな（魚緒）	和名、備中小田郡郷名（略）	×	×
4	いと（怡土）	和名、筑前国郡名	×	×
5	いが（伊賀）	伊勢、伊豆、伊預等准此	×	×
6	いかるか（何鹿）	和名、丹波国郡名（略）	×	◎
7	いつと（者度）	和名備後御調郡郷名	×	×
8	いなば（因幡）	註ナシ	×	◎
9	いなづ（榎津）	和名、摂津国住吉郡郷名（略）	×	×
10	いなさ（引佐）	和名。遠江郡名	×	◎
11	いなみの（印南野）	（略）	×	いなび□いなみ
12	いくは（育波）	和名、淡路国津名郡郷名	×	◎
13	いくれ（勇禮）	和名、越後国蒲原郡郷名	×	◎

14	いまき（新漢）	大和国高市文地名（略）	×	×
15	いふすき（揖宿）	和名、薩摩国郡名（略）	◎	◎
16	いさふし（鯨伏）	壱岐国壱岐郡に有郷名なり	×	×
17	いひぼ（揖保）	和名、播磨国郡名（略）	◎	◎
18	いひの（入農）	和名、安芸国賀茂郡郷名	×	◎
19	いひしろ（邑代）	和名、遠江佐野（サヤ）郡郷名	×	◎
20	いすゝかは（五十鈴川）	註ナシ	×	◎

右の対照のみでも、『古言梯』が『和字正濫抄』に続くものであること、『倭字古今通例全書』と『和字正濫抄』とが異なるテキストであることが鮮明にわかる。『倭字古今通例全書』は「例序」について「此書ははるあきつゆしもきたみなみ／つちかねかくのことき紛なき假名一つも／のすることなしそれかあらぬか定かたかる／へきをいろは字にしたかひ類門をたてゝ／もとむるにちかゝらしむたつぬることの／もれてこれなきは事物の多端ひろひ／つくすにいとまあらんやたゝ大概を／しるして字の例をあくるのみなり」と記しており、見出し項目として採りあげた語を仮名書きした場合の第一番目の仮名によって、「いろは」分けをした上で、「部類」分けをしている。「部類」は次のように設定されている。これは『節用集』にむしろちかい。

第一　乾坤　　天象　地形　家屋　名所
第二　気形　　鬼神　人倫　支躰　獣　鳥　魚　蟲
第三　生植　　木　草　果　菌
第四　服器　　衣類　食物　薬品　用具
第五　雑事　　言語　祭事　官位　氏姓

右は、『和字正濫抄』が見出し項目として採りあげている地名を、『倭字古今通例全書』や『古言梯』が見出し項目として採りあげているかどうか、という対照表なので、『倭字古今通例全書』が右以外にどの程度「地名」にあたりそうな見出し項目を採りあげているか、ということはわからない。

『倭字古今通例全書』には右に挙げた他に、「いづものくに（出雲国）」「いはみのくに（石見国）」「いづみのくに（和泉国）」「いをの（魚沼）」（越後郡名）「いゐし（飯石）」（出雲郡名）「いはしろ（岩代）」（紀伊名所）「いはくにやま（岩国山）」（周防名所）「（くめの）いははし（岩橋）」（大和国名所）「いはかげ（岩陰）」（山城名所）「いはくら（石蔵）」（山城名所）「いはたがは（磐田川）」（紀伊名所）「いはしみづ（石清水）」（近江国名所）「いもあらひ（一口）」（山城在名）「いかほのぬま（伊香保沼）」（上野国名所）「いはひじま（祝島）」（周防名所）「いはやゝま（窟山）」（備中名所）「いなゐ（稲井）」（備中名所）「いづみがは（泉川）」（山城国相楽郡）「いづのうみ（伊豆海）」（伊豆国名所）「いぬかひのみゆ（犬飼御湯）」（信濃名所）「いはきやま（磐城山）」（駿河名所）「いほざき（廬崎）」（駿河国廬原郡）が見出し項目として採りあげられている。

慶長版『仮名文字遣』には「いかほのぬま」「いきの松はら」「いくたのうら」「いこまやま」「いさや川」「いすすかは」「いはくらをの」「いはしみつ」「いはせのもり」「いふきやま」「ゐなみの」などが見出し項目として採りあげられている。『倭字古今通例全書』が慶長版のような『仮名文字遣』を承けているとはみえないが、それでも地名としては「名所」を中心に採りあげるという「方針」は共通しているといえよう。一方、『古言梯』が『和字正濫抄』と連続していることも推測できる。

慶長版『仮名文字遣』、『倭字古今通例全書』を一方に置くと、『和字正濫抄』の（今は、まだこのことがらに関しての、という限定がついているが）「特異性」が目を牽く。それは国名よりも、郡名、郷名を見出し項目としているということである。この点において、『和字正濫抄』は「和歌・連歌世界」との連続の上に成り立ってはいない、生成の原理を等しくしていないことがはっきりしているといえよう。和歌や連歌で採りあげられる、いわゆる「名所」を仮名でどのように書くか、ということは「和歌・連歌世界」では知っておきたいことがらであろう。だが、和歌や連歌に詠み込まれることのない、郡名や郷名を仮名でどう書くかということは、そもそも話題にならない。しかし『和字正濫抄』はそうではなくて、「仮名遣い」が明白な地名を採りあげたと、みるべきであろう。(48)

1〜20のうちで、『和名類聚抄』に記事がみえないのは2「いはあれ」11「いなみの」16『いさふし」20「いすゝかは」である。「いなみの（印南野）」「いすゝかは（五十鈴川）」は「名所」といってよいであろうから、『和字正濫抄』がそうしたものと無縁とまではいえない。しかし、ほとんどの地名が『和名類聚抄』にみえていることには注意しておく必要がある。先には『「仮名遣い」が明白な地名を採りあげた』と述べたが、さらに付け加えれば、『和名類聚抄』等によって「仮名遣い」が明白な地名を採りあげた」ということになると考える。しかしその一方で、『和名類聚抄』には、右には採りあげられていない、「い」で始まる地名が少なからず存在する。そうした地名を幾つか例示しておく。

1　いかの（生野）　讃岐国多度郡
2　いかむ（伊甘）　石見国那賀郡
3　いきさ（生佐）　肥前国松浦郡
4　いきた（池田）　上野国邑楽郡
5　いきみ（五公）　越後国頸城郡
6　いさま（伊参）　上野国群馬郡
7　いそふ（射添）　但馬国七美郡
8　いたち（迎達）　播磨国飾磨郡
9　いづし（出石）　備前国御野郡
10　いつべ（出部）　備前国小田郡

そのことからすれば、『和字正濫抄』は、単に『和名類聚抄』によって「仮名遣い」が確認できる地名をすべて見出し項目として取り込んだのではないこともわかる。それは当然といえば当然なことで、もしもそのようにすれば、『和名類聚抄』の地名すべてを内包したテキストとなってしまう。また「仮名遣い」が確認できる語すべてを

『和名類聚抄』から取り込めば、『和字正濫抄』に『和名類聚抄』が内包されることになり、そうしたテキストを編むということが目途されるとは考え難い。

辞書体資料が、「なぜその語（句）を見出し項目としたか」という問いは自然な問いであると同時に、その答えを明白なかたちで提示することが難しい問いでもある。ここでは、仮名書きされる可能性がさほどたかくない、郡名や郷名を少なからず見出し項目としているということを判断の根拠として、『和字正濫抄』が必ずしも実際的な言語生活における要求、必要性に対応するために編まれたのではない、ということをまず主張しておきたい。

先には「『和字正濫抄』は「和歌・連歌世界」との連続の上に成り立ってはいない」と述べた。それをもう少し丁寧に述べれば、「『和字正濫抄』は「和歌・連歌世界」との連続の上にのみ成り立っているわけではない」ということになる。「和歌・連歌世界」との連続の上にのみ成り立っているわけではない、とは契沖が『和字正濫通妨抄』において「和語の仮名つかひ」は「別ては哥人のためなり」と述べていることをふまえれば、そうした認識が一方にはあったことが推測されるからである(49)。「哥人のためなり」という認識があったとすれば、『和字正濫抄』はそうした「ため」に正面から答える書とはなっていない。結局は、「仮名遣書」というものをどうみるか、どのような条件を備えている書を「仮名遣書」とみるかということになる。

「仮名遣い」に関わる「情報」を提示しているテキストが「仮名遣書」であると定義すれば、『和字正濫抄』は「仮名遣書」ということになる。しかし何らかの「文字社会」において、ある語をどのように仮名で書くか、ということが、いわば切実な問題としてあって、その問題を解決するために編まれた実際的なテキストを「仮名遣書」と定義するのであれば、『和字正濫抄』は「仮名遣書」ではないと考える。『和字正濫抄』はある「文字社会」が知りたい「仮名遣い」を示したのではなく、「仮名遣いが文献によってはっきりと裏付けられている語」を提示したと思われる。

右では「地名」を一つの例として採りあげた。先にふれた拙書『かなづかいの歴史』においては、「イヌノタマイ」という語を使って説明を試みた。江戸時代のごく一般的な言語生活において、仮名書きする可能性がさほど高そうでもない語を『和字正濫抄』の中から拾い出すことはむしろたやすい。

例えば『和字正濫抄』の「流矢　いたやくし　日本紀」にみえる「イタヤクシ」は『古事記』中巻神武天皇の条に「於是與登美毘古戦之時、五瀬命、於御手負登美毘古之痛矢串」（是に登美毘古と戦ひたまひし時、五瀬命、御手に登美毘古が痛矢串を負ひたまひき）とある「痛矢串」が「イタヤクシ」なる語を表わしているとみて、『日本書紀』神武紀の「有流矢、中五瀬命肱脛」の漢字列「流矢」を「イタヤクシ」と訓読していることを承けての記事と思われる。漢字列「流矢」を「イタヤクシ」と訓読することの当否は措くとして、この「イタヤクシ」が江戸時代の言語生活において、仮名で書かれるということがあったのかどうか。ちなみにいえば、『日本国語大辞典』第二版は、見出し項目「いたやぐし」の条において、『古事記』の右の例と、水戸本の『日本紀私記』（丙本）の例を挙げるのみで、他の文献における使用例を示さない。だからといって、この「イタヤクシ」が室町時代、江戸時代に使われたことがない、とまではいえないことはもちろんであるが、しかしまた、頻繁に使用されていたとみることができないことはいうまでもない。となれば、やはりこの語も、江戸時代に「仮名遣い」が問題になったということではなく、「仮名遣い」を確認することをもって、採りあげられている可能性がある。

あるいはまた「軽兵　いさゝきつはもの　日本紀」という見出し項目がある。これは『日本書紀』神武前紀「親率軽兵巡幸焉」の「軽」が「イササヶキ」と訓読されていることにかかわると覚しい。『時代別国語大辞典　上代編』（一九六七年、三省堂）は「イササキ」を見出し項目としていない。そのことからすれば、「いさゝき」という語形それそのものについてまずは検証しなければならないともいえ、そうした語の「仮名遣い」が江戸時代の、いついかなる言語生活の場面で問題となるのかと思わざるをえない。漢文訓読語は、仮名で書かれているという点においては「確実な語形」といえるが、それが漢文訓読ということに関わってうみだされた臨時的な語形である可能性を含んでおり、存在は確実であるが、使われることがあまりなかったとすると、その語形の位置づけも単純ではないことになる。

これは漢文訓読語に限ったことばかりはいえない。『和名類聚抄』にみられる「和名」にしたところで、見出し項目となっている漢語に、臨時的に対応させた和語形が「和名」として示されているという可能性がある。例えば調度部、厨膳具にみられる見出し項目「漆炙函」には「宇流之奴利乃夜岐之留乃都奉（ウルシヌリノヤキシルノツボ）」という十三拍に及ぶ「和名」が配されている。あるいは同じ調度部の征戦具にみられる見出し項目「銀装長刀」には「之路加禰都久利乃奈加太遅（シロカネツクリノナガタチ）」という「和名」が配されている。これらは、当該時期に安定して使われていた和語ではなくて、見出し項目となっている漢語を説明するために臨時的につくられた和語である可能性があろう。『和字正濫抄』「い部」には「少納言　すないものまうし」という見出し項目があるが、『和字正濫抄』は典拠を示していないが、『和名類聚抄』「職名」には漢語「少納言」に「須奈伊毛乃萬宇之」とあって、『和名類聚抄』を出典としている可能性がたかい。この「スナイモノマウシ」を『時代別国語大辞典上代編』が見出し項目としていない理由はわからないけれども、安定的な語形ではないとみた可能性もあろう。

［版本『和字正濫抄』において出典注記がない見出し項目］

慶長版『仮名文字遣』において採りあげられている語には数字の上に〇、採りあげられていない語には×を附した。

〇1　いはや（窟）

〇2　いはふ（祝）

×3　いはゆる（所謂）
×4　いと（糸）
○5　いとなむ（営）
○6　いどむ（挑）
×7　いとま（暇）
△8　いとふ（厭）　『仮名文字遣』は「ひ部」に「いとひ」
△9　いときなし（幼）　『仮名文字遣』は「い部」に「いとけなし」
×10　いち（市）
×11　いる（入）
△12　いるかせ（忽緒）　『仮名文字遣』は「い部」に「いるかせに」
×13　いた（板）
×14　いたはる（労）
×15　いたむ（痛）
○16　いそ（礒）
×17　いそく（急）
×18　いつ（出）
△19　いらへ（応答）　『仮名文字遣』は「ふ部」に「いらふ」
×20　いむ（忌）

「い部」から二十例を挙げたが、このように版本において出典注記がない見出し項目は、実は少なくない。右では慶長版『仮名文字遣』が見出し項目として採りあげているかどうかについて示した。『仮名文字遣』が採りあげている語ばかりではないが、『仮名文字遣』が採りあげている語が（△を含めれば）半数ちかい。先に述べたように、『和字正濫抄』は行阿『仮名文字遣』を視野に入れており、そのために、『仮名文字遣』が採りあげている語を採りあげるということもあった、と推測する。

個々の例について検討を加えてみる。2「イハフ（祝）」であれば、『万葉集』八一三番歌の「韓国を向け平らげてみ心を鎮めたまふとい取らしていはひたまひし（伊波比多麻比斯）真玉なす…」、あるいは四四二六番歌の「天地（あめつし）の神に幣置きいはひつつ（伊波比都々）…」など、『万葉集』中において使用されており、現在の「感覚」でいえば、「仮名遣い」の確かな語といえる。『万葉集』に精通していた契沖が、『万葉集』中に「イハフ」という語が使われていることを知らなかったはずがない。にもかかわらず、なぜ見出し項目「祝　いはふ」に出典注記をしていないのだろうか。

「イハフ」を含む複合動詞は今措くとして、四段型活用をする動詞「イハフ」に関していえば、先に示したように、表音的表記されたもの以外に、何らかのかたちで表意的表記されたものの中に、「祝」字を使ったものはみられない。それはいわば当然のことで、『時代別国語大辞典　上代編』は「イハフ」の語義を「①忌みつつしんで吉事を求める。ことほぐ。祈る」「②神聖なものとしてあがめまつる」と説明している。『日本国語大辞典』第二版は、見出し項目「いわう」の語誌欄において、「原義は潔斎して呪術を行なう意。万葉集では斎、忌の字をあてる」と述べ、「イハフは平安時代以後大切に守る意から祝福の意が生じ、後世もっぱらこの意で用いられるようになる」と述べる。

『万葉集』では、「忌日管（いはひつつ）」（巻九・一七九〇番歌）、「鎮而将待（いはひてまたむ）」（巻十九・四二六五番歌）、「斎経社之（いはふやしろの）」（巻十・二三〇九番歌）のように、「忌」「鎮」「斎」字があてられている。『和字正濫抄』がこれまでに引いているように、「漢字列＋仮名書き語形」という形式で見出し項目を掲出していることについて、あまり注目されてこなかったかと思うが、契沖にとって、見出し項目の先頭に置いている漢字列は相応の重みをもっていると覚しい。見出し項目「祝　いはふ」は、「祝福」の語義をもった「イハフ」を採りあげており、その「イハフ」については、「仮名遣い」の典拠となるような出典を見出し項目とし得なかった、ということと理解するべきであろう。それは、語の歴史的変遷を見据えた厳密な態度ともいえる。

契沖は『和字正濫通妨抄』の「序」の冒頭において「此通妨抄を出す故は、さきに和字正濫抄五巻を撰ひて、古書ともを引證して、仮名のまきらはしきを正す。これ、中世以来、仮名をいるかせにして、義もまた随ひて誤まる事見ゆる故なり」（『契沖全集』第十巻、三一九頁）と述べている。ここでは、「中世以来」「仮名遣い」が乱れたという認識、及び語義も変化したという認識が看取される。

『日本国語大辞典』第二版の語誌欄の記事については先に引いた。つまりこの語の歴史的変遷ははっきりと認識されている、ということになる。それでも、見出し項目は「いわ・う　いはふ斎・祝」となっている。語義の変遷を、いかなる漢字を使うかということと対応させることはいついかなる場合でもできることではないが、この場合は「斎」から「祝」へとみることができる。そう考えた場合は、『日本国語大辞典』第二版の見出し項目が「斎・祝」を並べて掲げていることは、（そこに順序があるとみることもできるが）厳密ではない。

「語義の変遷を、いかなる漢字を使うかということ」と結びつけて理解することは便宜的な理解方法といえよう。しかし、それは結局は明治期ぐらいまでは続いた理解方法であったといってもよい。

近藤真琴は『ことばのその』（明治十八年刊）の「はじめのまき」の冒頭の条において、「よにジショ、ジビキととなふるものは、わがくにのことばをもて、もろこしもじをもとむると、もろこしもじをもて、これにかなふことばをもとむると、のふたくさにすぎず」（原文は分かち書きされているので、読点を適宜施した）と述べている。「わがくにのことばをもて、もろこしもじをもとむる」辞書は、和語からそれにあてる漢字列を探すタイプの辞書、「もろこしもじをもて、これにかなふことばをもとむる」辞書は、漢字からその漢字に対応する和語（和訓）を探すタイプの辞書、をさしており、いずれにしても、和語と漢字とを結びつけるという形式の辞書であることになる。そうしたタイプの辞書ではなく、「わがくにのことばもて、わがくにのことばをときたる」辞書を標榜したものが『ことばのその』であった。また「はじめのまき」には、見出し項目に「もろこしもじをそふるは、みあはするためにて、かれをもて、これをとくにあらず。そのことばにあたる、もろこしもじを、をしふるにもあらず」とも述べられている。「かれ」＝「もろこしもじ」＝漢字によって「これ」＝和語を説いているのではない、と述べ、これまでのそうした辞書と一線を画することを謳う。こうした認識によって、日本語の辞書は、「中国語日本語対訳辞書」という枠組みから脱却したといえるが、それまでは、そうした枠組みの中にあった。ただし、それは漢字を使って日本語を書くという歴史をもつ日本語の理解としては、必然であったともいえるのであって、それを、例えば「前近代的」というように評価する必要はないと考える。

　漢学に通じていた契沖も当然、漢字を対置させながら日本語を理解するということを自然に行なっていたと推測する。行阿『仮名文字遣』が「仮名書き語形＋（複数の）漢字列」という形式で見出し項目をたてていることと対照した場合、『和字正濫抄』は、その点でも『仮名文字遣』とは連続しないといえよう。『仮名文字遣』の形式はまさしく日本語における漢字使用という枠組みを示している。

　版本においては出典注記等がみられない、右に掲出したような見出し項目であっても、自筆稿本にはそうした情報が記されている見出し項目もある。例えば13「いた」は自筆稿本には「伊太」とあることが『契沖全集』第十巻の翻字の注記からわかる。『和名類聚抄』には「板　唐韻云板〈歩綰反伊太／功程式有波多板〉　歩板薄木也」（造作具）とあって、自筆稿本の「伊太」はおそらく『和名類聚抄』の記事であろう。『和字正濫抄』の版本がどのような状況下に出版されているのかは不分明であるが、自筆稿本が版本のもとになっているのだとすれば、自筆稿本にある記事が版本に反映していないのは理解しにくい。そうであれば、版本が刊行された後も、自筆稿本に手入れをしていた可能性がある。そして、そうであるとすれば、例えばこの「板　いた」に関しては版本が成る時点では『和名類聚抄』の記事が参照されていなかったことになり、『和名類聚抄』が網羅的には調査されていなかったということになる。

〔真名未考〕

『和字正濫抄』には「真名未考」と記された見出し項目が存在する。幾つかを例示する。

1　真名未考　いはけなし
2　真名未考　いとこ　日本紀の哥にうま人はうま人とちやいとこはもいとこどちとよめり。上のいとこに准らふれは、同輩をいへるかと見えたり
3　真名未考　いらなし　日本紀
4　真名未考　いさゝめ　万葉、古今
5　真名未考　いすろこふ　延喜式
7　真名未考　さいなむ　仮名未考。常かくに任す
8　真名未考　さいで　仮名も未考。書ならへるに任す

例えば7「さいなむ」について、『日本国語大辞典』第二版は「「さきなむ」の変化した語」と記す。また『地蔵十輪経』の「呵」字の元慶七（八八三）年の訓点に「サイナマ（れむ）」とあることを示す。このことからすれば、「仮名遣い」は「さいなむ」と思われるが、現在のように、訓点資料にあたることができない場合、「古典仮名遣い」がどうであったかを追及しにくい。『日本国語大辞典』第二版は、『うつほ物語』『枕草子』『源氏物語』におけ

る使用例を掲げている。これらのうち、幾つかは契沖にも認識されていたであろう。しかしそうした例を根拠とはしないというのが契沖の認識であったと思われる。参照できるテキストが現在とは異なっていた契沖ではあったが、「仮名遣い」の根拠となる「条件」はみすえており、その「条件」を満たさない場合は、「真名未考」「仮名未考」と記すという意味合いでの厳密さをもっていた点は評価するべきであろう。

〔俗語の仮名遣い〕

『和字正濫抄』が出版された元禄八（一六九五）年の翌年、橘成員『倭字古今通例全書』が出版される。同書の「本文中に「正濫抄」「契沖」という語は一回も現れず、また、積極的に（引用者補：『和字正濫抄』や契沖を）攻撃否定したような文面も見当たらない」（築島裕『歴史的仮名遣い―その成立と特徴』中公新書、一九八六年、九十五頁）にも関わらず、契沖は同書が自身の「『和字正濫抄』に対する反論の書と判断」（同前九十三頁）し、「予か正濫抄を破する也」（『和字正濫通妨抄』一）と感じ、『和字正濫通妨抄』（『和字正濫要略』）によって、反駁をした。その反駁の中で、「俗語」ということがしばしば話題となっている。ここではその「俗語」に注目をしてみたい。まず『倭字古今通例全書』の記事をあげ、次に『和字正濫通妨抄』の記事を『契沖全集』第十巻の翻字によって挙げた。翻字では、区切りを示す符号が複数使われているが、今、稿者の判断で、通常の句読点に改め、また漢字字体も適宜改めた。

1　みづな　水菜又みつぶき|蕗　（通例全書み部生植）

みつな　水菜又みつぶき|蕗これにふたつの義あり、洛外の畠に、洛中の下水をうけて、それをこえにあて、作るを、俗にみつなといふ、又芹、小葱なとの類を水菜といふ、これを真名に付て和訓せは、みつなといふへし、但いまたさいへるを見す（略）本條の水菜ともに俗にいふ方なるへし、俗語の仮名まてを出さは、無窮なるへ

し、たゝ博学をあらはさんとする名聞集なり

2　むまつぎ　駅（附むまやぢ―路　又みづむまや水―）　（通例全書む部乾坤）

むまつき　駅　厩（馬屋也、附、むまやのおさ、―長）今云、和名に駅モ、今云、和名に、無末夜と訓す、俗にいふうまつきなり、何そ本訓をさしおきて、俗語を出すや（略）

3　あうしう　奥州（陸奥国也古訓ミチノオク又ミチノク又ムツノク　又ムツノクニトモ皆通テ一ナリ）　（通例全書あ部乾坤）

あうしう　奥州（ミチノオク、ミチノク、又ムツノクニトモ皆通テ一ナリ）今云、和名に陸奥（三知乃於久）、これ、つふさなる名なり。三知乃久は、於を略せり。此二つは、昔より哥にもよみて勝劣なし。ムツノク、むつのくにといふは、俗語なるよし。顕昭法橋の古今秘注にもかゝれたり。（略）先達も俗語とさためたり

4　をち　乳母（又姆異訓メノト又ウバトモ）　（通例全書を部気形）

をち　乳母（又姆）今いはく、めのとを俗におちの人といふは、御乳人なり、俗語なる上、仮名おにして、をは誤れり、又姆は玉篇に、音茂、女師也と注す、乳母とするは誤れり

5　つふり　髏（作髏俗又首　同訓かうべトモ）　（通例全書つ部気形）

つふり　髏（又首　同訓）今云、髏は顱と同し、和名に、文字集略を引て、顱脳、蓋也、和名は加之良乃加波良、此和名の意は、頭瓦歟、（略）此詞常にいへと、俗語にや、和名にも見えす

6　いろ　喪衣（喪ノ時著用）　（通例全書い部服器）

いろ　喪衣　今云、喪衣の名は、ふぢころも。それをいろとのみいふは、俗語なり

7　はぬひ　苧（又をニアリ）　（通例全書は部服器）

はぬひ　苧（又をにアリ）今云、はぬひといふは、染物なとを、かりそめにはし〳〵をぬひ合するをいへは、端縫なるへし。それを、苧にてぬへは、苧の字を用るにや。俗語なるへし。

8　はふに　白粉順倭ニ見タリ此訓ハ頬ニヌルニト云心カ左アラハ ほうノカナカ又俗ニしろいもの又おしろいト云（通例全書は部肢器）
はふに　白粉順倭ニ見タリ、此 訓ハ頬ニヌル云々今云、波布迹ハ、ハクフンノ音、クヲ捨てはね字を、に、通したるなり。頬にぬるにといふ心ならは、ほうの仮名かといへり、然らさる事、上にいふかことし、もしその義ならは、順の仮名は保々迹なり、（略）俗にしろいものといへるは誤なり、又おしろいといふは、一向の俗語なり

9　はないて　放又人ノはなしニモ俗ニカク嘶字非也又咄 イフカシ又矢ヲはなつニハ發字也（通例全書は部雑事）
はないて　放又人のは なしにも今案、物語をはなしするといふは、一向の俗語なるへし。推量するに、いやしき者の、用意もなく言をはなちて、心ゆくはかり物いふよりおこる歟。しめやかに談合なとするをは、はなしといはぬを思ふへし

10　ちをも　乳母日本紀ノ訓也又 めのとトモうばトモ訓（通例全書ち部気形）
ちをも　乳母うは とも今云、和名知於毛。をは誤なり。うは、俗語

11　かはせみ　翡翠小ナルヲ云大ヲ 魚狗ト書テ同訓（通例全書か部気形）
かはせみ　翡翠小ナルヲ云、大ヲ 魚狗と書テ同訓今云、和名に、鴗、曾比、これまさしき和語なり、かはせみは俗語なり、ちひさくて蟬に似て、常に川に居れはいふ歟。

12　かいさう　海藻下字又作／用ル時ハ海菜ノ摠名訓スル 藻声ヲ　時ハほだはらナリ（通例全書か部生植）
かいさう　海藻訓スル時ハほ たはらなり今云、和名に本草を引終て、注云、和名迩木米、俗用二和布一とあり、にきは、にこにて、やはらかなる事也、これ、わかめなり、わかき物はやはらかなる故、にきめにおなし、ほたはらといふは俗語なり、其物はなのりそなり

13　かなさいぼう　金撮棒又鉄格 棒トモ（通例全書か部服器）
かなさいほう　金撮棒　今云、俗語にて、字も言にあはせて後に作りあはせたるはるへし（略）

14　かゆい　かゆう　療瘡ナトニ云順倭ニ　（通例全書か部雑事）
かゆい　かゆう　療　今云、此仮名ふたつともに俗語なり。髭生ひたらん人の書に出すへきにあらす。（略）

15　かたふく　カタグトモ　傾作傾俗今案ニかたむく片向心也　（通例全書か部雑事）
かたふく　カタクトモ　傾　今云、俗に荷ふにもあらす、負にもあらすして、肩に物を置を、かたくるといふは、肩挙るといふ略歟、頭をかたふくるを、かたくるといふは、彼物を肩に置たるやうなれはいふにや、傾をかたくといふ事、物に見えたる事なし。文字の正俗をさへ、用なくかしましきまていふ人の、かゝる俗語取出ること、あさましくこそ

16　よとをし　終夜よもすがらトモ　（通例全書よ部雑事）
よとをし　終夜　今云、よとをしは俗語、をは誤なり、ほを用へし

17　たばふ　おしむトモ　慳又持トモ又貯トモ　（通例全書た部雑事）
たはふ　おしむとも　慳持トモ貯トモ今云、俗に物を貯るを、たはひ置といふ、物語の類にても、此詞見たる事なし、ひたすら俗語なるへし、それに此字ともは、物知たちの義にあはせて作られけるにや

18　そゝなはかす　唆そゝのかしトモ源氏ニ　（通例全書そ部雑事）
そゝなはかす　唆　俗語なり、そゝのかすといふへし（略）

19　つをし　つよしトモ　強作彊同古今夏歌我ころもてのひつをからなんをトよト拗音ニ通　（通例全書つ部雑事）
つをし　つよしとも　強我ころもてのひつをからなん、をとよと拗音ニ通　今云、つよしを、つをしといふは、俗語の中の大俗語なり（略）

20　通例全書記事なし
むまかた　龓人順倭今云、和名久知止利、むまかたは俗語なり、何そ順のいはぬ事を引て證するや

21　むまごやし　苜蓿　（通例全書む部生植）

むまこやし　苜蓿　今云、和名云、目宿二音、和名於保比、これを置て、何そ俗語を出すや

22 うふる　うへ　うはる　植〔順ガ歌ニたのもしな野ゝ宮人／のうふるはな〕　（通例全書う部雑事）

うふる　うへ　うはる　植　今云、宇々、宇恵なり、うはるといふは俗語、引ける哥も、うゝる菊なり、花
にはあらす

23 うはさ　背語〔又後語噂トカク〕　（通例全書う部雑事）

うはさ　背語〔後語又噂〕今云、うはさといふは俗語歟、物語なとにも見えぬ詞にや、（略）

24 うつくしい　美〔いつくしうトモ作美俗〕　（通例全書う部雑事）

うつくしい　美　今云、哥の事を知られぬ故に、やゝもすれはかやうの俗語を出さるゝ也、此いは、きにか
よひたる詞にて、是のみならす、此類の詞は下に哉なといふことのそははね（ママ）はなき詞なり、俗にうつくしい、
かはゆいなといひて、下に何ともつゝけすいひはつるは、書なとに載へきにあらす、うつくしとのみいひては、
まきるゝ事なくていたすへきやうなけれは、大俗語のいを加へて出すこと、しみのくはぬさきにいたつらに紙
をつひやすものかな

25 うがひ　漱〔鵜飼トモ又漱ハくちすゝぐトモ〕　（通例全書う部雑事）

うがひ　漱石〔鵜飼トモ〕今云、うかひは常いふ事なれと、俗語なるにや、古き物に見えさる歟（略）

26 おみあかし　燈明〔順倭ノ訓ナリ〕　（通例全書お部服器）

おみあかし　燈明　今云、和名には、於保美阿加之、保の字なけれは、俗語なり

27 やいと　灸〔字彙註曰灼体療病也〕　（通例全書や部雑事）

やいと　灸　今云、これ俗語なり、但焼（ヤイト）所の義なるへし

28 こぼれざひはひ　僥倖〔上字又作儌ニ〕　（通例全書こ部雑事）

こほれさいはひ　僥倖　今云、これ俗語、たゝさいはひといふへし

29　てつがひ　手緒又手番トモ　（通例全書て部雑事）

てつかひ　手緒　今云、俗語、俗字

30　さがりいを　敗魚　（通例全書さ部気形）

さかりいを　敗魚　今云、さかるといふは俗語也（略）

31　きたない　きたなう　膩又瀆又蓬　（通例全書き部雑事）

きたない　きたなう　今云、きたないとのみいふは、俗語なり、きたない事なと、仮名文章なとには書事もあらん歟、凡かやうのいは、皆正しくはきたなきといふへきを、やはらけていふ言なり（略）

32　めのわらは　女童又めらうトモ　（通例全書め部気形）

めらう　女童　今云、俗語用へからす

33　ゐこ〳〵わらふ　閙々笑　（通例全書ゐ部雑事）

ゐこ〳〵わらふ　閙々笑　今云、此和訓、幷に真名、何にか出たる、俗語胸にみちたる人かな

34　ひはづひと　嫋人又弱人トモ　（通例全書ひ部気形）

ひはつひと　嫋人　今云、かよはき人をひはつといふは俗語か、物語なとにも見えぬにや、真名信せす

35　ひきまはす　曳進引廻也　（通例全書ひ部雑事）

ひきまはす　曳進引廻也今云、これは俗語と見えたり、然るに引廻と、やすくはかゝて、曳進と書て引廻と注する意如何

36　もきだう　無義道俗言也　（通例全書も部雑事）

もきたう　無義道俗言也今云、俗にもきどほといふは、源氏にきすぐといへるに同し、たとへは、木は所々に

枝ありてかさるを、もきたて、末にすこし枝を残したらんやうに、なつかしけなきをいふ、俗語なれは、いふにたらねと、真名仮名ともに違へり

37　すぎあひ　生産又藝 文活　　（通例全書す部雑事）

すきあひ　生産　今云、すきはひとそ、俗には申す、なりあひを思ふに、こゝにすきあひと出されたるは、わろかるへし、俗語なれは、真名に及ふへからす

そもそも『倭字古今通例全書』がどのような語を見出し項目としているか、ということをまず考えておく必要があろう。井野口孝『契沖学の形成』（一九九六年、和泉書院）において、易林本『節用集』を「『仮名文字遣』に欠けた語彙を増補する」（一三三頁）ために使ったと述べる。築島裕（一九八六）も『倭字古今通例全書』が「それまで代々伝えられて来た定家仮名遣いの流れを受けた諸書の所収の語彙を集大成しようとしたものであろうということは、大野晋博士・井之口(ママ)孝氏・前田富祺氏などの説かれるところであり、ことに『易林本節用集』から多くの語彙を採用していることは、井之口(ママ)氏の指摘されたとおりである」（九十三頁）と述べている。

井野口孝（一九九六）には、『倭字古今通例全書』の見出し項目が『仮名文字遣』の見出し項目とどの程度一致しているかという数値は提示されていない。それは調査済みということかもしれないが、その数値があって、その一方で、易林本『節用集』の見出し項目とどの程度一致しているかという数値があって、初めて何らかの「推測」が可能になると考える。仮に、『仮名文字遣』の見出し項目との一致がかなりあったとしても、「欠けた語彙を増補する」ために易林本『節用集』を使ったとまではいえないと考える。「欠けた」と表現するのであれば、橘成員には、あらかじめこれだけの見出し項目を備えようという目途があって、それをどこから「引用」するかと考え、まず『仮名文字遣』から「引用」し、『仮名文字遣』の「引用」だけでは、自ら目途する見出し項目すべてに及ばなかったので、次に易林本『節用集』を使ったというプロセスでなければならない。しかし、そのような具体的なプ

ロセスを、『倭字古今通例全書』だけから推測することはできない。

井野口孝（一九九六）は「成員は『通例全書』の執筆にあたって、「源氏抄」「名所集」などを頻用した」「このことは同時に、『通例全書』がいかに多く『源氏物語』の語彙や名所・歌枕を採録したかを暗示してもいよう。そしてまた、歌語辞典としての『通例全書』の性格の一端を物語るかのごとくである」（一二九頁）と述べる。ここでは「歌語辞典としての『通例全書』」という表現のしかたをしている。しかし、右の言説に続いて「しかし、成員は一方で「世話の要言」つまり「めぼしい俗語」をも拾い集めている」（同前）と述べる。『倭字古今通例全書』の冒頭において、「世話の要言」を拾ったことが述べられており、そのことは橘成員自身の認識でもあった。そうであれば、『倭字古今通例全書』が「歌語辞典」であるはずがない。井野口孝（一九九六）は、「契沖が出自の考証をためらった仮名・真名の例のうち、易林本に一致するもの」（一三二頁）を指摘している。そのことからすれば、「俗語」が易林本『節用集』から持ち込まれたとみているのかとも思うが、そのことははっきりとは述べられていない。

そもそも、『倭字古今通例全書』の見出し項目はすべて何らかのテキストにいったん登載された語句である、わけではないはずで、橘成員が自ら使用する語彙を見出し項目としている可能性も十分にある。例えば36「モギドウ」であれば、『日本国語大辞典』第二版は井原西鶴の浮世草子『懐硯』（貞享四〈一六八七〉年頃刊）の使用例をまずあげる。このことからすれば、江戸時代語ということになるが、そうした語も橘成員は見出し項目としていることになる。橘成員がどのようなテキストをつくろうとしていたかは、『倭字古今通例全書』から窺うしかないので、確実なことはいいにくいが、「歌語辞典」でないことはいえるのではないか。

契沖は、「ある語がどのような語義であるか、その語が漢字で書かれる場合にはどのような漢字で書かれるのが正則であるか、その語が仮名で書かれる場合にはどのように書かれるのが正則であるか、そしてそれを裏付ける文献があるかどうか」ということを示すことを重視していた。そうであれば、そもそも文献上で使用されない、「はなしことば」は埒外にあったことになる。文献上で使用されないのだから、漢字や仮名でどのように書くかということを考える必要がそもそもないし、どう書かれていたか、ということを追及することもできない。その点において、『倭字古今通例全書』と『和字正濫抄』や『和字正濫通妨抄』とはそもそも「かみあっていない」ともいえよう。

第六章　『古言梯』

〔『古言梯』をどうとらえるか〕

楫取魚彦の『古言梯』は奥書に「明和のはじめのとしの八月にあつめ終ぬ」とあることから、明和元（一七六四）年に成立したと考えられている。刊行は明和五（一七六八）年十一月頃の刊行との指摘がある。「附ていふ」つまり附言には「近き時和字正濫抄とてさる言ども書つめたる／あり。まことにその心ざせるさまめでたくして、古の書らひろく相對（ムカ）へ記（シル）せし事、後の世／人の私に思ひはかりていへるもの、類（タグヒ）にあらず。よるべき事も多かり。しかるになほ思ひはか／りの少き事、且いまだ考たらはざる事の多かるをいぶかりて、その方人に問へば、彼抄はいまだ一／わたりの案なるものを、或人しひて世に弘（ヒロメ）たるなりとぞいへりける。さこそありなめ。其言の出る／所ゆゑよしなどを記（シル）せしは十が三つ四つなり。此度考とれる言はすべて千八百八十三言。悉（コト〳〵）／故よしを挙（アゲ）たり。又古書に仮字（カナ）の見えざるも彼是通はして知らるゝはそのよしを記（シル）／しつ。さてもなほ古に考るよしを得（エ）ざる一つ二つはもらせるもあり。しかはあれどかの故よしを／しるせしにもたがへるもあらんにや。且ひろくおもひはかれどももれたるも有べし」とあって、『和字正濫抄』の「考たらはざる事の多かるをいぶかりて」著わされたものだという。

すでに指摘されていることがらであるが、版本『和字正濫抄』には契沖の著であることがどこにも記されていない。また『和名類聚抄』に記事があるにもかかわらず、そのことが記されていない見出し項目もある。「彼抄はいまだ一わたりの案」はそうしたことと呼応しているとも思われる。右では、『和字正濫抄』が「其言の出る所ゆゑよし」を記している頻度は三～四割とみており、『古言梯』では一八八三の見出し項目すべてにわたって「故よしを挙」げたことを謳う。このことから、『古言梯』は、「出典がはっきりしている語のみを見出し項目としている」ことを重視していることがわかる。それは『和字正濫抄』がもっていたそうした「傾向」の、いわば純度を高めたものであることになる。

右で述べたことは、『古言梯』がそうしたテキストとして、いわば「仕上がっている」ということであって、どのような目的で編まれたテキストか、という問いの答えではない。例えば『日本語学研究事典』(二〇〇七年、明治書院)の見出し項目「古言梯」においては、『古言梯』について「契沖の『和字正濫抄』を承けて、その証例の不備を補うことを主眼として編まれた歴史的かなづかい辞書」(林義雄執筆)と説明している。楫取魚彦が「歴史的かなづかい」という概念をもっていなかったことは改めていうまでもない。また『古言梯』を「辞書」と思っていたかどうかも不分明である。つまり、『古言梯』を「歴史的かなづかい辞書」とみているのは、現代人である。たしかに、『古言梯』を、いわゆる「歴史的かなづかい」を知るための「辞書」として使うことはできる。だから『古言梯』を「歴史的かなづかい辞書」と呼ぶことは不当なことではない。しかし、それが『古言梯』の評価として適切かどうか、という点においては疑問がある。あるいは釘貫亨『近世仮名遣い論の研究』(二〇〇七年、名古屋大学出版会)においては、「『古言梯』は、『和字正濫抄』の考証の不備を補訂し、語彙の掲載を五十音順に整然と配列して利便性の高い仮名遣いの手引書を実現した」(六十四頁)と述べられている。ここでは「利便性の高い」「手引書」であると述べられており、やはり実際的に使うという観点から評価されている。いわゆる「歴史的かなづかい」を知るために実際的に使うことができるようなかたちに『古言梯』が仕上がっていることと、楫取魚彦がどのようなことを目的として『古言梯』を編んだかということとは、一致する面もあろうが、仕上がりから「目的」がすぐには推し量れない場合もあろう。楫取魚彦が何を思って『古言梯』を編んだかということに顧慮する必要はない、現代人の眼にどのようにみえ、現代人がそれをどのように「利用」することができるかということさえはっきりさせておけばよい、という考え方も一つの考え方としてはあるのだろうが、それは「現代」に極度に引きつけた評価のしかたであると考える。ここでは、『古言梯』の序文を検討することによって、楫取魚彦がどうして『古言梯』を編んだのか、ということを考えておきたい。序文を整理して掲げておく。

1　いにしへにいへらく、ことだまの幸はふ国、ことだまのたすくる国と。是はしもこと挙すめれば、皇神のさきはへまして通りたらはざる事なきをいふ也。故世の中の常の言しも、神の代の上が上なる言を人の代の末とも末々まで伝へいふに、ちゞのものもわかれ萬のことわりもたらひて、あやしくたへなる、この言魂の幸になも有ける。

2　しかあれば末の代の人といへども、ふるきことばをよくしりそのもとをふかくわきまへ得る時は、目に見放ねどこし方行末の事をしり、あしはゆかねどあめつちの道になもとほれりける。

3　そも〳〵此ことばのおやちふものをたつぬれば、あいうゑをの五十連のこゑになも有。これぞこの天地のひらけはじまりにける時、たまちはふ皇神のみことの御口よりのたまひはじめしを、あめのます人高山のたか〳〵に伝へ、わたの浪のしき〳〵にとなへ来れるもの也ける。此五十連のこゑをいにしへのふみにむかへ考るに、たてぬきにことの通ひ、本末にこゑのひゞくものは更にもいはず。いゐえゑをおのたぐひ、そのこゑ相似て意の異なるわかちかりにもたがふことあらざりき。

4　さるを世のくだち行まに〳〵、人の心さかしらになり行て、他の国なる文字ちふものをかりたり。しかはあれどこゝにしてはたゞにことばを伝ふるかりの目じるしとのみしたりしを、かくてゆ後の世人はかの文字につき、その意によるをわざのごとおぼえて、いにしへの言魂貴き事をばやゝ〳〵わすれ行。ふるの中道ふるきことばはおほとなるものにかくろへつゝ、其もとはしもとめわきまへがたくなもなりにたる。

5　ここに楫取の魚彦は賀茂のうしにつきて、おのれ宇万伎とゝもに、上つ代の事をまなばへるに、此をちいにしへをたふとむこゝろまめにして、後の世に古の言をうしなへるをうれへ、古のふみをひろく考へふかくわきまへて、たがへるをたゞし、のこれるを挙、さはなる年月を経つゝ、書つめにたるを更に大人にもとひ、友にもはかりて、遂にひとまきとなもなしたりける。まことにつとめたるいさほしさはなるかも。世の中にいにしへをしぬべる人これを手づきとせば、ことだまのさちはひたすけて、いにしへの道の五十隈や八百隈までをも、思たらはさざらめや。あきらめざらめや。

明和二のとし四月　藤原の宇万伎がいふ

現代においては、『古言梯』は「コゲンテイ」と発音されることが多いが、すでに指摘されているように、（再考）増補標註本『古言梯』の巻末に添えられた「古言梯のいて来しをり竟宴の哥」の中の、楫取魚彦の歌の詞書きには「古言のかけはしとふみあつめをへたる日よめる」とあって、「フルコトノカケハシ」が書名である可能性がある。『古言梯』に添えられた賀茂真淵の跋文には、「いにしへのことわざに、神のほぐらも梯立のままにと云り。高き代の心、言をしらまくするにも、はしだてになもよるべき。そはやがて高き代の仮字ぞ梯なる」とあり、「フルコトノカケハシ（古言梯）」とは、古代の精神、言語を知るための「はしだて」＝階梯ということと思われる。

そして序文（1～5）には「仮名遣い」という表現がみられないことにも着目したい。先に、現代人が『古言梯』を、「歴史的かなづかい辞書」あるいは「利便性の高い仮名遣いの手引書」ととらえていることを紹介したが、それは、結果としてそのようにみえるテキストに仕上がっていることであって、そうしたテキストを作ることが目的ではなかったと考える。

「ことだまの幸はふ国」の「ふるきことばをよくしりそのもとをふかくわきまへ」ることによって、「こし方行末の事」を知ることができる。そして「ふるきことば」は「あいうゑをの五十連のこゑ」によって成り立っている。しかるに「他の国なる文字」＝漢字によって日本語を書くようになった。それは当初は「ことばを伝ふるかりの目じるし」であったが、次第に「かの文字につき、その意によるをわざのごとおぼえ」るようになった。

この認識は正しい。現代において「漢字の使い分け」と呼ばれるような漢字の使い方には、「漢字字義による日本語の再編成」といえるような場合が少なからず含まれており、そうしたことなどに対する批判とみることができる。それゆえ、漢字を離れて日本語をとらえる、つまり仮名で書かれているというレベルで日本語をとらえるということが重要になる。ある語はそもそも仮名でどのように書かれていたか、ということを正確に知ることが、その「語を知る」ということであるという認識であったと思われる。『古言梯』においては、見出し項目は「仮名書き語形＋出典等注記＋漢字列」という形式を採っており、『和字正濫抄』が「漢字列＋仮名書き語形＋出典等注記」という形式を採っていることといわば百八十度異なる。『和字正濫抄』においては、ある語がどのように漢字表記されるかということをも含めて「語を知る」ということと捉えていたと覚しい。それゆえ、「真名未考」と書かれた見出し項目が存在した。ところで、辞書体資料においては、どのような形式で見出し項目を示しているかということが重要であるが、これまでの言説においては、そうしたことが必ずしもおさえられていない。見出し項目の形式をおさえない言説は場合によっては、きわめてad hocなものになる。

そう考えると、結果として「仮名遣い」を示したテキストであっても、『和字正濫抄』と『古言梯』とは、編まれた目的がまったく異なるといってよい。したがって、『古言梯』が「『和字正濫抄』を承けて」成ったというみかたは、現象的にはそうであっても、正確な認識とはいえないと考える。「精神」という表現を使うとすれば、『和字正濫抄』を支えている精神と『古言梯』を支えている精神とはまったく異なる。

例えば、『和字正濫抄』が、ある語が『和名類聚抄』に載せられていることを示していても、『和名類聚抄』の表記形までを示さないことについて、「原本の原文は万葉仮名なのだから、その万葉仮名を示して、初めて完全な典拠となるもので、平仮名だけでは、必ずしも証明として十分とは言えない」（築島裕〈一九八六〉七十七頁）というみかたがあるが、そのことは契沖の『和字正濫抄』にとって必須のことではなかったのではないか。しかしそれは、『古言梯』にとっては必須のことであった。『和字正濫抄』も、実際は「古言」を明らかにするということを目的としていた。しかし、行阿『仮名文字遣』に対する批判という面もあったために、『仮名文字遣』が見出し項目としている語をある程度は採りあげる必要があった。そのために、「古言」のみを採りあげることができなかったということがあったと推測する。一つのテキストがいつも一つの目的をもって編まれるわけではない。とすれば、テキストを「複合態」として捉えることも必要になる。テキストを成り立たせている幾つかの「要素」が現代人の眼からみれば、相反する「要素」となっている場合もあろう。そのような場合、当該テキストは現代人の眼からすると、とらえにくいものになってしまう可能性がある。しかし「複合態」として成っているテキストは「複合態」として評価する必要がある。『和字正濫抄』はそうしたテキストとしてとらえる必要があると考える。それに対して（といっておくが）、『古言梯』は「古言」を（漢字を離れて）明らかにするということを第一目的とし、「古言」を明らかにすることによって、古代の精神をも明らかにするという考えのもとに編まれたといってよいと考える。そうした目的の下に編まれた『古言梯』が、結果として、「歴史的かなづかい辞書」のような様相を呈し、「利便性の高い仮名遣いの手引書」のような様相を呈していることを否定はしないが、それを目的として編まれていないということを述べておきたい。

〔見出し項目の配列〕

先にもふれたが、これまで「『和字正濫抄』を承けて」『古言梯』が成ったというみかたが採られてきている。ごく粗くみればそのようにみることもできようが、むしろ『和字正濫抄』と『古言梯』とは「連続していない」点が少なからずある。そうした点の一つに見出し項目の配列方法がある。

『和字正濫抄』は「い」「ゐ」「ひ」「を」「お」「ほ」などの項目を分ち、各項目ごとに、いろは順に語を配列して、使用すべき仮名の語を列挙している」（築島裕、一九八六年、七十九頁）。例えば巻二は、見出し項目を「い」「中下のい」「ゐ」「中下のゐ」「ひ」に分けて、それぞれの内部も「いろは順」に見出し項目を配列している。右のように、当該語の仮名遣いが問題になる箇所によって分けるのは、『仮名文字遣』以来多くの仮名遣書が採る配列方法であり、その点において、『和字正濫抄』は『仮名文字遣』を承けているとみることもできる。そして、その点において、『和字正濫抄』は「仮名遣書」的様相を示している。

しかし、『古言梯』は見出し項目を五十音順に配列している。それは、先に引いたように、古言の理解には「あいうゑをの五十連（いつら）のこゑ」が重要であるという認識に基づくものであると同時に、「仮名遣書」的ではない、ともいえよう。それはあたかも、『仮名文字遣』の見出し項目を五十音順に並べなおした、現代人が作成した『仮名文字遣』の索引のような様相を呈しているのであって、『和字正濫抄』の見出し項目の配列方法とはまったく連続しない。

〔語義を示す〕

同じ見出し項目がある場合、『和字正濫抄』と『古言梯』とがどのようにその見出し項目を扱っているかを対照することによって、『古言梯』について考えてみたい。

1 斲　いはゆ　和名集いなゝくとも。いはえとはたらく故に駒いはふ聲なとよまんはひが事なり　（『和字正濫抄』い部）

いばゆ　いばえ　馬鳴也　和　以波由　いばふとは云べからす　斲　（『古言梯』い部三言）

2 螳螂　いほむしり　和名肬（イヒ）目をくは／すれはよくむしりくふといへ／ばさて名付たる歟　（『和字正濫抄』い部）

いぼむしり　いひぼむしり　虫也　字　伊比保牟志利　和　以保無之利　螳螂　（『古言梯』い部五言）

3 鵖　いへばと　和名　（『和字正濫抄』い部）

いへばと　鳥也　字　伊倍波登　和　同　鵖又鳾　（『古言梯』い部四言）

4 兎葵　いへにれ　和名　（『和字正濫抄』い部）

いへにれ　草也　和　以倍仁礼　兎葵　（『古言梯』い部四言）

5 絲　いと　（『和字正濫抄』い部）

いと　和字伊刀　糸　（『古言梯』い二言）

6 彌　萬葉いとゞ　（『和字正濫抄』い部）

『古言梯』見出し項目ナシ

7 營　いとなむ　（『和字正濫抄』い部）

いとなむ　字　以刀奈牟と訓　營を豆久利　（『古言梯』い四言）

8 幼　いときなし　（『和字正濫抄』い部）

いときなし　いたはしげなるなり　幼　（『古言梯』い部五言）

9 市郭児　いちびと　和名　（『和字正濫抄』い部）

『古言梯』見出し項目ナシ

10 熬　いる　（『和字正濫抄』い部）

いり　いる　火にて物を乾（カハカス）也　字 伊留　和 海鼠条ニ云加熬字云伊里古（イリコ）云々　熬　（『古言梯』い部二言）

3について。『和名類聚抄』には「鴿　本草云鴿古沓反和名以倍八止 頸短灰色者也」（元和版巻十八、五丁表）という記事がみられる。『和字正濫抄』は「和名」と記し、『和名類聚抄』によって、「イヘバト」という語が確認でき、それが（そこで）「鴿」という漢字列と結びついていることを示している。『古言梯』はまず「字」の「伊倍波登」という記事を示す。「字」はすでに指摘されているように、契沖が使えなかった『新撰字鏡』をさしている。享和本『新撰字鏡』においては、「鳵」字に「伊倍波止」、「鸊」字に「伊戸波止」（六十四丁裏）とあり、「鴭」字に「伊戸波止」、「鳰」字に「伊戸波止」とあって、これら四つの漢字に「イヘハト」という訓が配置されている。訓に使われている漢字は『古言梯』のものと一致していないが、それについては措く。

注目したいのは、『古言梯』が「いへばと」に続いてすぐに「鳥也」と記していることである。「鳥也」は語義の説明とはいいにくいが、それでもそのような記事をまず置いていることになる。例1の「いばゆ　いばえ」であれば「馬鳴也」とある。こうした記事をひろく「語義」を記したものとみた場合、『和字正濫抄』にはそのような記事はみられない。注の中で、結果的に語義が説明されることがないとまではいえないが、記述形式としては、「漢字列＋仮名書き語形＋出典等注記」となっている。先に『古言梯』の記述形式を「仮名書き語形＋出典等注記＋漢字列」と述べたが、ほとんどの見出し項目において「出典等注記」の冒頭に「語義」説明が置かれている。先に述べたように、『古言梯』は「古言」を明らかにするために編まれているので、「語義」を示し、仮名でどのように書くかを示すことによって、「古言」を明らかにしようとしていると覚しい。したがって、『古言梯』が「語義」を示していることには注目しておきたい。

『和字正濫抄』は「漢字列＋仮名書き語形」というセットで当該語を明らかにしようとしており、『古言梯』は「語義＋（万葉）仮名書き語形」というセットで当該語を明らかにしようとしているという違いがある。『古言梯』

がある語にあてる漢字が何かということを離れていることには注目しておく必要がある。

例6においては、『和字正濫抄』が「いとゞ」と「彌」とを結びつけ、その出典として『万葉集』をあげている。『古言梯』の「い三言」には「イトド」はみられない。つまり『古言梯』は「イトド」を見出し項目としていない。例えば古典索引刊行会編『万葉集索引』（二〇〇三年、塙書房刊）には「イトド」がみられない。つまり、この索引は、『万葉集』において「イトド」という語は用いられていないとみていることになる。現在では、例えば「昔見し象の小河を今見ればいよよさやけく（弥清）成りにけるかも」（巻三・三一六番歌）の「弥」字は「イヨヨ」を表わしていると考えられている。『古言梯』が「イトド」を見出し項目としていない理由は推測するしかないが、あるいは『万葉集』において「イトド」という語が使われていたということが積極的には認められないということであるとすれば、そうした点において、『和字正濫抄』よりも一段と精密であることになる。

『和字正濫抄』が出版されたのが、元禄八（一六九五）年で、『古言梯』が出版されたのが、明和二（一七六五）年であるので、前者の出版から後者の出版の間には七十年が経過していることになる。右のようなこともこの七十年という時間の経過がかかわっているといえよう。

〔濁音の表示〕

江戸期においても、濁音音節に必ず濁点を附していたわけではない。日本語の表記においては、濁点を使わないということがずっと継続していたといってよい。このことについては、拙書『百年前の日本語』（二〇一二年、岩波新書）第三章「新しい標準へ」の「濁点の使用」（九十九～一〇〇頁）でもふれたが、そうであるとすれば、濁点を附すということは「仮名遣い」には含まれていないとみてよい。しかし『和字正濫抄』は仮名書き語形に濁点を附す場合がある。「い部」でいえば、「鴿　いへばと」「雖　いへども」「彌　いとゞ」「哀不忍聽　いとをしがる」「挑いどむ」「肆　いちぐら」「市郭児　いちびと」「莚草　いぬたで」「伊賀　いが」「栗刺　いが」「伊太邪曾　いだきそ」「鈌脣　いぐち」「未　いまだ」「安忍　いぶり」「訝　いぶかる」「鬱悒　いぶかし」「去来　いざ」「徘徊　いざよふ」「海髪　いぎす」「矼　いしばし」「揖保　いひぼ」「杏葉　いびら」「鼾　いびき」が仮名書き語形に濁点が附されている見出し項目である。

一方、例えば「ツツジ」は『万葉集』に「岩乍自（イハツツジ）」（一八五番歌）の例があり、第三拍は濁音であると思われるが、「羊躑躅　いはつゝし」とある。第三拍が濁音であると思われる「イタドリ」「イタダキ」が「虎杖　いたとり」「頂　いたゝき」などとあって、濁点使用は徹底していないようにみえる。ある語のある拍が濁音かそうでないかは、その語の語形を重視すれば、重要なことがらになる。それが語のいわば「本性」ということにつながるとみれば、清濁は重要事である。『和字正濫抄』が濁点を使用しているのは、何程かそのような意識があるからではないかと推測する。しかしそれが徹底していないのは、その一方で、「仮名遣い」を示しているという意識もあったからではないだろうか。

『古言梯』は濁点の使用において、徹底しているとみえるが、それは右で述べたように、語がどのように発音されるかということは語の「本性」につながるとみていたからであろう。『古言梯』は先に引いたように、「ことばのおやちふものをたつぬれば、あいうゑをの五十連（いつら）のこゑになも有」と述べており、発音を重視している。「あやしくたへなるはこの言魂（ことだま）の幸（さち）になも有ける」と述べ、語の「本性」を発音に求めるという考え方は、後の言霊音義説のさきがけにもみえる。

〔複数の見出し項目〕

『古言梯』においては、見出し項目となっている語とちかい語形が並出されている場合がある。例を挙げる。

1　いぬ　ゐぬ　獣也　和　以奴　又恵奴　犬　（い部二言）
2　いり　いる　古紀　伊理　万　同又伊流　入　（い部二言）
3　いづく　いづこ　いづち　古　伊豆久　万　同又伊都知　古本神楽哥　伊都古　何處（いづちは何路也）　（い部三言）
4　いなむ　いなみ　いなび　いなぶ　不受也　詔　伊奈備　辭　（い部三言）
5　いたちぐさ　いたちはせ　草也　和　以多知久佐　又以太知波勢　連翹　（い部五言）
6　をとこ　をのこ　古　遠登古　紀万同　和　乎乃古　男　（を部三言）
7　かはづ　かひる　かへる　虫也　万　河津　字　加比留　和　加閉流　蛙又蝦蟇　（か部三言）
8　かれひ　かれいひ　乾飯也　万　可例比　和　同又加礼以比　餉　（か部三言）
9　けぶり　けむり　火気也　字　介夫利　和同　煙　烟同　（け部三言）
10　たわみ　たわむ　たわゝ　たわ〳〵　万　多和美　又多和多和　字　多和牟　撓　（た部三言）
11　たかはら　たかむら　和　太加無良　又太加波良　註竹藂也　篁　（た部四言）
12　にじ　ぬじ　万　上野哥　弩自　和　尓之　虹　（に部二言）

活用のある語が見出し項目となっている場合、例2のように、見出し項目となっている活用形以外の活用形を併記していることが少なくない。「たがひ（たがふ たがへる）古　多賀比　違」（た部三言）の「たがへる」のように、付属語を下接させた形が含まれていることもある。

例9の「ケブリ」「ケムリ」のように、子音の交替形を掲げることもある。「ねぶる　ねむる（ぶとむ同）　眠」（ね三言）など、MB交替形を挙げることが多い。

例5では、『和名類聚抄』に「連翹　本草云連翹一名三廉草（和名以多知久佐一云以太知波勢）」（元和版巻二十、八丁表）とあって、「連翹」の和名として「イタチグサ」と「イタチハゼ」と二つの語形が挙げられている。『古言梯』はそれをうけて、「イタチグサ」と「イタチハゼ」とは同じ植物であるという意味合いで両語形を併記していると思われる。

例10では「タワミ」「タワム」は活用形が異なり、「タワワ」「タワタワ」は「タワ」を語基として含む関連語であるが、このようなこともある。「古言」を明らかにすることに目的があるので、同じような語形をもつ語を関連づけて提示することも、そうした理解を示すことになる。例7の「カワヅ」「カイル」「カエル」も同様に考えることができる。この例について、林義雄は勉誠社文庫58『古言梯』（一九七九年刊）の「解説」において、「古言梯の問題点」という条下で「「かはづ」と「かひる・かへる」は別に掲出すべきものである」（一九一頁）と断定的に述べる。林義雄のみかたによれば、「別に掲出すべきもの」ということであって、『古言梯』の見出し項目の掲出方針を確認した上で、この見出し項目に限って、その「掲出方針」からはずれているから、「別に掲出すべきもの」と主張しているようにはみえない。そうであるとすれば、はなはだ現代よりの「評価」ということになる。ここまで述べてきたように、『古言梯』は古言を理解することを目的としており、その理解の一つの方法として、どのように仮名で書かれていたか、ということを話題としていると考える。したがって、語形は異なるが、「カワヅ」「カイル」「カエル」がほぼ同義の語であるということを示すために併記していると推測でき、「別に掲出すべきもの」とはいえない。

例11では、『和名類聚抄』に「孫愐切韻云篁御皇和名太加無良俗云太加波良竹藂也」（竹類第二四六）とあり、「タカムラ」「タカハラ」の二語形がみえている。そのことを受けて『古言梯』も両語形を併記していると思われるが、「タカムラ」は仮名遣いが問題にならない語形であって、こうしたことも、『古言梯』が（現代人が考えるような）仮名遣書ではないことを示唆している。

〔複数の漢字表記〕

『古言梯』においては、見出し項目となっている語の漢字表記を複数示していること、あるいは見出し項目となっている語形とは別の語形を併せて示していることがある。次に例を挙げる。

1　あをひとくさ　人民也　古　青人草　紀　阿烏比等久佐　和　比刀久佐　（あ部六言）
2　うしほ　古　海塩　紀　于之褒　和　同　潮　（う部三言）
3　をこ　古　袁許　紀　于古　をこがまし同　（を部二言）
4　くもゐ　古　久毛韋　万　雲居　雲　（く部三言）
5　くれなゐ　染色也呉藍　万　久礼奈為　和　久礼乃阿為　紅　（く部四言）
6　ことひ　大牛也　万　事負乃牛（コトヒノウシ）　和　古度比　（こ部三言）
7　こわづくり　字　己和豆久利　又　志波不支（シハブキ）　欬　（こ部五言）
8　こむらがへり　足病也　和　古無良加倍利　又　加良須奈倍利（カラスナヘリ）　轉筋　（こ部六言）
9　しゝびしほ　肉醤也　字　肉（シヽ）比之保　和　之々比之保　醢　（し部五言）
10　たまひ　和　倍土都久（ヘドツク）　又　太万比　嘔吐　（た部三言）

『古言梯』の「かは　古　迦波　紀万同　川又河」（か部二言）について、築島裕（一九八六）は「実際には、『古事記』には「賀波」「迦波」「加波」、『日本書紀』には「箇破」「哿波」「哿簸」「舸播」「伽破」、そして『万葉集』には「可波」「加波」「河波」「河泊」などの多くの字面が使用されているのに、『古言梯』では右の一例を挙げただけに過ぎないのである」（一〇一頁）と述べる。「多くの字面が使用されているのに」「一例を挙げただけに過ぎない」という表現からは、そのことを批判していることが感じられるが、なぜあらゆる表記形を『古言梯』が示さなければならないのだろうか。これも、『古言梯』はこのような編集方針であることが推測され、そのことからすれば、「多くの字面」を示す必要がある、という論法でなければ、やはり現代人がおかしいと思うから、おかしいと述べたということになってしまうのではないか。

築島裕は『古言梯』を「契沖の唱えた歴史的仮名遣いの主義を奉じ、広く古代の文献に仮名用法の典拠を求めこれを集め、五十音順に語彙を配列して、一語ごとにその典拠となった文献を明示した書物である」（九十七頁）と述べており、そうであれば、複数の表記を示す必要はむしろないのではないか。『古言梯』は「附ていふ」中で、「千八百八十三言」を採りあげたことを謳う。『和字正濫抄』は三千ちかい見出し項目をもつことがこれまでに指摘されており、その『和字正濫抄』を一方に置けば、『古言梯』は見出し項目を絞ったことになる。『和字正濫抄』が見出し項目としていて、『古言梯』が見出し項目としていない語がどのような語であるかということは、検証しておく必要があろうが、その「絞った」ということについていえば、絞って一冊のテキストとしてまとめたことになる。「一冊のテキストにまとめる」ということが意識されていたとすれば、当然一つ一つの見出し項目に与えられるスペースは決まってくる。『古言梯』は（これも現代人の眼からということになりはするが）わかりやすいレイアウトをしているのであって、そうしたことも視野に入れる必要がある。複数の表記を示せば、一つ一つの見出し項目は膨張し、結局は一冊のテキストではおさまらなくなるであろう。辞書体資料においては、つねにどれだけの数の見出し項目を採りあげるかということが問題なのであって、小型の国語辞書に対して、どうしてこの語は収録されていないのだということを「おかしい」と述べても有意義ではないことはすぐにわかる。『古言梯』がありとあらゆる万葉仮名表記を載せていないということは、ひとまずは当然のことと考える。

そう考えた上で、例えば例9であれば、『和名類聚抄』には「シシビシホ」を「之々比之保」と書いているが、『新撰字鏡』では「肉比之保」と書いていることを挙げているのは、『新撰字鏡』の表記によって、「シシビシホ」の「シシ」が「肉」という語義をもつことがわかる、という判断であろう。この表記を示すことによって、「シシビシホ」全体の語義がわかりやすくなる。つまり「古言」を明らめるために有効だという判断がはたらいているからであろう。

『古言梯』が「仮名書き語形＋出典等注記＋漢字列」という形式で見出し項目を掲げていることはこれまでに確認してきたが、末尾に置かれた漢字列も複数示されていることがある。少し例を挙げておく。

1　こほろぎ　虫也　和　古保呂支　蜻蛚　又蟋蟀　（こ部四言）
2　さかづき　酒器也　和　佐加都支　盃　又杯　盞　（さ部四言）
3　しゞむ　しゞまる　字　志自万留　縮　又蟠　（し部三言）
4　すゞ　古　須受　紀同　鈴　又鐸　（す部二言）
5　そのふ　万　曾能不　和同　又曾乃　古本催馬楽　美曾乃不　園圃　又苑囿　（そ部三言）
6　つむじ　和　牛馬體也　都無之　廻毛　又旋毛　（つ部三言）
7　つまづく　字　豆万豆久　躓　又蹴然　（つ部四言）
8　とこしへ　紀　等虚辞陪　万同　とこしなへの畧　長　又鎮　（と部四言）
9　なゐ　紀　那為　地震　又地動　（な部二言）
10　ぬえ　ぬえこどり　鳥也　古　奴延　万　奴要子鳥　字和同　鵺　又鵼　（ぬ部二言）

『古言梯』が古語の仮名遣いを示すことを目的としているのであれば、見出し項目末尾の漢字列を複数挙げることにはさほど意義がないことになる。このことについては、これまでにあまり言及されてきていないように思われる。しかし、右に例を挙げたように、漢字列を複数挙げている見出し項目が少なからずみられる。これは、複数の漢字列を挙げることによって、見出し項目として採りあげている語の語義の理解を補っていると考えられる。古代において、当該語を書くためにどのような漢字列が使われたか、ということは古代において、当該語の語義をどのように理解していたか、ということと直結する。

例7「ツマヅク」は『和字正濫抄』に見出し項目として採りあげられていない。この語は『新撰字鏡』によって、いわば「仮名遣い」が確認された語であるので、『和字正濫抄』が採りあげていないのは当然ともいえるが、このように所謂「四つ仮名」に関わる語が『古言梯』にはある程度の数含まれている。江戸期において「四つ仮名」の発音の区別が失われていたということを背景にしているという推測はもちろんできるが、それとともに、「し」「す」を使うか「ち」「つ」を使うかということは（他の仮名遣いと同様といえば同様であるが）仮名書き語形にとっては大きなことであり、また語義の解釈にも影響を与えることが推測され、やはり古言を理解するという観点からも、「四つ仮名」に関わる語が積極的に採りあげられている可能性があろう。

［中国風漢字列］

『古言梯』には「たゆたひ　たゆたふ　たゆたへ　万　絶多日（タユタヒ）　多由多布　猶預不定」（た四言）という見出し項目がある。「タユタフ」は『和字正濫抄』には採りあげられていない。『万葉集』には動詞「タユタフ」を書いたと思われる「猶預」（巻十一・二六九〇番歌）、「絶塔」（巻七・一〇八九）などもみられる。この「タユタフ」などは、どのような漢字をあてるかが安定しない語ともいえ、『日本国語大辞典』第二版は見出し項目「たゆたふ」に「揺蕩」「猶予」二つの漢字列を配している。

あるいはまた『古言梯』には「たはしれ　字　太波志礼　作劇」（た部四言）という見出し項目がある。この語は『時代別国語大辞典　上代編』も見出し項目としていない。『日本国語大辞典』第二版には見出し項目「たわしる」がたてられていて、「「たわける（戯）」に同じ」と説明されている。使用例としては『新撰字鏡』が挙げられている。『新撰字鏡』には「作劇調戯也不定之皃太波志礼天」（享和本八十四丁裏）とあって、『古言梯』の「作劇」は『新撰字鏡』

からそのまま取り込まれたものと思われるが、そうした漢字列を取り込むことがある。

「とりあはせ　和　刀利阿波世　闘鶏」（と部五言）では漢字列「闘鶏」が示されている。『和名類聚抄』には「闘鶏　玉燭寶典云寒食之節城市多為闘鶏之戯闘鶏此間云止利阿波世」（元和版巻四、七丁表）とあるので、漢字列「闘鶏」も『和名類聚抄』からそのまま持ち込まれたと覚しい。例えば『日本国語大辞典』第二版では、見出し項目「とりあわせ」に三つの漢字列「鶏合」「鳥合」「闘鶏」を配している。表記欄には「鳥合」を掲げる辞書がみあたらない。またこの見出し項目に示されている例の中に、漢字列「鳥合」を使った例がみあたらない。この漢字列「鳥合」が「トリアワセ」を書くために使われたことがはたしてあるのだろうか。「トリ」を和訓とする「鳥」、「アワス」を和訓とする「合」を並べればたしかに「トリアワセ」という語を書くことができ、かつ「読み手」も「鳥合」が「トリアワセ」を書いたものだということは理解できるだろう。しかし、この書き方がほとんど行なわれたことのないものであったとすれば、（漢字列「鳥合」は可能性として示されたものということになり）『日本国語大辞典』第二版が掲げる漢字列は「歴史主義」を貫いてはいないことになる。

どのように書かれたか、ということを手がかりに古言を理解しようとする立場では、歴史的に存在していない書き方は話題にのぼらない。だから、歴史的に確実に存在していた書き方を（仮名書きにしても漢字書きにしても）しっかりとおさえることによって、古言を理解するという『古言梯』においては、文献上で確認できる書き方が重要であることになる。そうした意味合いにおいて、「中国風漢字列」であっても、それを掲げることがあると推測する。

［一言］

「い部」の「一言」をみると、「以。伊。已。異。移。怡。易。夷　音也」「寐。寢。眠。宿。膽。射。五　訓也」「五十　二字一言　紀万以」「馬聲　同上万以」とある。ここではいわゆる万葉仮名があげられている。このことについては従来あまりふれられていないが、『古言梯』を一般的な仮名遣書とみると、このような記事があることを仮名遣書という枠組みの中にどう定位させればよいのだろうか。こうした点においても、従来のみかたは、一面的過ぎるように思われる。現代人がいうところの万葉仮名は現代人がいうところの仮名遣いとは関わりがない。その万葉仮名が含まれているにもかかわらず、テキスト全体を仮名遣書とみなすのは、やはり一面的なみかたと考える。

第七章 『古言梯』に連なる仮名遣書

木枝増一（一九三三）は「『古言梯』が出てから仮名遣を論ずるものは多く之に依つたと共に、又これを補訂するものも多かつた」（一八一頁）と述べ、次のようなテキストを示している。

加茂季鷹　正誤仮名遣　天明八（一七八八）年跋
村田春海　仮名大意抄　写本
村田春海　仮字拾要　写本　寛政七（一七九五）年以前成立
村田春海・清水浜臣　増補標注古言梯　文政三（一八二〇）年刊
市岡猛彦　雅言仮字格（増補古言梯）　文化四（一八〇七）年刊
藤重匹龍　掌中古言梯　文化五（一八〇八）年刊
市岡猛彦　雅言仮字格拾遺　文化十一（一八一四）年刊
楫取魚彦　袖珍古言梯　天保五（一八三四）年刊
田中延香　古言梯拾遺　写本　天保十五（一八四四）年成立
山田常典　増補古言梯標注　弘化四（一八四七）年刊
鶴峯戊申　増補正誤仮名遣　弘化四（一八四七）年刊

足代弘訓　　古言梯韻鏡照対　　写本
岡本保孝　　古言梯補遺　　写本

『古言梯』は明和二（一七六五）年頃の出版と考えられている。赤堀又次郎『国語学書目解題』（一九〇二年刊）は加茂季鷹撰『正誤仮名遣』について「この書は、古言梯の類のかなづかひの書なり、古言梯の誤を正すの意にて、表題をつけしなり」（二九一頁）と述べているので、『正誤仮名遣』及びその増補版にあたる鶴峯戊申『増補正誤仮名遣』についてもここに含めた。さらに勉誠社文庫58『古言梯』には『掌中古言梯』『袖珍古言梯』の書影が挙げられている。『古言梯拾遺』について、『増訂国書総目録』は「国書解題等による」と記し、所蔵者を示していない。同目録によれば、さらに『古言梯掌故』三十一巻三十一冊、村田春海『古言梯正誤幷補遺』、楫取魚彦『古言梯増訂』『古言梯補正』、岡本況斎『古言梯補遺』、稲掛棟隆『古言梯要抜歌』などの写本があることがわかる。なお、『古言梯』の刊記が記されている丁には「古言梯餘稿　近刻」の広告がみられるが、文政三年刊『増補標注古言梯』においても、それは「近刻」とされたままである。『増訂国書総目録』にはこの書名は載せられておらず、それらのことからすれば、そうした書物の刊行が企図されてはいたが、ついに実現しなかったか。

右に掲げたテキストの幾つかを、「古言梯に（何らかの意味合いで）連なる仮名遣書」として本章で採りあげることにする。

七―一　『正誤仮名遣』

『正誤仮名遣』は「天明八年戊申六月／賀茂季鷹記」とある「凡例」が冒頭に置かれているので、それをまず挙げることにする。一つ書きされているが、番号を附した。

1　此仮名遣はもはら古事記日本紀萬葉集和名抄等の古書にもとづきて後世一家の私論を拠とせず其出所を委しくしらんとならば和字正濫などに大かた出たれば開て見るべし

2　引書に古としるせしは古事記紀は日本紀萬葉は万新選萬葉は新万日本紀竟宴は竟宴源氏伊勢等の物語は源語勢語などしるしたり

3　ほゝづゑなどの類ほの部に見えずはほの部のほゝとつの部のつゑとあはせ見るべし此類外にもあるべし

4　音のかなは字音仮名遣にくはしければそれによりて見るべし

5　かなしみをかなしひあはれひをあはれみいなみ野をいなひ野などひとみをたがひにかよはして古書にも書たればこれらは誤にはあらず又駒なへてを駒なめてうねめをうねへなどかけるも是におなじかるべし

6　地名の仮名は常とことなる事まゝありたとへば十のかなとをなるを大和国地名十市の時はとほち又尾はをなるを遠江国敷智郡の尾間を和名抄に於末（おま）とある類上にいへるごとく地名は別の事としるべし

7　馬のかなうまなるを後に轉じて和名抄にもむまとあれど古にしたがひてうまと出せり此類猶あるべし

8　仮名に古と後世とたがへる中に一向にあやまれると轉ぜるとの二ありたとへば馬（うま）をむまの諾（うべ）をむべとする類は轉ぜる也又埋木をむもれ木生（うま）るをむまるなどかけるはおなじやうなれどうづもれ木の畧なればむとするは誤也又生るもうみうむなどはたらく故にむまると書はあやまりと知べし

9　冠辞のぬば玉を後世むばたまうば玉などかけり天徳の比やう〳〵誤れりと見ゆ其よしは彼哥合判詞にくはしふるきものにはこと〳〵くぬば玉とのみありて一処もむばうばなどかける事なしこれら後世の仮名遣の書にはむの部などに出したれど今いへるごとくにてぬば玉とかきてはまぎるべき仮名もなければ出さず

10　えのかなは衣の字也さるをもとえといふはひが事也はしのをおくのおなどにならひてはしのえとも又衣（ころも）えなどいふべし

11　いろはの條下ごとに真字を出せりそが中に清音の字濁音の字又訓の字をも聊出せれどこれらにて尽せるにはあらず

12　此仮名遣にもれたる事あまたあるべければ見きくまゝに増補すべし

天明八年戊申六月　　賀茂季鷹記

右では『和字正濫抄』にはふれているが、『古言梯』にはふれていない。2では『古事記』『日本紀』『万葉集』『新選万葉集』、『日本書紀』章宴和歌、『源氏物語』『伊勢物語』を使ったことを述べているが、『古言梯』が使っている『続日本紀』『続日本後紀』、『続日本紀』宣命、『延喜式』『新撰字鏡』等が挙げられていない。

また『正誤仮名遣』には源躬弦の跋文が添えられている。そこには「百年計むかし浪速の契沖阿闍梨かんなのもとつこゝろをたゝし和字正濫抄をつくりて世におこなはれぬそか中にも猶もれたる事さたかならぬもあるは真淵の縣主蚊田のうしなとつき々々にかうがへおけるもあなりはた彼正濫抄にはたて横にかよふ五（いつ）の音（こゑ）もて上中下のかなつかひをわかちたればとみに尋出んにはたよりあしかなりとてこたひ我友賀茂季鷹のうし四十（よそぢ）まり七文字のかんなをかしらにあつめて種々の言のはをわかち給へるは此阿闍梨の書をもとゝして後の人々のかうかへはたみつからのをものせたまひつされとひとつ〳〵にこれか考といふ事は所せけれはしるさすたゝ日本紀萬葉集なともとつ書（ふみ）をのみかゝけたるは古のたゝしきをもてくたれる代のひかことを思ひわきまへてよとてなんとやかの直き代あけてまかれるにおくてふことわりならむかしはたひたふるに世におほやけにせんとにはあらす唯（たゞ）岩か根のこゝしき山のおく玉藻刈大海の邊（ほとり）にもあれおなし意にいにしへをしたふ友垣のたよりなれと我あかたぬしのゝたまへることをのこれる紙にかきつけたる也けり／天明八年戊申孟夏源躬弦」とある。

ここでも『和字正濫抄』について述べられており、『正誤仮名遣』は『和字正濫抄』を補うテキストとして編まれた可能性が高い。注目すべきことは、『和字正濫抄』が求める見出し項目を「とみに尋出んにはたより」がよくないと述べていることである。ここでは、仮名遣いを「尋出」るということが考えられており、そうした意味合いにおいてもある「到達」をみせていると考える。

実際に『正誤仮名遣』の「ち部」と『和字正濫抄』『古言梯』とを対照してみる。

	『正誤仮名遣』		『和字正濫抄』
○1	ちはや	禪	禪　ちはや　和名
○2	ちはやぶる	千磐破　神の冠辞	道速振（略）ちはやぶる（略）
×3	ちへ	千重	見出し項目ナシ
×4	ちゞ（略）	千	千　ちゝ（略）
○5	ちりひぢ	塵土	見出し項目ナシ
×6	ちりかひくもれ	散違曇	見出し項目ナシ
×7	ちがひ　ちがふ	違	見出し項目ナシ
○8	ちかひ　ちかふ　ちかへる	誓	見出し項目ナシ
○9	ちおも（略）	乳母　和名米乃於刀	乳母ちおも（略）
×10	ちえ	千枝	千枝　ちえ（略）
×11	ちゑ	智恵	見出し項目ナシ
○12	ちひさし	少・小（略）	小　ちひさし（略）
×13	ちひろ	千尋	見出し項目ナシ

『古言梯』にみえる見出し項目は番号の上に○を附し、みえない見出し項目は×を附した。『古言梯』には右には

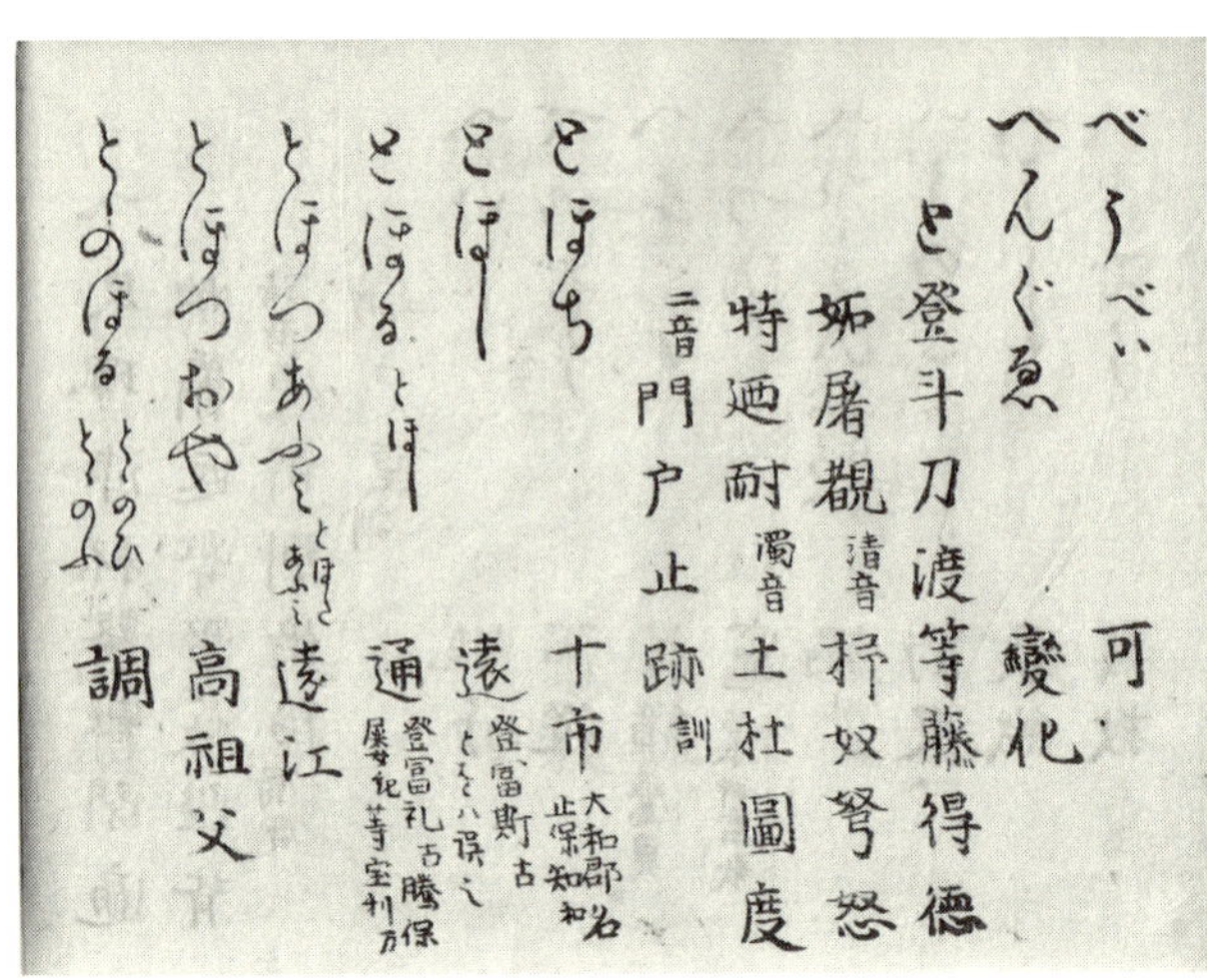

図10　『正誤仮名遣』9丁裏

みえない「ちかづく[万]知可豆久近」「ちひさきもの[和]知比佐岐毛乃（略）褌」「ちぎりかうふり[和]知岐利加宇不利（略）幗」の三つの見出し項目がある。木枝増一（一九三三）は寛政八（一七九五）年七月に成った村田春海の『若桂』というテキストを紹介し、「「正誤仮名遣」の誤謬を論評したものである」（一九二頁）と述べる。そしてさらにその『若桂』に「此書全く和字正濫をぬきがきしたるものなれば正濫の抜書などいひてあるべきを正誤などこと〳〵しき名をつけしはなにごとぞやとてわらふ」とあることを紹介する。これによれば、村田春海は『正誤仮名遣』は『和字正濫抄』を抜き書きしたものとみていたかと思われる。右では「ち部」を対照したにとどまるが、それでも、『正誤仮名遣』にあって『和字正濫抄』にない見出し項目が多く、少なくも『和字正濫抄』を抜き書きしたものが『正誤仮名遣』とみることはできない。また『古言梯』の見出し項目との一致も必ずしも多くなく、『古言梯』を増補したものとみることもできない。**図10**は『正誤仮名遣』「へ部」末尾と「と部」冒頭。

凡例4にみえる「字音仮名遣」は安永五（一七七六）年に刊行された本居宣長『字音仮名遣』のことと思われる。仮名遣いということがらにおいて、字音語と和語とを分けてとらえることが浸透しつつあったことが推測される。

『正誤仮名遣』は稿者の所持するテキストを使用したが、所持する二冊のうち一冊は、「文の久しといふ年の四とせにあたる年二月つこもりかた求之／田中則之」と裏表紙見返しに書かれており、文久四（一八六四）年に田中則之なる人物が買い求めたものであることがわかる。『正誤仮名遣』が出版されたのが跋文にみえる天明八（一七八八）年頃だとすれば、出版から八十年ちかく後のことになる。

七―二　『増補正誤仮名遣』

架蔵する八本のうち、一本のみに表紙見返しに「増補／大成／正誤／仮名／遣」とある。内題にも「増補大成正誤仮名遣」とあるので、これを正式名称とすべきかと思うが、木枝増一（一九三三）は「増補正誤仮名遣」と呼んでおり、また題簽にも「増補正誤仮字遣全」とあるので、今それに従って（簡略に）呼ぶことにする。

「凡例」の第一条には「正誤仮名遣は、てむみやうの八年と云季。かもの季鷹あかたぬし。りいちうあざりの和字正濫抄をもとゝして。著はされたる事、其門人源躬弦がおくがきに見えたり。このゑりいたを。府下の書賈金華堂に傳へて。こたびおのれにつきて増補を請へりこゝにつばらに。そのふみをけみするに。正誤とは題したれども。なほうたがはしきふしぐ〴〵。なきにしもあらず。かれいま正しき書どもによりて。そのあやまれるをたゞし。そのたらざるをましおぎなひ此ふみあめるは。天明より六十年の後。くをうぐゐのよとせといふ年のみな月なりけり」とある。「くをうぐゐよとせ」は弘化四（一八四七年）年で、この年に出版されたことがわかる。

内題には「増補大成正誤仮名遣／季鷹縣主撰海西鶴峯戊申増補 鶯亭梅彦先生校合」とある。鶴峯戊申はオランダ語文典を日本語にあてはめて編んだ日本語文典『語学新書』（天保四（一八三三）年刊）の著者として知られている。『和字正濫抄』が出版された元禄八（一六九五）年からは一五〇年経過しており、直接的な対照は積極的な意義をもちにくいと考える。

「凡例」末尾には「此書原書にしたがひいろはにわかつといへども。二字めの仮名は。五十音にてわかちたり。

五十音は初学よりかならず心得おくべきものなればぞかし」とある。『正誤仮名遣』の見出し項目は、「い部」であれば、「いろこ」「いは」「いはぬ」「いばむ」「いはむや」「いはひ」「いはあれ」「いばゆ」「いはゆる」「いにしへ」「いほり」「いほへ山」「いへ」「いへども」「いと」「いとほしがる」「いどむ」「いとま」「いとふ」「いとこ」と並べられている。「いどむ」「いとま」「いとふ」「いとこ」は第三拍も「いろは順」になっており、「いたづら」「いたづき」と並べられていることからすれば、第四拍にも「いろは順」が及んでいるか。とすれば、『正誤仮名遣』は見出し項目の配列において「いろは順」を徹底していることになる。

一方『古言梯』は見出し項目の第一拍は「五十音順」であるが、例えば「い二言」では「いそ」「いけ」「いひ」「いへ」「いほ」「いほ」「いち」「いた」「いひ」「いと」と見出し項目が並べられており、第二拍は、「五十音順」でもなければ「いろは順」でもない。

そして『増補正誤仮名遣』は第一拍目を「いろは順」、第二拍目を「五十音順」といういささか風変わりな配列を採る。先に引いた「凡例」第一条に続く第二条には次のように記されている。

仮名づかひをわきまへんとする人は。まづ詞に實躰言。虚躰言。活用言等の。品ある事をさとるべし。實躰言といふは。やまかはくさきなどゝいふが如く實物有て動なき詞也。此仮名は。和名抄以上の古書によりて定むべし。虚躰言といふは。高したかきたかくたかけれ深しふかきふかくふかけれなどいひて。万物の形をおしはかりていふ詞也。活用言といふは。譬へば。かきくけこの行にて。行きゆくゆかんさしすせその行にて。おしおすおせおさんとやうにはたらくを四段の活といふ又か行にて着きるきれま行にて見みるみれとやうにはたらくを。一段の活といふ又起きおくおくるおくれとやうに活くを中二段の活といふ。又受けうくうくるうくれとやうに活くを。下二段の活といふなり。此等のはたらきの仮名はみな五十音の各行のかなによりて定むべし。

江戸時代以前の仮名遣書において、ある程度気づかれていたことがはっきりとした言説として述べられている。

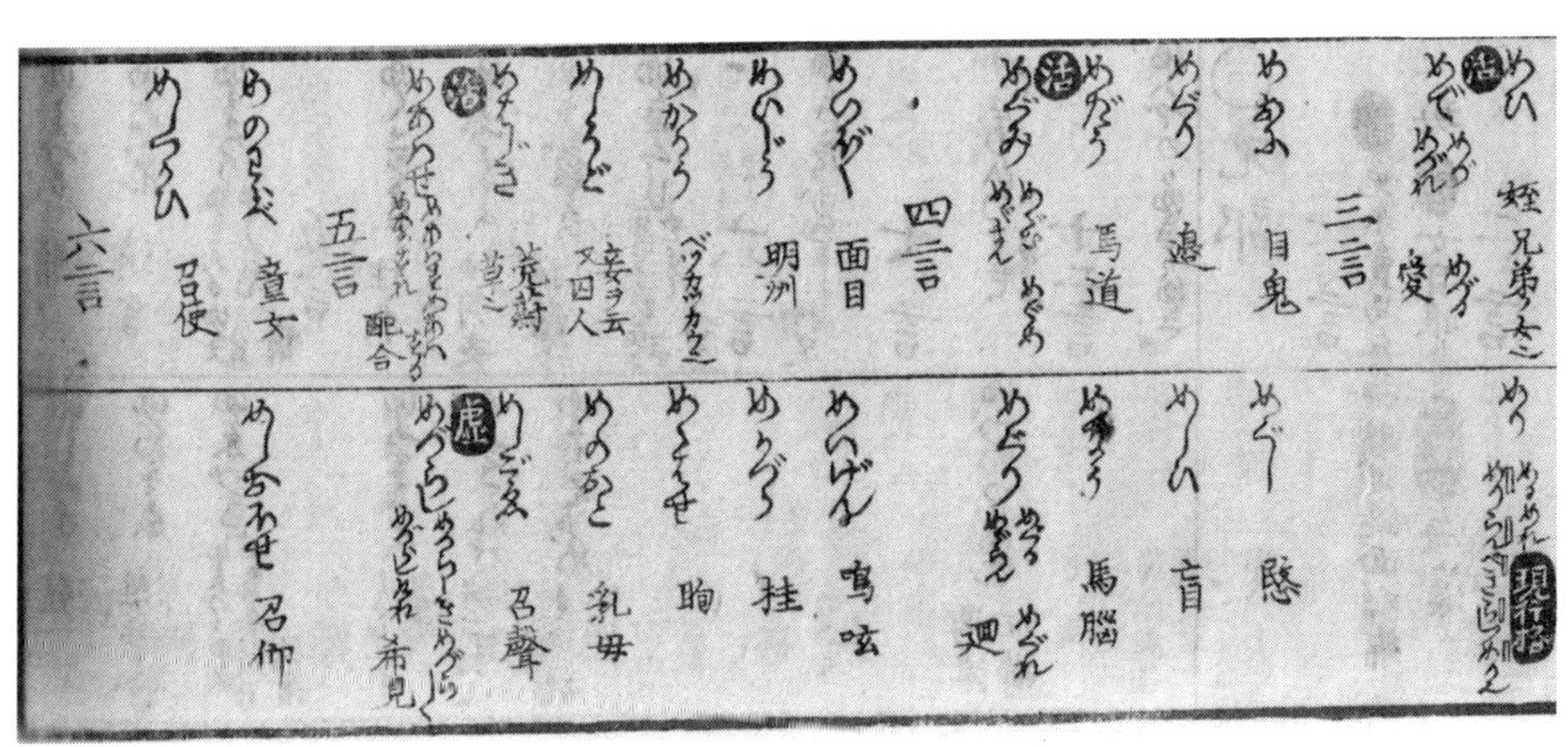

図11　『増補正誤仮名遣』78丁裏

右の言説は、現代人にもわかるようなかたちを備えているので、こうした言説を一つの「到達」として評価したくなるが、右に述べたように、そもそも「仮名遣い」という事象は「活用語の活用」と結びつくことがあった。つまり「仮名遣い」という事象のみをテキストから取り出してそのことのみを論じてきたのは現代人だったともいえよう。やはりテキストを「複合態」としてとらえるというみかたには留意したい。

図11は七十八丁の裏であるが、「活用言」「虚体言」などに分けて、見出し項目を示していることがわかる。「めかかう　ベツカツカウ也」とある点に注目しておきたい。「メカコウ」は『大鏡』で使われている語であるが、そもそも仮名遣書が採りあげるような語であるかどうかということがある。しかし、そのことはしばらく措くとして、この見出し項目では、「ベッカッコウ」という説明がなされている。「ベッカッコウ」は江戸時代における使用が確認できる語で、これは古語を現代語で説明していることになり、この見出し項目だけをみれば、「雅俗対訳辞書」と通う。現代語＝俗語を片仮名で書き、雅語＝古語と区別をするというかたちにも留意したい。右の推測が正しければ、『増補正誤仮名遣』からは「雅俗対訳辞書」としての情報を引き出すこともできることになる。次のような例を挙げておくことにする。

1　いつも　フダンの意　（四丁表）
2　いろひ　トリアツカヒ也　（五丁表）
3　いさゝめ　カリソメニ也　（五丁裏）
4　いざとし　メザトキ也　（五丁裏）
5　いつゝし　ツヽマシキ意　（六丁表）
6　いひごと　イヒクサ也　（六丁裏）
7　いよだち　毛ノイヨダツ也　（七丁表）
8　いらゝぎ　イラ〳〵シタルナリ　（七丁表）
9　いりほが　俗語ト同　（七丁表）
10　いろつや　俗ト同じ　（七丁表）
11　いかばかり　ドノクラ井也　（七丁裏）
12　いかにせん　ドウセウ也　（七丁裏）
13　いら〳〵し　セカ〳〵スル意　（八丁表）
14　いふかひなし　フガイナイ　（八丁裏）
15　はりを　針魚　サヨリ也　（十丁裏）
16　ほんじやう　本性　ウマレツキ也　（十五丁表）
17　とこづめ　眠瘡　トコズレ也　（十七丁表）
18　をそごと　ソラゴト也　（二十二丁表）
19　かたさり　片去　カタヨル也　（二十七丁裏）
20　たづ〳〵し　タド〳〵シキ也　（三十四丁裏）
21　つみいし　柱礎　イシズヱ也　（三十八丁裏）
22　らふたし　アイラシ也　（四十三丁表）
23　おもゝち　面持　カホツキ也　（五十一丁表）
24　おもりか　重々シキ也　（五十一丁表）
25　およすげ　オトナシキ意　（五十一丁表）
26　おくゆかし　俗ト同シ　（五十一丁裏）
27　あへなし　ハリアヒナキ也　（七十丁表）
28　あかゐむば　赤胡黎　俗ヤンマト云　（七十丁裏）
29　さかしら　サカシキフリヲスル也　（七十四丁表）
30　ゆふされば　夕ニナレバ也　（七十八丁表）
31　しほゝ　シツポリ也　（八十一丁裏）
32　しかすが　シカシナガラ也　（八十二丁裏）
33　しけこき　キタナキ也　（八十二丁裏）
34　しひなせ　粃　シヒナ也　（八十三丁表）
35　ゐにす　槐　ヱンジユ也　（八十四丁裏）
36　ひこづらひ　紛拏　ヒキツル也　（八十六丁裏）

『増補正誤仮名遣』の最終丁には「海西先生の増補仮名づかひ／に題す」とあって、「まつふさにさとしけるかな

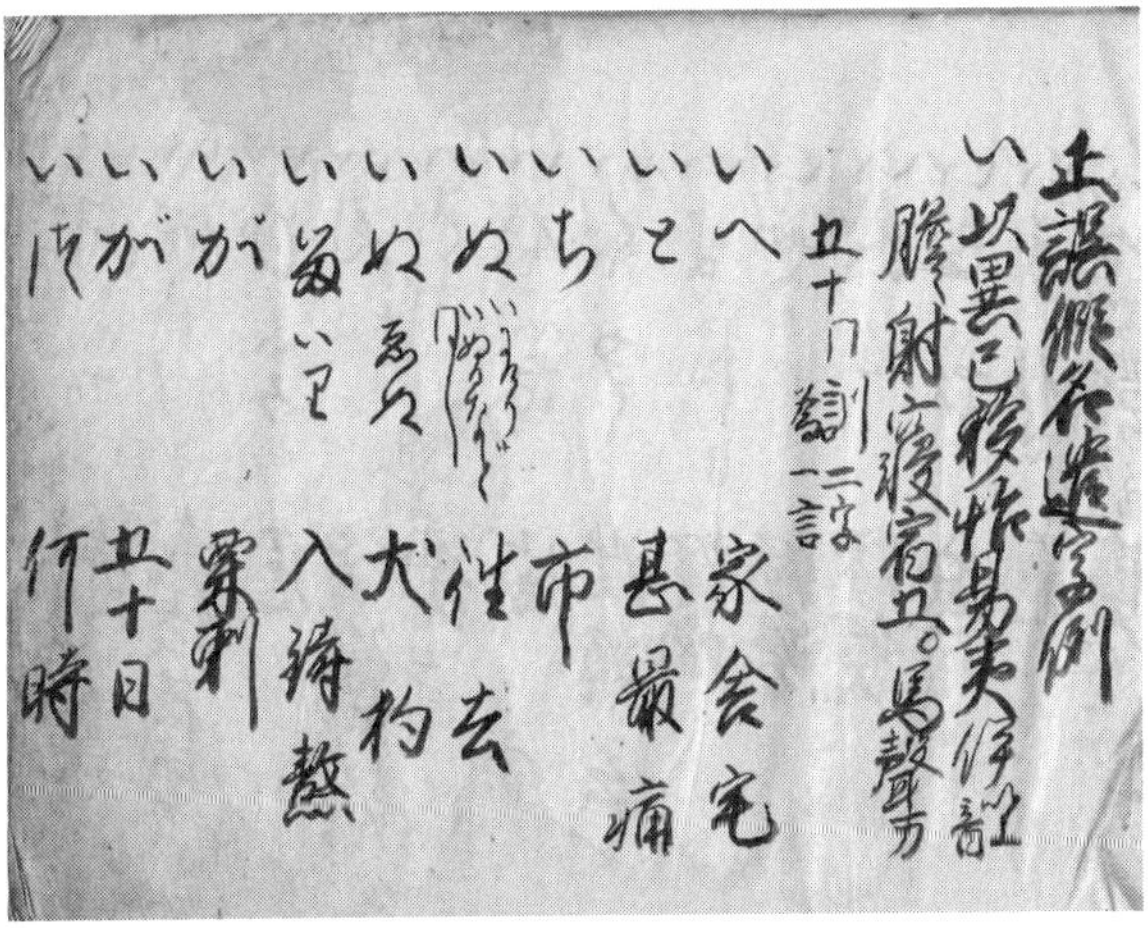

図12　『正誤仮名遣字例』

／すむにこるひらくるとつる／かなのさたまり」「上野館林／荒井静埜／鶴峯彦一郎増補／日本橋通四丁目／金華堂　須原屋佐助板」と記されている。「すむにこる」は「清む」「濁る」と思われ、清音濁音ということが「仮名遣い」ということがらの枠組みに含められているようにみえる。これは現代考えられている「仮名遣い」という枠組みとは一致しないのであって、この点については、今後さらに考える必要がある。また「ひらくるとつる」はあたかも「開合」を思わせるが、はたしてそのようにみてよいかどうか。この点についても考えていく必要があろう。

図12は架蔵する『正誤仮名遣字例』と内題にある写本一冊の第一丁である。序跋もなく、書写年時も記されていない。『正誤仮名遣』『増補正誤仮名遣』のいずれとも異なっている。したがって、直接『正誤仮名遣』に連なるテキストかどうかも不明といわざるをえないが、このような写本もつくられていたことがわかる。

七―三　『仮字拾要』

村田春海『仮字拾要』は同『仮字大意抄』とともに勉誠社文庫53『仮字大意抄・仮字拾要』（一九七八年）に影印が収められ、吉見孝夫による「解説」が附されている。ここでは『仮字拾要』について採りあげることにする。

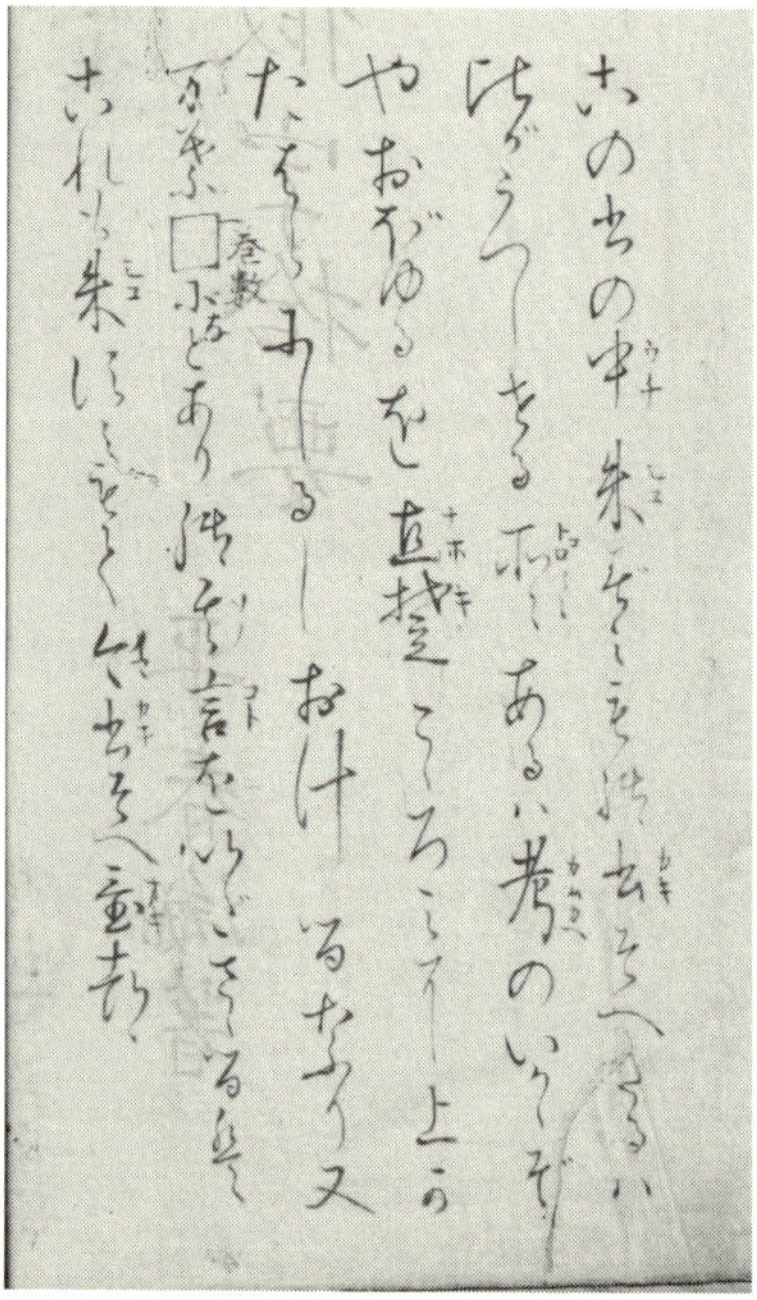

図13　『仮字拾要』内題裏

吉見孝夫の「解説」が指摘するように、『古言梯』再考本に増補標注を加えた『増補標注古言梯』の注記の末尾に「これに洩たる仮字國郡の／名のかなまた和字正濫の／あやまれるなとは仮字拾要／にくはしくしるせはみむ／人合せて考えへし／寛政七年四月／平春海」とあり、さらに「大人の考のこされたるも猶おほかるをみおよふまに〳〵頭にしるせり享和二年四月望　濱臣」とあって、村田春海の注記は寛政七（一七九五）年四月に、清水浜臣の注記は享和二（一八〇二）年に加えられたものであることがわかる。そして、その寛政七年四月までに『仮字拾要』は成っていたと思われる。

勉誠社文庫53は国立国会図書館蔵本を収める。吉見孝夫はこの国立国会図書館蔵本を「稿本」と呼ぶが、村田春海の自筆稿本という意味合いでの呼称であるかどうかについては不分明である。ちなみにいえば、『補訂版国書総目録』には『仮字拾要』のテキストが国立国会図書館蔵本を含めて十三、記載されている。うち二つは他のテキストの再転写本であるので、実際には十一のテキストの存在が確認されていることになる。

その十一には含まれていない、稿者所持の一本は、末尾に「橘直樹写之」とあり、さらに「假字拾要　平春海著」とある裏に大ぶりな字が朱筆で「この書の中朱（ウチシュ）ずみもて書（カキ）そへたるは／ひがうつしける所々（トコロ〳〵）あるは考（カムカヘ）のいか、ぞ／やおぼゆるを直樹（ナホキ）こ、ろみに上か／たはらにしるしおけるなり又万葉□（巻數）になどありて其言（ソノコト）をいださ、るは／これも朱（シュ）すみもて今書（イマカキ）そへ置（オキ）つ」と記されている（**図13**）。**図14**は冒頭の丁であるが、図でわかるように、上部に「清水濱／臣蔵書」という方形朱印がおされている。下部の円形朱印は「加部図書印」とよめる。図の左上の書き入れは右に引いたように、朱筆で「万九／足利思代コギユクフネハタカシマノ／アトノミリトニハテニケムカモ／吾師千蔭曰あともひは誘の意にて／あつむるの轉語也と云り」と記されている。**図15**はこのテキストの大尾で、そこには本文と同筆と思われる筆致、墨色で、「橘直樹写之」とあり、「泊洦舎蔵」という方形朱印がおされている。不忍池の西岸の茅町に居を構えた清水浜臣は、不忍池を琵琶湖に見立てて「泊洦舎」を号としたことが知られている。「橘直樹写」の「直樹」と朱書された「直樹」の筆致は同じと思われる。そうであるとすれば、架蔵本は、橘直樹が写し、頭注等を施し、清水濱臣が蔵していたテキストということになる。

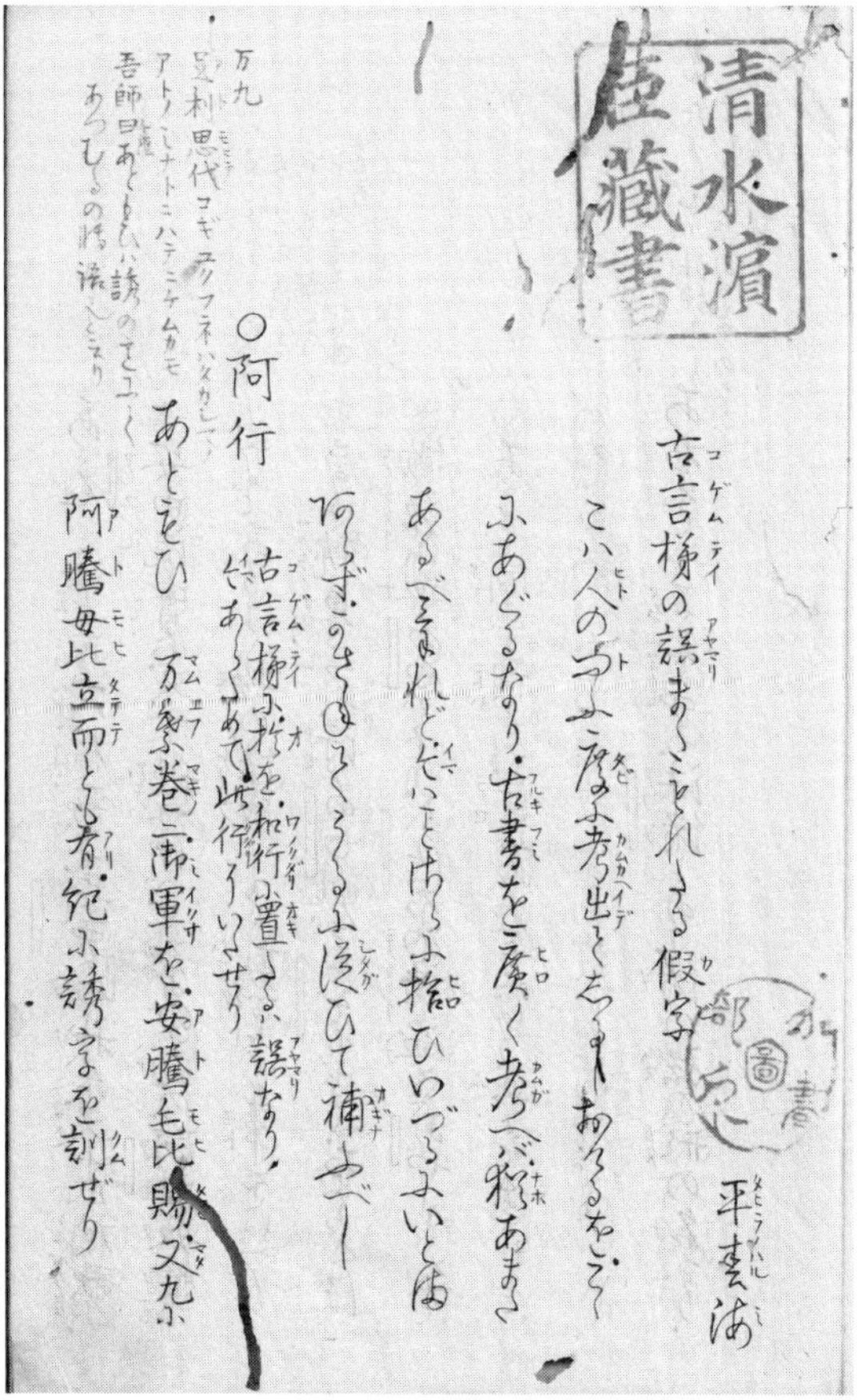

図16は「にくまえ」「にはなひ」「ぬすまはれて」「ねこじ」の項目であるが、勉誠社文庫に収められている国立国会図書館蔵本では見出し項目「にくまえ」の下は空白で、次行に「万葉集五」とあって、その下もまた空白になっている。次の見出し項目では「にはな

図14　『仮字拾要』冒頭

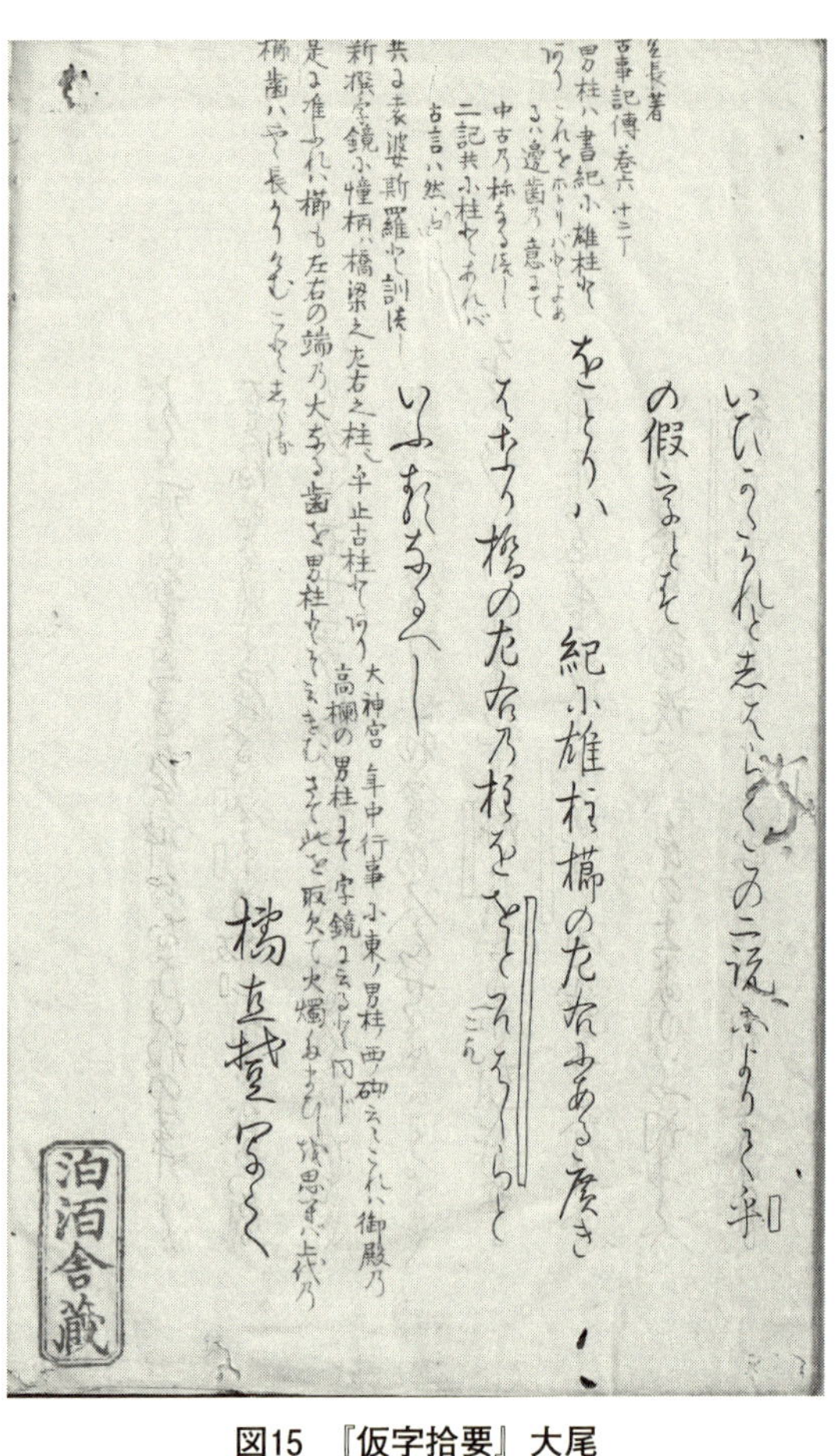

図15　『仮字拾要』大尾

ひ　にはなみとも」とあって、その下が空白で、次行に「神代紀」とあり少し空白があって、「又仁徳紀」とある。次行には「万葉十四　尓布奈未尓新嘗の事なり」とある。架蔵本は、「万葉巻五」の下に「比等（ヒト）爾邇久麻延（ニニクマエ）」と朱筆で書かれ、右にやはり朱筆で「長歌」とある。また「アハナヒ」「ニハノアヒ」の下部には朱筆で「　」が書かれている。この朱筆は、**図15**の記事からすれば、橘直樹の手によるものと推測される。おそらく、橘直樹が写したテキストには、その部分が記されていなかった。つまり完成前のテキストであった。橘直樹は、完成されていないテキストがどのような記事を補って完成するか推測ができる人物であったため、充分かつ適当な空白を残して、書写を進めた。書写原本がどのような状態であったかを明白にするために、書写原本を写すのには墨を使い、自らが補った箇所には朱を使った、ということであろう。図では少しわかりにくいかと思われるが架蔵本には朱筆で頭注が記されているが、これは橘直樹によるものと思われる。見出し項目「あらはひ」の上部には、「直樹云」から始

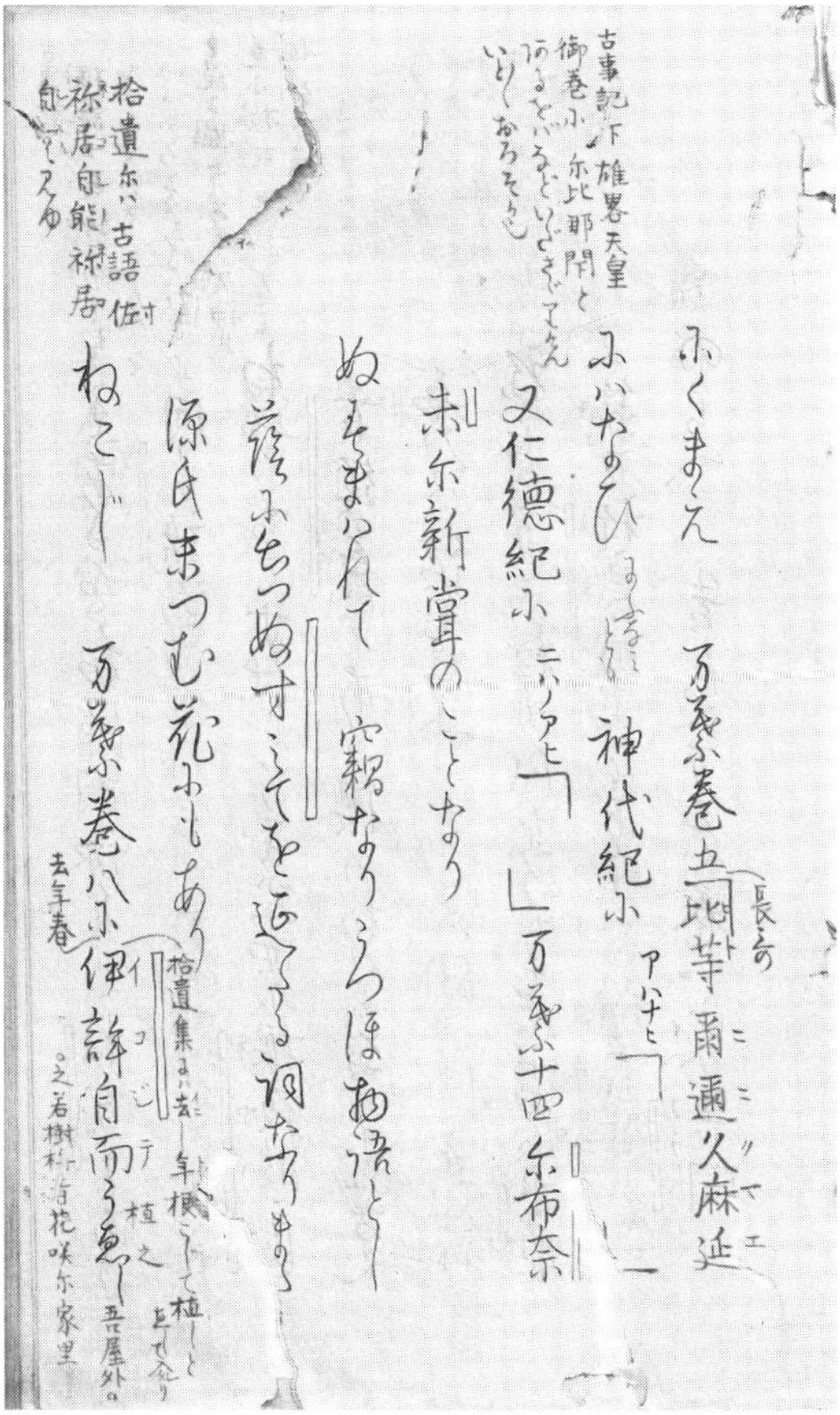

図16　『仮字拾要』「にくまえ」他の項目

まる比較的長い墨の頭注が置かれているが、そこに「朱ニテ書ベカリシヲフト誤リテ黒書にしつ」と朱で書かれている。こうした箇所は他にもあって、橘直樹が書写原本＝墨書、自身の書き入れ＝朱書とはっきりと分けていたことがわかる。朱書には「吾師橘千蔭曰」とある箇所もあり、橘直樹は橘千蔭門下であったことがわかる。

『古言梯』には「いぶかる　いぶかし　不審也此語もと気振より／出つ訝の意と成は轉也」とあって、『増補標注古言梯』は頭注に「春云万十一廿三丁言借見又一／書歌に伊布可之美と有／気振よりいふと云事心／得す」とある。『仮字拾要』には次のように記されている。（『増補標注古言梯』「頭注」の「春」は村田春海のことで、頭注と『仮字拾要』とは書かれていることがちかい。）

いふかし　不審なり。万葉巻（マンエフマキノ）十、に七言借見（イフカシミ）とあるを、一書歌とて挙（アゲ）たるには下伊布可之美（イフカシミ）と書（カケ）り又巻（マタマキノ）四に言借吾妹巻（イフカシワギモマキノ）九に言借石（イフカシ）こを、今本（イマホム）にコト、ヒシと訓たるは誤なり古言梯（コゲムテイ）にいふかる、いふかしと挙（アゲ）て、氣振（イキフリ）よりいづとのみいひて古書（フルキフミ）の證を引（ヒカ）ざるはおろそか也（ナリ）。さていきふりよりいへる詞（コトバ）なりといふも、おたしからず

『仮字拾要』は『古言梯』が見出し項目として採りあげていない語を、出典を示しながら補説している。ア行とカ行とを挙げてみる。

『仮字拾要』は「あともひ」「あえ」「あわを」「あぢまさ」「あはずま」「あぎとふ」「あふさわ」「あづなひのつみ」「あねは」「あしづから」「あえか」「あなづる」「あふさす」「あはつけき」「あげつらふ」「あらはひ」「あざへ」「あはなへは」「あひなだのみ」（以上三項目は項目のみ）「いで」「いとはえ」「いかと〳〵」「いとのきて」「いつもの花」「いだかへ」「いふかし」「いさを」「いらし」「いく、み」「いし」「いひつがひ」「いはゆる」「いさらゐ」「いもひ」「いでゐ」「いぬゐ」「いわけなき」「いす、ぎ」「いつゞしき」「いすろこひ」「いぼり」「いかき」「いらなき」（以上二項目は簡略）「いづてふね」（朱書）「うつむ　うづもれ　うもれ」「うるひ」「うじな」「うらなひ　うらへ　うらなふ」「うかねらひ　うかゝらふ」「うむがし」「うすゞまり」「うこなはり」「うちかひ」「うえふせり」「えこそ」「えな」「おほえ」「おほす」「おほせ」「おそぶらひ」「おかれ」「おふせ」「およひ」「おむな」「おやじ」「おろはへて」「おもの」「おくまへて」「おほきと」「おすし」「おほとなぶら」「おれて」「およすけ」「おほとれる」「おふしもと」「おいらか」「おそまし」「おほやけ」「おきなふ」「おもの」「おそき」「おゝ」「かじり」「かゞよふ」「かんづまり」「かへらひ」「かはらふ」「かわら」「かんなひ」「からかぢ」「きへゆく」「きかひ」「くづほる」「くず」「くさはひ」「けぢめ」「こはひ」「こづみ」「こ、ひ」「こひぢ」「こしらふ」「こほしく」「こわつかひ」「こりずま」「こゐ」「こ、ひの社」「こ、ろおひ」を採りあげている。

例えば「おかれ」について『仮字拾要』は「万葉（マムエフ）十四、思保夫祢能（シホブネノ）、於可礼婆可奈之（オカレバカナシ）とあり。おかれは浮（ウカ）れと同（オナ）じ」と述べる。『万葉集』巻十四の三五五六番歌は、現在では「潮舟の置かればかなしさ寝つれば人言（ひとごと）繁し汝（な）をどかもしむ」とよまれている。新日本古典文学大系『万葉集三』（二〇〇二年、岩波書店）の脚注（三七五頁）は、「『置

かれ」は、「置けり」の已然形「置けれ」の東国語形。「汝をどか」の「どか」は、「あどか」（三三七九）の「あ」が落ちたもの。「しむ」は「せむ」の転」と述べる。このみかたが適当であれば、『仮字拾要』の「おかれは浮れと同じ」はあたらないことになる。

あるいは「おくまへて」について『仮字拾要』は「万葉巻六奥真経而、又巻十一におきつ島山奥間経而とあり。心にふかくおもふ事をいふ」と述べる。『万葉集』巻六には、「長門なる沖つ借島奥まへて（奥真経而）我が思ふ気味は千歳にもがも」（一〇二四）「奥まへて（奥真経而）我を思へる我が背子は千歳五百歳ありこせぬかも」（一〇二五）とあり、巻十一には「近江の海沖つ島山奥まへて（奥間経而）我が思ふ妹が言の繁けく」（二七二八）とある。これも『万葉集』で使われている語である。新日本古典文学大系『万葉集二』の脚注は「「奥まふ」は下二段動詞、奥底まで深く達する意であろう」（七十六頁）と述べており、「おくまふ」については不分明な点もある。

右の二語は、いずれにしても、標準語形ではなく、そもそも江戸時代に使うような語ではないことになる。実用的な意味合いにおいて、そうした語の仮名遣いを話題にするはずもなく、やはりそうしたみかたのみから当期の仮名遣書をとらえることは適当ではないと考える。結局、『万葉集』の本文研究が深化するに伴なって、これまでわかっていなかった語がわかるようになり、その研究の深化を取り入れたものとみるのが妥当であろう。

ある語を「どのように書くか」ということは、現代の日本語学においては、表記研究が扱うことがらということになる。しかし、ある語を「どのように書くか」ということを根本まで遡ることによって、その語のそもそもの「外装」がわかり、それがその語を知ることの大事な要素であると考えることもできる。そう考えた時、仮名遣いは表記事象をはるかに超えた、語のもともとの姿に迫る一つの道ということになる。つまり仮名遣いということがらが包含している事象の幅が現代と江戸時代では異なることになる。

七—四　『雅言仮字格』『雅言仮字格拾遺』

ここでは題簽に「雅言仮字格同拾遺」とある架蔵のテキストを使用する。このテキストは『雅言仮字格』（上下巻）と『雅言仮字格拾遺』とを合冊したものである。『雅言仮字格』上巻が「上〇卅四終」まで三十四丁続き、三十四丁裏は白紙で、それに続いて下巻が始まり、下巻は「下〇卅四終」までやはり三十四丁続き、その裏に「文化四年五月刻／同十三年八月訂／尾張市岡猛彦蔵板」とある。それに続いて「雅言仮字格拾遺」が始まり、五十二丁裏の「を部」「八言十三言」で終わり、次に五十三丁表裏に「引書」が示されている。それに続いて市岡猛彦の弟である鈴木春蔭の跋文が丁付けなしで一丁半続き、その裏に「文化十一年戌十一月／尾張槲園社中蔵板／製本所名古屋本町十丁目／松屋善兵衛」とある。この「松屋善兵衛」が「萬屋東平」となっているテキストもある。

木枝増一（一九三三）は「本書は「古言梯」を増補したものであつて、もと「増補古言梯」といつたものらしく」（一八八頁）と述べ、『日本語学研究事典』（二〇〇七年、明治書院）の「雅言仮字格」の項目にも「契沖仮名遣いの立場で仮名遣い辞典の『古言梯』の増訂を意図した書であり、『増補古言梯』とも呼ばれた」（蜂谷清人執筆）と述べられている。**図17**は右で紹介した合冊本の末尾に附された「鈴屋門人／尾張社中著述目録」であるが、「市岡猛彦著／雅言仮字格二冊／同拾遺一冊」とは別に「市岡猛彦著／増補古言梯二冊」（**図18**）とある。このことからすれば、少なくもこの広告が出された時点においては、『雅言仮字格』と『増補古言梯』とは別のテキストとして企図されていたとみるのがよいのではないか。

「凡例」を掲げておく。便宜的に番号を附し句読点を加えた。

1　仮字遣（カナツカ）ひの事、大かた天暦の頃よりあなたの書ともはみなたゞしくして、イヰエヱオヲの音（コヱ）、また下につら

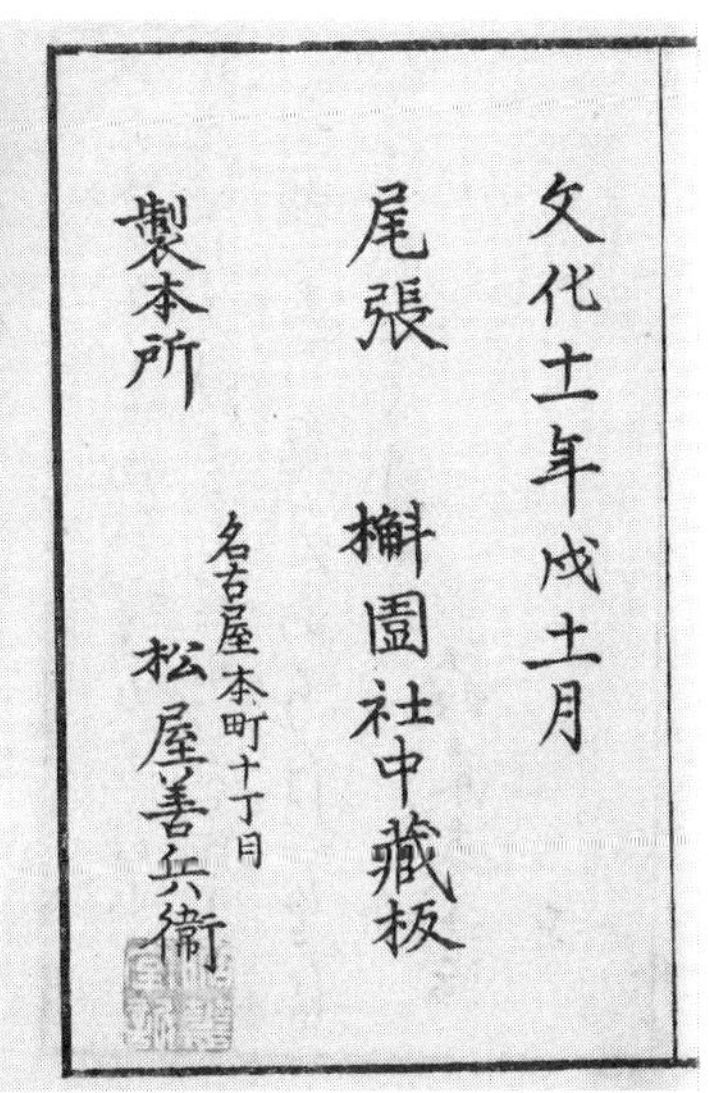
文化十一年戌十一月
尾張　櫛園社中蔵板
製本所　名古屋本町十丁目　松屋善兵衛

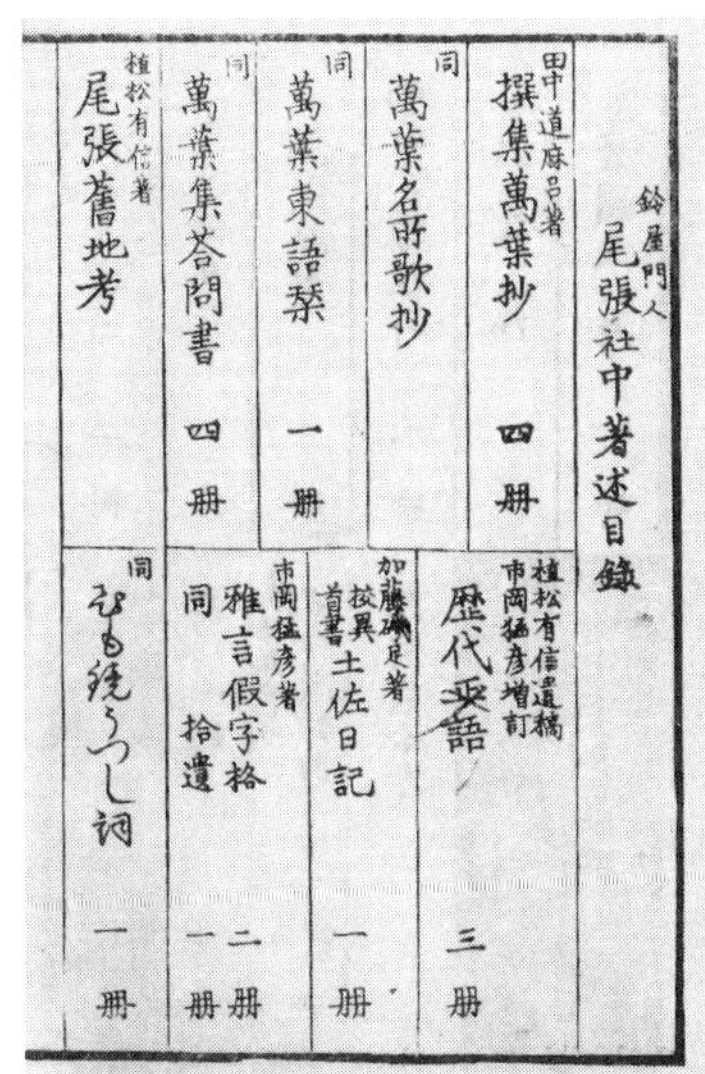
鈴屋門人　尾張社中著述目録
田中道麻呂著　撰集萬葉抄　四冊
同　萬葉名所歌抄
同　萬葉東語栞　一冊
同　萬葉集答問書　四冊
植松有信著　尾張舊地考
植松有信遺稿　市岡猛彦増訂　歴代恋語　三冊
加藤磯足著　校異首書土佐日記　一冊
市岡猛彦著　雅言假字格　二冊
同　拾遺　一冊
同　むも綾うつし詞　一冊

図17　『雅言仮字格』広告 1

市岡猛彦著　増補古言梯　二冊
同　拾玉草菴集　一冊
同　尾張式社考　三冊
同　熱田宮縁起解　二冊
同　美濃國喪山考　一冊
磯村道彦遺稿　市岡猛彦増訂　春風集　三冊
同　二編　三冊
市岡猛彦校訂　古今選類題　三冊
同　古今選拾遺

図18　『雅言仮字格』広告 2

なれるハヒフヘホとアイウエオワヰウヱヲとのたぐひ、みたれ誤れる事一つもなし。其(ソ)は、皆つねに口にいふ語の音に差別(ワキダメ)ありけれはなり。然るを、語の音には古へも差別はなかりしを、たゞ仮字のうへにてかきわけたるなりと思ふ人もあるは、いみじきひが事なり。もし語の音に差別なくば何によりてかは仮字をかき分る事のあらむそのかみ、此ノ書と彼ノ書と仮字のたかへることなくしてみなおのづからに同じきを以ても語の音にもとより差別ありし事をしるべきなり。

2　仮字遣ひの書は、契沖法師の和字正濫抄楫取魚彦か古言梯、此二つの書をおきては外になし。たゞし、初ひ学ひのためには古言梯のかた、詞なども多くてたよりよきを、猶もれたるもおほくまれ〳〵には、あやまれるも見ゆめれば、此書はそをおぎなひたゞせるなり。

3　古言梯には、こと〳〵に古言の證（ヨリトコロ）を物したれど、此書には、はぶきつ。はた、あらたにくはへたる詞ども、こと〳〵に證はあれど、ことしげゝれば、それもはぶきつ。このふみは、うひ学ヒの輩の常に机のかたはらにさしおき、又、懐（フトコロ）にも、ものすべくちひさくてある也。

4　古言梯一言の真仮字（カナ）にはまれ〳〵に清濁などのたゞしからざるも見ゆめれど、そはいまだくはしくもたゞさず。しばしかの書のままにてさしおきつ。

5　増としるしたるより下の同言の辞は、いつれもおのが加へたる辞なり。はた、古言梯の誤たる事は、その所〳〵にあげつらへり。

6　かいまみの類は、音便にて、古言にはあらざれども、つねに歌のふみにつかひなれたる事なれば出しつ。

1に「口にいふ語の音に差別（ワキダメ）あり」とあって、右では「仮名遣い」ということがらがはっきりと理解されていることがわかる。「此ノ書と彼ノ書と仮字のたかへることなくしてみなおのづからに同じきを以ても語の音にもとより差別ありし事をしるべきなり」も的確な理解といえよう。2において、契沖の『和字正濫抄』と楫取魚彦の『古言梯』とを挙げ、特に『古言梯』を「おぎなひたゞせる」という。

3には「うひ学ヒの輩の常に机のかたはらにさしおき、又、懐（フトコロ）にも、ものすべくちひさくてある也」とある。学が一定の到達を示し、また国学者と呼ばれる人々がそれぞれに門人を擁するというかたちで、学のかたち、学のシステムが整った時期においては、門人＝「うひ学ヒの輩」を意識したテキスト作成も必要になっていたことが窺われる。右では「システム」という表現を使ったが、そう呼ぶことができるようなことがらであれば、そのことがらを評価する場合には、多面的に観察することが求められるであろうし、そうした総合的な評価でなければ真に評価したことにはならないと考える。『和字正濫抄』は「仮名遣い」の「證」をあげたところにその新しさがあった。しかし、文化四（一八〇七）年に到れば、それは当然のこととして、そして当然であるからこそ、テキストを「うひ学ヒの輩」のために、ハンディなものとして作ることが優先され、「證」をあげないということがいわば「許される」ようになったとみることができる。それを「成熟」とは呼びにくいともいえようが、そういう「成熟」に到っていることがはっきりと右の「凡例」にはあらわれている。

『雅言仮字格』が「増」として掲げた見出し項目をア行のみ示してみる。

「あえ」「あたへ直」「あとへ聘又誂」「あひづ相津」「あどもひ誘」「あなづる軽又侮」「あなゝひ」「あぢむら」「あふさわ」「あらがふ争」「ありあけ晨明」「あへなき」「あぎとひ」「あらかじめ豫」「あげつらふ論」「あきじこり」「あたゆまひ」「あいつゝじ山榴」「あぢさはふ」「あふなあふな随分」「あへたちばな橙」「あけのそほふね」「いさ不知」「いか五十日」「いな否」「いめ射部」「いさを　いそしき　功勲」「いふき息吹」「いざわ」「いぐし祓串」「いむべ忌部」「いつも」「いつく齋」「いそぢ五十年」「います徃」「いだく懐抱」「いらへ報」「いぬゐ」「いそはく　いそぐ」「いむかふ強」「いきづき息衝」「いきのを」「いくばく幾」「いましめ禁又戒」「いつくし儼然」「いりあひ日没」「いなのめ」「いつしば」「いやつこ倍臣」「いはひべ齋瓶」「いみしき」「いかめし厳」「いはゆる謂」「いさらしみづ水潦」「いさきよし清冷又潔」「いはゐつら石藺葛」「いたやぐし痛矢串」「いくみだけ」「いはとかしは」「うらへト相」「うみを績麻」「うべなひ諾」「うりはへ守瓜」「うれづく」「うづもる埋」「うなづく點頭又頷拝」「うつたへ」「うみつぢ海道」「うこなはる集侍」「うまじもの」「うはへなき」「うるふづき閏月」「うらぐはし」「うつしおみ現大身」「うなゐはなり」「えだち役」「えしぬ」「えならぬ」「えくるしゑ」「おり降又下」「おびと首」「おずし」「おぼろ朧」「おくか」「おして印」「おすひ襲覆」「おそき襲衣」「おかす」「おいて於」「おみな　おむな　おうな」「おろけ失意」「おかし」「おはやけ官」「お

ほゝし鬱悒」「おひしく追及」「おぼろけ小縁」「おぎろなき」「おのがじゝ」「おほはかり」「おほなむぢ」「おほぎさき」「おきそのかぜ」「おそぶらひ」

例えば「うごなはる」は『日本国語大辞典』第二版が「寄り集まる」と説明する語で、同辞典は、『日本書紀』大化二（六四六）年の記事「詔於集侍卿等臣連國造伴造及諸百姓」の「集侍」に北野本が「ウゴナハリハベ（る）」と附訓していることを示す。辞書欄には『類聚名義抄』と『言海』が挙げられているのみ。こうした語は、『日本書紀』の研究が深化することによって、いわば見出された語といってもよい。したがって、例えばこの『雅言仮字格同拾遺』などが増補した語を検討することによって、当該時期の「到達点」がわかるということはあろう。「仮名遣書」はそれが編まれた時期の学の到達点を映す「鏡」でもある。全体では、次のような増補が行なわれていると思われる。

『雅言仮字格』

あ部　二言………一語
　　　四言………九語
　　　五言以上…九語
い部　二言………四語
　　　三言………十二語
　　　四言………十五語
　　　五言以上…六語
う部　三言………二語
　　　四言………七語

『雅言仮字格拾遺』

あ部　二言………六語
　　　三言………十三語
　　　四言………二十九語
　　　五言以上…三十語
い部　二言………十語
　　　三言………四十六語
　　　四言………三十五語
　　　五言………二十六語
　　　六言………十語

『雅言仮字格』

　　　五言以上…七語
え部　三言………一語
　　　四言………一語
　　　五言………一語
お部　二言………一語
　　　三言………十二語
　　　四言………四語
　　　五言以上…七語
か部　二言………一語

『雅言仮字格拾遺』

　　　七言以上…五語
う部　二言三言…六語
　　　四言………七語
　　　五言………十四語
　　　六言以上…四語
え部　二言三言…七語
　　　四言六言…三語
お部　二言………四語
　　　三言………十八語

三言……六語
四言……十一語
五言以上…三語
き部　四言以上…二語
く部　三言……一語
四言……二語
け部　二言以上…三語
こ部　三言……三語
四言……四語
五言以上…五語
さ部　二言……一語
三言……二語
四言……一語
五言以上…三語
し部　二言……一語
三言……五語
四言……二語
す部　三言……一語
四言……一語

四言……二十九語
五言……十九語
六言……十四語
七言……五語
八言以上…七語
か部　二言三言…十七語
四言……十七語
五言……十語
六言……四語
七言以上…五語
き部　二言三言…六語
四言五言…三語
六言……三語
く部　二言三言…四語
四言……九語
五言以上…十七語
け部　六言以上…二語
こ部　二言三言…七語
四言五言…九語

せ部　増補なし
そ部　三言……二語
た部　三言……二語
四言……一語
五言以上…二語
ち部　四言……一語
五言以上…二語
つ部　四言……二語
て部　二言以上…一語
と部　三言……一語
四言……二語
な部　二言……一語
三言……二語
に部　三言……一語
四言……一語
ぬ部　三言以上…一語
ね部　三言……一語
の部　増補なし
は部　二言……四語

六言以上…三語
さ部　二言三言…六語
四言以上…十四語
し部　二言三言…十三語
四言五言…十五語
八言以上…二語
す部　二言以上…四語
せ部　六言……一語
そ部　二言以上…五語
た部　三言四言…十三語
五言以上…十一語
ち部　二言以上…六語
つ部　三言以上…十二語
て部　四言……二語
と部　二言以上…十五語
な部　二言以上…七語
に部　二言以上…六語
ぬ部　三言以上…四語
ね部　三言四言…三語

『雅言仮字格』

三言……一語
四言……一語
五言以上…二語
ひ部　二言……二語
三言……一語
五言以上…一語
ふ部　三言……一語
四言……二語
へ部　増補なし
ほ部　四言……一語
ま部　三言……二語
四言……二語
み部　三言……二語
四言……二語
五言以上…二語
む部　二言三言…一語
四言五言…一語
め部　四言……一語

『雅言仮字格拾遺』

の部　項目なし
は部　三言以上…八語
ひ部　三言四言…四語
五言六言…六語
八言以上…四語
ふ部　三言四言…五語
五言以上…四語
へ部　三言以上…二語
ほ部　三言以上…五語
ま部　三言四言…七語
五言以上…三語
み部　二言三言…四語
四言五言…六語
六言以上…七語
む部　四言以上…六語
め部　二言四言…二語
も部　二言以上…四語
や部　三言以上…十二語

『雅言仮字格』

も部　四言……一語
や部　三言……一語
八言以上…二語
ゆ部　五言以上…一語
よ部　増補なし
ら部　増補なし
り部　増補なし
る部　増補なし
れ部　増補なし
ろ部　増補なし
わ部　三言……三語
四言……一語
ゐ部　二言……一語
三言……一語
四言……一語
七言……一語
ゑ部　二言……一語
三言……一語

『雅言仮字格拾遺』

ゆ部　三言以上…七語
よ部　四言以上…四語
ら部　項目なし
り部　項目なし
る部　項目なし
れ部　項目なし
ろ部　項目なし
わ部　二言以上…六語
ゐ部　二言四言…五語
五言……二語
ゑ部　二言三言…三語
四言五言…三語
を部　二言三言…十一語
四言……五語
八言以上…二語

を部　二言………六語　　　四言………三語
　　　三言………六語　　　五言以上…三語

『雅言仮字格』の増補項目数は二四二。赤堀又次郎『国語学書目解題』(一九〇二年刊)は「雅言仮字格拾遺」についての記事中で、「此書(引用者補:『雅言仮字格』のこと)には二百六十言を補へり、雅言仮字格拾遺には、さらに其遺漏を補ふこと凡七百五十六言に及ぶ」(七十二頁)と述べている。『日本語学研究事典』(二〇〇七年、明治書院)の「雅言仮字格」の項目では、「増補は二六〇余語」と述べ、『雅言仮字格拾遺』の採りあげている語の数を「七七〇余語」と述べている。右に掲げた項目数を合計すると、『雅言仮字格』の増補項目数は、二四二、『雅言仮字格拾遺』の項目数は七三九である。これは、一つの項目に複数の語が含まれている場合であっても、項目数であるので、一と数えていることによる。いずれにしても、『雅言仮字格』『雅言仮字格拾遺』の二書で、『古言梯』が採りあげていなかった千ちかい語の仮名遣いを示したことになる。それはそのまま古代日本語研究の深化を反映していると考える。

すでに指摘されていることであるが、『雅言仮字格』は『古言梯』において「あいうえを」「わゐゑお」となっていた「お」と「を」との所属を正している。

七—五　『増補古言梯標注』

表紙見返しに「弘化四丁未春発兌／増補古言梯標注　全／東都書肆　青雲堂梓」とあって、この『増補古言梯標注』は弘化四(一八四七)年に出版されたことがわかる。書名は「古言梯標注」すなわち文政三(一八二〇)年に刊行された『増補標注古言梯』をさらに増補したものであることを思わせる。「附言」の頭書きに「今所補凡百五十言」と記されているので、一五〇語ほどを増補したものと思われる。

図19右の上部欄外には「原本古言梯はお／をの所属を誤れ／り今これをあらたむ」とあって、『古言梯』を「原本」と呼び、「お」と「を」との「所属」（行）を正している。図19左の上部欄外には「原本には一言の条に／いゐえゑおをの部／の外訓の假字をの／せずされど万葉な／ど意得ん便とも／なるへけれは今悉く／擧之」とあって、（初学者のためにということであろうが）積極的に、いわゆる「音仮名」を示したことを謳っている。

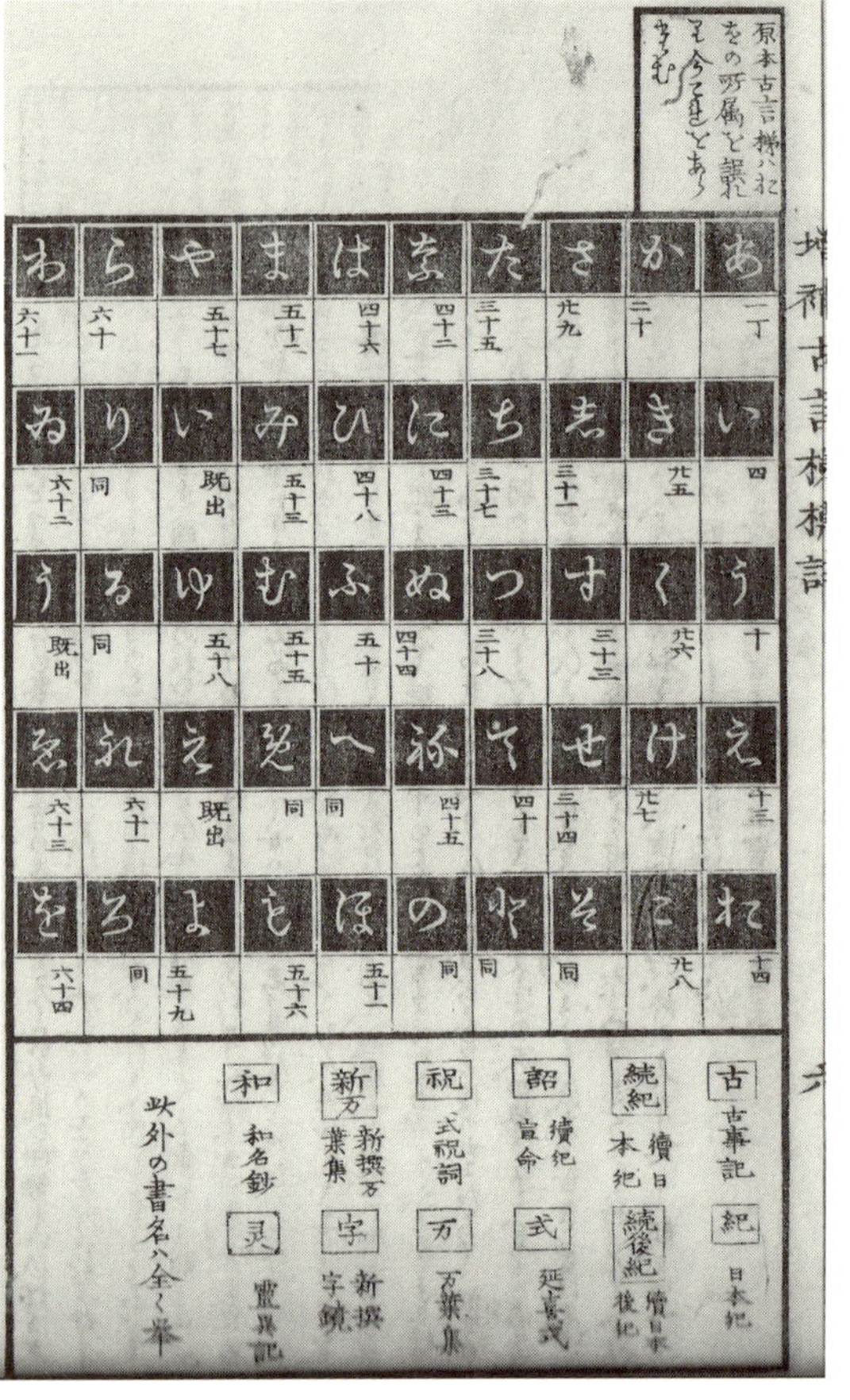

原本古言梯ハお／をの所属を誤れ／り今これをあらたむ

增補古言梯標註

あ	か	さ	た	な	は	ま	や	ら	わ
一丁	二十	廿九	三十五	四十二	四十六	五十二	五十七	六十	六十一
い	き	し	ち	に	ひ	み	い	り	ゐ
四	廿五	三十一	三十七	四十三	四十八	五十三	既出	同	六十二
う	く	す	つ	ぬ	ふ	む	ゆ	る	う
十	廿六	三十三	三十八	四十四	五十	五十五	五十八	同	既出
え	け	せ	て	ね	へ	め	え	れ	ゑ
十三	廿七	三十四	四十	四十五	同	同	既出	六十一	六十三
お	こ	そ	と	の	ほ	も	よ	ろ	を
十四	廿八	同	同	同	五十一	五十六	五十九	同	六十四

古 古事記　紀 日本紀
續紀 續日本紀　續後紀 續日本後紀
詔 續紀宣命　式 延喜式
祝 式祝詞　万 万葉集
新万 新撰万葉集　字 新撰字鏡
和 和名鈔　灵 靈異記
此外の書名ハ全く挙

図19　『増補古言梯標注』

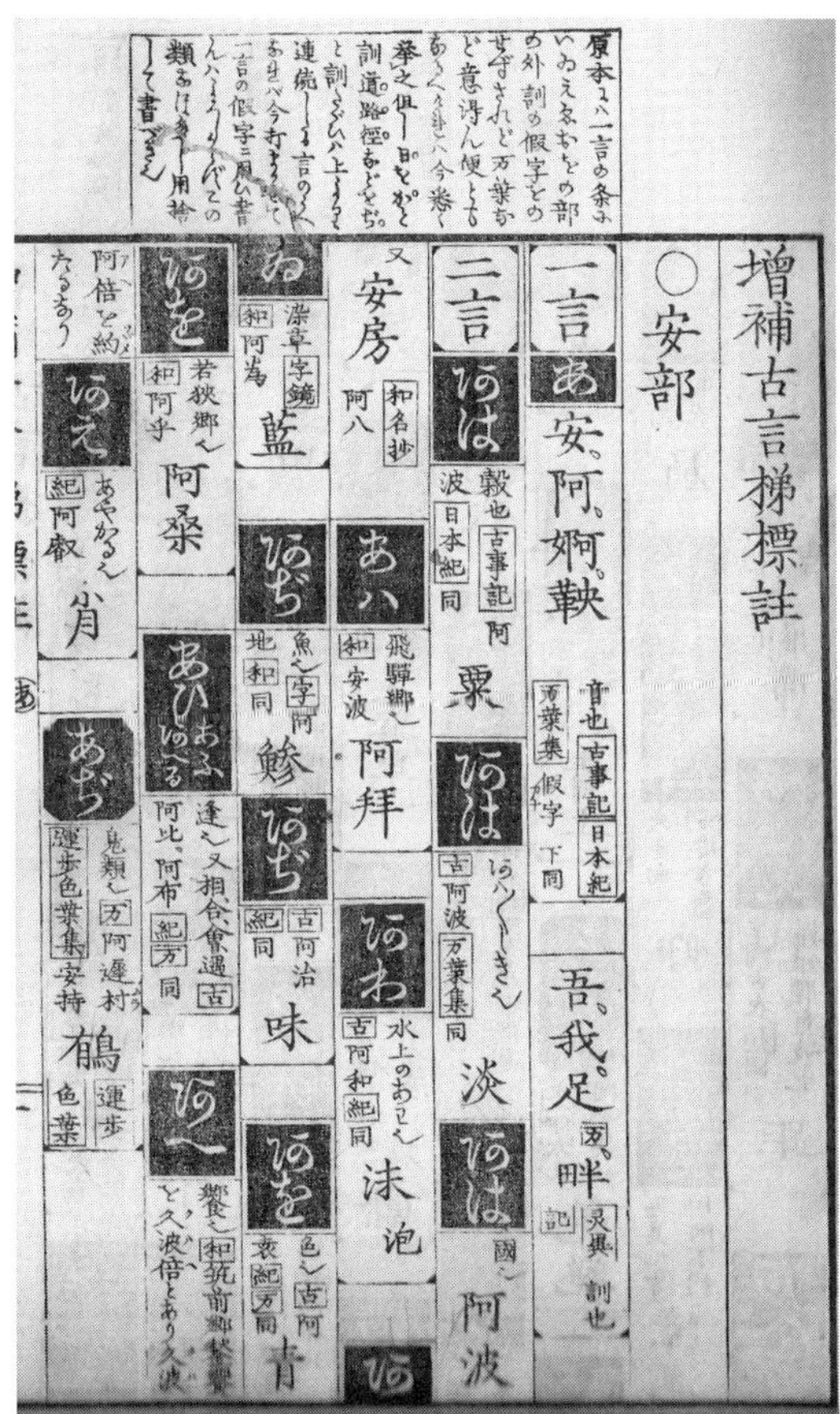

増補古言梯標註

○安部

一言　あ　安。阿。婀。鞅　吾。我。足。

二言　あは　粟　淡　阿波

あい　藍　あを　青

七―六　『和字便覧』

木枝増一（一九三三）は「混沌齋松月の撰で安永五年五月の刊行。後に藤原昌敷が文化八年六月に増補して「改正増補和字便覧」として刊行してゐる。はじめに「古ノ仮字ニ用ナレタル文字として真仮名をあげ、次に古に違へる仮字をあげ、更に、「い」「ゐ」「ひ」「を」「お」「ほ」「え」「ゑ」「へ」「わ」「は」「じ」「ぢ」「づ」「ず」の仮名遣をあげてゐる」（一九六頁）と述べている。実際は、「ず」の次に「つ追考」が置かれている。折り本の形態からみれば、「い」～「つ追考」の面が表で、「古ノ仮字ニ用ナレタル文字」の面を裏とみるべきではないか。それは跋文にも記されている。

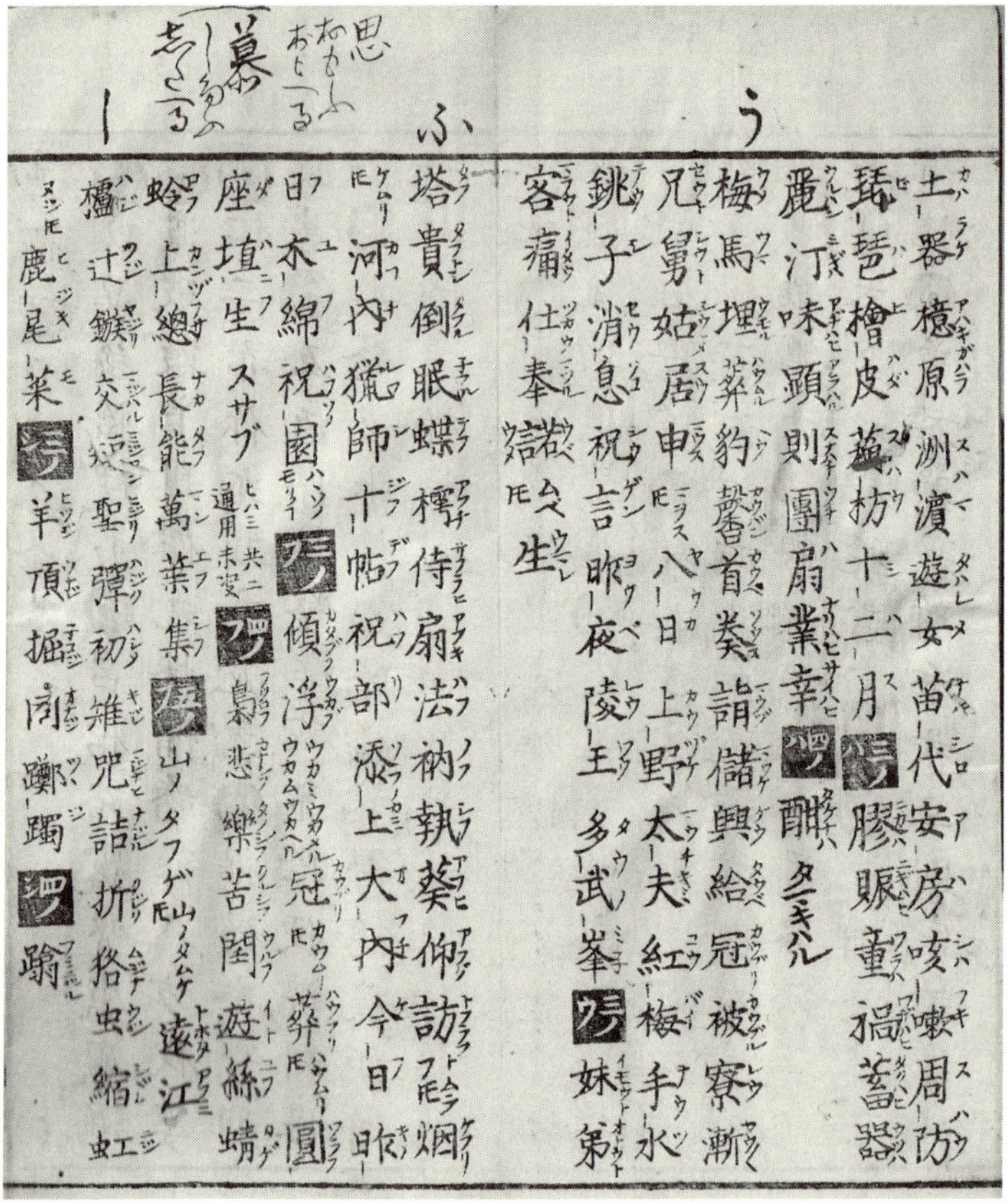

図20　『和字便覧』1

> 是は日本紀萬葉集和名なとの古書に據て和歌にしたしき仮名をえり又かんなに遣ひなれたる文字と今世に用るかんなの古にたかへるをもいさゝか裏にかい付て物覚えぬ助とせしを同志の人にも乞れ且一二の書肆世に廣くせまほしきもとめにまかせ安永五年丙申仲夏のはしめ混沌齋松月木にゑらせ侍りて和字便覧といふになん（傍点稿者）

図20でわかるように「い」～「つ追考」は「漢字列＋振仮名」という形式で（これが仮名遣いを示そうとしているのであれ

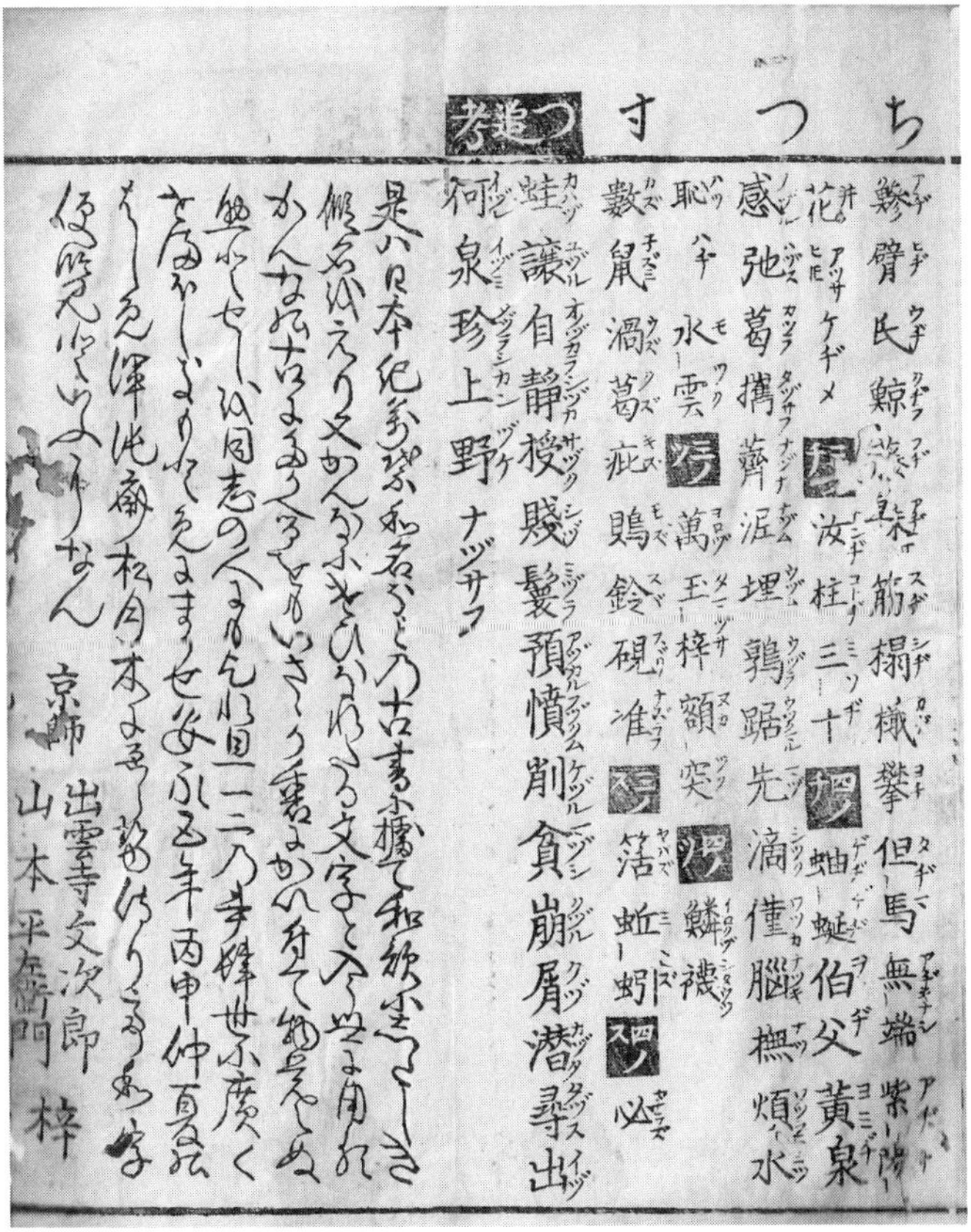

ば）仮名遣いを示していることになる。これは仮名遣書としては特殊な形式にみえる。ただし、折り本に仕立てられていることからすれば、ハンディなものとして編まれたことはたしかで、そのために、一般的には「仮名書き語形＋漢字列」あるいは「漢字列＋仮名書き語形」というような形式を採ることは承知した上で、漢字列＋振仮名」という形式を選択したと推測するのが自然であろう。

図20にみえる「三ノフ」は「ふ／フ」が問題となる仮名三字で書く語と考えるのが自然であろうが、そうした語がそこに集められているわけではない。例えば、「ふ」は「塔（タフ）」「貴（タフトシ）」「倒（タフル）」と見出し項目が続いており、振仮名の字数はそれぞれ、二、四、三である。「三ノフ」が右のようなことであるとすれば、明らかな錯誤で、こうした錯誤がなぜ生じているのかについては現時点では不分明である。「四ノハ」には「酣（タケナハ）」「タマ

キハル」と二つの見出し項目が置かれているが、「タマキハル」は五字である上に、片仮名書きされている。ほとんどすべての見出し項目が「漢字列＋振仮名」の形式をとっていることからすれば、これは形式を逸脱していることになる。他にも「スサブ」「山ノタフゲ」「ケヂメ」「ナヅサフ」など、片仮名書きされている見出し項目が少数みられる。

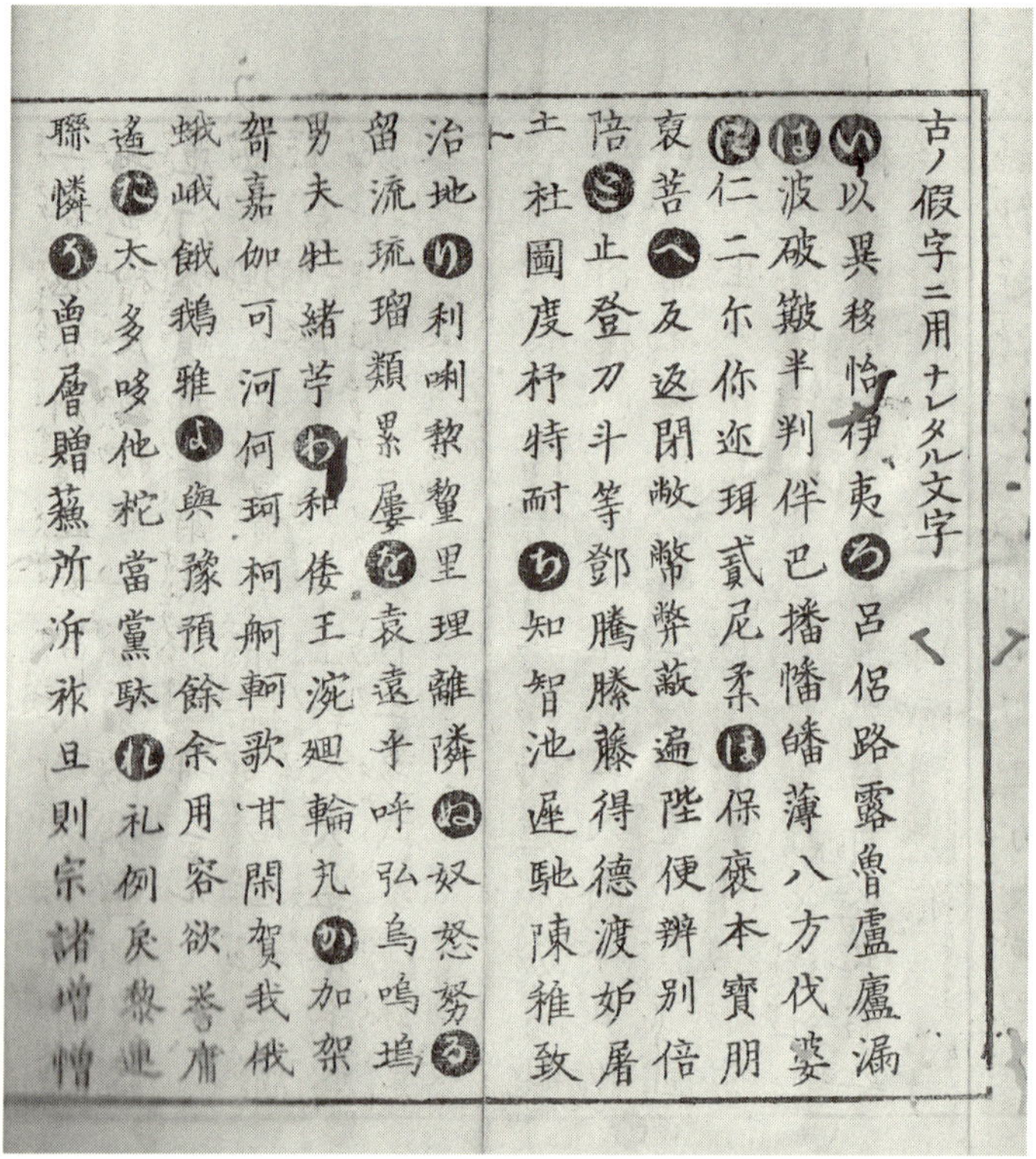

古ノ假字ニ用ナレタル文字
い以異移怡伊夷ろ呂侶路露魯盧廬漏
は波破皺半判伴巴播幡皤薄八方伐婆
に仁二尓你迩珥貳尼柔ほ保褒本寶朋
哀菩へ及返閉敝幣弊蔽遍陛便辨別倍
陪と止登刀斗等鄧騰滕藤得徳渡妒屠
土社圖度杼特耐ち知智池遅馳陳稚致
治地り利唎黎蟄里理離隣ぬ奴怒努る
留流琉瑠類累屢を袁遠乎呼弘烏鳴塢
男夫牡緒苧わ和倭王涴廻輪丸か加架
賀嘉伽可河何珂柯舸軻歌甘開賀我俄
蛾峨餓鵝雅よ與豫預餘余用容欲誉庸
遊た太多哆他柁當黨駄れ礼例戻黎連
聯憐そ曽層贈蘓所泝祢旦則宗諸增憎

図21　『和字便覧』2

先に掲げた跋文には「和歌にしたしき仮名」とあり、折本に仕立てられていることからすれば、持ち歩くためのものと推測できるが、内容的にみて、この『和字便覧』が何らかの和歌に関わる言語生活の場で、実際的に使われるということはあったのだろうか。例えば「ふ」にみえる「長能（ナカタフ）」は藤原長能のことと思われ、それは和歌にかかわるといってよいだろうが、藤原長能の名を仮名書きすることがどれだけあるかということになる。

「古ノ假字ニ用ナレタル文字」（**図21**）もいわんとするところが必ずしも明らかではないが、「い」の下には

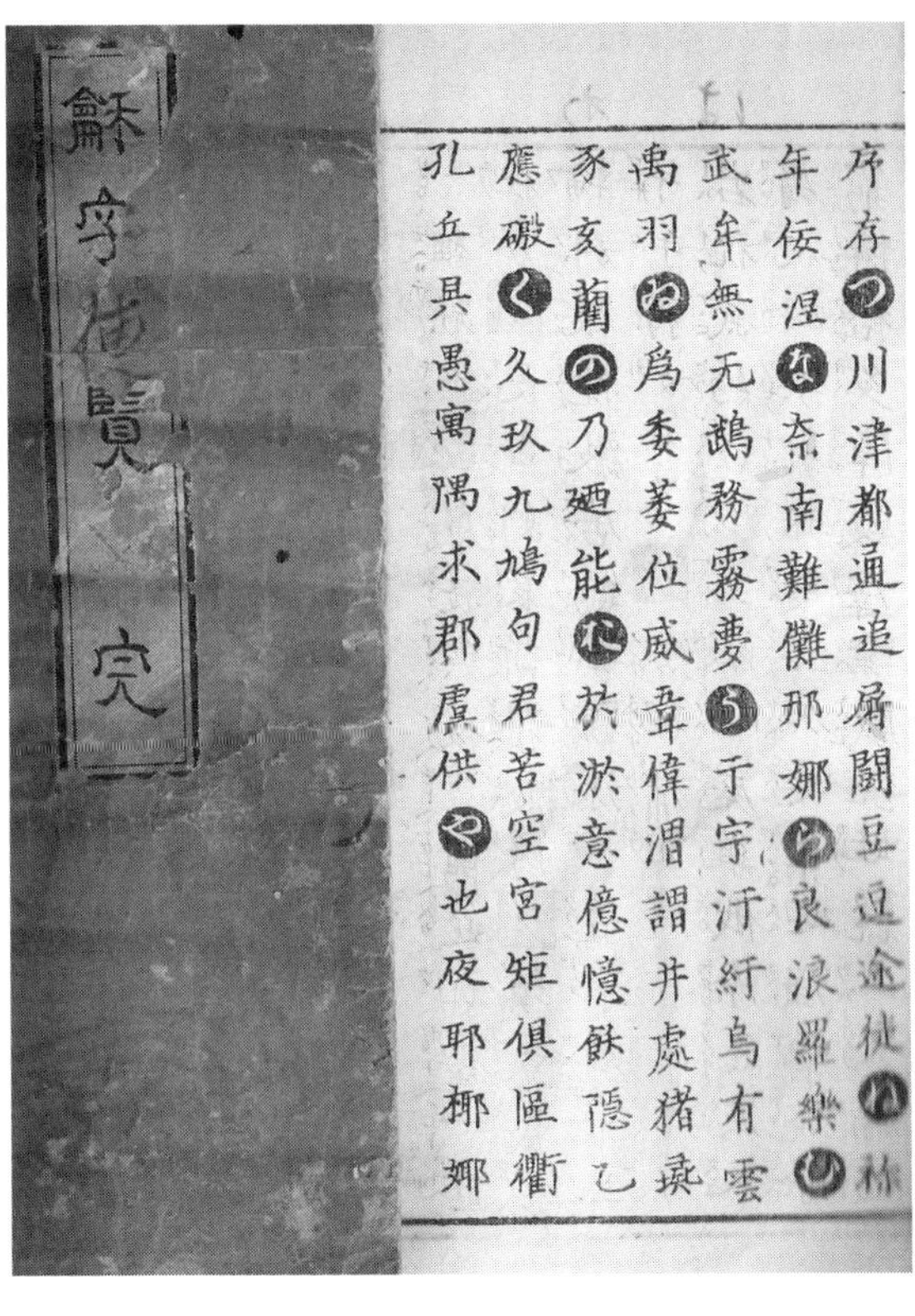

「以異移怡伊夷」と六つの漢字が置かれている。『古言梯』の「以部」の「一言」には「以伊已異移怡易夷　音也」「寐寝眠宿膽射五　訓也」「五十二字一言」「馬聲　同上」とあって、現在いうところの訓仮名も二音仮名も示すが、それはそれとして、音仮名に示されている漢字はかなり重なり合う。つまり、「古ノ仮字ニ用ナレタル文字」は実態としては、現在いうところの（音仮名に限った）「万葉仮名一覧表」にみえる。

右で述べたように『古言梯』において、すでにそうしたものがテキストに内包されていた。現在の眼でみれば、「万葉仮名一覧表」は「仮名遣い」ということがらとはかかわりがないことがらといえるが、「古言を、それを文字化している文字に遡って明らかにする」という観点からみれば、仮名発生以前にどう書いていたかということを仮名発生後にどう書いていたかということと同じようにみれば、両者はむしろ連続性があることになる。そして、仮名発生後の書き方が、仮名発生以前の書き方によって確認できるということであれば、当然そこまで遡った情報があってよいことになる。

「上代特殊かなづかい」という呼称をめぐって、その呼称を与えられた言語事象は「仮名遣い」という概念にはあたらないので、呼称がふさわしくない、という議論がある。「仮名遣い」を（現代流に、といっておくが）「音韻と仮名との一対一の対応が崩れた時期において、仮名をどう使って語を書くか」という概念だと考えれば、そもそも前段の「音韻と仮名との一対一の対応が崩れた時期に」に該当しない時期の話柄ということになる。しかし、「仮名遣い」が「語をどのように文字化するか」という概念だとすれば、「漢字のみを使っていた時期に語をどのように文字化していたか」ということと「仮名が発生した後の時期に、仮名によって語をどのように文字化していたか」ということとが含まれる。そして、「仮名が発生した後の時期に、仮名によって語をどのように文字化するか」の答えが、「仮名が発生する前の時期に、仮名によって語をどのように文字化していたか」に従うということであれば、前者は後者の「根拠」といってよい。前者が後者の「根拠」であるという認識の背後には、前者と後者とが連続しているという認識があるとみるのが自然であろう。「語をどのように文字化するか」ということを問題にしていたのは、それが「古言を明らかにする」基本的な方法であると認識されていたからであろう。そう考えると、「上代特殊かなづかい」という呼称はさほど不適切な呼称でもないことになる。むしろ『古言梯』以降に編まれた仮名遣書の「構え」、考え方に沿ったものといってもよい。これまでは江戸期の（いわゆる）仮名遣い研究が、江戸期の知のありかたをふまえた上で、きちんと定位されていなかったのではないだろうか。

七―七　『古今仮字つかひ』

刊記には「文化十酉年八月刻成」とあって、文化十（一八一三）年に刊行されたことがわかる。序には「橋本稲彦、姓は源、琴の屋といふ安藝國／廣嶋の人、いとけなきより皇国の書を好み／山寄垂加のなかれをくめる某にしたかひて／神の道をきくに心にかなはすとしてつひに／伊勢國松坂にいたり本居翁の教をうく時に／とし十六かしこにとまりて物學ふこと久しく／して後、大坂にいて、、しきりに皇国の學を唱／へしか幸なくしてみそちにみたすしてみまかりぬ。／此ふみはその病なんとするをりふし書肆の／もとめによりて、あつめしなりといふ事を、その／とも石津亮澄かしるす。時に文化九年／秋九月九日の日」（句読点を補った）とある。これによって、編者は橋本稲彦であることがわかる。凡例にあたる一つ書きを次に翻字しておく。便宜的に番号を附した。

1　古仮字といへるは、古事記日本紀萬葉集などをはじめとして新撰字鏡和名抄のたぐひに出たる仮字なり。今仮字といへるは、京極黄門のさだめおかせ給へりとかいひつたへて、定家かなづかひといへる書あり。それをもとゝして、これかれ考へあはせて。荒木田何がしがあつめたる、類字仮字づかひといへるもの、今の世にもはら用るもの也。今は其ふたつをあはせ、又字音のかなをくはへて、古今仮字用例となつく。

2　いろ色万いろは家母和などのみかけるは、いにしへと今とかはらざるもの也。いろに色、いろはに家母など右へよせて細書せるは、其ことばにあてたる字也。いたし、いたき、いたむいたくなどかけるは、そのことばのはたらき也。いほ五百古「いを同上類」とあるたくひすへて〳〵云々とあるは今かなのしるし也。また(古)(万)などしるせるは其仮字の出處なり。その文ともは

古事記　古	日本紀　日	續日本紀　續紀
續日本後紀　續後紀	續紀宣命　詔	
延喜式　式	式祝詞　祝	万葉集　万
新撰万葉集　新万	新撰字鏡　字	
和名抄　和	佛足石　佛	

此外は書名を全く挙く。また、梯としるせるは、加茂翁魚彦などが考へえたる仮字也。古言梯に云々に作るは誤也といへるは、我師本居翁の説なり。類としるせるは類字仮字遣にて今かな也。

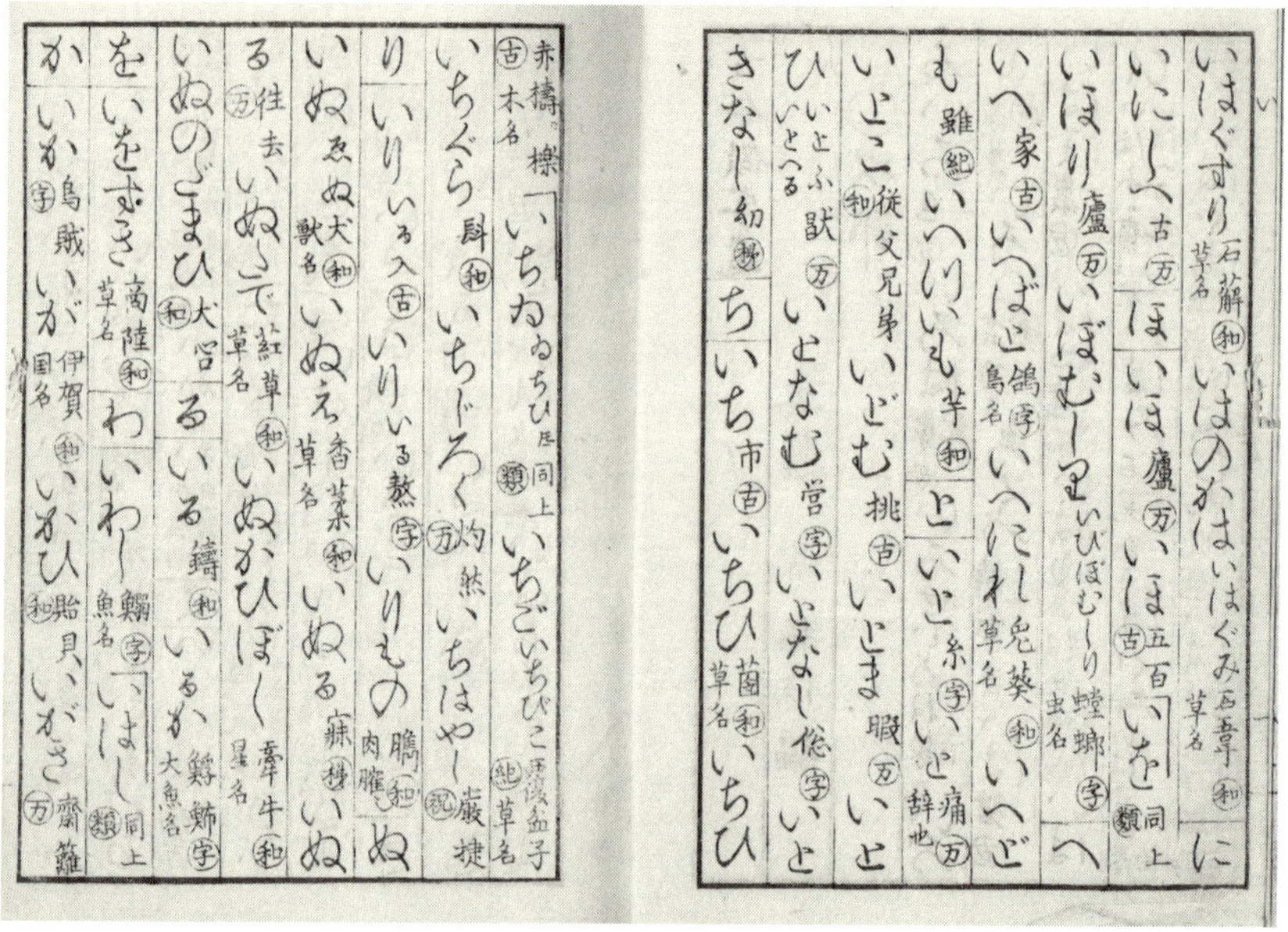

図22　『古今仮字つかひ』

3　詞の次第はいろはのついでをもてしるす。また[ろ][は]なとしるせるは、二字めのかなにてひきやすからしめんためなり。たとへばいの部の中に、[ろ]いろ、いろは[は]いは、などあるがことし。これもまたいろはのついでにしたがふ。

右には興味深いことが述べられている。右では「古仮字」（コカナと発音するのであろう）と「今仮字」（イマカナと発音するのであろう）とが対立的に示されている。「古仮字」は「古事記日本紀萬葉集などをはじめとして新撰字鏡和名抄のたぐひに出たる仮字」とあるので、音韻と仮名との間に対応がある時期の書き方＝「古典かなづかい」にあたると思われる。「今仮字」はテキストとしての「定家かなづかひ」＋「類字仮字づかひ」をさしていると覚しい。「今は其ふたつをあはせ、又字音のかなをくはへて、古今仮字用例となつく」の「其ふたつ」は「古仮字」と「今仮字」と考えるのが自然で、『古今仮字つかひ』は両者を併せ、かつ「字音のかな」を加えて編まれているという。こうした考え方が文化十年の時点であったことになる。つまり『古今仮字つかひ』という書名は、「古仮字」＝「古典かなづかい」と、「今仮字」＝「定家かなづかい」＋『類字仮名遣』とを併せ示した仮名遣書という意味合いであった。

「到達」という表現は頂点を思わせるという意味合いにおいてふさわしくないともいえようが、「古典かなづかい」に対して、それとは合致しない仮名遣いが「定家かなづかい」『類字仮名遣』として流通している、という認識は的確なものとして評価することができる。そして、和語の仮名遣いと字音語の仮名遣いとをまずは区別して認識した上で、テキストとして、両者が参照できるようにする、という編纂方針も一つの「到達」といえよう。

図22においては、「いほ五百(古) いを同上(類)」がみえているが、「いを」には合点がかけられている。「いほ」が「古仮字」、「いを」が（『類字仮名遣』に掲出されている）「今仮字」という認識であると思われる。このように、「古仮字」と「今仮字」とが併出されている見出し項目を二十例あげておく。

1　いほ　五百　(古)　　いを　同上　(類)　（一丁裏二行目）
2　いちひ　赤檮。櫟　(古)木名　　いちゐ　ゐちひトモ　同上　(類)　（二丁表一行目）
3　いわし　鰯　(字)魚名　　いはし　同上　(類)　（二丁表七行目）
4　いけにへ　犠牲　(和)　　いけにゑ　いけにへトモ　同上　(類)　（四丁表七行目）
5　いきどほる　憤　(紀)　　いきとをる　同上　(類)　（五丁表二行目）
6　いひ　飯　(紀)　　いゝ　同上　(類)　（五丁表六行目）
7　はちすのはひ　蔤　(和)　　はちすのはゐ　はちすのはひトモ　同上(類)　（七丁表二行目）
8　はがひ　羽交　(和)　　はがい　はかひトモ　同上　(類)　（七丁表四行目）
9　はたおりめ　促織　(和)　　はたをりめ　同上　(類)　（七丁表六行目）
10　はつほ　初穂　(祝)　　はつを　はつおトモはつほトモ　同上　(類)　（七丁表七行目）

11　にへ　苞。苴。贄　㊎紀　　にゑ　にへ　同上　㊎類　（八丁裏六行目）
12　とほし　遠　㊎古　　とをし　同上　㊎類　（十丁表八行目）
13　とほる　通　㊎古　　とをる　同上　（十丁裏一行目）
14　とほつあふみ　遠江　㊎万　　国名とをたうみ　とをつあふみ　同上　㊎類　（十丁裏三行目）
15　をばな　尾花　㊎万　　おはな　同上　㊎類　（十二丁裏八行目）
16　をはり　をへ　終　仏足　　おはり　同上　㊎類　（十三丁表一行目）
17　をはり　尾張　㊎和国名　　おはり　同上　㊎類　（十三丁表二行目）
18　をとこ　をのこ　男　㊎古　　おとこ　同上　㊎類　（十三丁表三行目）
19　をとつひ　前日　㊎万　　おとゝひ　同上　㊎類　（十三丁表五行目）
20　をとゝし　前年　㊎梯　　おとゝし　同上　㊎類　（十三丁表五行目）

七―八　『尚古仮字格』

序にあたる「大概」の末尾に「文政五年しはすとをかあまり五日の日　山本明清」とあり、巻末に「文政六年癸未二月芝神明前岡田屋嘉七梓」とあるので、文政五（一八二二）年に成立し、翌六年に出版されたことがわかる。折本仕立てになっている。なお、「芝神明前岡田屋嘉七梓」ではなく、「江戸本石町十軒店英平吉發行」とあるテキストもある。

「大概」には次のようにある。句読点を補った。

世に仮字づかひの法を定めたるは、行阿仮名遣ぞはじめなるべき。それにつぎて、類字仮名遣和字解等のふみどもあなれど、みな後の世のおしはかりのみにして、古書によらざれば、すべてたしかなる證としがたし。さて、契沖阿闍梨の正濫抄並に要略、楫取魚彦が古言梯等は、もはら古書を證として物したるふみどもなれば、古言をしるたよりにはよろしけれど、中比の日記、物語等の詞をば、こと〲くもらされたれは、これ、はたあかぬこゝちぞすめる。かくて、おのれ、こたびあらはせる此書はうひまなびのうなゐらがふところにして、ふみかき歌よむ時のたづきとて廿一代集はさらにもいはず、家々のしふ歌合百首等より、ものがたり、日記、草紙等にいでたる詞をむねとあげて、かの古事記日本紀霊異記本草和名延喜式新撰字鏡和名抄等に出たる、いと物遠き草木虫魚の名また地名郡名郷名または調度雑具等の名は正濫抄古言梯等にゆづりて、おほくはもらしつ。そはそれらの仮字までをあげんには、いと〱こちたくて、さゝやかなる書にものせんには、たよりあしければ也。さて、引書をもかゝまほしけれど、これも處せければすべてもらしつ。

物語、日記、草紙等に出たることばには、詞はひとつにて意はいろ〱に聞ゆるあり。たとへば、おふな〱といふ詞、もとはおふけなしといふ意なれど、所によりては、大かたといふ意にもまたねむごろといふ意にも聞ゆるがごとし。また意はひとつにて、詞はいろ〱にかはるあり。たとへば、おほどか、おほどけ、おほどく、おいらか、こめく、このいつゝの詞はすこしづつのけぢめはあれど、みな俗に大やうといふ意なるがごとし。また上古と中比と詞はひとつにて意のかはるあり。たとへば、なづさひといふ詞、古はなづむ意に用ひ、中比はなれしたしむ意に用ふ。これらのたぐひ、いひもてゆけば、猶さま〲あなれど、そはおのれ外に尚古仮字用格別記といふ書をつくりて、仮字にあづかりたることはそれにこと〲くいはむとすれは、ここには、たゞその要をつみて、しるせり。さて字音の仮字も草紙物語等におほく出てふみなどかくにしらでは、えあるまじきかぎりはこと〱くしるせり

文政五年しはすとをかあまり五日の日　山本明清

右の「大概」には幾つか注目すべき言説がみられる。

1　行阿『仮名文字遣』『類字仮名遣』『和字解』などは「後の世のおしはかり」によって仮名遣いを示しているので、「たしかなる證としがた」いと述べており、仮名遣いの根拠となる「證」があるかどうかということがはっきりと意識されている。

2　『和字正濫抄』とともに「要略」すなわち『和字正濫要略』の名前が挙げられている。『和字正濫要略』は写本のみで伝わっているので、本書を編んだ山本明清は写本の『和字正濫要略』を参照していたことになる。

3　『和字正濫抄』や『古言梯』は「古言をしるたよりにはよろし」いが、「中比の日記、物語等の詞」を漏らしていると述べている。これは、『和字正濫抄』や『古言梯』を冷静に評価しているといってよい。両書は、ある語を仮名によってどう書くかということを示そうとしていたのではなく、文献によって仮名遣いがはっきりと確認できる語をあげているといってよい。文献にない語は仮名遣いが確認できないために、あげないことになる。例えば『和名類聚抄』が和名をあげている語はよくとりこまれている。しかし『和名類聚抄』に和名があげられていない語は、たとえその語が平安時代以降の文献でよく使われている語であっても、あげない場合がある。それは仮名遣いが確認できないからである。したがって、『源氏物語』で使われている語を一方におけば、その語の仮名遣いが『和名類聚抄』等によって確認できなければとりあげないのだから、とりあげない語が相当存在することになる。これは日本語全体を視野にいれると、不十分にみえる。こうした認識をもつに到っていることには留意しておきたい。

4　「かの古事記日本紀霊異記本草和名延喜式新撰字鏡和名抄等に出たる、いと物遠き草木虫魚の名また地名郡名郷名または調度雑具等の名は正濫抄古言梯等にゆづりて、おほくはもらしつ」と述べていることにも留意したい。特に「物遠き」という表現は、江戸時代の言語生活ということを視野に入れた場合は、右でふれているような「草木虫魚の名」「地名郡名郷名」などは、実際的ではないといってよい。仮名遣いがはっきりと文献によって確認できる語のみをとりあげる、というのは現代人の「心性」からみても「合理的」といえよう。それゆえ、『和字正濫抄』や『古言梯』は現代人に評価される。しかし、その現代人の「心性」からみた「合理性」に沿わない仮名遣書は、それが、その時代の認識の一つであっても、顧みられない、という傾向はないだろうか。例えば、この『尚古仮字格』について、木枝増一（一九三三）はわずか五行の記事を載せるのみである。それに対して（と表現しておくが）『和字正濫抄』『古言梯』にはそれぞれ五ページちかくの記事を載せている。それは当然のことではあるが、その一方で、現代人の「合理性」に沿わない仮名遣書のあり方も丁寧に追わなければ、当該時期の仮名遣書がどのような「到達」をして、どのようなひろがりをもっていたか、ということは明らかにはできないと考える。もちろんあらゆる仮名遣書を丁寧に記述することはできない。本書も、そのようには記述を展開していないという自覚がある。しかし、できる限りひろく仮名遣書にあたろうとはしている。

「字音の仮字も草紙物語等におほく出てふみなどかくにしらではえあるまじきかぎり」はとりあげたという言説にも注目しておきたい。つまり仮名書きされた字音語が草紙物語に多くみえるという指摘及び、「ふみなど」を書くにあたって、知らなければならない字音語の仮名遣いはとりあげたといっている。これは仮名書きの字音語、漢語が日常的な言語生活の場にも相当程度あったことを窺わせる。そして、そうした漢語を漢字で書くのではなく、仮名で書くことがあり、『尚古仮字格』はそうしたことにも対応しようとしていることがわかる。

図23として「止之部」を掲げた。「一言」とはないが、まず「ト」に使われた清音の音仮名をあげ、次に濁音仮名をあげ、さらに訓仮名をあげている。「仮名書き語形＋漢字列＋説明」という形式でそれぞれの見出し項目が

成っている。説明を欠く場合もある。図23の範囲でも、「とうじ　冬至」「とうふ　豆腐」「とくい　得意」などの漢語が採りあげられているのがわかる。

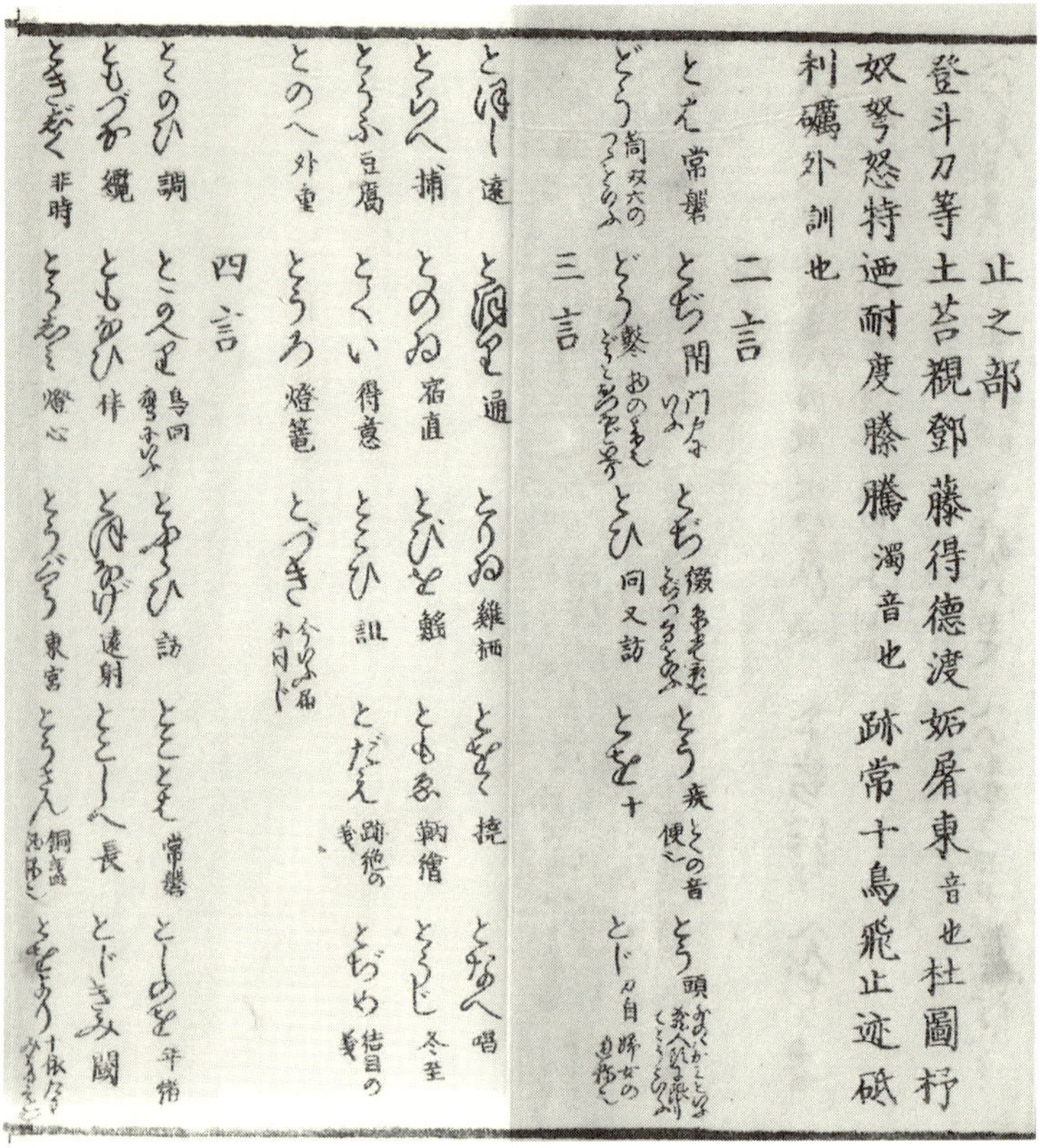
止之部
登斗刀等土苔覩鄧藤得德渡妬屠東音也杜圖杼
奴弩怒特迺耐度縢騰濁音也　跡常十鳥飛止迹砥
利礪外訓也
二言
三言
四言

図23　『尚古仮字格』止之部

『尚古仮字格』が採りあげている漢語を少しあげておくことにする。「はうがく　方角」「はうめん　放免」「はいてう　廃朝」「はうへん　褒貶」「はうたふ　報答」「はんじやう　繁昌」「はうちやう　庖丁」「ぼんなう　煩悩」「ほうこう　奉公」「ほうわう　鳳凰」「ほうらい　蓬莱」「ほういう　朋友」「ほんじやう　本性」「へうたん　瓢箪」「へんぐゑ　変化」「とうさん　銅盞」「とうりん　等倫」「ちやうもん　聴聞」「わいろ　賄賂」「かんだう　勘當」「れうし　寮試」「れうし　料紙」「れふし　猟師」「れうり　料理」「そうめい　聡明」「らふそく　蝋燭」「ゐねう囲繞」「くわはう　果報」「けんげう　検校」「けうやう　孝養」「ふかう　不幸」「ぶたう　舞踏」「ふのう　不能」「ふよう　不用」「えいえう　栄耀」「さいかく　才覚」「さいあい　最愛」「ざうがん　象眼」「ざうげん　讒言」「みじゆく　未熟」「せうずゐ　憔悴」「せんすゐ　泉水」などがあげられている。

『尚古仮字格』が出版された文政五（一八二二）年の頃を考えれば、ハンディな早引きタイプの『節用集』はすでに数多く出版されていた。一つの例として、『改正増補早引節用集』（文化十二〈一八一五〉年刊）を採りあげてみる。この節用集に「朋友」（十三丁表二行目）「繁昌」（同六行目）「褒貶」（十六丁裏三行目）「煩悩」（同四行日）「奉公」（同六行目）「報答」（十七丁表一行目）「方角」（同二行目）「蓬莱」（同四行目）「庖丁」（同五行目）「朋友」（十七丁裏一行目）「鳳凰」（同四行目）「簞」（十九丁裏三行目）「聴聞」（二十六丁表四行目）「賄賂」（三十三丁裏三行目）「勘當」（三十八丁表一行目）「聰明」（四十六丁裏六行目）「蠟燭」（五十三丁裏五行目）「果報」（六十丁裏二行目）「検校」（六十七丁裏三行目）「不幸」（六十九丁表五行目）「不用」（六十九丁裏一行目）「才覚」（八十三丁表六行目）「象眼」（八十四丁表一行目）「泉水」（一〇七丁裏三行目）などを見出す事ができる。『尚古仮字格』が採りあげている見出し項目全体と、『節用集』が採りあげている見出し項目全体との対照を行なうのがいわば「筋」であるが、本書はそれにふさわしい場所ではないと考えるので、ごくごく簡略な対照にとどまるが、それでも、これだけの一致をみる。仮名遣書が、多くの漢語、字音語を取り込んで「拡大」するとハンデイなタイプの節用集に接近する、とまではいえないであろうが、それでも似寄りが生じることはたしかで、その「似寄り」は仮名遣書側のこととして、また節用集側のこととして、改めて（なぜ似寄るのかという問いをも含め）検証する必要はあろう。そしてまた、もう一つのことがらとして、仮名遣書があげている仮名遣いと節用集の振仮名とは必ずしも一致しない。『節用集』の振仮名は、仮名書き語形を示しているのではなく、検索のキーとして施されていると考えるが、それにしても、この不一致をどのようにみるかということがあろう。しかしまた、検索のキーではあっても、それを一つの仮名書き語形と認めたとすれば、「カホウ（果報）」という漢語に「くわはう」という書き方と「くわほう」という書き方があること、「センスイ（泉水）」という漢語に「せんすゐ」という書き方と「せんすい」という書き方があること、つまり「二つの仮名遣い」があることをこの時期のことがらとしてどのように定位させればよいかということは考えておく必要がある。右では「二つの仮名遣い」と表現したが、原理面からいえば、仮名遣いは二つにとどまるとは限らず、そうなると複数の仮名遣い、すなわち多表記があることになる。そうした多表記を許容するのが、屋名池誠が「近世通行仮名表記」（『近世語研究のパースペクティブ』二〇一一年、笠間書院所収）において提示した「多表記性表記システム」といってよいだろう。

七―九　『雅俗仮字つかひ』（『文章仮字用格』）

題簽には「雅俗假字都架比　春」「雅俗假字都架比　夏」「雅俗かなつかひ　秌」「雅俗かなつかひ　冬」とあるが、内題、柱題、尾題いずれも「文章假字用格」とあることからすれば、『文章仮字用格』（文章仮名遣い）と呼ぶのが適切か。木枝増一（一九三三）は「文章かなつかひ」と呼ぶ。巻之一に「豊後　大蔵永常著」と記されている。架蔵本には錯簡があって、自跋がおそらく途中で途切れている。木枝増一（一九九一）は「文政十二年九月の石川雅望の序と天保元年の自跋があつて、天保元年八月の刊行である」（二〇一頁）と述べているので、今これに従う。「凡例」には次のようにある。便宜的に番号を附して掲げる。振仮名はおおむね省き、句読点を施した。

1　凡、此書に載するところは、文字の音訓、言語の雅俗に拘はらず、日用に便りなるものをすべて集む。さて、いゐをおえゑの六字は、雅俗ともに文章に用ふる所の文字は悉くあげてもらすことなし。其餘は、仮字のまがふべきをこと〲く撰み出せり。

2　文字異にして、訓同じきものは、其一、二を出して餘は記さず。譬へば、カヘルと云に歸返復還旋回等の数字あるがごときこれ也。或者、熟字に同音の文字あるものも亦その一、二を出すのみ。たとへば、丁子の仮名を見出るにちの部の四言の界引の上にやの字ある條を見るべし。界引の外に記し置く仮名は三言にもあれ、四言にもあれ、其部の第二言めの仮名をもて分ちたれば、それを見やすからんために上にしるしおきしなり もし丁子の字なきときは三言の條に丁の字あるを見てしるべし。もしそれもなきときは、庖丁（はの部）の駕與丁（かの部）の文字を捜し索めてその丁の字の仮名ちやうなれば、それに子の字を合せて見るときは丁子の仮名しらるゝ也この例にて餘も準へてしるべし。

3　同じ文字を二言にも三言にもいだすことあり。龍は漢音りよう、呉音はりう、のごときは二タ所にいだす。

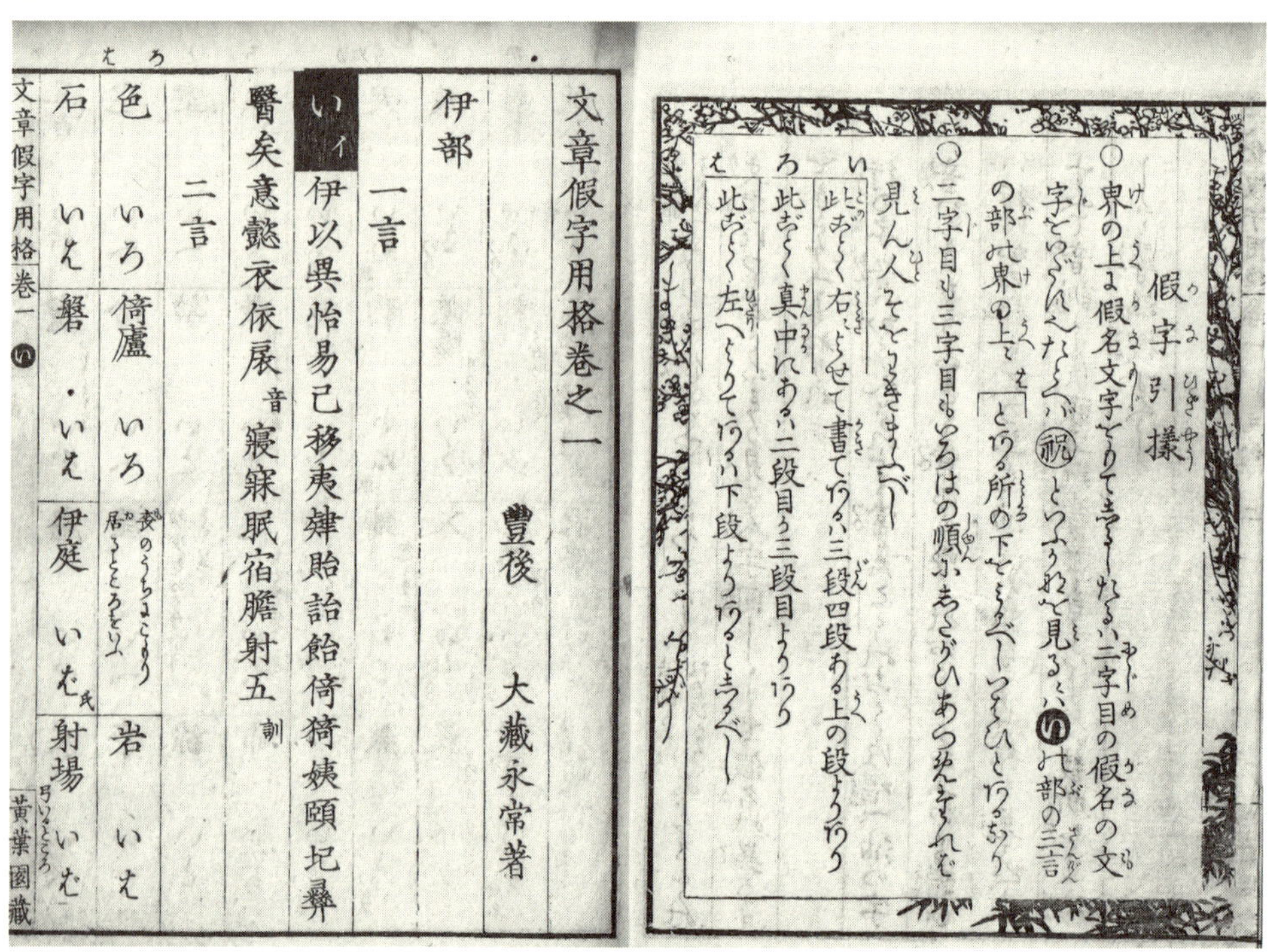

假字引様

○界の上より假名文字をかりてあらはしたるハ二字目の假名の文字をいふなり。たとへバ 祝 といふ字を見るにハ い の部の三言の部の界の上に「 」とかける所の下をみるべし

○二字目も三字目もいろはの順にあつめたれバ見ん人そのこころえてさがすべし

い 此おもく右によせて書てあるハ三段四段ある上の段よりかかり

ろ 此おもく真中にあるハ二段目より三段目よりかかり

は 此おもく左へよりてあるハ下段よりかかるとみるべし

文章假字用格巻之一 豊後 大藏永常著

伊部

一言

い イ 伊以異怡易已移夷肄貽詒飴倚猗姨頤圯彜醫矣意懿衣依扆 音 寝寐眠宿臍射五 訓

二言

色 いろ 倚廬 いろ

石 いし 磐 いし

伊庭 いば 岩 いは

射場 いば

文章假字用格巻一 い

黄葉園藏

図24 『文章仮字用格』

又、同じ二言にても仮名の違ふことあり。法の字漢音はふ㋩の部に入呉音ほふ㋭の部に入なり。音便にいふときはほうなり。法師などのたぐひなり　これらその文字につきてかはれり。見る人、字同じくして、仮名の異なるをうたがふことなかれ。

4　行の字、音はかう也。されども常にはこうのごとくに唱へ、油の字、音はいうなり。これも常にはゆうのごとくとなふ。かゝる類ひは、行はかの部もこの部も、油はいの部もゆの部も見るべし。すべて音訓ともに頭字の仮名まぎらはしきは幾所をも検して尋ね捜すべし。

右の「凡例」に続いて「仮字引様」が置かれている。図24でわかるように、この『文章仮字用格』は見出し項目の検索に関して、いわゆるレイアウトも含めて細かく気配りをしていることがわかる。そのことは、このテキストが実用的な目的をもって編まれていることを窺わせる。『和字便覧』や『尚古仮字格』のように、テキストがハンディな形態にしたてられている場合は、そのことが実用性を窺わせる。『文章仮字用格』はハンディではないけれども、検索方法に気を配っている。どのようなことによって、テキストの実用性が裏付けられるかということについてはひろく検討する必要がある。

図24左でわかるように、各部の「一言」にはいわゆる「万葉仮名」が「音仮名」「訓仮名」を分けて示されている。これは『古言梯』以来の「流れ」といってよい。『文章仮字用格』が実用的なテキストとして編まれていることを思わせることの一つとして、見出し項目に「格」を与えていることが挙げられる。半丁九行で、その一行を四つの「格」に区切って、そこに見出し項目を整然と配置しているために、版面がみやすく、見出し項目が検索しやすい。また、一つ一つの見出し項目は「漢字列＋仮名書き語形＋注」という形式を採っている。注が長くなった場合は、一つの見出し項目が二つ分の「格」に入れられることがある。

『文章仮字用格』はこれまであまり採りあげられることがなかったと思われるが、「雅俗に拘はらず日用に便りなるものをすべて集」めたことを謳う仮名遣書がどのような見出し項目をたてているかは興味深い。巻之一（春）から見出し項目となっている漢語を五十抜き出してみる。

1　異儀　いぎ　異論などに同じ
2　意味　いみ
3　意志　いし　こゝろざしに同じ
4　異事　いじ　常にことなること
5　異端　いたん　聖人の道に異なるをいふ
6　異宅　いたく　別宅と同じ
7　移宅　いたく　上に同じ（＝別宅と同じ）
8　醫療　いれう
9　倚頼　いらい　字音なりたのみにすることなり
10　猶豫　いうよ　ためらふこと
11　優美　いうび
12　意見　いけん

13　異風　いふう　常にことなる風俗なり
14　怡悦　いえつ　字音也よろこぶこと
15　逸徹　いつてつ　敢決強直の謂也又一鉄ともかけり
16　隠遁　いんとん
17　陰徳　いんとく　人しらず功徳をなす也
18　慇懃　いんぎん
19　引接　いんぜふ　引導に同じ心なり
20　宥慮　いうりよ
21　宥免　いうめん
22　路頭　ろとう
23　陋巷　ろうかう　いやしきみち也
24　廢壞　はいゑ　やぶれてこはるゝを云
25　波濤　はたう
26　褒美　はうび
27　廢忘　はいばう　忘るゝ也
28　敗北　はいぼく　北音ハイ常にはいぼくと云
29　媒介　ばいかい
30　廢學　はいがく　学問をやむる也
31　培養　ばいやう

32　俳優　はいいう
33　拝受　はいじゆ
34　末胤　ばついん
35　發明　はつめい
36　反景　ばんけい　夕日
37　繁華　はんくわ
38　褒貶　はうへん　ほめそしり
39　放埒　はうらつ
40　飽満　はうまん　あきたること
41　博洽　はくがふ　ひろくあまねきなり
42　媒妁　ばいしやく
43　繁昌　はんじやう
44　膀胱　ばうくわう　臓
45　暴虐　ばうぎやく
46　人情　にんじやう
47　蜂起　ほうき
48　煩悩　ぼんなう
49　犯罪　ほんざい
50　謀計　ぼうけい　はかりこと也

『文章仮字用格』が採りあげている見出し項目に含まれている漢語がどのような漢語であるのかということは幾つかの検証を経なければ明らかにはならないことが予想される。例えば、それが当該時期に「仮名で書かれることが多かった漢語」とまで言い切れるのか。ここまでみてきたように、仮名遣書が採りあげる見出し項目は、「単線的」ではない。さまざまな「流れ」がさまざまな必要に応じて、仮名遣書に流れ込んでいるとみるべきであろう。となれば、すべての漢語が「仮名で書かれることが多かった漢語」ということはむしろ考えにくいとして、なにほどかの割合の漢語がそのような漢語である可能性はあろう。例えば、草双紙に使われている漢語と対照するといった「方法」によって、今後検証する必要があると考える。その場合、分析方法、検証方法に関して、さらなる検討を加える必要がある。

七—十　『掌中仮字便覧』

冒頭に置かれた「大意」の末尾に「天保六未年七月　忍の屋　大野廣城」と記されているので、天保六（一八三五）年頃に大野廣城によって編まれたと思われる。題簽には「掌中假字便覧　全」とあり、表紙見返しにも「掌中／假字／便覧」とある。「大意」の前の内題には「對類音便字音濁語假字便覧」とある。「大意」を翻字しておく。句読点を補った。

こゝにものしつるは、いゐひえゑへおをほはわうふじぢずづ又音便字音俗語等の假名を抄出し、文字たがひてひとしく聞えたるは、ならべあげて、對類とす。そは歌をよむに、てにをは語格又結題、片題、傍題、落題などくさ〳〵あれど、其中にもいひかけの秀句、両吟は殊に美称する事なれば、歌の眼目なり。其かなのたがひたるは（略）たとへその歌いかはとおもしろからんにも、いはゆる玉に疵の甚しきものにていとほいなきわ

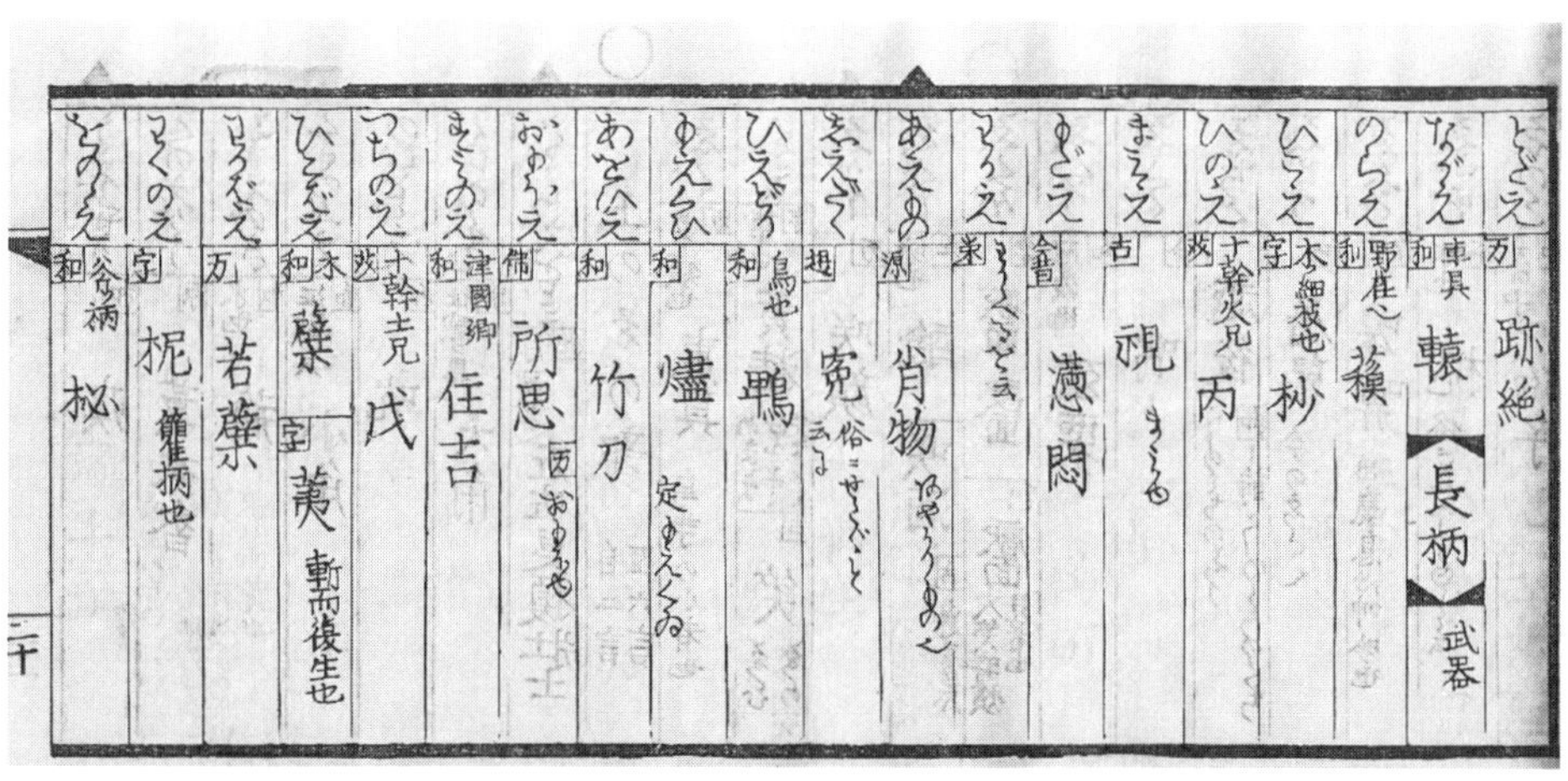

図25　『仮字便覧』 1

ざなれば、常に我庵におとなふ友人の為に、いさ、かそのあらましを記したるのみ

天保六未年七月　忍の屋　大野廣城

「凡例」の冒頭も挙げておく。

此書、古言雅語の時代をしらんには、引書の契圏を見合すべし。たとへば、古紀万字和等いづれにも見えたる書名をこと〳〵くあげんも煩しけれは、其内一つをあぐ「音便」「字音」「俗語」此しるしによりて見わくべし又同音ながら和名抄の頃より以前にもいひつけて、古言となれるものは今更に印を用ひす。又、定云々と記したるは定家かな也

「音便」「字音」「俗語」は次の**図27**のように、特別な表示のしかたをしている。長方形で文字を囲い、その四隅をどのように黒くするかで、「音便」「字音」「俗語」を区別している。「音便」と「俗語」との違いがわかりにくいが、「音便」は白抜き部分が楕円形になっており、「俗語」は六角形になっているという違いがある。

明治二十四（一八九一）年に完結した『言海』は和語と漢語とに使う活字を変えたり、さまざまな記号を使って、いろいろな「情報」を表示している。明治期のみをみていると、そうしたことにエネルギーを注いでいるようにみえるが、レイアウトの工夫によって

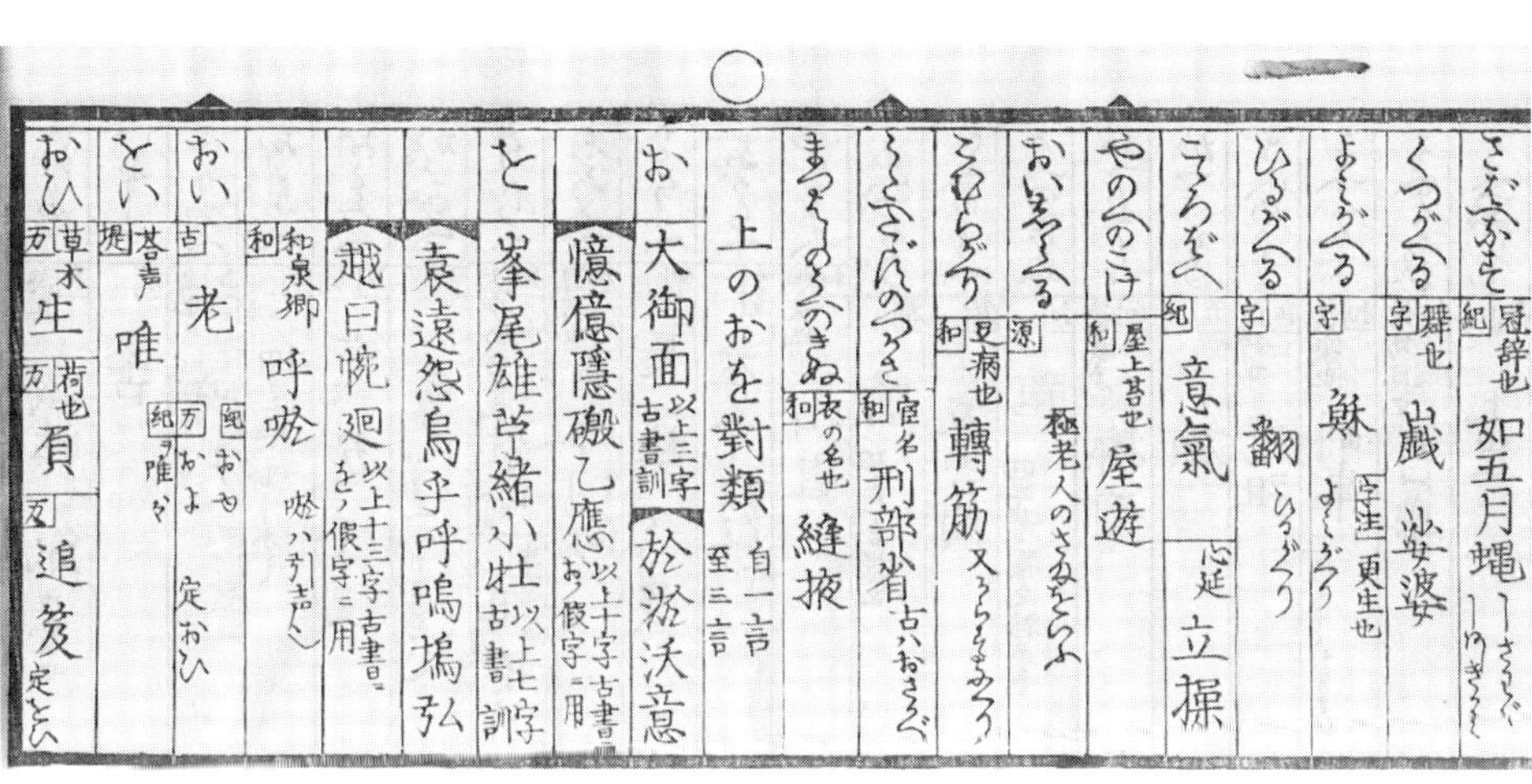

図26　『仮字便覧』 2

「情報」を表示し分けるという発想に、すでに江戸期には到達していたことがわかる。

「對類」とは上図に「上のおを對類」とあるように、仮名遣いが問題となる箇所と問題になる可能性のある仮名とをまとめたものである。この欄外に○が附されている。こうしたいわば標目を示している行の上部欄外には○が附されていて、検索しやすくするための工夫がなされている。上図であれば、見出し項目「おい」の上部欄外には▲が附されているが、ここから「二言」になることを示している。

図26でいえば、「お」の「一言」にはまず「古書訓」があげられ、

図27　『仮字便覧』凡例

ついで「古書ニおノ假字ニ用」いた漢字すなわち「(音)仮名」として使用された漢字十字が挙げられている。「古書訓」は訓仮名ではなくて、「お」と訓まれた漢字であるので、両者に平行性はないことになる。見出し項目「おい」には「定おひ」とあるが、「凡例」では「定云々と記したるは定家かな也」と述べている。

『仮字便覧』が天保六(一八三五)年頃に編まれていると思われるので、それ以前に出版されている『仮名文字遣』、例えば「寛政三亥歳九月吉日」の刊記がある小型版本を検すると、「お」の部に「おひぬれは　おいぬれは共老」とあり、「ひ」の部に「おひぬれは　おいぬ共　老」とあって、まず「おひ(ぬれは)」を示し、次に「おい～」を示しているので、結局この『仮名文字遣』は「おひ／おい」いずれの書き方も認めていると思われるが、まず「おひ～」が示されていることをもって、「定おひ」と記したのであろう。いずれにしても、「定家かな」すなわち『仮名文字遣』がどのような仮名遣いを示しているかを併記していることには留意しておきたい。

『仮字便覧』のようなテキストを一方において、『仮名文字遣』をみると、検索にきわめて不便であることがわかる。というよりも、『仮名文字遣』は江戸時代のように、あるいは現代のように、「検索」するということをほとんど考慮に入れていないテキストであるといえよう。江戸時代には、『仮名文字遣』の版本が複数種類出版されている。そのことは、『仮名文字遣』が江戸時代においてなお需要のあるものであったことを示唆するが、といって、それが盛んに用いられていたかどうか。(特に和歌や連歌などとかかわって)一つの「権威」として参照されていた可能性はもちろんあろう。江戸時代を「多表記性表記システム」の時代とみてよいのだとすれば、その「多表記」の一つの極として「定家かな」があった可能性といってもよいか。もう一つの極が「古典かなづかい」であったとすれば、それを極とした場合は、「非古典かなづかい」というものが対極のようにみえることになる。「定家かな」のある面は「非古典かなづかい」ということになるが、「非古典かなづかい」が(実際には『仮名文字遣』に依拠していなくても)「定家かな」とみえることも考えられる。

江戸時代の仮名遣いについては、さまざまな面から考察が蓄積されているが、実際の仮名遣いが統一的であることは必ずしも多くはないと思われる。具体的な文献を対象としたこれまでの仮名遣い分析は、おもにその文献の支配的な仮名遣いを把握するという観点からなされていることが多いと考えるが、「支配的ではない仮名遣い」が存在することをどうみるか、という問いに対しての一つの答えが「多表記性表記システム」ということであった。「一つの答え」と表現すると、他にも答えがあることを含意することになるが、現時点では別の答えの準備はない。しかし、さらに総合的に江戸時代の表記、仮名遣いを視野に入れて、評価することはあるいはできるのではないだろうか。その際には、本書で採りあげているような、仮名遣書がどのようなありかたをしているか、ということも視野に入れる必要があろう。

さて、「大意」で述べられていることからすれば、「歌」作が意識されていると覚しい。歌作を意識しているということと、字音についての記事があることとは「分裂的」にみえもするが、これまでにも述べてきたように、テキスト編纂の目的がつねに「単一的／単線的」であるとは限らず、「複合態」として編まれたテキストが存在していることは不自然なことではないと考える。

「定家かな」を二十例抜き出しておく。一部注等を省いて引用した。

	『仮字便覧』			慶長版本『仮名文字遣』		
1	うひ	初	定うゐ	うゐ〳〵し	翫　初敷	（ゐ部）
2	こひ	魚　字　鯉	定こゐ	こゐ	鯉	（ゐ部）
				こい	鯉	（い部）
				こひ	こゐ共こい共	（ひ部）
3	つひ	万　終	定つゐ	つゐに	遂終竟つい共	（ゐ部）

『仮字便覧』

4 いちひ　木也　古　赤檮　櫟　定いちゐ
5 いひ　池槭也　和　槭　定いゐ
6 ほしいひ　和　糒　字　定ほしい
7 まゐる　古　参入　まゐり　定まいる
8 とのゐ　殿居　宿直　定とのゐ
9 にひ　古　新　定にい
10 くひな　鳥也　和　水鶏　定くゐな
12 つひゆ　字　費　瘠　定ついゆ
13 きほひ　万　きほふ　きほへ　定きをふ
14 そこひ　万　涯　定そこゐ
15 つかひ　万　使遣　定つかい
16 もたひ　字　甕　罇　定もたえ
17 もちひ　字　餅　定もちゐ
18 ゆげひ　備前郷也　和　靫負　定ゆけい
19 やなぐひ　盛矢器也　字　箙　靫　定やなくゐ

慶長版本『仮名文字遣』

ついに　つゐとも終遂竟　（い部）
いちゐの木　櫟　（ゐ部）
いけのいゐ　池槭　（ゐ部）
見出し項目なし
まいる　参　（い部）
とのゐ　宿直　殿居　（ゐ部）
にゐまくら　新枕　（ゐ部）
くゐな　水鶏　亀鳥　（ゐ部）
見出し項目なし
きをひむま　きおふの時はお也　（を部）
そこゐ　底井　（ゐ部）
つかひ　使　（ひ部）
もたい　甕罇　（い部）
もちい　餅粮　（い部）
もちゐ　餅　（ゐ部）
ゆけい　靫負　（い部）
やなくひ　やなくゐとも　（ひ部）
やなくゐ　（ゐ部）

20	こえ	肉	字　肥	定こゑ	こゑたり	肥	（ゑ部）
					こえたる	こゑたりとも	（え部）
21	にへ		万　贄	定にゑ	にゑ	にへとも　贄	（ゑ部）
					にへ	にゑとも　贄	（へ部）
22	もえくひ		和　燼	定もえくゐ	もえくゐ	燼	（え部）
23	ゆくへ		万　行方	定ゆくゑ	ゆくゑ		（ゑ部）
24	おい		古　老	定おひ	おい	老	（い部）
					おひぬれは	おいぬれはとも	（お部）
					おひぬれは	おいぬ共	（ひ部）
25	おと		和　乙	定をと	をとめ	乙女　童女	（を部）
26	おり		式　下	定をり	おりたつたこ	居立田子	（お部）
27	をり	坐	古　居	定おり	をり	坐　居	（を部）
28	おきて		續紀　掟	定をきて	見出し項目なし		
29	おくり		万　贈　送	定をくり	をくる	送贈遣	（を部）
30	おくれ		万　後	定をくれ	をくれて	後終	（を部）

『仮字便覧』が掲げる「定家かな」は必ずしも慶長版本『仮名文字遣』と一致しない。『仮字便覧』が具体的な『仮名文字遣』テキストを坐右に置いて編まれたとは限らないのであって、こうした対照は必ずしも有効ではない可能性もある。そもそも慶長版本『仮名文字遣』を『仮名文字遣』テキスト中において、「増補本」と位置づけた場合、増補本においては、複数の仮名遣いを示すことが少なくない。そのことについても充分に考えておく必要が

ある。

『仮字便覧』が「俗語」「俗」と記している見出し項目をあげておく。

1　かたい　難堅　かたきを音便に云俗語也　（三丁裏十行目）
2　いかけ　沃懸　俗にいつかけ　（四丁裏九行目）
3　いぶせし　鬱悒　俗にふさぐと云に同　（六丁裏六行目）
4　いきたなき　俗ねこき也　（六丁裏十九行目）
5　いぼむしり　俗いぼしり　（七丁表十行目）
6　せひ　鮬　俗にせひご　（十一丁裏五行目）
7　ぐあひ　くみあひの約轉したる俗語也　（十二丁裏七行目）
8　ちりぼひ　俗におちふれたるを云　（十五丁裏九行目）
9　しえたぐ　俗にせたぐと云に　（二十丁表十行目）
10　ゑにず　槐　俗にゑんじゆと云　（二十丁裏十九行目）
11　おいらか　俗に云尋常の意にちかし　（二十七丁表二行目）
12　おすめどり　俗云ばん　（二十八丁表十六行目）
13　によふ　俗にうなると云　（四十三丁裏七行目）
14　りこう　俗に云こしやくさしで口と云意　（四十六丁表五行目）
15　したうつ　俗云たび　（四十七丁表九行目）
16　とこづめ　俗に云とこづれ　（五十八丁表十二行目）
17　かなづなゐ　俗云はねつるべ　（五十九丁表七行目）

右の「俗」「俗語」は見出し項目として採りあげた語の説明の中で使われている。それだけ、俗語ということが認識されていたと考えてよいと思われる。

七―十一　『たつかつゑ』

刊記に「富士廼舎蔵版／嘉永二己酉年発行」とあり、嘉永二（一八四九）年に刊行されたものと思われる。寺田長興編、上中下三巻。出典の略号が「略字例」と題された一覧表に示されている。それを次にあげておく。

古	古事記	紀	日本書紀	續	続日本紀	續後	続日本後紀
三	三代實録	延	延喜式	語	古語拾遺	旧	舊事記
江	江家次第	和	和名鈔	字	新撰字鏡	倭	倭姫命丗記
公	公事根源	万	萬葉集	八	八雲抄	禁	禁秘抄
古今	古今集	後	後撰集	拾	拾遺集	後拾	後拾遺集
金	金葉集	詞	詞花集	千	千載集	新古	新古今集
夫	夫木集	菅	菅家万葉集	催	催馬楽	栄	栄華物語
竹	竹取物語	空	空穂物語	源	源氏物語	狭	狭衣物語
伊	いせ物語	大	大和物語	住	住吉物語	落	落窪物語
清	清少納言枕草紙	今	今昔物語	宇	宇治拾遺物語	土	土佐日記
蜻	蜻蛉日記	保	保元物語	平	平治物語	平家	平家物語
盛	盛衰記	東	東鑑	続古	続古事談	太	太平記

図28　『たつかつゑ』上巻９丁裏

徒　徒然草　　著　著聞集　　色　色葉字類抄　　考　冠辞考
正　和字正濫抄　　栞　和訓栞　　梯　古言梯　　解　萬葉集略解

右には『色葉字類抄』が含まれ、さらに賀茂真淵『冠辞考』（宝暦七〈一七五七〉年刊）や契沖『和字正濫抄』（元禄八〈一六九五〉年刊）、谷川士清『和訓栞』、楫取魚彦『古言梯』（明和元〈一七六四〉年）、加藤千蔭『萬葉集略解』（寛政八〈一七九六〉年〜文化九〈一八一二〉年刊）が含まれている。これまでにもみられたが、（広義の）仮名遣書といってよい『和字正濫抄』や『古言梯』が参照され、辞書体資料である『色葉字類抄』も参照されていることには注意しておいてよいと考える。そのような表現がふさわしいかどうかわからないけれども、それまでに蓄積された「情報＝知」を総合的にとりこむという姿勢が感じられる。

図28は上巻九丁裏である。「いの部」の「四言」の箇所であるが、㋘とあるのは、「い」の下の仮名が「け」であることを示している。つまり第二拍までの「いろは順」配列をとっている。やはり検索方法が考えられていることがわかり、「いごのふ」の次が黒くなっている上から紙が貼られ、朱筆で「いこのふ　息憩」と書かれている。架蔵本には、上部欄外に朱筆で書き込みがなされている箇所が少しあり、あるいはいずれかの所持者が行なったことか。

また、四行目に「いごもる　色 齋籠を訓り」とある。尊経閣文庫蔵三巻本『色葉字類抄』には「齋籠　イコモル」（い篇人事部）とあって、こうした『色葉字類抄』テキストを参照していることを窺わせる。

七—十二　『和字法』

江戸期に編著された仮名遣書は少なくないと思われるが、架蔵するテキストを一つ紹介しておくことにする。**図**

29はその冒頭部分であるが、「和字法」には「カナヅカヒ」と左振仮名が施されているので、書名は「かなづかひ」と発音することがわかる。その下部に「寛保二壬戌春始草　求古堂撰稿」と記されており、寛保二（一七四二）年に起筆されていることがわかる。「求古堂」はごく一般的な号と思われ、編著者を特定することは現時点ではできていない。

図30は一丁裏と二丁表であるが、五十音図が示されている。この図では、ア行に「ヲ」が、ワ行に「オ」が置かれている。ただし後に示す「求古堂假字法歌」の最初には「假字（カナ）ツカヒわいうゑをヨリヒヾキユク其通音ヲカンカヘテカケ」とあり、そこには「わいうゑを」とあって一定しない。

二丁表には「牡丹花假字法哥十一首」とあるが、これは「仮名遣近道略歌」とも異なるものである。十一首の後に「右の哥迂遠にして誤多し故に今改め正すこと如左」と記されている。

端のいは音にてよむに極りぬうの字も同しこゑの假字也
音のうは道風なとゝ定れと入聲のうはふの字書へし
端のへのひふへと通ふかなはたゝ行ひ行ふ行への文字
端のをはをしへをこなふ物のをと琴のをを小の字扨はかしら字
奥のおは大の字尾の字負の字也わの字はかしら扨は一字そ
中の〈江〉のえゆるとひゞくかなはたゝ消え見えきゆる見ゆる類ひぞ
顔竿と音をはねたる文字にはほの字を書てをとはよむ也
唇のあやにてうといふ文字には梅馬の類むのかなそかし
生の字をうとよむ時は蓬生や浅茅生きりふなとの類ひそ
中のゐは位ゐ紅ゐおちつきてはたらかぬ字に用るそかし

ひのかなをみとよむことは悲しひの哀しひ音
のはたらきをいふ

そして「求古堂假字法歌」が記されている。

假字ツカヒわいうゑをヨリヒヾキユク其通音
ヲカンカヘテカケ
軽重にいゐ〈江〉ゑをおハワカチケリ反切マ
タハニゴルしちすつ
わハ一字頭ラ字ナレトたわたわらいわしくわ
ゐはすわるたわやめ

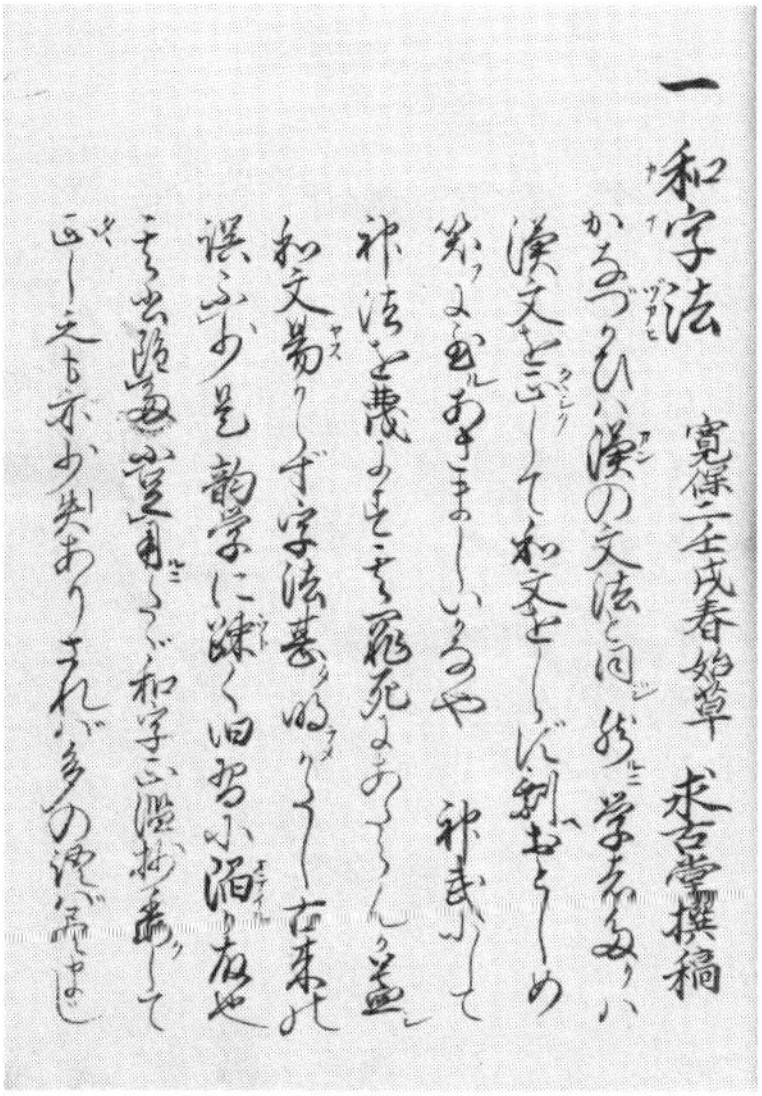

図29　『和字法』冒頭

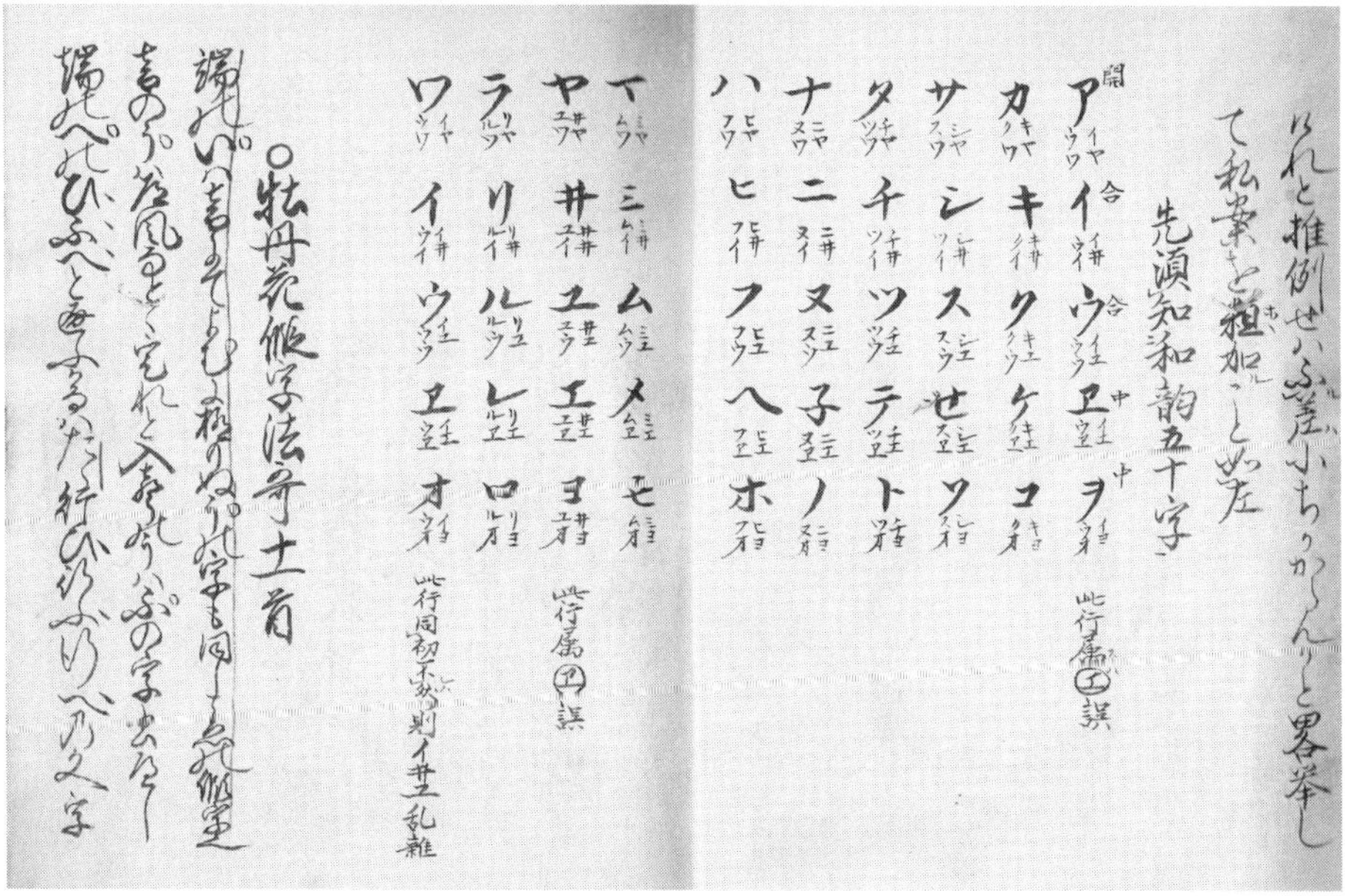

図30　『和字法』五十音図

はニテわトヨムハ岩祝フ際汀泡河齢終庭縄
桑俄災(ワサハヒ)　童(ワラハ)　器(ウツハモノ)　兵常盤はノ文字ゾカシ
端のいハ音ト首ラニ極マレトきくしニカヨフ文字ハいトカケ
中ノゐハ位ヰ紅ヰオチツキテハタラカヌ字ト一字首字
ゐニ紛(マカ)フひハ宵齢初住(ウヒスマヒ)　魂肘(カヒナ)　額(ヒタヒ)　頷(オトカヒ)　（略）
うノカナモ入声除キ音首いきくしトナルヨミハうノ字ソ　（略）
ふニ通フカナハ端ノへゆトヒヾクえコソ中ノ〈江〉うニハ奥ノゑ
端ノへノひふへニ通フカナコソハ行ひ行ふ行へノ類　（略）
中ノ〈江〉ハえゆるトヒヾクカナトシレ消エ見エ消ユル見エル類ゾ
奥ノゑハ笑酔画(ヱムヱヒヱ)カク末居(スヱスヱ)ル穿殖(ヱルウヱ)ル餌(ヱ)ハ杖机(ツヱツクヱ)　故(ユヱ)
端ノをハ一字ト下ト首字ソ小(ヲ)ノ尾(ヲ)等閑(ナヲザリ)青(アヲ)魚(ウヲ)十(トヲ)棹(サヲ)
奥ノおハ首ラニノミソ大(オホ)キ臣驚(ヲンオトロキ)　恐(オソ)ル重(ヲモ)キ趣(オモムキ)
皀薫(カホカホル)　庵廬(イホイホリ)　尚(ナオナホ)　直質(シス　ナ)遠(ホトホ)ク通(トホル)ルハ中ニほノ文字　（略）
はひふへほマタヒヾクナリまみむめも浮(ウカハ)ン浮ヒ浮フ浮ヘリ　（略）
馬孫むノカナナルニ梅生(ウメウマ)ル嫗(ウハ)ノうノ字ヲむニソ誤ル
聞ユ断ユゆナリ騒(サワク)ハわトさや〱頽(クツヲ)ル和(ヤヲラ)をノカナトシレ
しちすつノ濁ルハマカフ街躑躅藤氏葛渇水蔓(ツシツ、シフヂウヂクズウズミヅカヅラ)　類　（略）

右の「假字法歌」について、一つ一つの検討は省く。**図31**は「おの部」であるが、このように、『和字法』は「漢字列＋振仮名」の形式をとっている。**図31**のみをみた時に、現代人はこれが仮名遣書だとわかるだろうか。『節用集』のような辞書だと思うのではないか。こうした形式の仮名遣書もある。そして、先に掲げた「假字法歌」が和歌の形式で仮名遣いの原理を示したものであるとすれば、**図31**は仮名遣いの具体例を挙げていることになる。つまり『和字法』全体は「原理＋具体例」という形式をとっていることになる。江戸時代にはこのような仮名遣書も編著されていた。

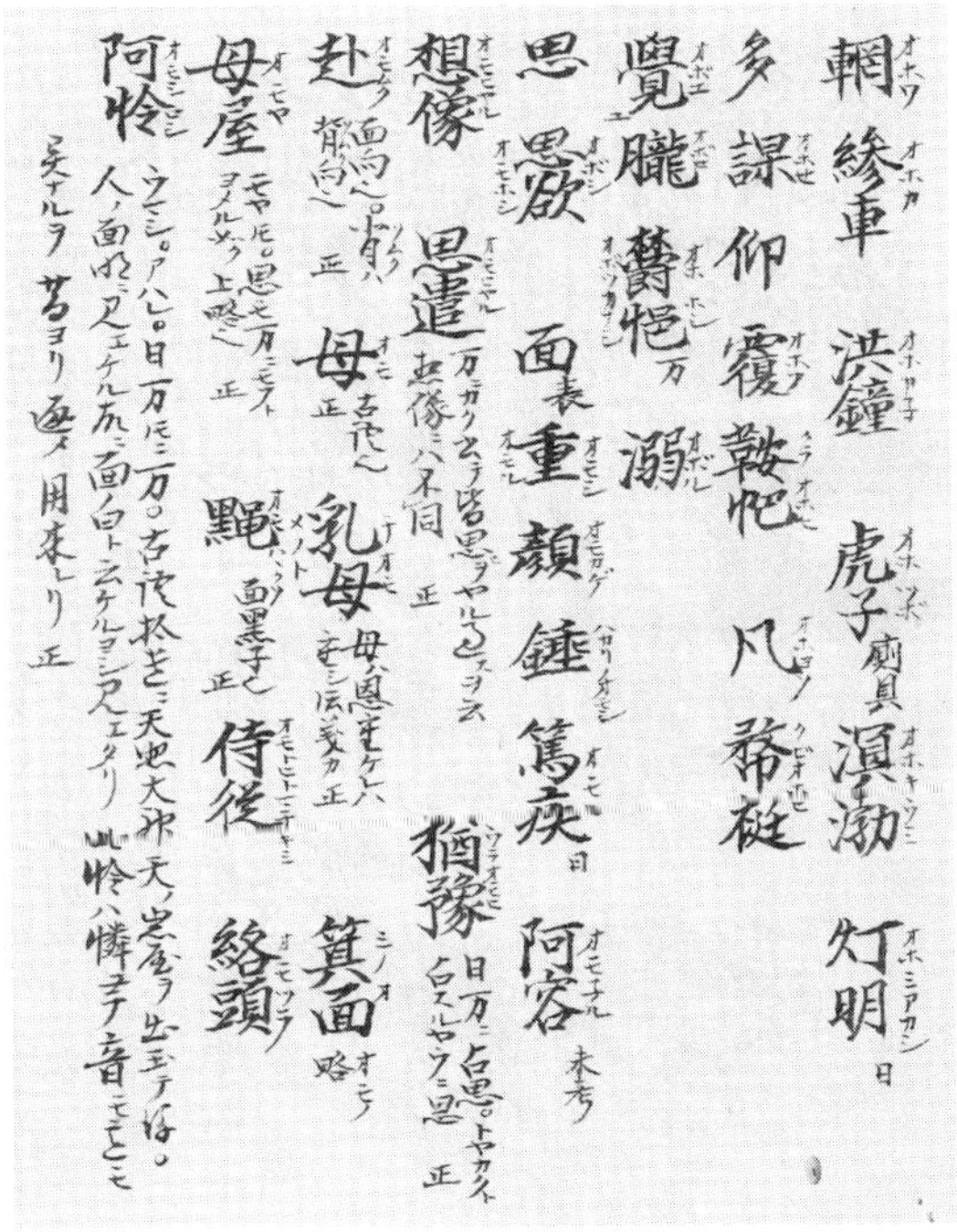

図31　『和字法』おの部

おわりに

本書は「仮名遣書論攷」の書名のもとに、ここまで仮名遣書の「流れ」を追ってきた。実は、仮名遣書が一つの「流れ」として記述できるか、という問いがそもそも必要であったかと思うが、必ずしも連続しない「流れ」もある、とみてよいのだとすれば、ある程度はそうした「流れ」を描くことができたのではないかと考える。

ごく粗く概観すれば、行阿『仮名文字遣』が中世期を代表する仮名遣書といってよい。そしてそれはおそらく「和歌・連歌世界」というきわめて限定された「文字社会」の求めによって成った。「和歌・連歌世界」においては、『仮名文字遣』以外の仮名遣書もうみだしたと考える。『仮名文字遣』が具体的な用例集というかたちを保ちながら、増補されていったのに対して、『仮名文字遣』以外の仮名遣書には、「原理を示す」という別の形式がみられる。

江戸時代に入って、文字を操る人々の数は飛躍的に増加し、「文字社会」はひろがった。このことによって、「語を文字化する」人々の数が増え、その「文字化」には「漢字による文字化」と「仮名による文字化」とがあったと思われる。二つの「文字化」がどのような関係にあったか、そしてそれぞれの「文字化」がどのような「文字社会」で行なわれていたか、ということについては、これまでにさまざまに考究されてきているが、なお、総合的な視野から、考える必要があろう。右のような「文字社会」の拡大に伴なって、仮名遣いには実際的な面が室町時代よりも強くなったと考える。それは、ハンディなテキストが編まれていること、「日用」を謳う仮名遣書が編まれていることによって（ある程度は）裏付けられていると考える。

もう一つ考えておきたいのは、古代語から近代語へと移行する過渡期の中世語の時代を超えたことによって、江戸時代になると、「今、ここ」で使っている日本語と、かつて使われていた日本語＝古代語とは異なるということがはっきりと認識されたのではないかということである。そのことによって、古代語を明らかにするという意識が生まれ、国学はそうした意識のもとに、古代語の研究に多くのエネルギーを傾けた。

語の「本性」（のようなもの）をどのようにとらえるかはさまざまであろうが、今使っているこの語はずっと遡っていった時に、かつてどう書かれていたか、ということは基本的な「情報」といってよい。『古事記』『日本書紀』が研究され、『万葉集』が研究される中で、「かつてどう書かれていたか」という問いは「漢字でどう書かれていたか」という問いに置き換えられ、さまざまに考究されていった。その「漢字でどう書かれていたか」を語の「本性」とみれば、漢字を仮名に置き換えたかたちが「本性」につながるかたちということになる。契沖が『和字正濫抄』で示そうとしていたのは、そのような「漢字でどう書かれていたか」ということと明白な紐帯でつながれている語の（仮名で書いた場合の）語形であったのではないか。

『和字正濫抄』を補ったとされる『古言梯』は、そもそも書名が「古言」を含んでいる。現代人が考えるような「仮名遣書」のイメージを、あるいはテキストの実態を離れて投影していたということはないだろうか。以下、古代語研究の進展にともなって、その成果が、現代人が仮名遣書と呼ぶテキストに次次ととりこまれていく。こう考えると、仮名遣書とは何か、という根源的な問いもあったことに気づく。

さらにいえば、現代人が考える仮名遣書は「単一的／単線的」なテキストであろうが、実際に江戸時代になって編まれた仮名遣書は、「複合態」としてのテキストであることが多い。現代人が考える仮名遣い以外の記事を等閑視することによって、「複合態」として編まれたテキストを適切に評価することができなかったということがあるのではないだろうか。

広義の仮名遣書はいうまでもなく、狭義の仮名遣書であっても、本書でとりあげられなかったテキストが少なくない。またテキストの概観を紹介するにとどまった場合もある。こうした点については、今後なんらかのかたちで補足ができればと思っている。本書が「捨て石」となって、さらなる地平が開けることを願う。

註

（1）『日本語学研究事典』（二〇〇七年、明治書院）の「仮名文字遣」の項目（遠藤和夫執筆）において、「『下官集』と『仮名文字遣』とを結びつける原初的な写本も存在している」（七二九頁中段）と述べているが、その「写本」が具体的にどのようなテキストで、どのようなものであるかについては一切述べていない。多くの人が長く参照するであろう事典の記述としては、記述の妥当性を他者が確認するための情報を秘匿している点において、適切ではない記述態度と考える。またこの項目の「解説」では「版を重ねる度に語数が増補されるという結果を生じた」と記す。「版」とあるので、これは慶長版本以降、江戸期に出版された版本『仮名文字遣』についてのことと思われるが、「版を重ねる度に語数が増補される」は事実ではない。むしろ江戸期に出版された版本には小異はあっても、「増補」と呼びうるような「変化」はみられない。江戸期にどのような求めに応じて『仮名文字遣』が出版されたかということは、江戸期における『仮名文字遣』の受容史とでも位置づけることがらであって、「解説」がそのことから書き始められることは唐突でもあり、そのことを述べた後に序文の記述についての言説が続くなど、言説自体が整理されていない。「諸本」の最後の一文、「版本には「一、定家仮名遣少々」「二、人丸秘抄」と目次だけで、その実体は存在しないが、文明一〇年本の付録となっているので、知ることができる」など、説明のための文そのものが不整（版本には〜知ることができる）であり、総じて記述が丁寧でないことは読者にとって不親切といわざるをえない。遠藤和大は「下官集」の項目において、「源親行の文書が付載されている」『下官集』が「発見され」「行阿の『仮名文字遣』の序の信憑性が浮かび上がってきた」（七二八頁下段）と述べる。これは「親行本『下官集』考」（『國學院雑誌』第一〇八巻第十一号、二〇〇七年）において採りあげた神奈川県立金沢文庫蔵『九条錫杖』と打ち付け書きされたテキストの一丁裏から十丁表までを「親行本『下官集』」と名付けた、そのことを指していると思われる。しかし、坂本清恵は「定家仮名遣い再考―アクセント体形変化後の仮名遣いのよりどころ―」（『国語国文』第八十一巻第七号、二〇一二年）において、「この奥書（引用者補：金沢文庫蔵『九条錫杖』の末尾に添えられた、「大炊権助源親行」の署名がある奥書のこと）は偽物として扱うべきものであり、『仮名文字遣』序文の捏造説を退ける資料として認めることはできない。これまで言われてきたように、序文は、光行、親行時代とは異なり、当時河内方の源氏学が二条派に圧倒されつつあったことに対抗するための記述で、権威を顕示するために書いたものと考えるのがよいのであろう」と述べる。坂本清恵は三点にわたって、疑義を提示する。それぞれ妥当な判断と思われるが、特に、この本が「を」と「お」とを別グループとする条の後者において「尾之音　おうゐのをくやま書之故也」としていることに関して、「「お」とする根拠を（引用者補：いろは歌の）「おくやま」に求めているにも関わらず「をくやま」とした」ことについて、遠藤和夫が「初歩的なミスといえる」と説明していることに対して坂本清恵は「そもそも「いろは」を根拠として「を」「お」の書き分けを示し、「ちりぬるを」の「を」と「おくやま」の「お」と二分類したのであるから、これを間違えること自体が不審である」と述べていることは当然の疑義といえる。遠藤和夫（二〇〇七）はこの本が「親行が下書きに用意した草稿、すなわち手控えとして用意したものであったのではないかと思われる」とまで述べていることからすれば、遠藤和夫にはこの疑義を解消する義務があると考える。

（2）ここでは、石川直美（一九七九）に関しての稿者の言説というかたちで述べているが、そうした具体的な指摘というよりは、これを書いている二〇一四年の時点での稿者の考えを一般的に述べている。「事実」がどうであるかを正確に観察、把握し、それを過不足なく言説にするということがまず大事であることはいうまでもないが、やはり事実の報告を超えて、それがこれまでに蓄積されてきた言説との兼ね合いの中で、どのような位置づけになると、言説の書き手が判断しているかを（推測を交えざるをえないにせよ）示す必要があると考える。

（3）駒沢大学国語研究資料第二『仮名文字遣』解題（大友信一執筆）はこの本の奥書について「「文安五年二月廿三日」とあったものと推察される」（四三五頁）と述べ、この本を「文安五年本」と呼ぶが、先に紹介したように、『語学叢書第一編』に翻刻されている本には「文安五年二月廿三日」とはない。この「推察」はどのような背景をもつか不分明であり、「文安五年本」という呼称も適切なものかどうか判断できないので、本書においては、「文明本（東常縁本）」と呼ぶことにする。この本に関わって、島津忠夫「東常縁に関する資料の再吟味（1）―鷲見氏保に与えた『仮名文字遣』―」（老のくりごと―八十以後国文学談儀―（8））において、「文安五年二月廿三日書之／此双子以証本不違一字書写之　依左衛門尉藤原氏保所望経年月者也　真実早筆之躰多憚／平常縁（花押）」という奥書のある一本が、佐賀県立図書館鍋島文庫に蔵されていることが報告されている。『語学叢書第一編』に紹介されている本の奥書と「此双子以証本不違一字書写之　依左衛門尉藤原氏保所望経年月者也　真実早筆之躰多憚／平常縁（花押）」という表現が一致している。ここには「文安五年二月廿二日書之」とある。『仮名文字遣』解題は、「文安五年本」の他に「文明十年本」なる一本を挙げ、「これも『語学叢書第一編』で紹介されたもので、奥書に、文明十年二月八日書写畢／以　禁裏御本書之」とあ」(四三五頁)ると述べるが、この奥書は、『語学叢書第一編』に紹介された一本の、「人丸秘抄」の後に記されている奥書のことと思われる。そもそも『語学叢書第一編』に、『仮名文字遣』は一本しか紹介されていない。『仮名文字遣』解題(大友信一執筆)は、『仮名文字遣』末尾の奥書と、「人丸秘抄」末尾の奥書とから、こうした奥書をそれぞれ備えた『仮名文字遣』がかつて存在した、と推測しているのだろうか。そのことについても不分明である。そして、仮にそのように推測しているのだとすれば、その推測は適当ではないと考える。

(4)　石川直美(一九七九)には故鈴木真喜男蔵本として外題に「仮名文字遣大概」とあり、識語に「寛政第十」とある一本(②)、外題内題ともに「仮名文字遣」、扉に「文字仮名遣」とある一本(③)、国立国会図書館蔵で811.56/Ms494k/s2の請求番号をもつ一本(④)が紹介されているが、これらについては一覧に入れなかった。

(5)　文明十二年本、明応九年本(隆量卿仮名遣)、永禄四年本については、長谷川千秋氏がご所持であった紙焼き写真等を借覧させていただいた。ここにそれを明記し、学恩に感謝申し上げる。

(6)　『玉英堂稀覯本書目』第一九五号(一九九〇年二月)に奥書に「永禄一二年三月廿日西村孫十郎丸主光綱(花押)」とある一本が掲載され、また『玉英堂稀覯本書目』第二一〇号(一九九二年十月)には、幕末土佐藩士小畑氏旧蔵本(慶長頃写本)が掲載されていることが、木村晟編『古辞書研究資料叢刊』第十一巻に紹介されている。岡田薫「『仮名文字遣』諸本の系統について」(『立教大学日本語学研究所年報』第八号、二〇一一年)もこの両本について紹介している。

(7)　遠藤和夫(一九八九)は「新出本」がそのような見出し項目掲出形式を採ることを述べ、「項目の順序も乱れがないので、新出本の方が原姿かもしれない」と述べる。しかし、なぜ「新出本の方が原姿」だと判断できるのかについては何も述べていない。そこにどのようなロジックがあるのだろうか、稿者には理解できない。「新出本」は「あをのり」「あをやぎ」を見出し項目とし、その「あをやぎ」に「青柳　あをつ、らなとあをの類同」とあるとの由で、ここから文明十一年本が備えている「あをかつら」を導き出すことはできない。そのことからすれば、やはり文明十一年本のような(というよりもこの「新出本」以外のすべての『仮名文字遣』のような)かたちが原姿で、「新出本」はそれをある意味合いにおいては抄出した本とみるのが自然であろう。自然ではないみかたを提示するにあたっては、何らかの判断根拠を示すのが当然で、この「原姿かもしれない」の記述にはそうしたものが示されておらず、唐突な印象を与える。そして「新出本」が「古態を髣髴とさせるものがあるようである」「新出本の方が古態を保存しているのではないかと臆測している」「新出本の方が丁寧な感じである。資料をそのまま提供した感がある」などと述べていく。遠藤和夫（一九八九）は「新出本」についての紹介を目的としたものと思われるが、「新出本」がどのような識語の類を備えているのか（あるいは備えていないのか）という、もっとも基本的な書誌情報すら示していないことは理解しにくい。

（8）テキストの系譜的聯関を把握することは、文献を使う学の基本作業ともいえよう。しかし、採りあげようとしているテキスト同士の「距離」がかなりある場合には、テキスト同士の対照から系譜的聯関を明らかにすることが難しい場合がある。残されているテキストA・B・C・D・E・Fの成立順がわかるまでは、これらのテキストを使うことはできない、という考え方は「王道」であると同時に、その考え方のために、いつまでたっても、これらのテキストが使えないということにもつながる。『仮名文字遣』のあるテキストは、ある時期に確実に何らかのかたちで使われていたのであって、その時期に、そのテキストの系譜的聯関がわかっていたわけではない。時には、テキストを（系譜的聯関から離れた）自立したものとみなし、そのテキストを検証するということも必要であろうし、そうしたことが行なわれてよい、と考える。

（9）現在残されている『仮名文字遣』の序にあたる文章には「外祖父河内前司于時大炊助親行」という表現、及び「加之行阿又案之」という表現がみられる。そのことをもって、源親行の孫にあたる源知行（一二九二？〜？）、法名行阿が『仮名文字遣』の著者とされている。大野晋は「仮名遣の起原について」（『国語と国文学』十二月号、一九五〇年）において、源知行の出家を貞治二年と推測し、（源知行が著者であることを認め）『仮名文字遣』を源知行が著わしたのは貞治二年「以後であるに相違ない」と述べる。今、それらに関して、積極的な反証をもたないので、「『仮名文字遣』は源知行（行阿）が上知二年以降に著わした」ということを前提として論を進めていくことにする。

（10）築島裕は『歴史的仮名遣い―その成立と特徴』（一九八六年、中公新書）において、「『仮名文字遣』の成立も、延文、康安、貞治（一三六二〜一三六八）以後ということになるであろう」（三十九頁）と述べている。

（11）こうしたことについては、大野晋（一九五〇）は「この仮名文字遣の如く、国語表記の規範を示す役目を帯びた著作は、行はれるにつれて語彙の増大が要求され、次第に辞書化する傾向にあるものであり、あまり膨大に至らない限りは、簡約本を作る試みが為されることは少い」と述べる。そして「文明十二年本を現に知りうる最も原型に近い仮名文字遣と仮定」している。また、山田俊雄は『日本語と辞書』（一九七八年、中公新書）において、「『定家仮名遣』は、もと、和歌を書き記し、平安時代の物語を伝写する場合の、表記の作法を述べたものである。『定家仮名遣』の前身であるところの、定家の時代の『下官集』や、やや後の『仮名文字遣』の姿から、次々に後代の人の手にかかって項目が増益されると、もとは仮名遣の作法書ではあっても、やがて和語・漢語にわたる辞書の形態に変り、用いる人々も、「仮名遣」という用語をゆったりとした解釈で、その書を辞書同様の扱いをしたらしく、今日の人々ならば「え」と「ゑ」と「へ」、「い」と「ゐ」と「ひ」、「お」「を」「ほ」、「は」「わ」など目に角を立てて正誤を争うはずの仮名遣の書を引くのに、仮名の混同など、どこの話かというような引用のしかたで、辞書の編集の材料にもしたのである。そのことは、『運歩色葉集』などには、はっきり『定家仮名遣』から引用したということを注しているのに、仮名ちがいになっている例の多いことで十分証明できることである。ことばや、文字連結（文字列）を集成したものは辞書である、という考え方は、素朴で簡略な考え方であったろう」（一七五～一七六頁）と述べている。

(12) 『仮名文字遣』解題は、明応九年本に関して、「木枝増一氏の『仮名遣研究史』に紹介されたもので、内題に「鷲尾殿隆量卿仮名使全部」とある。京都大学国語研究室蔵本で、奥書に、「明応九年庚申夏五月書写畢」とあり、目録も附録も完備しており、（三）の文明十年本に頗る類似している。それも道理、本奥書に、

本云

文明十年二月八日書写畢

以　禁裏御本書之　　按察使　藤原親長

後普門院殿

相伝御判

とある」と述べる。木枝増一『仮名遣研究史』（一九三三年、賛精社）には「「文明十年二月八日書写畢　以　禁裏御本書之　按察使　藤原親長」と奥書（附録の奥書で「仮名文字遣」の奥書ではない。）のある「仮名文字遣」の附録」（十五頁）として「定家卿仮名遣少々」が紹介されているのであって、それが京都大学国語研究室蔵本で、明応九年の奥書をもつとは記されていない。しかしそれはそれとする。疑問であるのは、木枝増一（一九三三）がわざわざ「附録の奥

書で「仮名文字遣」の奥書ではない」と述べているにもかかわらず、『仮名文字遣』解題が、それを「本奥書」と述べていることである。明応九年本をみれば明らかであるが、『仮名文字遣』の「ふ」部が終わったあと、少しの空白を残して次の丁の右端には「定家卿仮名遣少々」とあって、それが三丁続き、少し空白を残して次の丁の右端には、「一人丸秘鈔　和歌文字聞事」とあり、それが一丁半続いて、空白を残して終わる。したがって、この本が書写された時点での認識において、『仮名文字遣』と「定家卿仮名遣少々」と「人丸秘鈔」とは、それぞれが別のテキスト（あるいはそれに準じるもの）という認識があったことが書写の形式からも明白である。そして「人丸秘鈔」が終わって丁を変えて、先に引いた「本云／文明十年二月八日書写畢／以　禁裏御本書之／按察使　藤原親長／後普門院殿／相伝御判」とある。そしてさらに丁を変えて「此一冊以秘本写之頗可備後／代證本者哉料紙軽追而需／筆者可誂清書而已／明応九年庚申夏五月書写畢／倉部下部朝臣（花押）」とある。ここでの「此一冊」がテキスト全体を指すもので、「本云／文明十年二月八日書写畢」は、木枝増一が述べるように、附録されている「定家卿仮名遣少々」＋「人丸秘鈔」全体にかかるものか、または、「人丸秘鈔」のみにかかるものとみるのが妥当ではないだろうか。文禄四年本も、『仮名文字遣』の後ろに、「定家卿仮名遣少々」と「人丸秘鈔　和歌文字聞事」とが置かれているが、「文明十年二月八日書写訖／以　禁裏御本書之／按察使藤原親長」は「人丸秘鈔　和歌文字聞事」の末尾に記されており、丁を改めて「三條西殿　前右大臣公條御奥書」が始まる。そのことからすれば、「文明十年二月八日書写畢」は「定家卿仮名遣少々」に単独でかかるものではないとみるのが妥当か。拙書『仮名表記論攷』（二〇〇一年、清文堂出版）において、文禄四年本の「文明十年二月八日書写畢／以　禁裏御本書之／按察使藤原親長」を「本奥書」（四二〇頁）と述べたことは認識、表現ともに不正確であった。ちなみに藤原親長は『親長卿記』で知られる甘露寺親長（一四二五～一五〇〇）のこと。一五〇〇年が明応九年にあたる。そして『仮名文字遣』解題は、「文明十年本が所在不明である現在、文明十年本の代りに用いるべきものかと考える」（四三七頁）と述べる。この「文明十年本」は赤堀又次郎が『語学叢書第一編』で紹介した本を指すが、現在所在がわからない本である。この本にみられる、「文明十年二月八日書写畢／以　禁裏御本書之／按察使藤原親長」という奥書も、当然同本の「定家卿仮名遣少々」「人丸秘鈔」についてのものであるとみるのが妥当で、そうであれば、この『仮名文字遣』を「文明十年本」と呼ぶことはふさわしくない。

（13）高瀬正一は「『仮名文字遣』の語彙—文明十一年本と中古文学語彙との関連—」（『愛知教育大学大学院国語研究』第

二十一号、二〇一三年）において、文明十一年本の見出し項目に整理を加え、その総見出し項目を一〇三四とみた上で、「『源氏物語』に用例のみられる『源氏物語』出自語彙」が四三三例、四十一・九パーセントを占めると指摘し、「『源氏物語』出自語彙は、『仮名文字遣』の四割をしめており、第一の出典である」と述べている。そして、『河海抄』との結びつきが確認できる例を二十三例と指摘する。高瀬正一には「『仮名文字遣』と『源氏物語』語彙」（『国語国文学報』第六十集、二〇〇二年）もある。

(14)　漢字列「落落」は他に後漢の杜篤「首陽山賦」（『藝文類聚』巻七）に「嗟首陽之孤嶺、形勢窟其槃曲、面河源而抗巖、隴塠隈而相屬、長松落落、卉木蒙蒙、青羅落漠而上覆、穴溜滴瀝而下通」とみえることを初めとして、晋の孫綽「天台山賦」（『文選』巻十一）にも「籍萋萋之纖草、蔭落落之長松」とみえる。後者の「落落」に関して、呂延濟は、「萋萋、草美皃。落落、松高皃」と注を施し、この箇所に関して李善は杜篤「首陽山賦」を引く。呂延濟が説くように、ここでの「落落」は松が高く抜き出たことを表現しているとみるべきであろうから、語義としては「まばらなさま、ものさびしいさま」ではないことになる。

(15)　例えば慶長版本の「う部」に「かうれうさん　広陵散　薬名也」とある。この「かうれうさん」が『源氏物語』明石巻の「かうれうといふ手を、あるかぎり弾きすまし給へるに」（新日本古典文学大系『源氏物語』二、岩波書店、六十四頁）の「かうれう」について「竹林の七賢の一人、嵆康の伝えた秘曲「広陵散」のこと」（新日本古典文学大系、六十四頁脚注）と理解されてきており、『河海抄』にもまずは嵆康について述べられているが、それに続く記事に「広陵散薬名」とあることを指摘する。

(16)　この慶長版本『仮名文字遣』の総見出し項目数は、拙書（二〇〇一）での数値（五二四頁の「表一」）によった。高瀬正一（二〇一三）と数値（一八八一）が異なるが、見出し項目としての認定の違いによるものと思われる。

(17)　池上禎造（一九五五）は「上に書かない仮名とか下に書かない仮名を所謂エヱオヲの類から遙に拡げて言ったらしい」と述べ、注において、「わたくしの京大における演習で、男重宝記（植谷元学士）悦目抄並に和歌大綱（山口堯二学士）における例が報告された。新撰仮名遣にこのことは見える由であり（国語学辞典　林大氏、及び同書一本の所蔵者亀井孝氏直話）京大本仮名遣からも見出された。（土井洋一学士、巌父忠生博士の解釈と鑑賞一九―一〇　六八頁に引用のもの）つまり中世に可なりひろく言はれ、悦目抄などの力で重宝記まで採り文雄も知ってゐた（和字大観抄）ことである」と述べる。

(18) 稿者は故山田孝雄蔵本を山田忠雄の監督のもと、一九八三年十一月二十三日に書写しており、ここではその書写本にしたがって述べた。ただし、富山市立図書館の検索システムによって、山田孝雄文庫に検索をかけても、稿者が書写した本はみあたらないように思われる。

(19) 矢田勉『国語文字・表記史の研究』(二〇一二年、汲古書院)は網野善彦の『日本論の視座 列島の社会と国家』(一九九〇年、小学館)にふれることが少なくないが、「文書世界の均質性」(四二五頁)が確認できるとすれば、そうした「均質性」に注目していく必要がある。

(20) 『国語学大辞典』は「定家仮名遣の中世的伝書の一つ」と述べ、『日本語学研究事典』は「定家仮名遣い(『仮名文字遣』)の末書」と述べる。『国語学大辞典』の「定家仮名遣」がどのようなテキストまたは概念をさしているのか不分明であるが、今仮に『日本語学研究事典』同様、行阿『仮名文字遣』をさしているものと前提する。そうみた場合、行阿『仮名文字遣』と『仮名遣近道』とのつながりはどのように確認されているのだろうか。仮名遣いの用例集といえそうな行阿『仮名文字遣』と原理の説明を交える『仮名遣近道』は、記述の根幹が異なっており、具体的な記事に重なり合いはないといってよい。それほど異なる二つのテキストを連続の相においてとらえる「根拠」は何か不分明である。個々のテキストを十分に吟味することなく、「流れ」のみが先につくられているように思われる。『日本語学研究事典』はさらに『仮名遣近道』が行阿『仮名文字遣』の「解説書でもある」とまで述べているが、『仮名遣近道』の記事の中に、『仮名文字遣』の記事等に直接ふれた箇所は存在しない。そうしたものがなくても、かかわりがある場合もあろうが、「解説書」とまでいうのであれば、「解説」が必須のものとなるはずで、こうした認識がどこから、どのようなことを「根拠」に導き出されてきたか不分明である。

(21) 「現在では漢字「立」の慣用音として「リツ」、漢音・呉音として「リフ」を認めている」と述べたが、「慣用音」に関しては「認めることがある」というべきか。このことがらは、唇内入声音[-p]を仮名でどう書くかということとふかくかかわっている。そもそもは唇内入声音[-p]を仮名「フ」で書いていたが、「ハ行転呼音現象」によって、「ウ」で書くこともあるようになった時点で、もともと「ウ」で書いていた[-u]韻尾字、[-ŋ]韻尾字との区別が(結果的に)できなくなった。沼本克明は『日本漢字音の歴史』(一九八六年、東京堂出版)において、「現代語で、-p韻尾であった漢字を上接字とする漢語には促音化しているものが有るのに対して、-t韻尾であった漢字にはこの様な例が原則として出現しない（少・報・労など）。これは-p韻尾字が［-ɸu］であった時期に促音化して、それが字音語形として伝承されたためである」（二二三頁）と述べる。これに先立つ箇所では、-p韻尾字に「促音化したものが有る（<ruby>雑<rt>ザッ</rt></ruby><ruby>誌<rt>シ</rt></ruby>・<ruby>法華<rt>ホッケ</rt></ruby>・<ruby>立身<rt>リッシン</rt></ruby>など）」と述べる一方で、-t韻尾字は「促音化も連濁もしていない」、-ng韻尾字は「連濁したものが有る（<ruby>東西<rt>トウザイ</rt></ruby>・<ruby>長者<rt>チョウジャ</rt></ruby>・<ruby>王子<rt>オウジ</rt></ruby>など）」と述べており、-p韻尾字は促音化によって、-ng韻尾字は連濁によって、-t韻尾字との「距離」を保ったとみていることが窺われる。このみかたを認め、このみかたの側から説明するならば、後発した促音形「リッー」を「慣用音」とみることがあるという説明が妥当であることになる。

(22)　ただし、富山市立図書館の検索システムによって、山田孝雄文庫に検索をかけても、稿者が書写したこの本も（註18と同じく）みあたらないように思われる。

(23)　漢字書きの二つのいろはは次のようなものである。

A	B
以呂波仁保へ土	伊路半尓本遍登
知利奴留遠和加	地里怒流越王可
与太礼曾圖祢奈	夜多連楚津年那
良武宇為乃於久	羅無宇井能尾具
也末計不己江天	屋満氣婦古え帝
安左幾由女美之	阿佐起遊免見志
恵比毛世寸	衛飛裳勢壽
童子の最初に習ふかな也	

Bに続いて「是をかはるのいろはといふかなとて／別に字のあるにてもなし正字の／ある事なれはうつくしからせん／とて我まゝに書事にてはあるまし／仮字の筆道なとゝいふも筆勢う／けをし正字の筆心に叶を専に／するとにかける事也」とある。ここには「筆道（ひつどう）」という表現が使われていて、いわゆる「入木道」との接点を示唆していると思われる。ここではBを「かはるのいろは（変わるのいろは）」つまりいろは別体と呼ぶ。Bは矢田勉（二〇一二）が「青蓮院流のいろは手本では、その平仮名書きいろは歌（以下「正体」という）の後に更に別体のいろは歌を添

えるのが定型である。そして、それもまた決まった仮名字体で書かれる」（二八七頁）と述べている、その「別体のいろは歌」と通う点がある。矢田勉（二〇一二）が示すものは、「伊路半耳暮邊登／遅里怒留越和賀／夜堂連楚川祢那／羅無有井乃於具／屋満氣布古衣傳／阿散幾遊免見新／衛飛裳勢須」で、傍線を附した箇所が異なるので、違いはある。先に「漢字書きの二つのいろは」という表現を使ったが、それは、このテキスト全体からすれば、ここに書かれた文字は仮名とは認めにくいという稿者の判断による。しかし、Aの末尾には「童子の最初に習ふかな也」とあって、そこでは「かな」とはっきりと表現されている。Aの「へ」、Bの「え」は現行の平仮名字体とみなし得るような字形で実現しているので、「へ」「え」と翻字した。矢田勉（二〇一二）は青蓮院流の「別体いろは歌」の「オ」に「現行字体と同じ「お」の形が用いられている」（二八九頁）ことに注目し、「他音節の場合との整合性ということを先ず信頼するならば」（同前）という前提のもとに、このことをもって「青蓮院流いろは手本の正体・別体でのオの仮名字体の振り分けには、過去において「平仮名らしさ」の基準が揺れ動いた、その動態の痕跡が遺されていると考えられる」（同前）と述べる。「青蓮院流のいろは手本」と仮名遣書に添えられたいろはとを同列に論じることはできないであろうが、やはり「他音節の場合との整合性」があるかどうかについての何らかの検証が必要ではないだろうか。青蓮院流のいろは手本においては「オ」に「お」があてられていて、それが目を牽くが、この『仮名遣近道抄』のいろはにおいては「へ」に「へ」、「エ」に「え」があてられていて、それがいわば目を牽くのであって、そのことについては、慎重にとらえる必要もあろう。

（24）　例えば「一　手尓葉の歌」として掲げられている「そるこそれ思ひきやとははりやらん／是そ五つのとまり成ける」は「姉小路式」の異本ともいうべき『歌道秘蔵録』に載せられている。刊本『歌道秘蔵録』の奥書には「元亀元年庚午菊月廿五日」という年紀がみえている。元亀元年は西暦一五七〇年にあたる。『仮名遣近道』においても、右の歌を掲げた後に「此心は先そるとは上下の句の内／そととまれるは下の句のとめをると書とむる也」とあって、この歌が仮名遣いとはかかわっていないことは明らかである。仮名遣いに関心があった文字社会の一つに「和歌・連歌世界」があることは容易に推測できるが、その「和歌世界」に蓄積されていた「知」が仮名遣書にとりこまれた例とみえる。稿者が架蔵するテキストに、二冊が同じ装幀をし、上冊には打ち付け書きで「歌道秘蔵録上」と、下冊には同じように「歌道假名つかひ秘抄下」と記されているものがある。上冊末尾には「文化七庚午年六月上旬　摂州兵庫住　山崎賢且寫之」

とある。上冊は「歌道秘蔵録」で、下冊は「ぞるこそれ思ひきやとははりやらん是そ五つの留りなりける」の和歌の解説から始まり、その途中から仮名遣いについての記事になり、それが終わった後に「假名文字之事」とあって、別の仮名遺書が続く。『仮名遺近道抄』においては仮名遺書がてには秘伝を合わせたかたちを採っていたが、架蔵する「歌道秘蔵録」二冊においては、てには秘伝書が仮名遺書を合わせており、仮名遺書とてには秘伝書とがらかい文字社会において求められていたことが窺われる。

(25)　日本語が古代語の枠の中にあり、日本語母語話者が古代語を使っている時期には、古代語は古代語としてみえない。日本語が近代語へと移行し、日本語母語話者が近代語を使用するようになってしばらくすると、古代語が、今、ここで使っている日本語とは異なる面をもった日本語（つまり大袈裟にいえば、今使っている言語とは別の言語）であることが認識されるようになる、ということを述べた。今、ここで使っている日本語と全同ではない日本語が認識されることによって、「古語」ということがはっきりと認識されたと考える。契沖（一六四〇～一七〇一）が『和字正濫抄』を出版するのが、元禄八（一六九五）年であることからすれば、さらに一〇〇年ほどかかって、客観的な観察が言説としてのまとまりをみせることになる。

(26)　『日本国語大辞典』第二版は見出し項目「おくりがな」の「語誌」において、「送り仮名の付け方についての規範意識は近世になって生じた」と記す。「近世」がより具体的にはいつ頃であるのか、またどのようなことを根拠としてこのような言説が記されているのかは不分明であるが、『仮名遺近道抄』（丹抄かなつかひ）の記事はほぼ同時期あるいはややそれを遡る可能性があろう。

(27)　『補訂版国書総目録』（一九九〇年、岩波書店）はこの『仮名遺捷径集』に「かなづかいちかみちしゅう」とよみを示す。そこには「宮書・東大（昭和六写）・名大皇学（寛延三藤原親岑写）」とある。稿者は一九八三年十一月二十一日に故山田忠雄蔵本を書写しているが、当該テキストにおいては、内題「假字遺捷径集」の「捷径」の左側に（あるいは後筆かとも思われるが）「チカミチ」と振仮名が施されていた。このテキストには「右假字遺　西三條逍遙院殿　實隆卿／所撰殆如指掌也猶被考数本從其／宜加格言尤謂假字遺亀鑑不／可出閫外者也／正保二年六月廿五日」と記されている。

(28)　稿者が所持する四本、すなわち「寛文丙午九月中旬」のすぐ左横に「明和庚寅正月求版」と刊記のある明和七（一七七〇）年版本三本とこれらの刊記を欠く一本とを使用した。

(29) 明和版本によれば、『類字仮名遣』の総見出し項目数は五六七二で、慶長版本『仮名文字遣』のそれが一八四七であるのと比べれば、『類字仮名遣』の見出し項目数の拡大傾向は明らかである。

(30) 拙稿「「ゆふばえ」と「夕栄・夕光(・夕映)」と」(『清泉女子大学人文科学研究所紀要』第二十三号、二〇〇二年)でもふれたが、『河海抄』が「日本紀(記)」として掲げる漢字列を現行の『日本書紀』に見出し得ないことは少なくない。『源氏物語』と「日本紀」との関わり、また所謂「中世日本紀」については、西宮一民「河海抄所引日本紀について」(『皇学館論叢』一九六八年)、吉森佳奈子「『源氏物語』と日本紀」(『国語国文』第六十七巻第四号、一九九八年)、神野志隆光「「日本紀」と『源氏物語』」(『国語と国文学』第七十五巻第十一号、一九九八年)、吉森佳奈子「『河海抄』の「日本紀」」(『国語と国文学』第七十六巻第七号、一九九九年)、同「「日本紀」の広がりと『河海抄』」(『源氏研究』第五号、二〇〇〇年)などに述べられている。

(31) 実際の確認は寛文九年版本の「再刻本」と目されている、須原屋茂兵衛以下七名連記の無刊記本を使用した。

(32) 『仮名文字遣』を検すると、アザフは文明十一年本、永禄九年本にはみえず、文禄四年梵舜本に「叉 —手」(ふ部／五八ウ七行目)とある。文禄四年本と慶長版本とはきわめてちかい系譜的関聯にあると見受けられるが、この語は慶長版本には収められていない。『類字仮名遣』は慶長版本のごとき『仮名文字遣』をかなりな程度取り込んでいると予想するが、「繆(右リウ)玉篇」はともかくとして、「叉 —」手ヲ」は文禄四年本と重なる。

(33) 福島邦道は「「こそ」とその乱れ」(『実践国文学』第三十四号、一九八八年)において、Charles Bally『LINGUISTIQUE GENERAL ET LINGUISTIQUE FRANCAISE』においてBallyが文語langue ecriteと文学語langue litteraireとを区別していることにふれ、「いわゆる「文語」と、文学的に洗練された「文学語」とは自ら異なるものであろう」と述べている。

(34) 夙に浜田敦は「表記論の諸問題」(『国語国文』第三十巻第三号、一九六一年)において、「「表記体」とは云うまでもなく「表記」のstyleの謂であるが、これと、「文」のさらに内容的なものに関するstyleを意味する「文体」とは区別されるべき概念と思われる」と述べている。また『日本語の歴史』第三巻(一九六四年、平凡社)は「用字法、表記法の総合のうえに、表記体なる概念をもっていいあらわしうるものが存在する」という「仮説」(一四一頁)を提示する。さらに山田俊雄(一九七八)は「…表記体の種々相に応じて、日本語の語形は姿をかえると考えるべきである。つまり、日本語の表記体は、単語の表記を決定してゆく基盤であって、単語がもともと固有不動の表記を所有するものではない、というのが原則である」と述べる。ここでは「表記体」をなるべく具体的に、したがって限定的に捉えておくことにし、日本語における「表記体」とは、いかなる種類の、つまりタイプの文字を、どのように使って日本語を文字化するのかという、その文字化のあり方を指す概念と考えたい。

(35) 藤原定家が仮名遣のことを意識したきっかけが「古典の筆写の業に際してのその本文における仮名の異同」(前掲『言語学大辞典』第六巻)にあったことは自然に予想され、それを「裏側からいえば、その当時現在の口語をしかるべく文字化するために、あまねくいちいちに規範を定めることを直接めざしたわけでは」(同前)ないということになる。

(36)『日本書紀』には慶長古活字版に訓点を加えて製版とした寛永版本があり、『万葉集』にも著名な寛永二十(一六四三)年製版本が存する。また既述のごとく、『多識編』には寛永八年製版本、『藻塩草』には寛永古活字版がある。『詞林三知抄』には寛永十二年版が、『八雲御抄』には古活字版の他に寛永十二年版本が、そして『袖中抄』には慶安四(一六五一)年版本がある。こうしてみると、『類字仮名遣』に出典注記されている文献の多くが、寛永(一六二四〜一六四四)から正保を経て慶安(一六四八〜一六五二)にかけての間に出版されていることがわかる。

(37)『補訂版国書総目録』(一九九〇年、岩波書店)は『類字仮名遣』を「七巻一冊」と記す。『国語学研究事典』(一九七七年、明治書院)も同じ。稿者が所持する四本(明和版が三、刊記を欠くものが一)のいずれも一冊本の形態をとるが、丁付けは「一之一」〜「一之四十四終」、「二之一」〜「二之廿八終」、「三之一」〜「三之廿二終」、「四之一」〜「四之廿四終」、「五之一」〜「五之廿六畢」、「六之一」〜「六之廿七卆」、「七之一」〜「七之卅一終」となっていて、当初は分冊形態で出版されたことを予想させる。稿者は第六之巻(あ〜め)のみの一冊本をたまたま所持しているが、黒色の表紙に「類字仮名遣六」と印刷された題簽が貼られており、やはり当初はまず分冊のかたちで出版されたのではなかろうか。一冊本にも印刷された題簽「類字仮名遣全」が貼られているので、分冊出版が終了した時点で合冊されたのであろう。そのためかどうか、稿者所持の本にはそれぞれに落丁もしくは錯簡があり、注意を要する。木枝増一『仮名遣研究史』(一九三三年、賛精社)は例語数を丁寧にかつ正確に掲げているが、明和版によった稿者の観察と異なるものがあるので、稿者の数えた例語数を挙げておく。(傍線部の数字が異なる)

い　三八五、ろ　一一、は　一五六、に　六四、ほ　六三、へ　二〇、と　一三九、ち　六〇、り　一二、ぬ　一

六、る 一二、を 二一一（以上一之巻）、わ 九〇、か 三三八、よ 六五、た 一九七、れ 一九、そ 六〇（以上二之巻）、つ 一一六、ね 二五、な 一三〇、ら 四二、む 一一五、う 一五八（以上三之巻）、ゐ 七三、の 二八、お 三七八、く 一六七（以上四之巻）、や 九二、ま 一一四、け 六〇、ふ 八九、こ 一九五、え 一二四、て 六三（以上五之巻）、あ 三四六、さ 一九六、き 八九、ゆ 九九、め 五三（以上六之巻）、み 二五八、し 二七八、ゑ 六七、ひ 一七二、も 六六、せ 六一、す 一〇〇（以上七之巻）

これらの数が正しければ総例語数は五六七二となる。慶長版本『仮名文字遣』、『新撰仮名文字遣』は、後者であれば例えば「いもしをもちゆるかなの事」という条立てをして、例語を収載しているのであって、「見わきやす／からむかとてかしら字尚又其次／の文字をも以呂波にわけよせ」て例語を収めている『類字仮名遣』とは、そもそもの構えが異なるので、例語数のみの直接的な比較はあまり意味をもたないが、それでも、慶長版本『仮名文字遣』のそれが一八四七、『新撰仮名文字遣』（亀井孝氏蔵本）のそれが一〇八六であることと比べれば、『類字仮名遣』は、採り上げた語数の上でもかなりな「拡大」をみせていることがわかる。

(38)『後漢書』班彪列伝第三十下には「除工商之淫業、興農桑之上務」とある。また同書顕宗孝明帝紀第二に記されている永平三年春正月の勧農の詔中には「有司其勉順時気、勧督農桑（農桑を勧め督し）、去其螟蜮、以及蟊賊」とある。

(39)『白氏文集』では他に「曾不事農桑」（「観刈麦詩」）、「未免事農桑」（「渭村退居、寄礼部崔侍郎翰林銭舎人詩一百韻」）、「春事看農桑」（「奉和裴令公新成午橋庄緑野堂即事」）、「心中念農桑苦」（「新製綾襖成、感而有詠」）、「頗害農桑事」（「大水」）、「使我農桑人」（「贈友詩五首」其の三）と同語の使用をみる。

(40)河村秀根『書紀集解』はこの箇所に関して、『漢書』五行志第七上の「（出入有名）使民以時、務在勧農桑。（謀在安百姓）」を引き、当該語には「ナリハヒコカヒノ」と振仮名を施す。

(41)二巻本『世俗字類抄』（天理図書館蔵）には「能字部」畳字に「農業 ―桑―耕―節」のかたちでみえる。東京大学国語研究室蔵の二巻本は「農業 農桑―耕―節」のかたちになっている。

(42)「世俗日用／普通ノ熟語ヲ鈔／出シ以テ幼童ニ／了解シ易カラン」ヲ旨ト」した、「明治九年五月三十日出板」の刊記をもつ濱真砂編輯『大全漢語便解』には「農時（ノウジ／トキ）コウサクノ…、桑（サウ）コウサクト（コガヒト）」（二一〇七オ）とある。また例えば明治十二年五月付けの緒言を有し、「官令律書等ヨリ抄出シタル／必要ノ漢語熟字」を集めた、村上快誠編輯『必携熟字集』にも

「農桑カイコヲ（ノウサウカウサクト／ヤシナフト）」（三七〇オ）とみえ、明治初期〜中期にかけても当該語は使用されていたと覚しい。

（43）安田章（一九九四）は『行能卿仮名遣』の「うにてひく事」についてふれ、ウズやヨウといった「活用連語を織り込んだ仮名遣書の出現とその必要性の方に力点を置きたい」、「話しことばをも対象とする仮名遣書の存在に、表記史の展開が映し出されている」と述べる。

（44）二十巻本『和名類聚抄』及び『本草和名』には既掲のごとくウマサク、アマサクとみえ、一方、十巻本には「青葙本草云——酥醤反和名宇麻久左一云阿末久左」（引用は東京大学国語研究室蔵天文本五十五ウ）とあって、こちらはウマクサ、アマクサとあるが、これについては措く。

（45）安田章（一九九四）は「フ入声を組み込み、字音語の仮名書きを想定する」『行能卿仮名遣』、『後普光園院御抄』を「雅文に限らず広く散文を対象とする仮名遣書に変わろうとしていた」とみ、それに対する『類字仮名遣』を「「和書のむかし」を写す雅文のためのもの」と述べ、同書が「定家の仮名遣を継承するはずの」ものであることを指摘する。前述したごとく、例えば慶長版本『仮名文字遣』のような、かなりな程度増補され、成長した『仮名文字遣』を大枠としては承け継いでいるという、巨視的な観点からはそうみることができると考える。また一方、本稿のごとく微視的に捉えれば、時代の、すなわち「文字社会」の求めに応じた変化を、『類字仮名遣』は『類字仮名遣』なりに遂げつつあると思われ、そこにはやはり「表記史の展開が映し出されている」（安田章、一九九四）と考えざるをえない。

（46）『令義解』賦役令第十に「熬海鼠（イリコ）廿六斤雑（クサ〳〵）魚ノ楚割（スハヤリ）五十斤」（引用は「楓密院／図書印」のある架蔵寛政十二年刊本に便宜拠る）とみえ、また『延喜式』巻第四、神祇四、伊勢太神宮の条に「腊廿斤熬海鼠八斤堅魚十斤鰒八斤」とみえる「熬海鼠」は『和名類聚抄』巻第十九の「海鼠　崔禹錫食経云海鼠和名古本朝式加熬字云伊里古似蛭而大者也」（引用は元和版）なる記事によれば和語イリコと対応する漢字列であろうから、はやくから此語が存在していたことがわかる。現在も一般的に使われるナマコと此イリコとは、ナマ↔イリと対照的な語構成を採る。当該語は『色葉字類抄』、『類聚名義抄』にも収められ、さらに『節用集』にも取り込まれていくが、やはり非「文学語」ではないか。イイアリも『和名類聚抄』巻第十九に「赤蟻　爾雅集注云赤駁蚍蜉一名蠪虰龍偵二音和名伊比阿里赤蟻也」とみえ、やはり字類抄、名義抄、『節用集』に収載されている語である。そもそも『和名類聚抄』が類聚した語彙がどのようなものであったのかという見極めもより精密に必要なのではないか。

（47）元禄八年の刊記をもつテキストにも小異があることを、築島裕が『契沖全集』第十巻の「解説」中で述べている（八〇八頁）。また、この『契沖全集』第十巻の「月報」5山田忠雄「和字正濫抄の初印本―まぼろしの本―」（後に一九九三年、三省堂刊『壽藏録』再収、ここでの引用は『壽藏録』に依る）は刊記に「元禄八乙亥歳九月翻刻」とあるA本、「元禄八乙亥歳九月吉日翻刻」とあって、「中河喜兵衛／中河五郎兵衛／下山喜左兵衛」三名の連記があるB本、「元禄八乙亥歳九月吉日翻刻」とあって、「中河喜兵衛／中河五郎兵衛」二名の連記があるC本、元文四年求版本（D本）とがあることを指摘した上で、「正濫抄の飜刻としてはCを底本とし、ABとのことなりを獨自の見地にたつて注記すればことたりる」（一〇九頁）と述べる。また「劣悪なるDとの対校のごときは愚の骨頂である。いはんや、BCもしくはCDのとりちがへ乃至すべての事実誤認は問題依然である」とも述べている。この指摘は、山田忠雄が「辱知少数に頒った」「手書」の「迂人孟録」の三「佗山の石―国語学書の翻刻態度と版種―下」（昭和三十八年八月稿、九月補）に遡ることがわかる。築島裕「解説」には、山田忠雄の「三代の校訂―和字正濫抄の場合―」と題する講演が昭和四十六年五月二十六日に東洋文庫で行なわれたことが記されている。

（48）「「仮名遣い」が明白な地名を採りあげたと、みるべきであろう」と述べたが、そもそも『和字正濫抄』が見出し項目としてどのような語を採りあげているか、ということについての検討が必要であろう。築島裕は『歴史的仮名遣い―その成立と特徴』（一九八六年、中公新書）において、契沖が「和歌や和文には用いられず、もっぱら漢文の訓点の用語としてだけ使われてきた語彙」（七十四頁）、「「漢文訓読特有語」についてまでも、その仮名遣いを定めようとしている」（同前）と述べ、また「契沖としては、この仮名遣いは、単に和歌和文だけの狭い世界に限って通用するものではなく、広くすべての国語の表記のための普遍的な規準であると考えていた」（同前）と述べている。『和字正濫抄』が見出し項目としている「イルカセ」について、『日本国語大辞典』第二版は「古くは漢文訓読語として用いられ、それに対応する和文語としては、「なほざり」が用いられた」と述べる。「イルカセ」が漢文訓読語であるとして、そうした語が見出し項目として採られていることをもって、「広くすべての国語の表記のための普遍的規準であると考えていた」といえるかどうかについては慎重に考えたい。また、先に述べたように、「イルカセ」が『仮名文字遣』に見出し項目として採られているために、『和字正濫抄』も採りあげているとすれば、そもそも「漢文訓読特有語」として採りあげているというみかたが成り立たなくなる。右のみかたは、契沖が「仮名遣いの規準」を提示し、そうした「仮名遣い」

を採ることを提唱していたという前提によっていると思われる。『和字正濫抄』は「仮名遣い」を、その根拠となる出典とともに示しているが、そのように書くという主張を含んでいるとまではいえないと考える。「根拠となる出典とともに、ある語の「古典かなづかい」を示し、その語にあてる漢字を示す」ということが『和字正濫抄』の目指したことではないだろうか。つまり、いかなる漢字を使ってその語を書くか、仮名で書く場合はどう書くか、ということを根拠をもって示すことが目的ではなかったか。「根拠をもって」ということを重視していたために、根拠を示すことができる語は見出し項目として採りあげられた。その結果として、現在いうところの「漢文訓読語」も見出し項目となった。あるいは通常は仮名で書かれることがほとんど想定しにくい、郡名、郷名も見出し項目となった。現在は「使う」ということを重視するために、「情報」を提示するということを超えて文献の存在意義を考える傾向にあるのではないか。それは現代人にとって、辞書体資料は「使う」ものであるためで、その「心性／感覚」が過去に編まれた辞書体資料にも無意識のうちに投影されていると考える。長谷川千秋「契沖における仮名遣論の展開―『萬葉代匠記』から『和字正濫抄』へ―」（『山梨大学教育人間科学部紀要』第十三巻、二〇一一年度）において「そもそも契沖の仮名遣に対して、近代的な仮名遣観と同じものであるという見方は可能なのであろうか」という問題提起がなされている。

(49)『和字正濫要略』の冒頭に「今歌書に用る言の中について常に人のまかへぬをはおきてあるひはむかしよりあやまりあるひは今の人のまとひやすきをえりて和字要略と名つく」とあって、「歌書に用る言」をあげていることを謳う。築島裕（一九八六）はこの箇所について「純粋に和歌そのものだけではなくて、いわゆる歌学書・評論書まで含めて考えるということかと思われる」（九十一頁）と述べ、「歌書」を「歌学書・評論書」とみていると思われる。『和字正濫要略』は『和字正濫通妨抄』の略書とみるのが自然で、そうであるとすれば、そもそも『和字正濫通妨抄』が『倭字古今通例全書』の反駁書として著わされていることを承けての言説とみるべきではないか。つまり『倭字古今通例全書』が採りあげている語が、そもそも「和歌・連歌世界」の語彙を中心にしたものであったために、それに反駁を加えるとなれば、そこでは、「「和歌・連歌世界」の語彙」の「仮名遣い」を専ら話題にすることになる。契沖の目的は、「語義をはっきりと把握できる和語の仮名遣いを根拠をもって提示すること」にあったと考えられ、その中に、「和歌・連歌世界」の語彙」が相当数含まれていたとしても、そのこと自体を忌避しているわけではないと考える。

付　影印　清泉女子大学附属図書館蔵『新撰仮名文字遣』、異本『新撰仮名文字遣』

〔書誌情報〕

『新撰仮名文字遣』は外題としては「仮名遣　全」と打ち付け書きされており、内題に「新撰かなもしつかひ」とある。後にみられる目録には「新撰仮名文字遣之目録」とあるので、書名としては「新撰仮名文字遣」を認めてよいと考える。現在は清泉女子大学附属図書館に蔵されている（請求記号：811・56・Y86）が、亀井孝旧蔵本にあたる。栗色の表紙で四針眼でとじられている。原本寸法は縦二十三・九センチメートル、横十八・四センチメートル。序が二丁、目録が二丁、本文が五十二丁ある。一面は八行、一行は二段に分けられている。五十六丁裏と後表紙見返しの間に「但陽住人今者洛下吉田／左近充廣典トツヅクベキカ」と緑色のペン書きメモ（十四・六×十・三）有り。

『新撰仮名文字遣』とほぼ同じ内容を含む異本で「新撰仮名遣」とある一本は、表紙裏に「かなつかひあらまし／新撰かなつかひ」とあって、二つのテキストが合写されているように思われる。これを仮に異本『新撰仮名文字遣』と呼ぶことにする。これも亀井孝旧蔵本であるが、現在は清泉女子大学附属図書館に蔵されている（請求記号：811・56・H54）。栗色表紙で四針眼でとじられている。原本寸法は縦二十四・五センチメートル、横十七・三センチメートル。奥書が半丁あって、本文は三十二丁。一面は八行、一行は二段に分けられている。

これらのすべてがまとまって公開されたことはこれまでになかった。

『新撰仮名文字遣』

＊影印に際し三十三％に縮約した。

前表紙

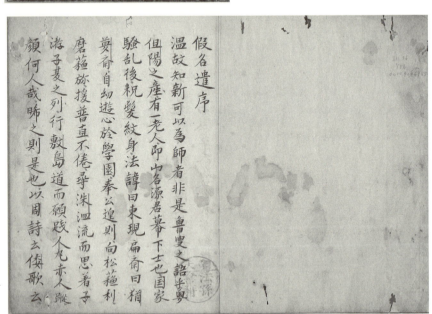

假名遣序
温故知新可以為師者非是魯叟之語乎輿
但陽之産有一老人即山名源君幕下士也国家
騒乱後祝髪紋身法諱曰東現扁斎曰猶
夢斎自幼遊心於學園奉公違則向松蘿利
磨蘊旅擾普直不倦尋洙泗流而思著子
游子夏之列行敷島道而頗践人丸赤人蹤
顔何人哉晞之則是也以周詩云倭歌云

前表紙見返し

1オ

千里周其皈風賦比興六義其情動内其言
顕外吾太和記叓有和字謂之假名為其製
也非皇頡古文非史籀象昂䖏人見之曰有顛
素之遺則矣形象雖異音義是同取其文
字於四㕝亦經得其反切四声七音僅以字毋四
十有七能通識之上君子言行下庶人農桑
眼処五色耳処五音山川湖海之朝暮雨露霜
雪之氣侯鳥獣草木名孫纖端細都不遺 1ウ

此四十有七字易学而児童誦之走卒誦之
雖然分之有軽重清濁異不達之則以す昬
つ以し昬ち以を出た豈可乎す音跳也在細齒
頭つ音土也在舌頭し音尸也在細齒頭ち音
啼也在舌頭を音窩也属羽清音た音和也
属羽浊音粗雖相近太異也不識者屢惑矣
所以菓門曽有此製作稍及史闕文而今
現老補其可補足其不足成一巻以啓愚魯 2オ

之蒙誰是不為師哉将謂前有菓門後
有現老矣
慶長竜集戊申孟夏上浣日
但陽野釈宗彭 2ウ

新撰假名文字遣之目録

東覌作

一 いしともちゆるかなの事
二 ゐしともちゆるかな乃事
三 をしともちゆるかなの事
四 おしともちゆるかな乃事
五 えしともちゆるかなの事
六 ゑしともちゆるかな乃事 3オ

3ウ

七 ひといふくゝる那の事
八 おとをふくゝるか乃事
九 わとをふかくゝれのこと
十 へとおふくゝる那乃こと
十一 ふりしと書たる事
十二 うらしとうれたること
十三 むりしと書とくわ支
十四 かしらふかくさるかる那乃支

4オ

十五 下ふかくさるかる哉の支
十六 かゝりかてゝるてさぬ事
十七 書をくゝさるかる哉乃支
十八 おとをふいに尤もじを略する支
十九 みもじとかんなふひもじと書こと
二十 むもじとりん阿ふふもじと書こと
廿一 数語の字とるかまれは書て悪こと
廿二 志もじとふごりて云は書たる事

4ウ

廿三 ちもじとせごりて云は書たる支
廿四 すもじとふごりて云時書たること
廿五 きもじとふごりて云時書たる事

已上

新撰かなもじ遣

一 いもじとゐもじとかよふかな乃事

さいすう　拝　ちくばい　白梅

5オ

いちだい　一倍　せいだい　紋級
まいだい　売買　ていかい　誹諧
あいのこく　如在　画いカキヘノ　壔
へいちく　幣帛　ゐいせい　平性
かんろい　感涙　がいがん　涯分
がいすう　害　さんがい　三界
ごくい　大戒　ぢりくい　連諾
がいき　嗜気　たいがい　大概

①

5ウ

6オ

6ウ

7オ

7ウ

8オ

8ウ

9オ

②

10オ

9ウ

11オ

10ウ

ゐげた 井筒 文韓　たちゐ 立居 11ウ
くもゐ 雲居　たえゐ 絶
にゐまくら 新枕　ゐてこと 井手越
しゐ 四位　しゐ 椎
ゐてのさと 井手里　ゐのしし 猪
ゐなかれ 猿居猿　くれなゐ 紅
くらゐ 位　すまゐ 住居
くゐ 橛 杭杙　しゐて 強

12オ うゐごと 初琴　うゐ 有為
ふゐ 無為　むれゐる 群集
きゐる 来居　ゐかし 井桁 文環離
たましゐ 魂 又　いへゐ 家居
ゐん 寺 院　ゐなかをんなもなし 將
ゐさせて 將馬　くゐな 水鶏
ゐなか 田舎　くわゐ 烏芋
あゐし 激　あゐ 藍

いらゐのき 橪　ゐのこづち 牛膝 12ウ
しゐ 鞞 又 鞍　うちゐまろ 童
ゐもり 守宮　ゐのこ 豚
くまのゐ 熊膽　とのゐ 宿直
さかゐ 酒滿　かましゐまよ 愁
てゐさふらひ 出居侍　まどゐ 圓居
ゐてらまつり 將　ゐんぢ 圓地 闘静
もちゐ 用　ゐかう 艤

13オ ゐのふ 胃腑　ゐんし 院司
あらゐかと 縣緣　ゐなかこれ
うちゐこ 童子　こりゐ 鳥居
かゝゐしき 榯
一三
をとゐ 同　又 小緒
てふものゐ 手木波　 小舟

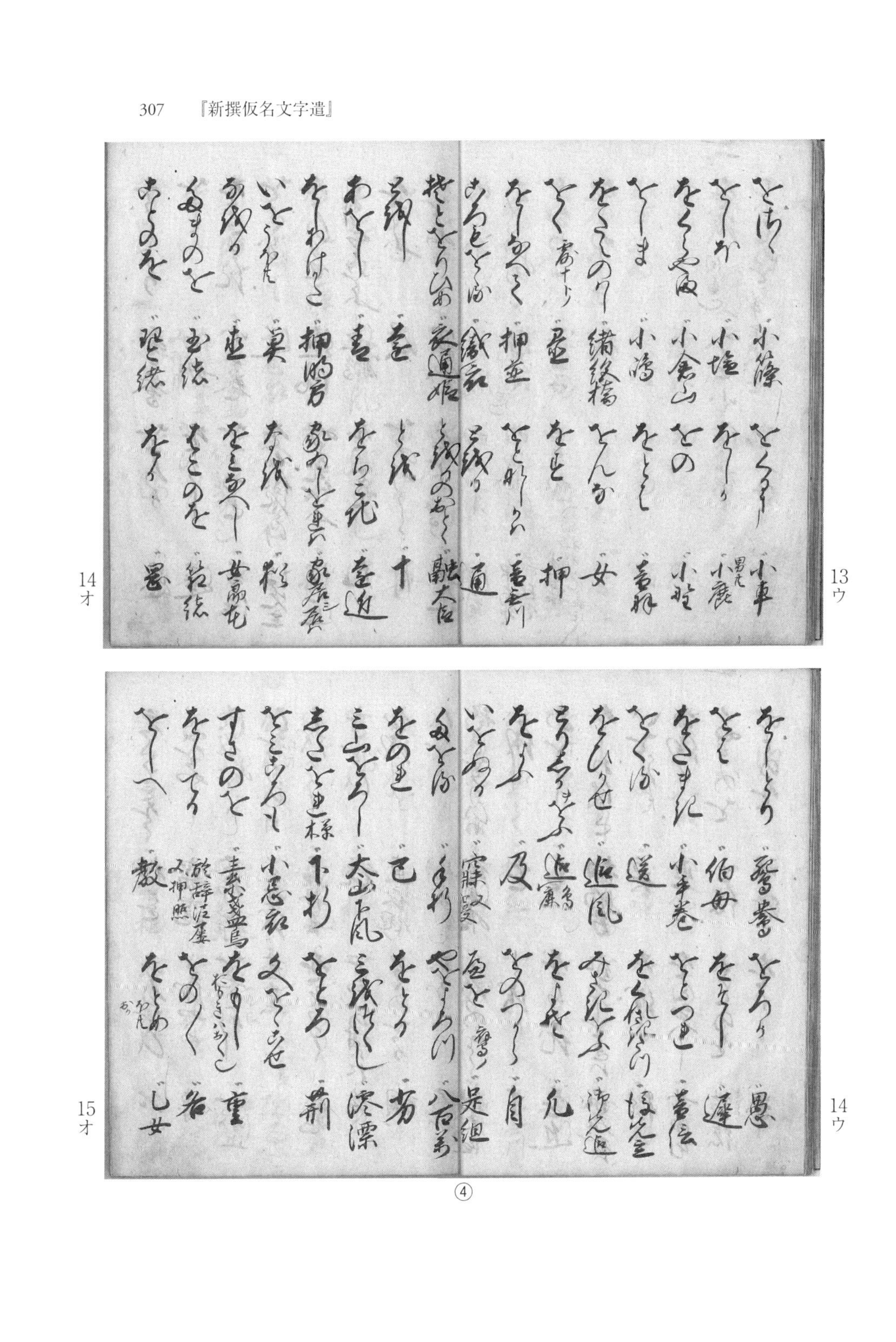

13ウ

14オ

14ウ

15オ

⑤

15ウ

枝葉（？）[illegible]

窈窕（？）[illegible] 嬋（？）

[illegible] 芭蕉（？）[illegible]

直衣（？）[illegible] 諷（？）

茴香（？）

16オ

懐香（？）白木（？）

麻（？）

晩稲（？）

文選（？）

[illegible]

16ウ

[illegible]

17オ

[illegible]

17ウ

18オ

18ウ

19オ

たをさ 田長　むまやのをさ 厩長
しでのたをさ 死出田長　しつのを 賤男
ますらを 益荒雄　をりて 下（高ヨリ低ナ）
をかし 拝　をさまる 治
をけ（こをけの所ハをとも下云）桶　くものこを 雲水尾
みのを 箕面　をとらじ 攝
見をろし 見下 坐下　をぎなふ 補
ひをのやま 氷尾山　人をなをざり 〃郎　19ウ

20オ　をきなさび 老人　くろをろと 浣鞍
かきをさむ 樞　をとけ 佾
をづかね 藏金　をごり 奢又驕
をりんぬ 沆彈　をびやかす 劫
をひゆ 唱　をほぞら 虚空
ひとを 一峯　をほみつ 大満
をふらきなり 邑楽杜　をほひろ 浩々
をちこちつ 岩切通 落影陣　をほたか 篠弁

をほひる 葫蒜　をほばこ 車前草
をほね 大根　をほとり 澤渓又鸛
をけらくさ 白朮公　阿乃をよもぎ 苦蓬
をほかみ 狼又犲　をきひげ 老鬘
をまし 御座寝殿　をびとり 太刀 韡韃
をどろ 絡以又驚　をさ 筬
をりゆゑ 奴織　をほつぼ 虎子（尿器ナリ）
をもかぢ 面楫　をんぢやく 温石　20ウ

21オ　をほよそ 大都又凡ソ　いとをし 糸惜
をゝしく 雄稜　うらをしら 粉郎
をもへらく 以為　をんぞうき 怨又憎
をもひやり 想像　ものをもひ 襟
をぼしめし 思召　をもねる 阿容
をぼる 溺　をそる 恐又懼
をちぶれ 零落　をろく 下跡
をとゝし 去ゝ年　をとゝひ 一昨

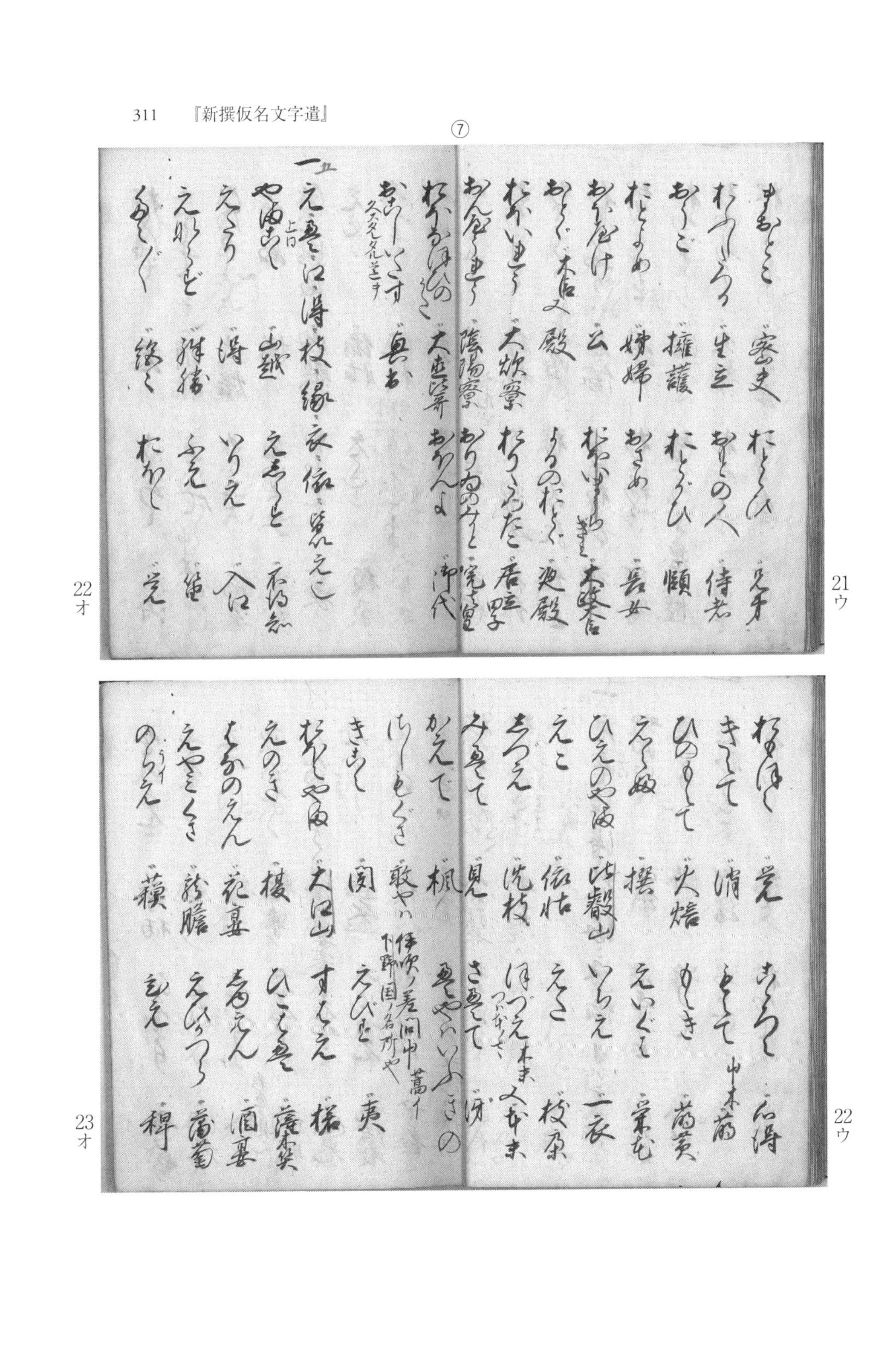

⑦

21ウ

22オ

22ウ

23オ

23ウ

をのえ　斧柄　ひえどり　鵯又鶲
ふゑき　浮莫ノ　えび　海老
え井　鞞　えぶり　杁
ながえ　轅車ノ　えんじ　燕脂 彩色ノ具也
えんのうばそく　役優婆塞　えやみ　瘧鬼
えな　胎衣　のどぶえ　吮結喉
えもの　獲　わしのを　世益
えんしよ　艶書　あえる　テ此ハヅミヨハキナリ

24オ

たいえ　貫　えろ　厥　穴
ごえうのまつ　五葉松　九えうせい　九曜星
せうえう　逍遥　すいえき　駅
えいゆう　英雄　えんそく　偃息
えんきやく　厭却　えんざい　閻浮提
えはつ　衣鉢　えいりよ　叡慮
えのき　榎木　さいつえ　鋳田器
ねんくさ　燼　つうはと　支払

24ウ

わしのを　塞　えんだう　園豆
ゑさうえ　筆筒　はえ　杖
ゑはくえ　書案　こうさうえ　高麗筒
えのあと　荏油　ゑせづえ　横首杖
ゑぞえぞ　浅々　わくらもの　病物
なつえん　揚弓　えんぜつ　演説
えくぼ　靨

25オ

一六
一ゑ　秉　濤
ゆくゑ　向後　すゑ　末
たのゑ　饗餌　ちゑ　智恵
こずゑ　梢　ゑひて　酔
こゑ　狗　こゑ　聲
ゑいずる　詠　ゑいたい　永代
ものゑんじ　怨　ゑじ　衛士
ゑもん　衛門　ゑぐ　恵具 恵具とハ半夜中

25ウ

26オ

26ウ

27オ

⑧

28オ

27ウ

29オ

28ウ

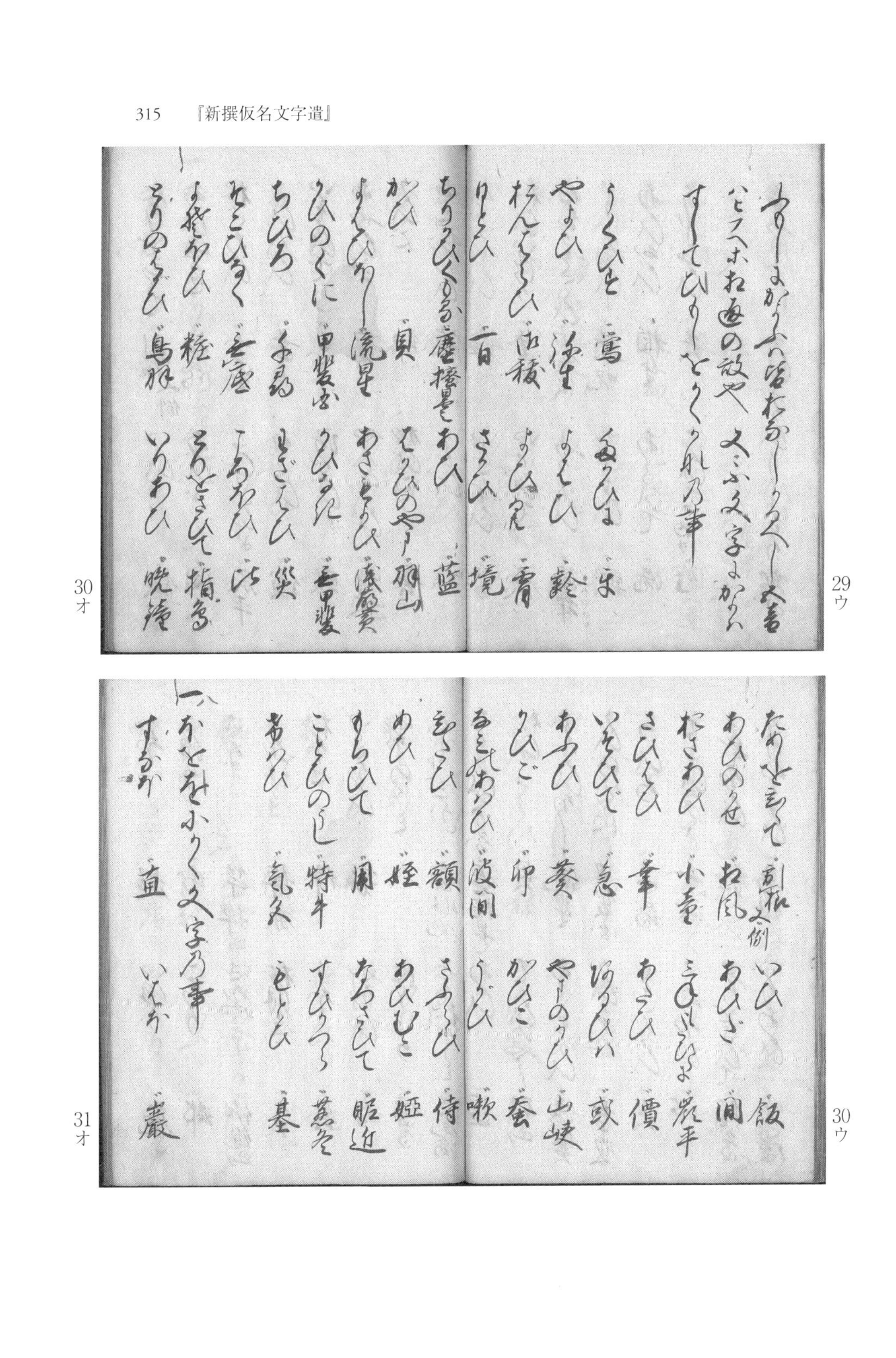

29ウ

30オ

30ウ

31オ

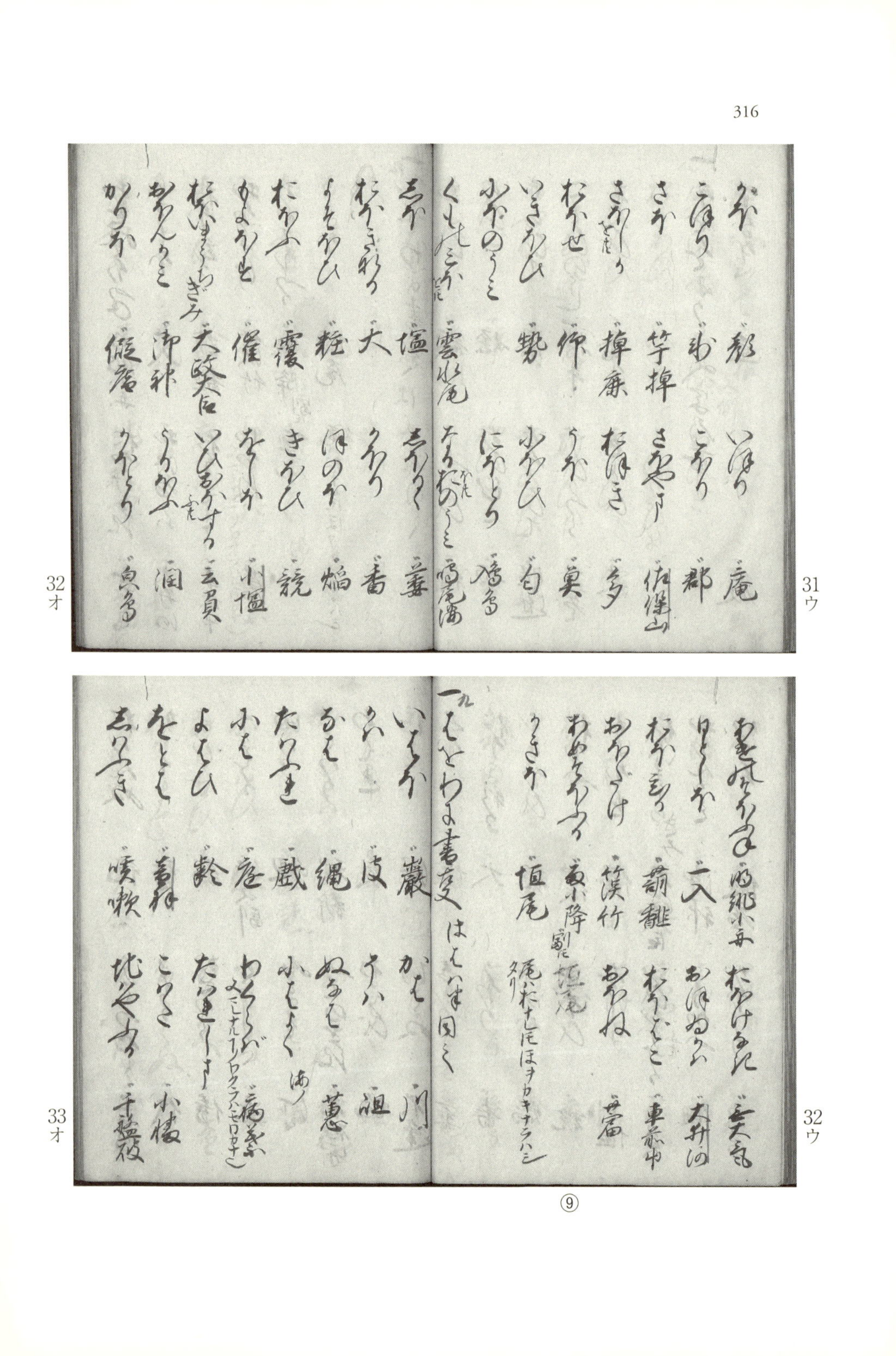

31ウ

32オ

32ウ

33オ

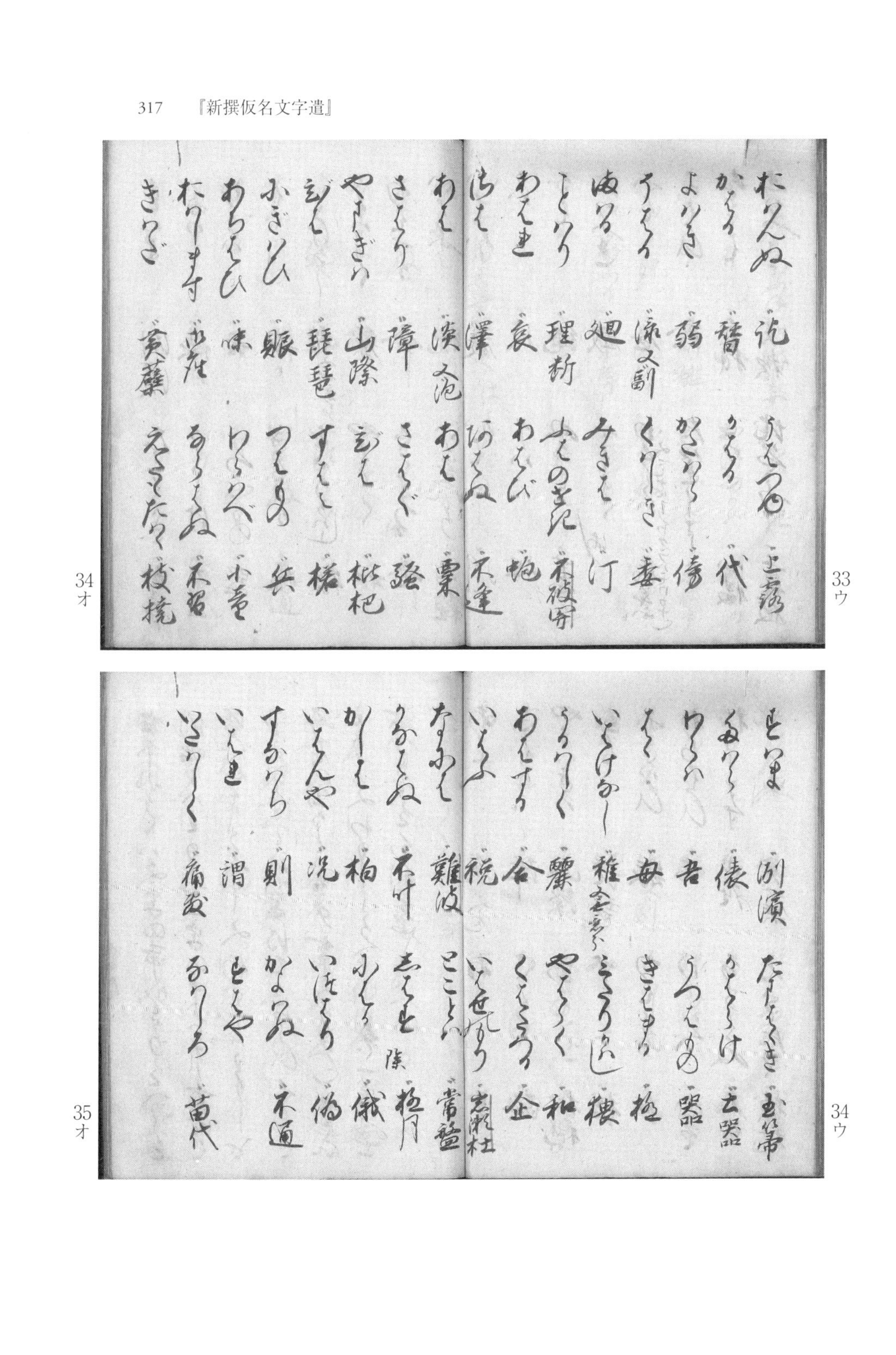

33ウ

34オ

34ウ

35オ

35ウ

36オ

36ウ

37オ

37ウ

38オ

38ウ

39オ

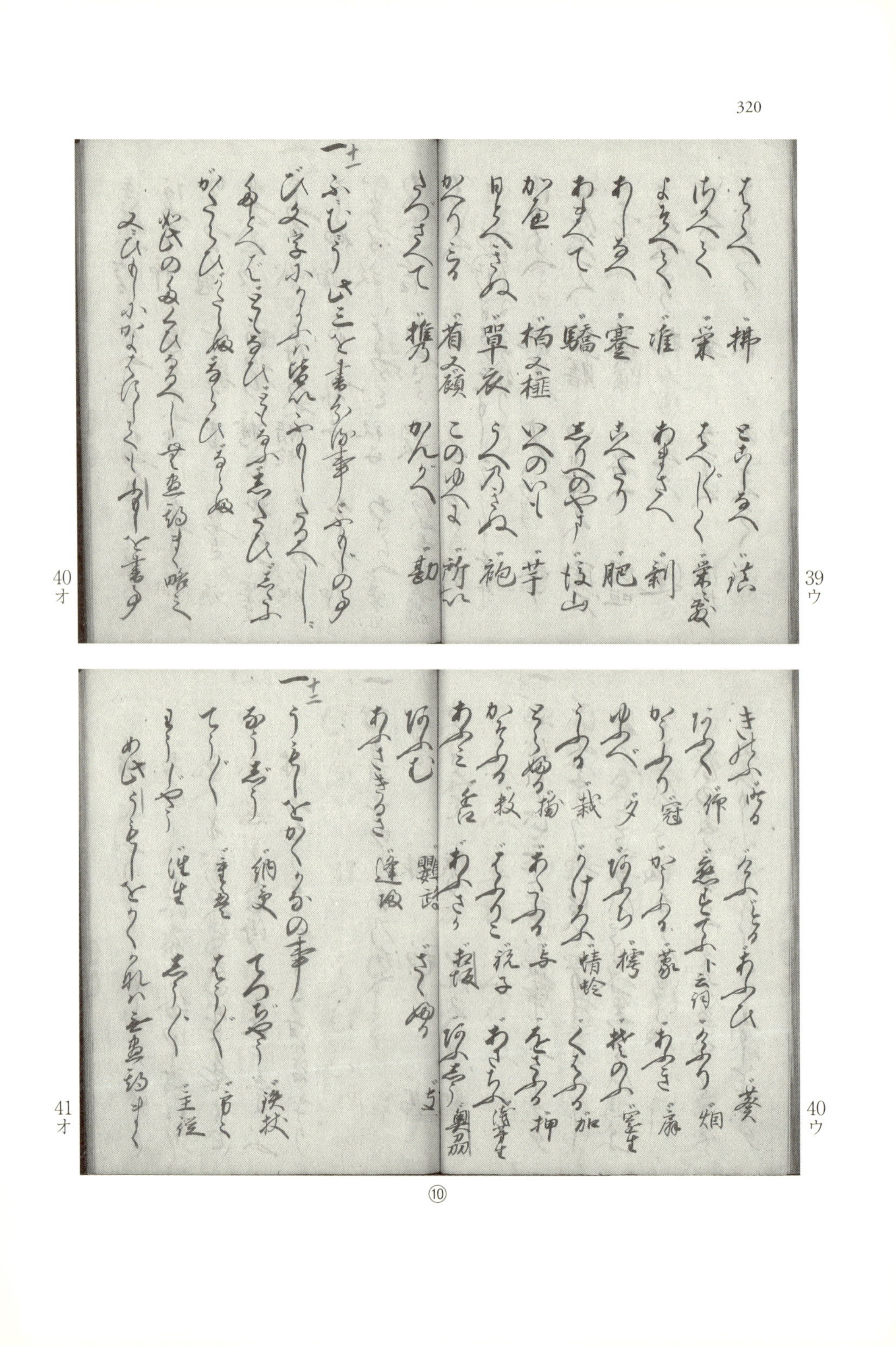

39ウ

40オ

40ウ

41オ

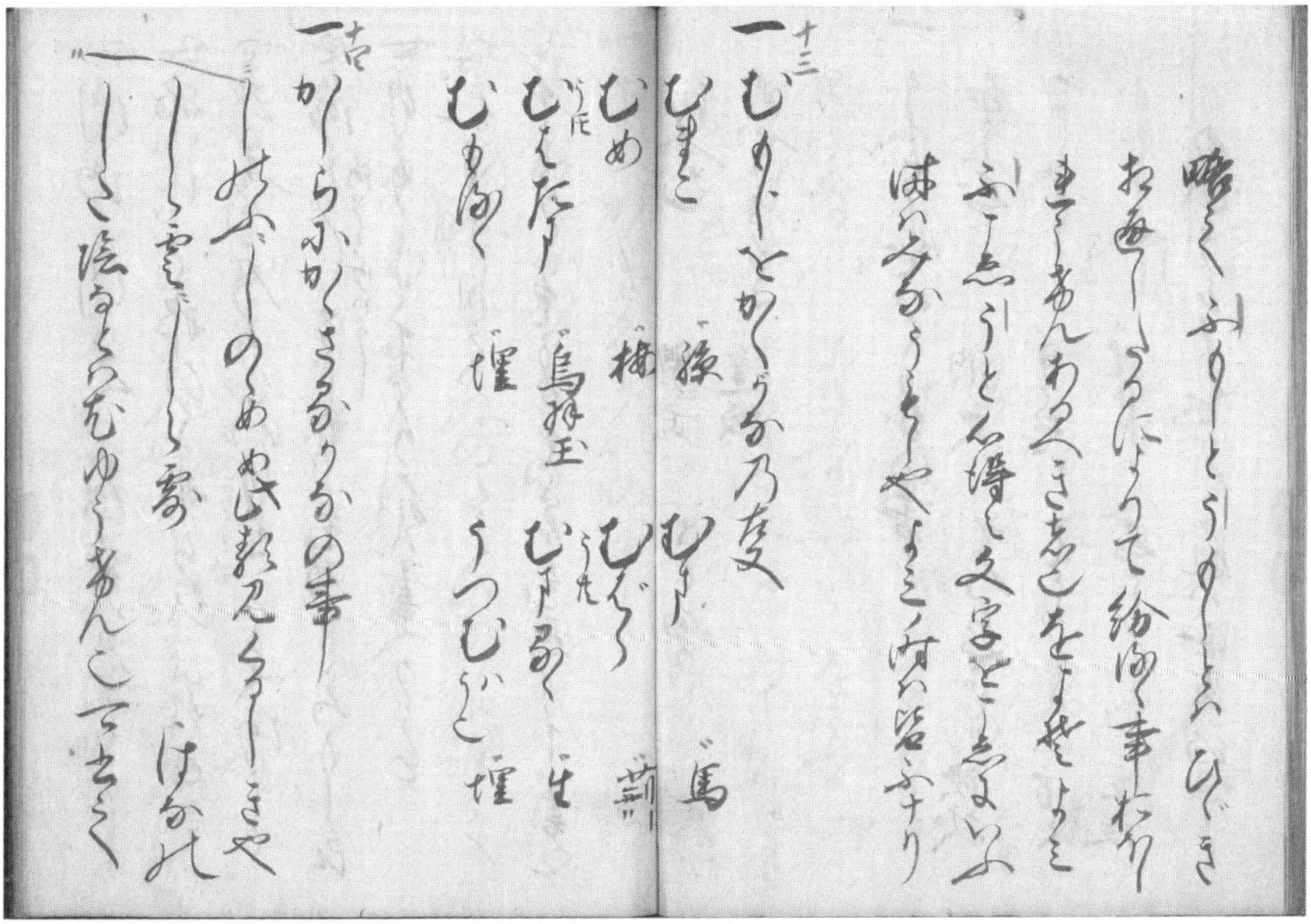

41ウ

42オ

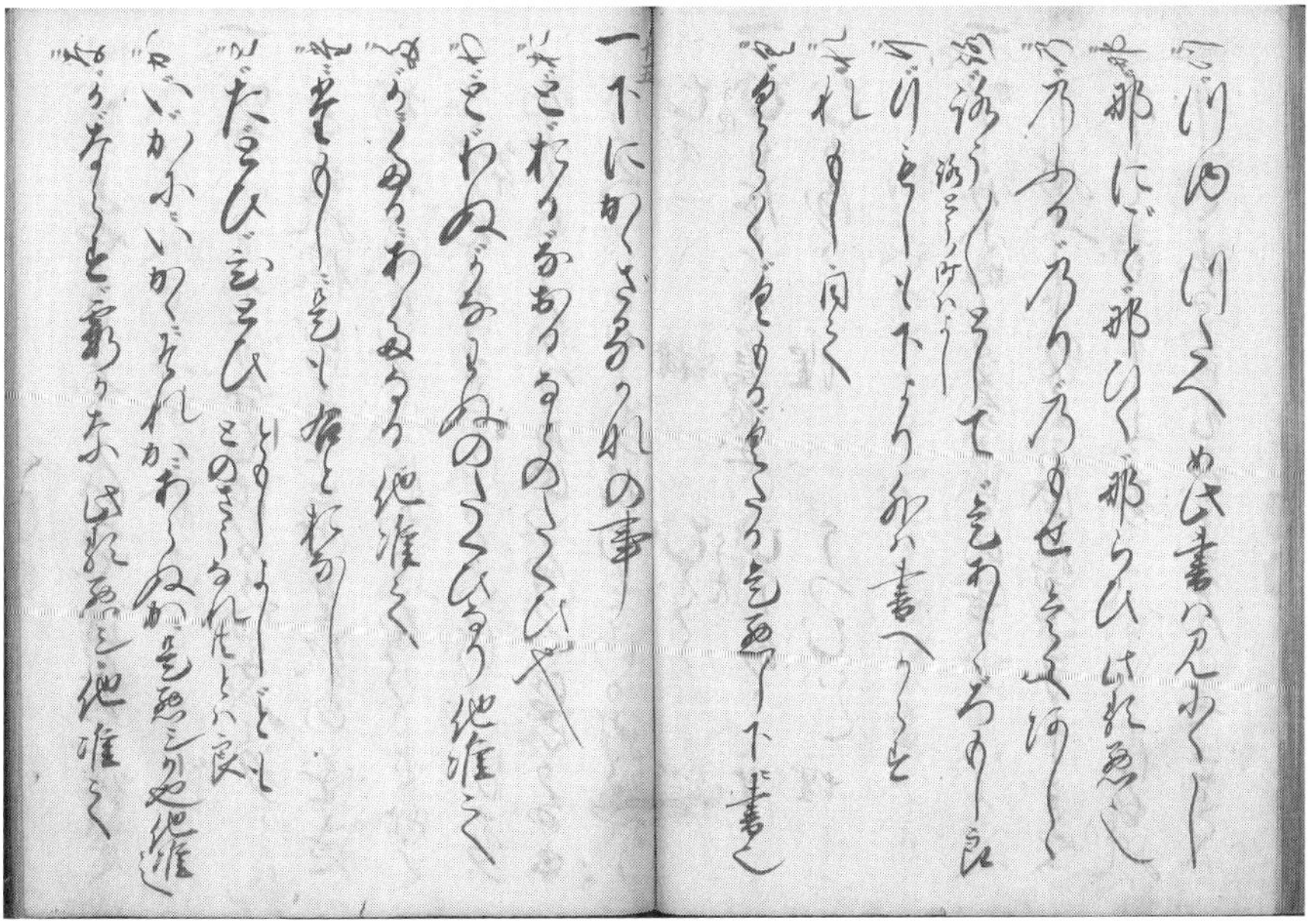

42ウ

43オ

43ウ

44オ

44ウ

45オ

45ウ

46オ

46ウ

47オ

はくらひも粉さえしいだしても文の内
おなじ文字なる故也　ウクスツヌフムユルツ　ヒニキ
一廿一 熟語ぢうの字をばわけかきてひとつは
ぢ名ニ書て無さるは
忠せい　ぢうり　むり　理ひ　振らん
ぢん前　ぢんらん
めぢ書事無し　他准之

47
ウ

一 ぢりしち文字を小ごりて云時は
をのすは無のゝに云く
一 すつの文字を小おり付のすは同く
いろいしたに記く
一廿二 ぢりじのふごりを可書なり
ぢよじ請すずんじ事ハみなしや

48
オ

ぢんじ　文字　ぢたい　寺塔
あんじ　陳氏　但氏の字を和ならば
と云時ハぢ文字やごぢよいがはいし
のなかや
ぢり　十色もめぢてぢもしみハぢ
すいぢりぢ草　じもちぢ草　ぢて
そぢ七十　めぢ和すはハちや
ぢひ　慈悲　ふぢのやま　富士山

48
ウ

ぢさい　自在　ぢんぢつ　真実
ぢんぺん　神変　ぶんぢん　人分
にんぢん　人参　けんぢん　賢人
ぢんぎ　仁義　ぢだい　時代
ぢたい　辞退　ぢやうぢん　正直
ぢしや　侍者　ぢやうぢん　精進
ぢゆく　自由　ぜんぢ　禅師
ぜんぢ　宣旨　おうぢ　王

49
オ

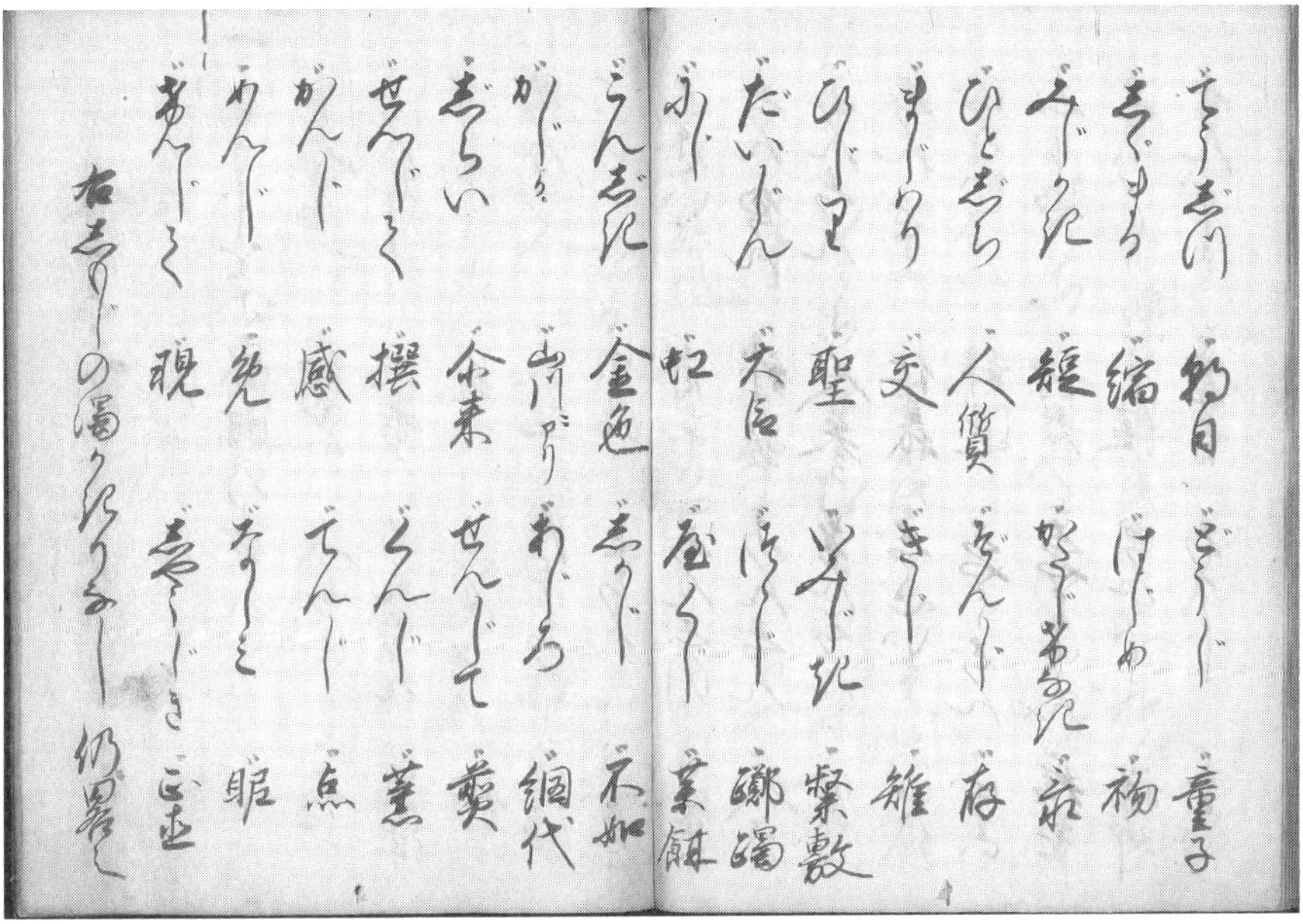

49ウ

ぢうはく　紬白　どうじ　童子
ちゞまる　縮　はかま　袴
みぢかし　短　かうむる　蒙
ひとぢち　人質　ぞんじ　存
まじはり　交　まじる　雑
ひじり　聖　しげし　繁數
だいじん　大臣　つゝじ　躑躅
にじ　虹　[illegible]　菓餅

50オ

こんじき　金色　しかじ　不如
かぢ　[illegible]　あじろ　網代
ぢらい　尓来　せんじて　煎
せんじゆ　撰　くんじ　薫
かんじ　感　てんじ　点
めんじ　免　[illegible]　脂
すゞり　硯　しやうぢき　正直
右ぢの濁りありし　仍畧之

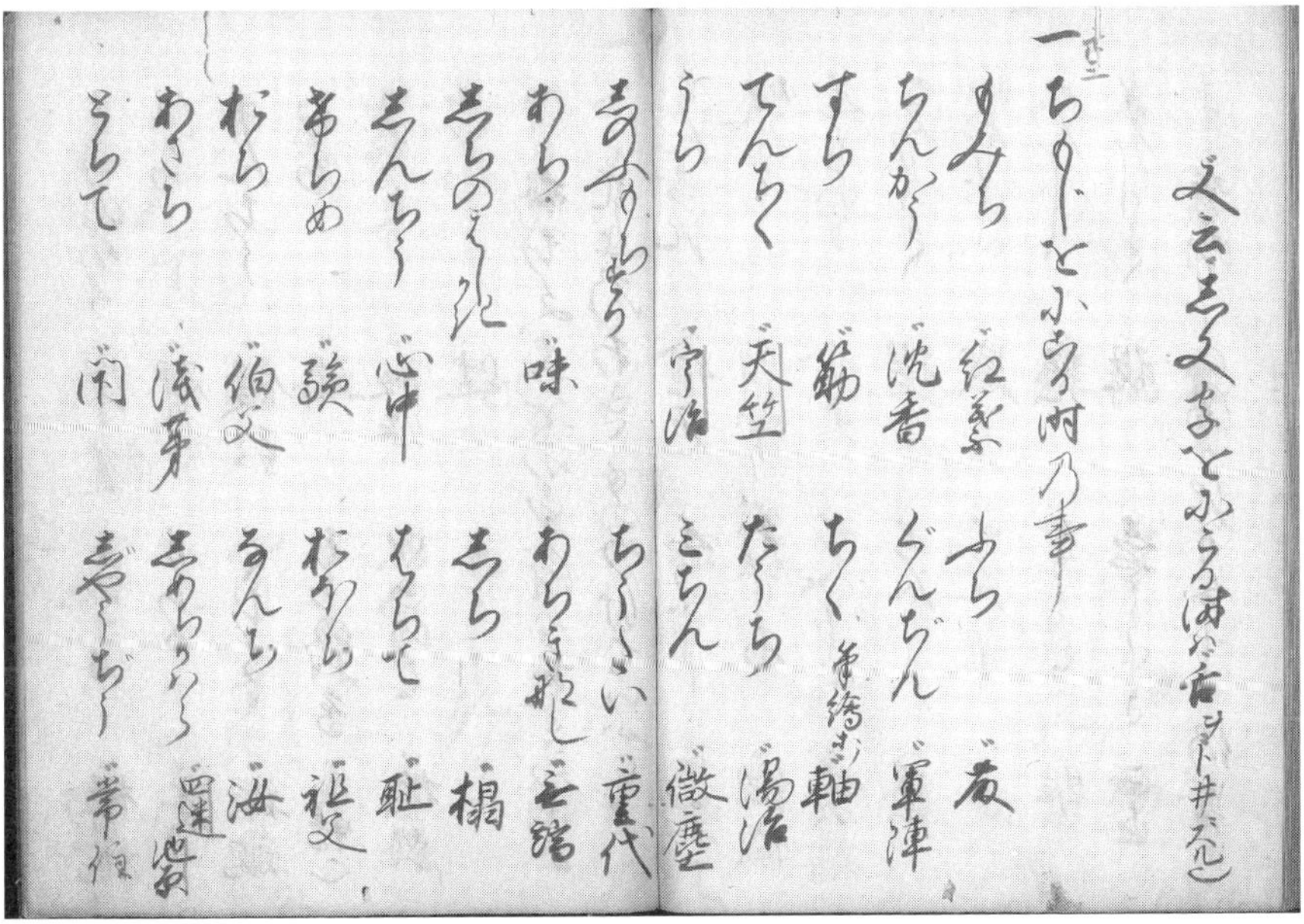

50ウ

又云ち文字とふる所 [illegible]
一　ちのじとふる所乃事
もみぢ　紅葉　[illegible]　友
ぢんかう　沈香　ぐんぢん　軍陣
すぢ　筋　ぢく　筆總ぢ　軸
てんぢく　天竺　たうぢ　湯治
うぢ　宇治　みぢん　微塵

51オ

[illegible]　ちうさい　重代
あぢ　味　あぢきなし　無端
ぢのこはし　[illegible]　ちぢ　榻
しんぢう　心中　はぢて　耻
[illegible]　騒　おほぢ　祖父
をぢ　伯父　[illegible]　海
あさぢ　浅茅　[illegible]　四運
[illegible]　閑　ぢやうぢう　常住

51ウ

ふちのかう 攀縫 うち 舟 楫梶

ひち 臂 ほう 庚

まんちう 饅頭 くちう 鞦韆

わち 鞦 わちの村多 小鴨し

かう 泄治 かちのと 桃紫

けち 辻

右ち文字をふかうか附ハ声を引くめ

てし上乃わぎとふつけてのふし

52オ

一すかしをふちうかの事

すいふん 随分 すまけ 篠弁

もく 総 もつしれ 後

かうす 必 あみと 珠数

きす 底 すあ 槿

とす 賂 やのくす 矢筈

ゆとえす ひ弓弭 かんすう 感

かんすう 寒 きとい 奇瑞

52ウ

あうすめ 数 くさ 葛

かとく かさへ 主計

ふすく 推按 むすとくし 貢

あんすう 現 せんすう 撰選

てんとう 書クヨ点 せんとう

てんとう 心ヲ 攪流し 扨すと 鼎

あんすう 感 ますくまう 踊

53オ

右すかしをふこうてハ濁て声を

二字かし上乃わたとふハやすし

一つかしをふちうかの事

いちけ 一途 けのくふ 伊豆国

いけふくふ 出雲国 いけき 何

かとつ 蛙 きめ 賎

きつふ 栄 まつ 呪

53ウ

54オ

54ウ

55オ

奥書

夫假名遣者古往今來無幼無長無貴无賤雖口之手之然糺决而弄者稀矣奥京極中納言藤原定家卿撰以為一冊實吾國亀鏡至理之中之真慈真慈之中之至理也千朝千莫吟之誦之孰不珍乎但取情些少而不足習學蓋事不尽言言不尽意之謂乎 55ウ

56オ 或時埜息謂予曰願補増之以授之者可乎余莞尓而笑去日省躬更不分烏焉馬嗚呼何以補哉童蒙重去可巻而懐奚得他人之訕謗乎諸吾不励汝者孰励汝哉且感至情之志終拾遣卓筆矣若有聴之覩之人者奠窮研去

後表紙見返し

但陽住人今者洛下
吉田左近允
旹永禄九暦丙孟春上澣日廣典誌
後者 猶夢斎東現 56ウ

後表紙

＊不鮮明箇所註

① 「迓モ」とみえるが「迎トモ」か？

② 貼紙で下には「いちこ蔄糸」とある。「志い」がかくれている。

③ 「いかほのぬま」。

④ 二段目、「寝」。

⑤ 二段目、「褭イ」四段目、「又絆共」。

⑥ 二段目、「ト云也但如何」。

⑦ 四段目、「院法皇」。

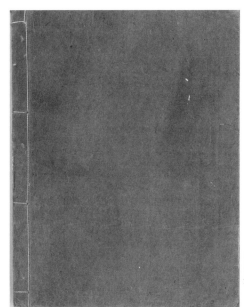

⑧ 三段目、「ゑの所ニアリ爰ニハひもしノ為ニノミ」。

⑨ 三段目五行目、スリケシ。

⑩ 二段目、「鸚鵡」。

異本『新撰仮名文字遣』

＊影印に際し三十五％に縮約した。

後補前表紙

前表紙

後補前表紙見返し

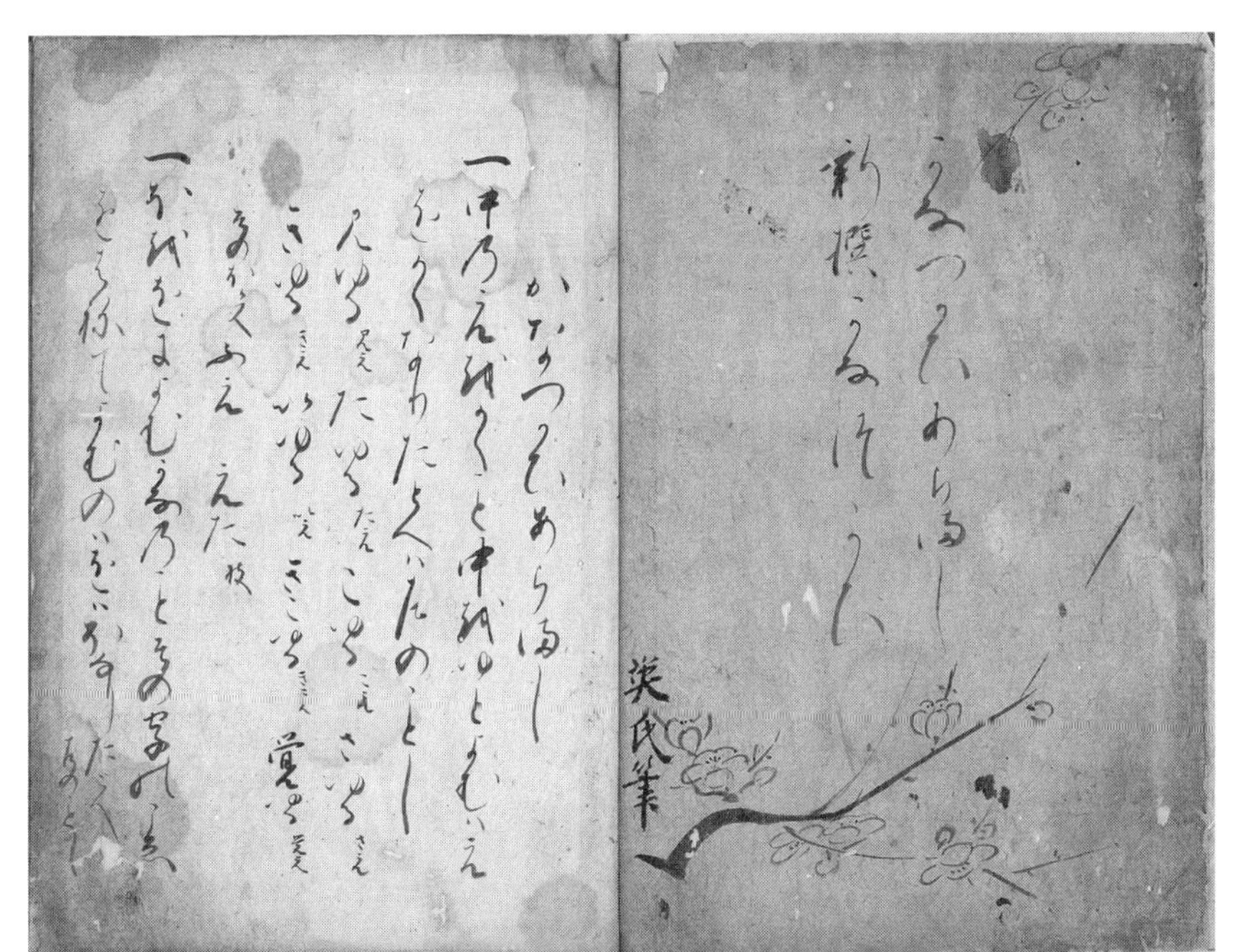

前表紙見返し

1オ

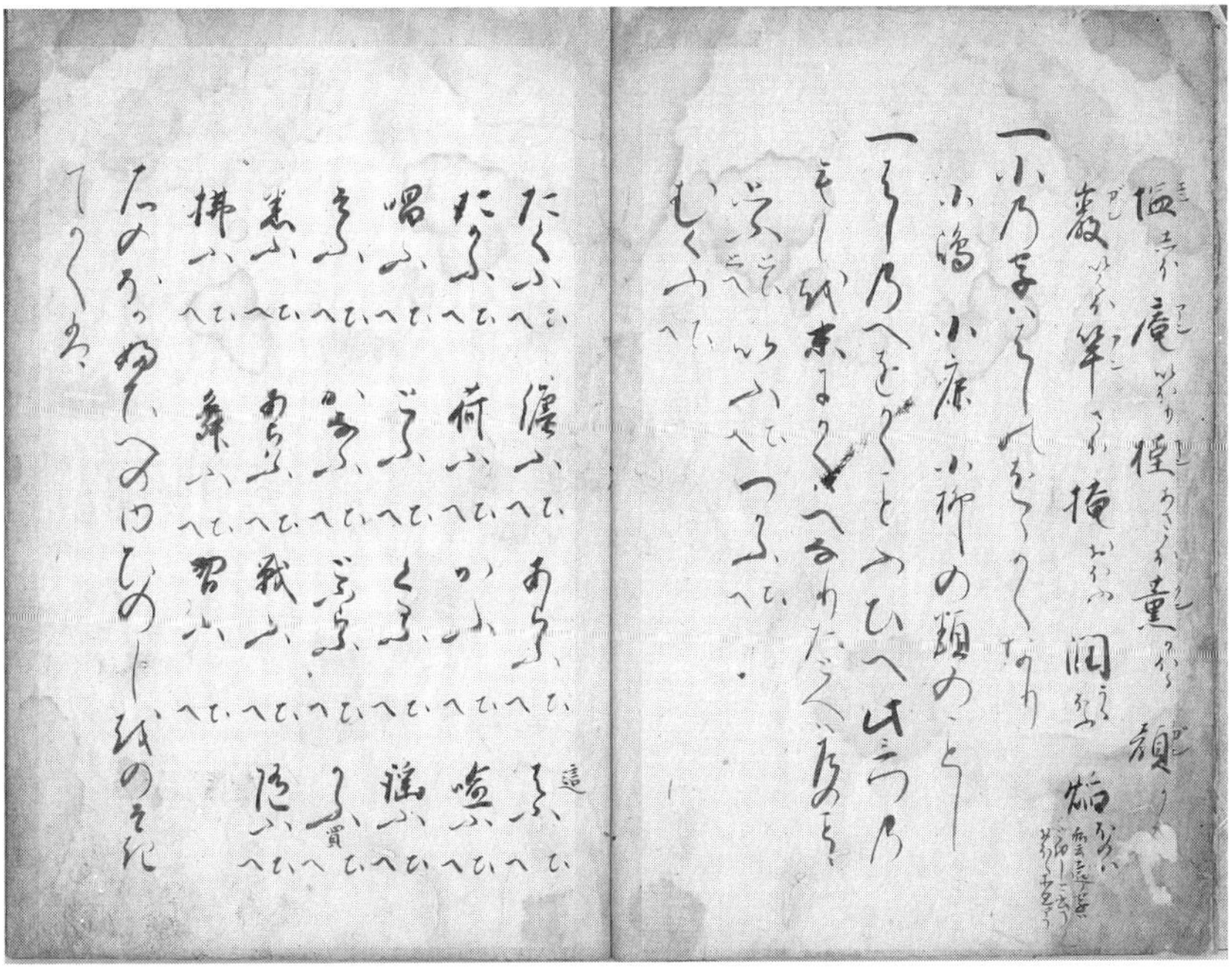

1ウ

2オ

2ウ

3オ

3ウ

4オ

4ウ

5オ

新撰假名文字遣之目録　東規作

一　いもしゐもし[illegible]の事
二　をもしの事
三　おもしの事
四　[illegible]もしの事
五　えもしの事
六　ゑもしの事
七　ひもしの事

5ウ

八　[illegible]の事
九　ほ[illegible]よりの事
十　[illegible]よりの事
十一　へゐゑよりの事
十二　ふむう三つゐの[illegible]の事
十三　うもしゐの事
十四　むもしゐの事
十五　くたるのかしらにてさ添[illegible]の事

6オ

十六　下より[illegible]の事
十七　[illegible]よりて[illegible]の事
十八　真字ゐを[illegible]の事
十九　[illegible]の事
二十　[illegible]略して[illegible]の事
二十一　[illegible]を略して[illegible]の事
二十二　みもしゐ[illegible]の事
二十三　むもしゐ[illegible]の事

6ウ

7オ

7ウ

8オ

8ウ

9オ

9ウ

10オ

10ウ

11オ

11ウ

12オ

12ウ

13オ

13ウ

14オ

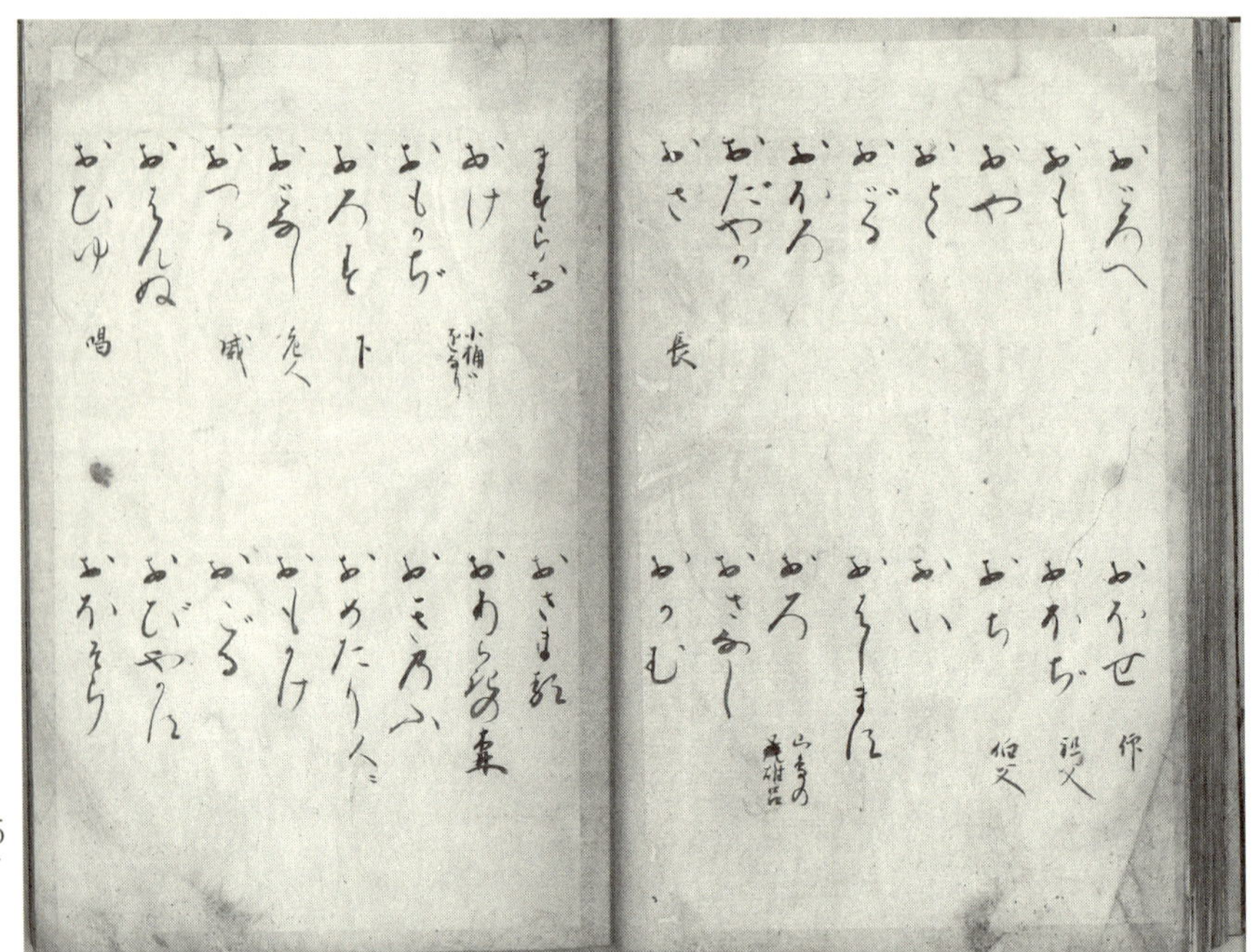

15オ

14ウ

16オ

15ウ

16ウ

17オ

17ウ

18オ

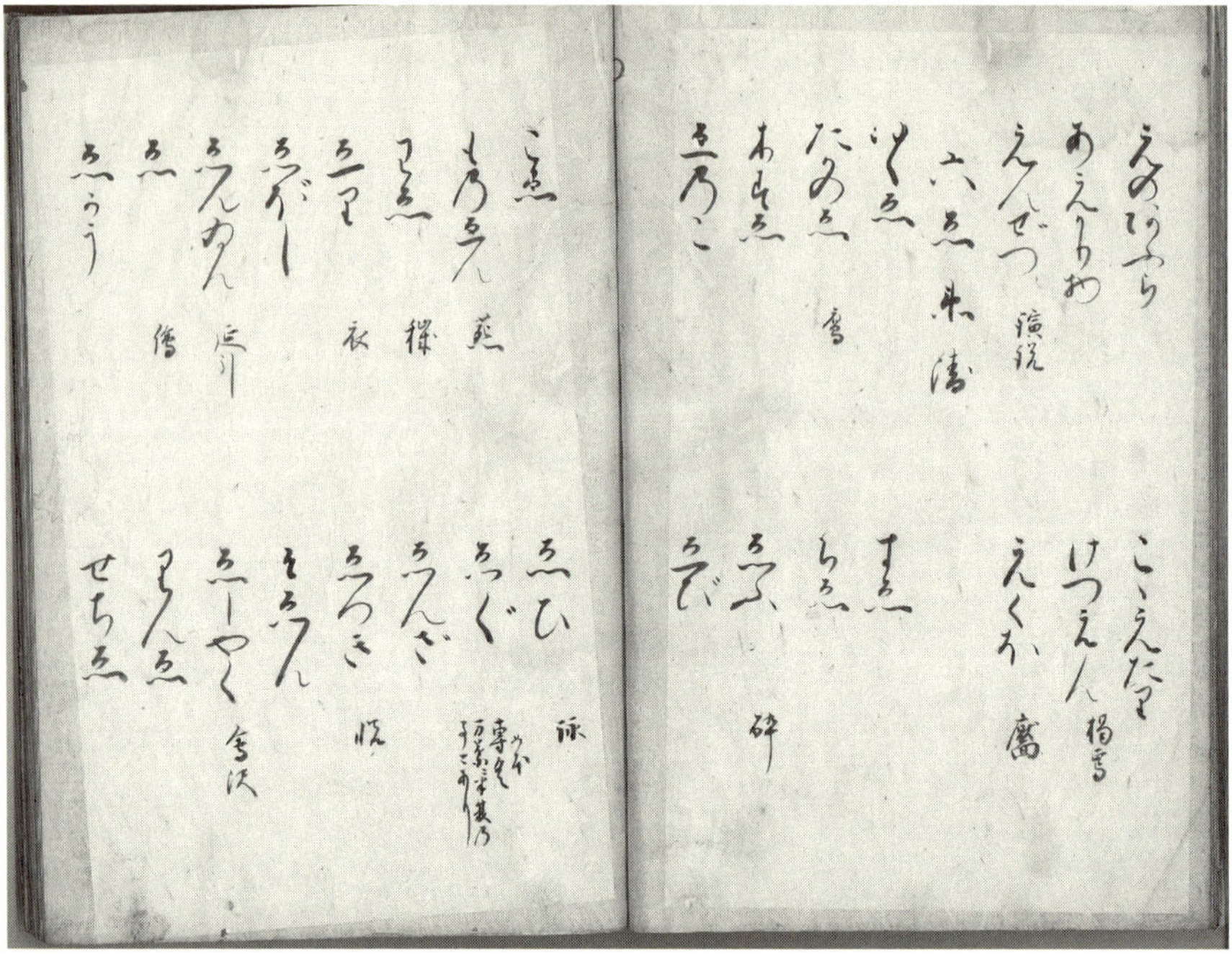

18ウ

19オ

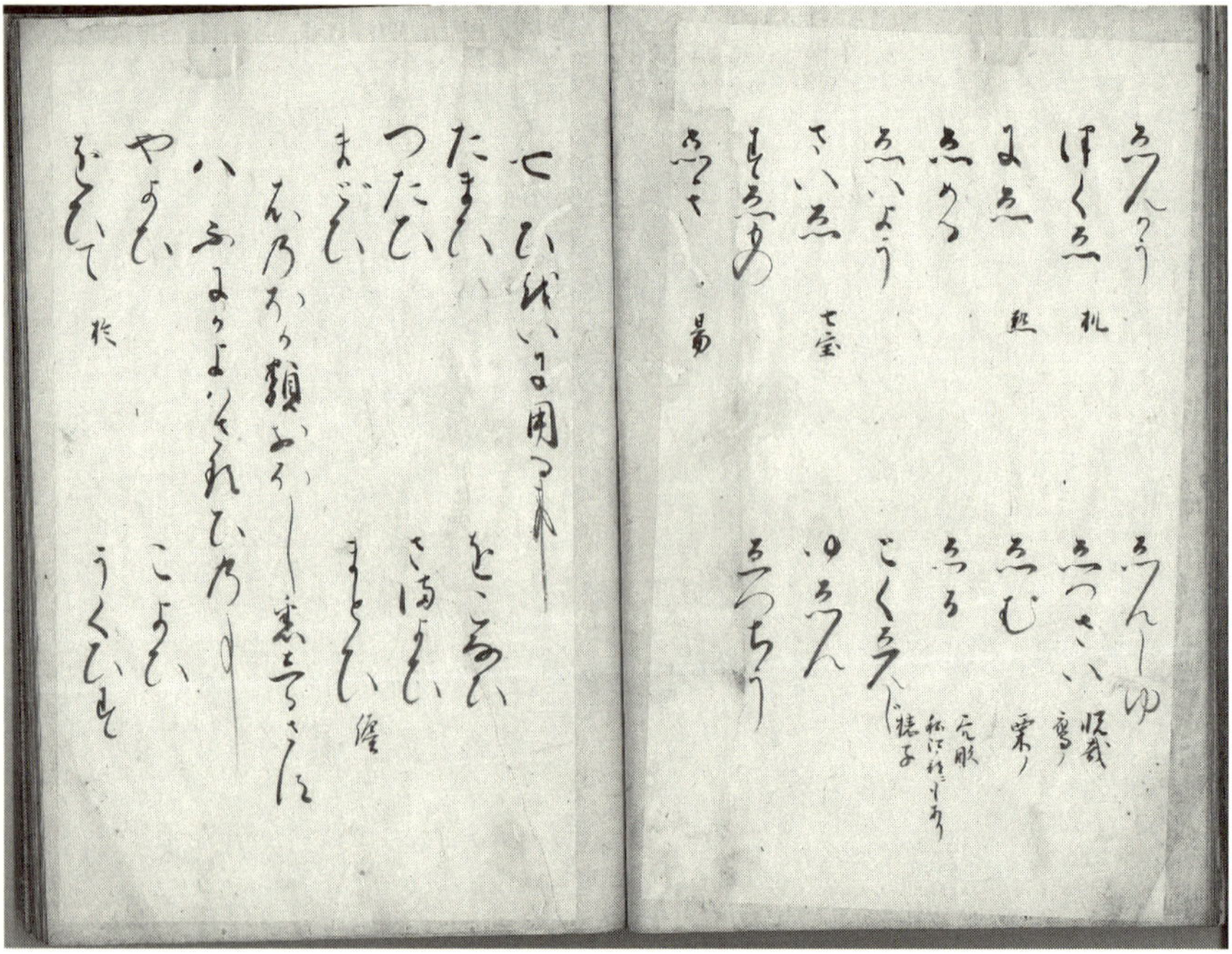

19ウ

20オ

20ウ

21オ

21ウ

22オ

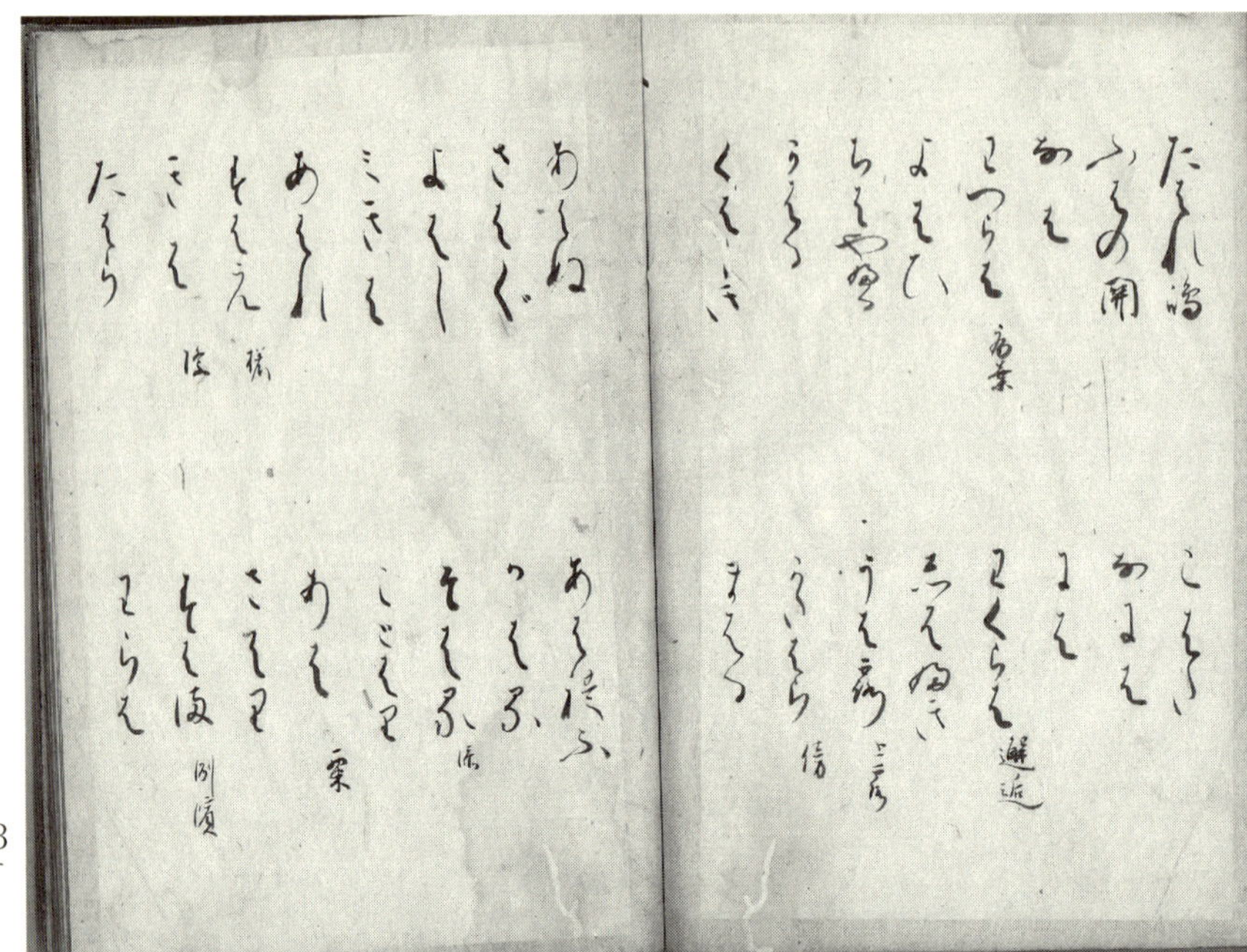

22
ウ

23
オ

23
ウ

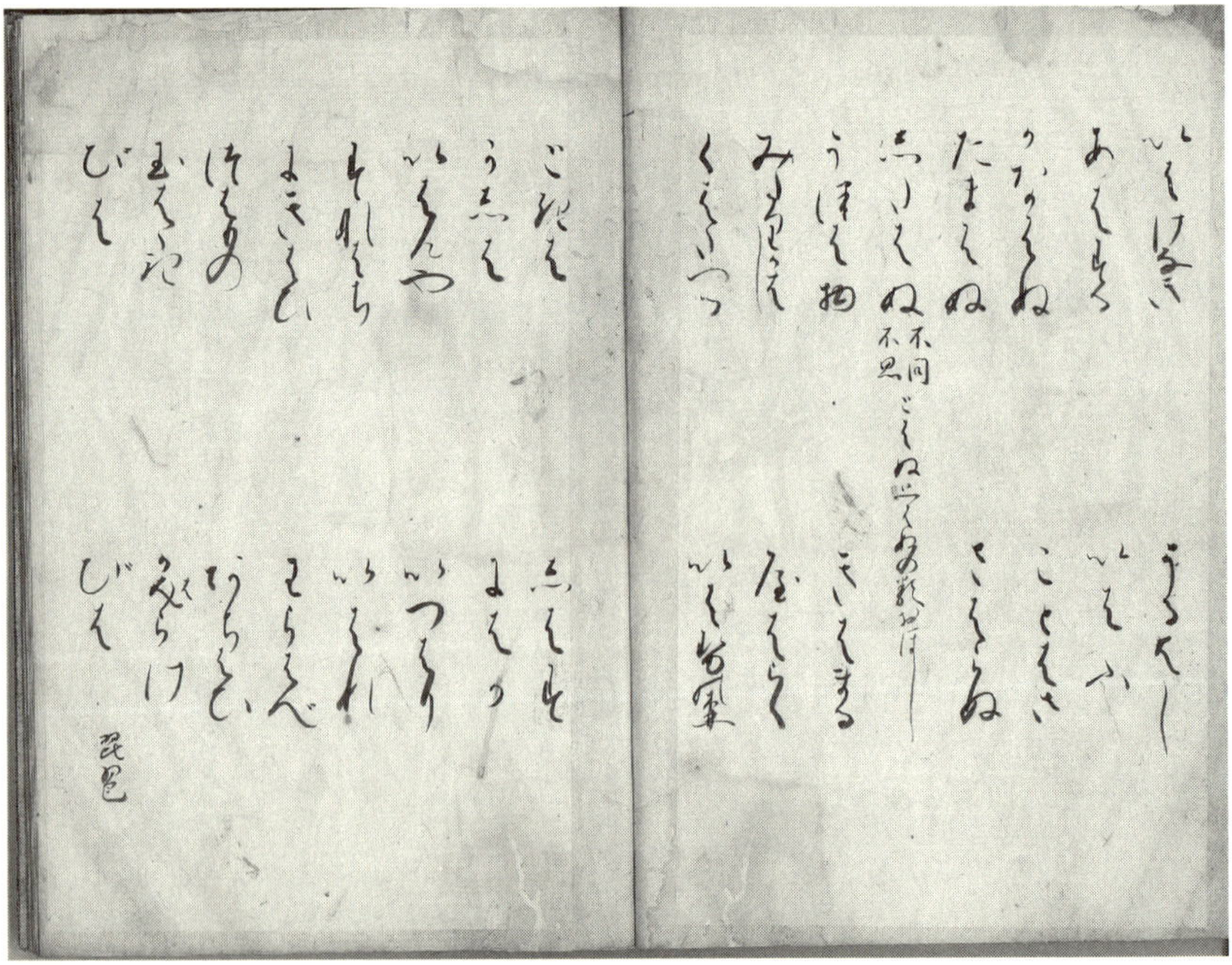

24
オ

24ウ

25オ

25ウ

26オ

26ウ

27オ

27ウ

28オ

28ウ

29オ

29ウ

30オ

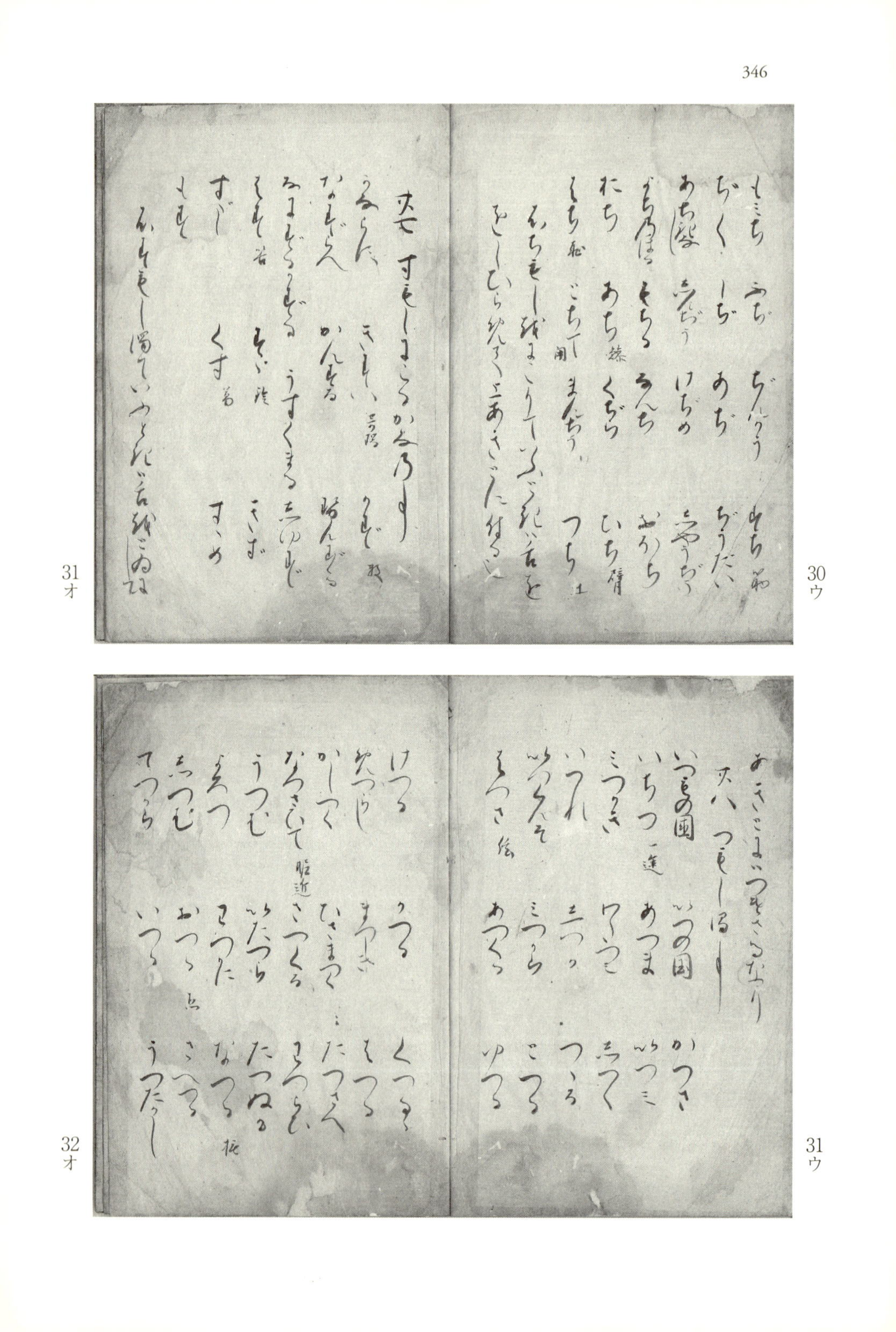

30ウ

31オ

31ウ

32オ

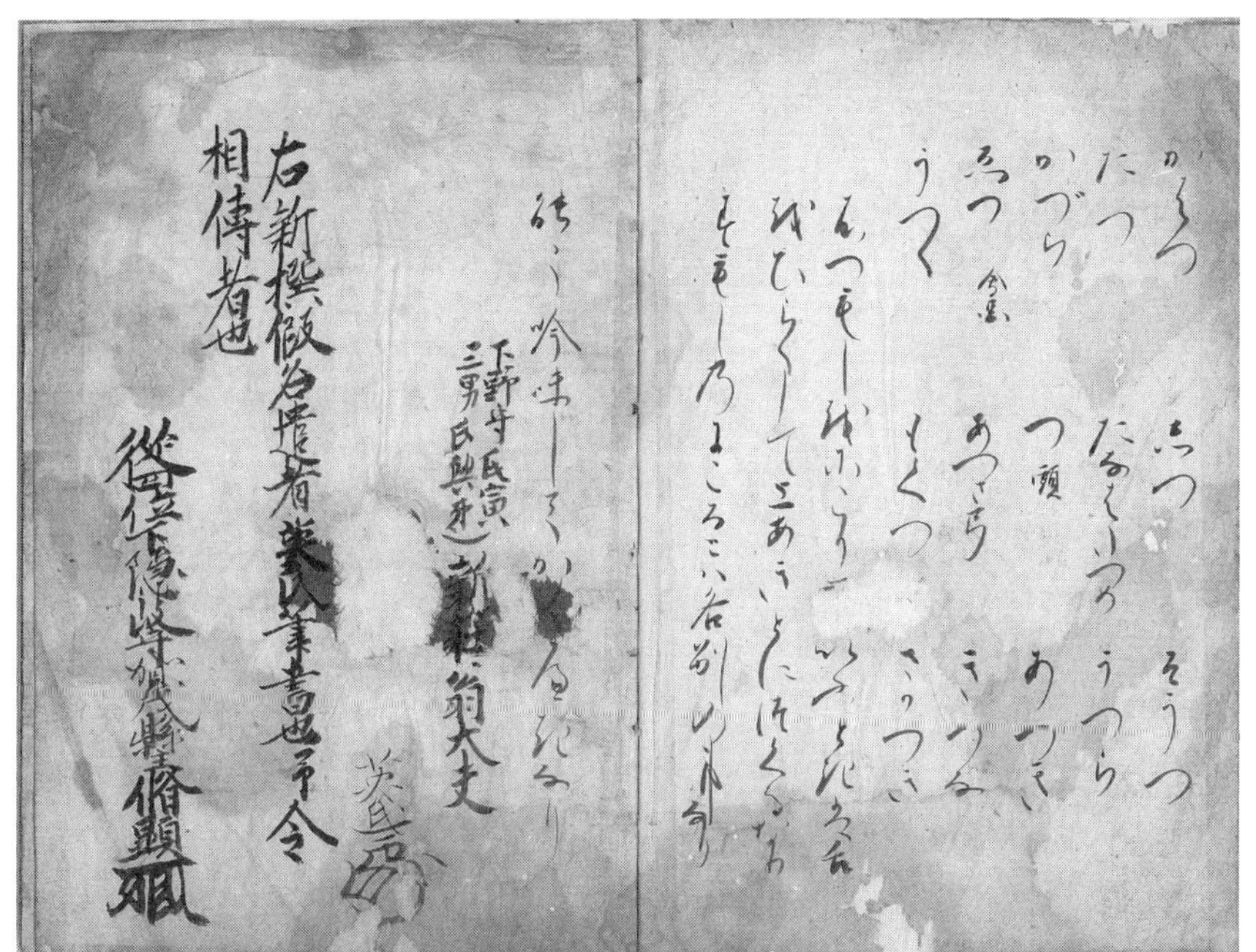

後表紙見返し

32ウ

後補後表紙見返し

後表紙

後補後表紙

索引

＊書名、人名、用語を一括して五十音順に並べ、適宜頁数を示し、簡易な索引とした。

あ

か

さ

あとがき

『かなづかいの歴史　日本語を書くということ』（二〇一四年、中公新書）を出版していただいてから、仮名遣書についてまとめてみたいと思い始めた。『かなづかいの歴史』において、仮名遣書についてふれなかったわけではないが、できるだけ「日本語を書く」という枠組みの中で記述を展開させたかったので、仮名遣書それそのものについて掘り下げるまでには至らなかった。

本書においては、仮名遣書それそのものについて採りあげ、論じたが、仮名遣書を起点としたさまざまなことがらについて、充分に「掘り下げる」ことができたかと問えば、その答えは「否」だという自覚はある。仮名遣書についての観察は、仮名遣書が日本語の観察という枠組みにおいて、かなりのひろがりをもつものだということを改めて教えてくれた。したがって、そのひろがりに過不足なくふれることは今後の課題として、しかしながら、いくつかのことがらについては（自分なりにではあっても）考えを進めることができたと思っている。

これまでに発表した論考で、本書の記述に直接的にかかわるものは次のものである。本書の記述に応じて適宜加筆修正を行なった。

1　『仮名文字遣』の漢字列をめぐって（『清泉女子大学紀要』第四十九号、二〇〇一年）

2　『類字仮名遣』の辞書的傾向（早稲田大学『国文学研究』第一四一号、二〇〇三年）

3　仮名遣書のらち―『新撰仮名文字遣』と『類字仮名遣』との比較を通して―（『國學院雑誌』第一一五六号、二

〇〇三年）

仮名遣書を、推測されるその成立時期にしたがって時間軸上に配置するのが、仮名遣書を史的にとらえるにあたっての第一歩であろう。場合によっては、成立時期が不分明な仮名遣書もあり、そのこと自体が課題を残す。本書では（結果として）江戸期までを考察対象としているが、明治期にも仮名遣書が多数編まれている。江戸期と明治期とが、仮名遣い、仮名遣書ということがらについて連続しているか、していないかを考えることは今後の課題としたい。江戸期に関しても、とりあげることができなかった仮名遣書が少なからず存しており、そうしたものについても、今後少しずつ観察していきたいと思う。

本書では、時間軸上に、ある程度の数の仮名遣書を置いて、その観察を試みた。本書中でも述べたが、現代人の眼に仮名遣書と映るテキストが過去においてもそうみえていたとは限らない。それぞれの仮名遣書が編まれたプロセスも異なるだろうし、編まれた目的も、具体的につきつめていけば、異なる場合が少なくないと考える。したがって、従来、いわば一直線上に並んでいた仮名遣書のどれとどれとが強く連続していて、どこは連続していないかということの「見極め」が今後の課題といってもよい。

和泉書院編集長の廣橋研三氏は、筆者の話を聞くためにわざわざお運びくださり、本書の出版を快く引き受けてくださった。具体的な編集作業においては、編集担当の方が、図や表が多数入り、影印も附載された本書の組版について、細かなところまで目を配り、貴重なアドバイスをしてくださったおかげで、きれいな版面に仕上がった。もともと、『国語文字史の研究』や『国語語彙史の研究』に原稿を載せていただく折に、和泉書院側でしてくださる「内校」が行き届いたものであることに、いわば惹かれていた。書物がきれいな版面にしあがっているということは大事だとつねづね思っている。そんなこともあって、本書の出版を和泉書院にお願いしたいとつよく思うようになっていた。

今年の夏は東京であまりセミが鳴かなかったような気がした。筆者が子供の頃は、夏が近づくと家のまわりではカエルがうるさいくらい鳴き、夏の夕方にはあちらこちらから、たたみかけるようにヒグラシの鳴き声が聞こえていたものだ。そうした声が今後は聞けなくなるのだろうか。淋しいことだと思う。

短期大学の教壇に初めて立ったのが二十七歳の時だったので、今年がちょうど短期大学、大学で教えて三十年目にあたるが、心身の健全さを保ち、一歩でも多く歩き続けるように心がけたい。

二〇一五年十月一日

今野真二

■著者紹介

今野真二（こんの しんじ）

一九五八年、鎌倉市に生まれる。早稲田大学大学院博士課程後期退学、高知大学助教授を経て、現在、清泉女子大学文学部教授。専攻は日本語学。

著書

『仮名表記論攷』（清文堂出版、二〇〇一年、第三十回金田一京助博士記念賞受賞）
『文献から読み解く日本語の歴史』（笠間書院、二〇〇五年）
『百年前の日本語』（岩波新書、二〇一二年）
『常用漢字の歴史』（中公新書、二〇一五年）
『図説日本語の歴史』（河出書房新社、二〇一五年）　ほか

研究叢書469

仮名遣書論攷

二〇一六年二月六日初版第一刷発行
（検印省略）

著者　今野真二
発行者　廣橋研三
印刷所　亜細亜印刷
製本所　渋谷文泉閣
発行所　有限会社和泉書院
大阪市天王寺区上之宮町七-六
〒五四三-〇〇三七
電話　〇六-六七七一-一四六七
振替　〇〇九七〇-八-一五〇四三

ISBN978-4-7576-0777-4　C3381